JIANZHU GONGCHENG FANGDICHAN
FALÜ SHIWU JINGYAO

建筑工程房地产
法律实务精要

陈沸 ◎主编

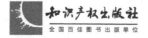

知识产权出版社
全国百佳图书出版单位

图书在版编目（CIP）数据

建筑工程房地产法律实务精要／陈沸主编．—北京：知识产权出版社，2018.10
ISBN 978－7－5130－5885－8

Ⅰ.①建… Ⅱ.①陈… Ⅲ.①房地产法—研究—中国 Ⅳ.①D922.181.4

中国版本图书馆 CIP 数据核字（2018）第 226265 号

责任编辑：齐梓伊　唱学静　　　　　　责任印制：刘译文
封面设计：久品轩

建筑工程房地产法律实务精要

陈　沸　主编

出版发行：	知识产权出版社有限责任公司	网　　址：	http：//www. ipph. cn
社　　址：	北京市海淀区气象路 50 号院	邮　　编：	100081
责编电话：	010－82000860 转 8112	责编邮箱：	ruixue604@ 163. com
发行电话：	010－82000860 转 8101/8102	发行传真：	010－82000893/82005070/82000270
印　　刷：	北京建宏印刷有限公司	经　　销：	各大网上书店、新华书店及相关专业书店
开　　本：	700mm×1000mm　1/16	印　　张：	23.5
版　　次：	2018 年 10 月第 1 版	印　　次：	2019 年 7 月第 2 次印刷
字　　数：	380 千字	定　　价：	88.00 元

ISBN 978－7－5130－5885－8

本书编委会

————

顾　问：朱树英

主　编：陈　沸

副主编：张爱国　曲笑飞

成　员：侯志会　王　钦　郑立钧

编委会成员简介

———

张爱国

中国海洋大学土木工程学士、浙江大学法律硕士，现任建纬杭州律师事务所副主任、高级合伙人，兼任浙江省律师协会房地产专业委员会委员、杭州仲裁委员会仲裁员、马鞍山仲裁委员会仲裁员。5 年工程管理工作经验，1999 年起任专职律师至今，担任多家施工企业、房地产开发企业法律顾问，擅长建设工程、房地产、海外投资法律事务。

曲笑飞

南京大学经济法学博士，现任建纬杭州律师事务所副主任、高级合伙人，兼任全国律师协会建房委委员、浙江省建筑业行业协会法务专业委员会副秘书长、杭州律师协会建工委主任，同时兼任杭州仲裁委员会仲裁员、浙江省建设工程领域争议评审专家，曾于 2015 年、2017 年被 ENR/《建筑时报》评为"最值得推荐的 60 位中国工程法律专业律师"。

侯志会

河南大学法学本科，现任建纬杭州律师事务所副主任、高级合伙人，兼任杭州仲裁委员会仲裁员、杭州市滨江区人大代表、浙江省律师协会刑事委副秘书长、杭州市律师协会刑法委副秘书长。2002 年起从事律师职业至今，曾被评为"浙江省服务中小企业优秀律师"，擅长建设工程领域的刑事法律事务处理。

王　钦

西南政法大学经济法学学士、民商法学硕士，现任建纬杭州律师事务所副主任、高级合伙人、党支部书记，兼任浙江省杭州市律师协会公司与证券业务委员会、房地产业务委员会委员，杭州市律师协会税务业务委员会委员，擅长公司、证券、合同、保险、税收、破产及建设工程与房地产等商法领域的法律事务处理。

郑立钧

浙江大学法律硕士，现任建纬杭州律师事务所副主任、高级合伙人。担任多家施工企业、房地产开发企业法律顾问，擅长建设工程与房地产、公司、合同、劳动纠纷以及企业法律风险防范等民商事领域的法律事务处理。

成果来自"苦寒磨砺"的身体力行

———

值此建纬杭州分所成立十周年之际，为新书《建筑工程房地产法律实务精要》作序，我感慨颇深！一则感慨建纬在这10年间的变化，从6家分所到18家分所，遍布18个省、直辖市；二则感慨建纬杭州分所对建纬大家庭作出的贡献，10年间荣获"杭州市规范化律师事务所""先进基层党组织""第四届杭州律师论坛'优秀组织奖'"等殊荣；三则感慨建纬上海总所26年、建纬杭州分所10年对行业的坚守与对专业的坚持！

正如《警世贤文》之"勤奋篇"所云："宝剑锋从磨砺出，梅花香自苦寒来"，建纬的成果来自建纬人"苦寒磨砺"的身体力行！

建纬所多年来一直坚持"超前、务实、至诚、优质"的八字方针，在专业化道路上砥砺前行，不断从传统的建设工程与房地产领域，向基础设施PPP、不动产金融、工程总承包等领域迈进，并筹建"建纬建设争议商事调解中心"，靠所有建纬人的不懈努力，连续数年蝉联钱伯斯建设工程专业律所榜首。

我个人无论做律师还是政协委员，始终秉持"业精于勤荒于嬉，行成于思毁于随"的理念，鞭策自己精益求精。我在上海建纬所从业的26年间先后撰写、出版17部专业法律图书，共计1641万字，仅我的6本专著就达252万字。为鼓励现在的年轻律师在专业道路上走得长远，走得扎实，我将30余年的律师执业经历总结在《苦难磨砺筑方圆》上、下两册的一套书中，概括为"能说会写"4个字，告诫年轻律师要注重律师的演讲与写作。

律师的演讲和写作是律师执业的基本功，是律师的立身之本，发达之魂。说得直白些，律师就是靠"嘴皮子"和"笔杆子"讨生活的。要想靠律师这个职业安身立命，既要嘴皮子过硬，又要笔杆子过硬；要想靠律师这个职业获取事业成功、实现人生价值，"能说"和"会写"如鸟之双翼，二者缺一不可，至关重要。但是，若要具备这两项能力，是需要积淀的，需要长期的积累和历练，没有捷径可言，唯有勤说多写。

"说"体现在庭审控辩、商务谈判、讲座授课等方面；"写"体现在法律文书、立法修订、论文专著等方面。律师的工作无论哪一天都离不开演讲，也离不开写作，可以说律师的人生就是演讲的人生，就是写作的人生。律师通过提升演讲和写作能力，能够提升自己的业务能力和市场价值，能够提高自己的行业影响和社会地位，从而扩大业务来源、增强创收能力，改变"律师找业务"的被动局面，形成"业务找律师"的主动地位。律师通过刻苦的磨砺和艰苦的努力，不断提升律师演讲和写作能力，最终使自己成为律师行业中的专家。

《建筑工程房地产法律实务精要》就是律师写作的成果体现。看到此书，我深感欣慰，欢喜于他们取得的每一份荣誉，更赞许他们背后的每一份付出，一分耕耘一分收获，唯有经历风雨方能看见彩虹。建纬杭州分所今天的成果来自建纬杭州分所人"苦难磨砺"的身体力行。希望建纬杭州分所百尺竿头，更进一步！

《管子·权修》云："十年之计，莫如树木；终身之计，莫如树人。"建纬杭州分所10年，建纬上海总所20余载，在行业发展与专业拓展的道路上，重在法律专业人才的培养，在不断壮大建纬专业律师队伍的同时，不断为律师行业培养人才。路漫漫其修远兮，唯有不忘初心，砥砺前行。

正春华之俏，待秋实果茂，与君共勉！

中华全国律师协会建设工程与房地产专业委员会主任　朱树英
于建纬杭州分所成立十周年之际

感谢坚持

————

建纬（建纬杭州律师事务所）十年，我最大的收获，是收获友谊。与一群积极进取的同事在一起，一起欢笑，一起彷徨，一起努力，一起成长……

秋天是收获的季节，我们经过十年的辛勤耕耘，准备迁入杭州钱江新城核心商务区的高德置地广场，以庆祝建纬杭州分所的十周岁生日。同时，我们还将举办一场关于工程总承包及全过程工程咨询的论坛，以体现我们的专业水准，并回馈一直以来支持我们的客户与各界朋友。

我们常说的法律研习三要素：第一是法律原理；第二是法律规则；第三是司法案例。法律人要 thinking like a lawyer，这里的 lawyer 是法律实务家的意思，故对于实务理论的研究是法律人永恒的主题。

非常庆幸，年轻人从法学院毕业后，进入我们的团队，就开始接受严格的实务训练，除却传统的"传帮带"形式外，我们还给予每周一次的解读建设工程与房地产领域疑难问题的培训，坚持数年，成效显著。看到年轻人逐渐成长，自然由衷地感到高兴，这也是我们事业的重要意义之所在。

王泽鉴教授说，法学的训练在于写作和案例研究。写作是知识回顾的极佳方法，体系化梳理可将某一领域的问题予以固化；而通过案例研究来解决实际问题，则是法律人的终极目标，归纳、演绎、类比之诸路径，对思维能力的提升大有裨益。

建纬律师事务所创始人朱树英先生认为，律师要能说会写。一名优秀的律师，雄辩的口才自然必不可少，但我认为，文字功底更见平时之历练，法律素养之体现。写作，是律师执业生涯永远绕不过去的话题。

我们通过制度设计，鼓励年轻律师多写文章，也是提高专业水准与培养人才的一种方法。我们曾经分 12 个专题，以杭州市中级人民法院近 3 年关于建设工程施工合同纠纷案的判决书为样本，展开大数据分析，提炼裁判要旨，形成论文集。后所有作者获邀赴杭州市中级人民法院研讨，增强了法律职业共同体的互动，也展现了我们的专业能力，提升了我们的专业地位。

在参与立法方面，写作更是起到独特的重要作用，如住房和城乡建设部委托建纬律师事务所起草《房屋建筑和市政基础设施项目工程总承包管理办法》，课题组成员对于某一细分领域的研究，通常都会形成论文。

读不在三更五鼓，功只怕一曝十寒。成建纬之专，唯守恒心之道。实务训练如是，写作亦如是。点滴之藏，汇成仓。

本书荟萃了所内多位律师的研究成果，百花齐放，百家争鸣，凝聚着律师们的汗水与智慧，呈现出律师们开阔的探究领域、深入的思维触角和扎实的专业功底。本书中数十篇论文，是理论与实践的完美结合。钩章棘句，筚路蓝缕，记叙了探索者的艰辛；雁过留声，雪泥鸿爪，印证着实践者的足迹：所内律师们实践经验的总结，法学探索的见解皆在书内。

夜深了，我忆起自己所走过的路，不禁感慨万千。更想起 20 世纪 90 年代初在法院工作时，曾主编刊物《青年与法》，彼时青葱岁月，激情澎湃，如今则以培养年轻人为己任，更是我们这一代法律人的使命。时事变迁，唯有积极拥抱变化，方使我们立于不败之地。

感谢坚持！感谢我的伙伴们！感恩之际，抒怀以为序。

陈　沸

2018 年 8 月 8 日暮夏夜

目　录

'01

建设工程篇

工程结算中"以审计为准"条款的理解与突破[*]

牛永帅[**]

在建设工程施工合同纠纷中,施工单位请求支付工程款是最为常见的纠纷类型,此类纠纷中工程价款的举证责任通常由施工单位负担。实践中,工程价款的确定,或由双方对账确认,或由双方委托第三方审价。如果上述方式遇阻,久拖不决,当事人可在诉讼(仲裁)程序中申请司法鉴定,通常仅需数月时间即可完成工程造价金额的基本确定,施工单位回收工程款的风险整体上可控。但是,若施工合同中约定类似"工程造价以政府审计结论为准"的条款(以下简称"以审计为准"条款)时,审计程序的启动和审计进程的快慢,施工单位均无从置喙,对审计程序和审计结论的影响微乎其微,从而不能合理地维护自身权益,使工程结算徒增变数,为将来的利益损失埋下隐患。

在工程结算中,经常涉及"审计"一词,若工程结算委托给第三方进行,称为"第三方审计";由建设单位内部核算部门进行,称为"内部审计",这些类型的审计均属民事行为,其效力取决于双方当事人是否认可相应结论,此种审计不属于本文讨论对象。

本文讨论的"审计",指根据《政府投资项目审计规定》中规定的"审计机关对政府投资和以政府投资为主的项目实施的审计和专项审计调查",是《中华人民共和国审计法》(以下简称《审计法》)意义上的政府审计行为。在

---

[*] 本文获"第四届杭州律师论坛优秀奖"。

[**] 牛永帅,建纬杭州律师事务所律师,西南政法大学法学硕士。

工程建设领域，依据《政府投资项目审计规定》，审计分为跟踪审计、竣工决算审计、绩效审计；跟踪审计侧重于过程监督，绩效审计侧重于资金使用的效益，竣工决算审计侧重于工程造价结算，本文中的"政府审计"指对政府投资和以政府投资为主的项目（以下简称政府投资项目）的竣工决算审计。

一、政府审计的性质及其与施工合同的关系

（一）政府审计的性质：行政监督行为

政府审计是指由专职机构和人员，对被审计单位的财政、财务收支及其他经济活动的真实性、合法性和效益性进行审查和评价的独立性经济监督活动。[1] 对政府审计的性质，虽然有"经济监督论""经济控制论""免疫系统论"等不同学说[2]，但"监督"无疑是政府审计的一项基本功能，审计监督也是宪法和法律赋予审计机关的法定职能。

《中华人民共和国宪法》（以下简称《宪法》）第三章"国家机构"部分第九十一条规定："国务院设立审计机关，对国务院各部门和地方各级政府的财政收支，对国家的财政金融机构和企业事业组织的财务收支，进行审计监督。审计机关在国务院总理领导下，依照法律规定独立行使审计监督权，不受其他行政机关、社会团体和个人的干涉。"第一百零九条规定："县级以上的地方各级人民政府设立审计机关。地方各级审计机关依照法律规定独立行使审计监督权，对本级人民政府和上一级审计机关负责。"《审计法》第十六条规定："审计机关对本级各部门（含直属单位）和下级政府预算的执行情况和决算以及其他财政收支情况，进行审计监督。"

从上述规定看，政府审计机关对工程结算的审计行为，是审计机关依法履行宪法和法律规定的职责，是一种行政监督行为。司法实践中也是将政府审计定位于行政监督行为，即便是政府投资工程，政府审计与工程造价的最终确定也并无必然性联系，在当事人已经通过协议确认了工程结算价款的情况下，审

---

[1] 李凤鸣：《审计学原理》，中国审计出版社 1997 年版，第 7 页。

[2] 时现、李善波、徐印：《审计的本质、职能与政府审计责任研究——基于"免疫系统"功能视角的分析》，载《审计与经济研究》第 24 卷第 3 期。

计报告不应影响双方结算协议的效力。① 只有当承发包双方以合同约定的形式将政府审计引入工程结算程序之中，并明确约定"工程造价以审计结论为准"时，才发生本文讨论的"以审计为准"条款限制承包人主张工程款权利的问题。

（二）"以审计为准"条款为何会进入施工合同

在 GF—1999—0201 和 GF—2013—0201 两版《建设工程施工合同（示范文本）》中，均未出现"审计"一词，从而也说明正常的工程建设与工程结算与政府审计并无关联，并不因项目属于政府投资而有所不同。

"以审计为准"条款进入施工合同，是地方政府积极推动乃至强行要求的结果。

首先，《审计法》第二十二条规定："审计机关对政府投资和以政府投资为主的建设项目的预算执行情况和决算，进行审计监督。"其后《审计法实施条例》《政府投资项目审计规定》又进一步进行了详细规定。

其次，《财政违法行为处罚处分条例》［国务院令（第 427 号）］将工程投资超出概算作为追究单位及其责任人员行政责任的事由之一②，而工程投资是否超概算，通常以政府审计的结果来判断③。

再次，为避免工程建设超概算，有效控制工程造价，最好在工程结算前先行审计，让政府（及建设单位）对工程造价是否大幅度超概算做到心中有数，以较为可控的审计结果评价、干预承发包双方工程结算，以便防范可能产生的财政违法行为。这在各地制定的规范性文件中均有明确体现，比如《浙江省政府投资项目管理办法》就规定："未经审核、审计的建设项目，不得办理竣工

---

① 姜昀：《审计报告不影响船舶建造合同双方结算协议的效力》，载《人民司法·案例》2015年第 6 期。

② 《财政违法行为处罚处分条例》第九条："单位和个人有下列违反国家有关投资建设项目规定的行为之一的，责令改正，调整有关会计账目，追回被截留、挪用、骗取的国家建设资金，没收违法所得，核减或者停止拨付工程投资。对单位给予警告或者通报批评，其直接负责的主管人员和其他直接责任人员属于国家公务员的，给予记大过处分；情节较重的，给予降级或者撤职处分；情节严重的，给予开除处分：（一）截留、挪用国家建设资金；（二）以虚报、冒领、关联交易等手段骗取国家建设资金；（三）违反规定超概算投资……"

③ 除了政府审计制度外，另有财政投资评审制度对财政资金的使用进行行政监督，施工合同中若约定工程结算以财政投资评审结论为准（实践中较少出现），与本文讨论的问题实质相同，本文结论对其也适用。

验收手续。"① 其他各省（直辖市、自治区）普遍有类似的规定。但这种规定，一则其规制对象主要是政府部门和使用政府投资资金的建设单位（使用投资资金的主体)②，是否能够当然约束施工单位，不无疑问；二则即便此类政府规章适用于施工单位，但依据《中华人民共和国合同法》（以下简称《合同法》）第五十二条第（五）项的规定，只有合同"违反法律、行政法规的强制性规定"时才可能无效，地方政府规章不能导致合同无效，即在施工合同中没有约定"以审计为准"条款时，即便未经审计，施工单位仍然有权依据施工合同向建设单位主张工程款，建设单位不配合结算时，施工单位仍可通过司法鉴定的方式确定工程造价金额，所以仅有政府规章的上述规定，并不能达到以审计来影响、控制工程造价的目的。

最后，地方政府明令将"以审计为准"内容写入施工合同。如《浙江省审计条例》第二十七条第二款规定："……建设单位应当在招标文件中载明并与承接项目的单位在合同中约定审计结果作为工程结算的依据，并定期向审计机关报送项目建设情况。"政府投资项目通常属于必须进行招标的项目，地方政府通过强制建设单位在招标文件要求施工合同中约定以审计结果作为工程结算依据，达到通过审计控制工程结算结果的目的。

上述虽以浙江省为例，但类似规定在各省（直辖市、自治区）均普遍存在。其结果则是通过政府在相应项目上的主导权，通过招标投标的方式，将本是政府行为的审计以民事合同条款的形式赋予其最终确定工程造价的地位。

(三)"以审计为准"条款进入施工合同的负作用

政府投资项目中"以审计为准"条款的普遍存在，有两点值得反思。

第一，为了维护公共利益，保证财政资金使用的规范性和廉洁性，对政府投资项目加强审计是必要的，通过审计（尤其是跟踪审计）可以随时发现问

---

① 详见《浙江省政府投资项目管理办法》（省政府令 2005 年第 185 号）第三十四条："政府投资项目建设完工后，项目业主应当编制工程结算和竣工决算，报财政部门审核。审计部门对政府投资项目概算的执行情况和决算进行审计监督。未经审核、审计的建设项目，不得办理竣工验收手续。"

② 如《浙江省政府投资项目管理办法》第一条："为规范政府投资项目管理，健全科学、民主的政府投资项目决策和实施程序，优化投资结构，提高投资效益……"

题，保证财政资金的合规使用和控制工程造价，并对违规行为进行处罚，但地方政府为了规避可能出现的违规，尤其是工程造价超出概（预）算的风险，直接以可控的审计结果来认定工程造价，使政府审计几乎成为减价的审计，同时，将疏于过程管理的失范风险，通过以行政手段强行控制工程造价的方式予以规避，是一种典型的"懒政行为"。

第二，限于政府审计机关的自身力量，即便引入了社会中介力量进行技术支援，也难以按时完成数量庞大的工程审计工作。现实中工程竣工后，等待数年而无审计结果的现象屡见不鲜，导致承包人迟迟无法收回工程款。这对大量民营企业来说几乎是不能承受之重，从而使旨在监督政府的审计行为，在工程领域中异化为损害承包人的撒手锏。

综上，强制将"以审计为准"条款纳入施工合同中，既是地方政府的一种懒政表现，也是一种但求自身避祸而罔顾承包人利益的恶政。"以审计为准"条款天生便有损害承包人利益的可能，所以即便将其纳入了施工合同中，对该条款的理解与适用亦应从严认定。

二、"以审计为准"条款在司法实践中的理解

"以审计为准"条款本身是对承发包双方结算权利的限制，尤其是对承包人主张工程款造成实质性障碍，即便承发包双方在合同中约定了该条款，基于实质正义的要求，须对该条款的成立做严格认定。

1. 只有在明确约定时，才能认定成立"以审计为准"条款

首先，政府审计系行政监督行为，与作为民事行为的施工活动本无必然关系，若在施工合同中没有约定"以审计为准"条款的内容，则政府审计对承发包双方工程结算不产生影响。其次，当事人愿受政府审计的约束，须明确表达该意思，最高人民法院在《关于建设工程承包合同案件中双方当事人已确认的工程决算价款与审计部门审计的工程决算价款不一致时如何适用法律问题的电话答复意见》[民一他字（2001）第2号]中关于审计的效力，明确答复："只有在合同明确约定以审计结论作为结算依据或者合同约定不明确、合同约定无效的情况下，才能将审计结论作为判决的依据。"即为该原则的体现。

2. 对"以审计为准"条款的约定，须具体明确，不能通过解释推定来认定以审计为准

（1）仅约定"须经审计""以业主审计为准""承包人须配合审计"等，均系约定不明，不能认定存在"以审计为准"条款。

工程实践中，对"审计"一词的使用并不规范，既可能指发包人内部审计，还可能指发包人单方或者承发包人双方委托第三方的审价，所以必须要求合同中约定的"审计"能够确定为"政府审计"时，才可能是本文讨论的"以审计为准"条款。如果仅仅约定"工程结算须经审计""以业主审计为准""承包人须配合审计"等内容，尚不足以认定此处的"审计"即为"政府审计"。

（2）约定工程结算"须经政府审计"，但未明确审计结果即为工程结算造价的，不能认定存在"以审计为准"条款。

政府投资工程，本来就有政府审计的程序，如上文所述，政府审计与工程结算之间并无实质性关联，所以即便施工合同中提及了政府审计程序，但并未明确必须以审计结论作为工程结算依据时，应认为该约定不明确、不具体，属意向性约定，需当事人磋商细化内容后才能适用，故此种情况不能认为存在"以审计为准"条款。①

（3）承包人配合政府审计机关进行审计，不表明承包人接受"以审计为准"条款。

施工合同中未约定"以审计为准"条款，但审计机关依法对工程进行审计时，承包人配合审计工作，为审计程序提供便利和支持的，承包人的行为不能被推断为其接受"以审计为准"条款。②

3. 关于"审计机关"的约定问题

施工合同中约定有关政府审计的条款，对审计机关的约定应考虑相关行政法律法规的规定，以及地方政府的机构设置情况。通常施工合同中约定"工程结算以政府审计为准"，即可达到表意准确的标准，至于具体由哪个审计机关

---

① 参考案例"攀钢集团冶金工程技术有限公司与曲靖市供排水公司结算依据纠纷上诉案"，案号：（2006）云高民一终字第273号。
② 参考案例"淄博市周村区人民政府与山东黄河工程集团有限公司建设工程施工合同纠纷案"，案号：（2014）民一终字第89号。

审计，则根据相应行政法规即能确定①。实践中应注意以下 3 个问题。

第一，施工合同约定由某地审计机关进行审计，但根据该地行政机关的设置，由当地执行审计功能的其他部门进行政府审计，亦属合同约定范围，对当事人具有约束力。例如，在"中恒建设集团有限公司、钦州市开发投资集团有限公司建设工程施工合同纠纷"一案中，合同约定"最终结算价按钦州市公共投资审计中心审定的结果为准"。钦州市地方文件规定政府投资项目的审计，投资额在 1000 万元以上（含）的由审计局本级组织实施审计，1000 万元以下的项目由公共投资审计中心实施审计，市审计局与市公共投资审计中心为上下级关系，该两家单位在审计政府投资工程项目上的区别在于审计工程投资额的大小不同，审计工作性质并无不同，故涉案工程应由市审计局审计，法院亦依市审计局的审计结论来确定工程造价。②

第二，施工合同约定了工程结算以政府审计为准，政府审计机关出具审计报告后，其上级审计机关对该审计报告的补充、修改意见是否对承发包双方具有约束力？《审计法》第四十二条规定："上级审计机关认为下级审计机关作出的审计决定违反国家有关规定的，可以责成下级审计机关予以变更或者撤销，必要时也可以直接作出变更或者撤销的决定。"《审计法实施条例》中亦有类似规定，可见上级审计机关依法有权对下级审计机关的审计结论进行变更或者撤销，当上级审计机关依法行使变更或者撤销的权力时，其仍是在《审计法》规定的"审计"程序中进行的，依法产生相应的审计法律效果，仍属"政府审计"的法定范畴，故此种情况下，上级审计机关的变更内容，当然对承发包双方产生约束力。③

---

① 参见"泰宏建设发展有限公司与泰宏建设发展有限公司建设工程施工合同纠纷案"，案号：（2017）川民终 366 号；该民事判决中法院认为"由于案涉工程系政府财政全额拨款工程……有审计职能的相关部门只有审计局，故上述约定内容中的'宜宾市临港经济开发区相关职能部门'应当理解为指代的是宜宾临港经济技术开发区监察审计局……"

② 案情详见"中恒建设集团有限公司、钦州市开发投资集团有限公司建设工程施工合同纠纷"，案号：（2017）最高法民申 405 号。

③ 参考案例"重庆市圣奇建设（集团）有限公司与黔西县人民政府建设工程施工合同纠纷案"，案号：（2017）最高法民终 912 号。该案中法院认为：黔西审计局出具《审计报告》后，其上级审计机关即毕节市审计局以《审计报告》结果存在重大失实为由，撤销了《审计报告》，后又作出《专项审计调查报告》，因黔西审计局的《审计报告》已被撤销，在此情况下，法院可以毕节市审计局的审计结论作为确定案涉工程价款的依据。

第三，施工合同中约定的审计机关，明显无权对争议工程进行政府审计，该如何认定"以审计为准"条款的效力。由哪一个具体的机关对争议工程进行政府审计，往往取决于投资资金的管理关系以及审计机关系统内部的规定和决定，并且发包人作为使用政府资金的单位，对将来的审计机关应为明知，如果施工合同中约定了一个明显无权进行审计的机关，应视为无约定，即应认定"以审计为准"条款不成立。

三、对"以审计为准"条款的突破

（一）民事法律中"以审计为准"条款性质的辨析

1. 是否属于"附条件""附期限"的条款

"以审计为准"条款的存在意味着，未经政府审计，工程造价无法确定，从而承包人也无法向发包人主张工程款。那么"以审计为准"是否属于《合同法》第四十五条、第四十六条规定的"附条件""附期限"的情况呢？笔者认为不属于。因为《合同法》第四十五条、第四十六条关于"附条件""附期限"的规定，处于《合同法》第三章"合同的效力"部分，均是关于合同生效、失效的规定，但"以审计为准"的存在以及实现与否，均不影响施工合同中其他条款的效力。

2. 是否属于"合同权利义务的部分转让"

工程结算是承发包双方的权利和义务，但"以审计为准"条款客观上却让工程造价的认定由第三方即审计机关来决定，是否属于当事人共同转让了部分合同权利义务？

合同权利义务部分转让后，虽然受让方不是必须参与签约，但合同中被转让部分的内容应由受让方履行，受让方履行相应内容的行为属于民事法律行为，行为的内容是由原合同决定的。但在施工合同约定"以审计为准"的场合，政府审计的启动、程序及结论，均依行政法律法规进行，审计机关既无受让施工合同中权利义务的意思，审计标准和结论的确定也不受原施工合同的必然约束，且审计行为本身是行政行为，不是民事法律行为，由此观之，"以审计为准"亦不属于承发包双方转让部分合同权利义务的情况。

3. 是否属于"执行政府定价或者政府指导价"的范畴

"以审计为准"条款意在使民事合同中的价格金额，由政府审计行为来最终确定，是否指《合同法》第六十三条规定的"执行政府定价或者政府指导价"的范畴?[①]

"政府定价""政府指导价"均系法定用语，其内涵规定在《中华人民共和国价格法》（以下简称《价格法》）之中。根据该法第三条规定："政府定价，是指依照本法规定，由政府价格主管部门或者其他有关部门，按照定价权限和范围制定的价格。""政府指导价，是指依照本法规定，由政府价格主管部门或者其他有关部门，按照定价权限和范围规定基准价及其浮动幅度，指导经营者制定的价格。"而政府定价和政府指导价的适用原则，由《价格法》第十八条规定，该条规定："下列商品和服务价格，政府在必要时可以实行政府指导价或者政府定价：（一）与国民经济发展和人民生活关系重大的极少数商品价格；（二）资源稀缺的少数商品价格；（三）自然垄断经营的商品价格；（四）重要的公用事业价格；（五）重要的公益性服务价格。"

从《价格法》的上述规定及中央和地方的具体规定来看，建设工程施工合同明显不属于"执行政府定价或者政府指导价"的范畴。[②]

（二）"以审计为准"条款与"合同的全面履行"

"以审计为准"条款的存在，直接的后果便是工程竣工验收后，正常的工程结算金额无法达成，直接影响工程造价的确定以及阻碍工程款请求权的行使，其实质是在合同签订之时便已导致合同价款不明确，进而导致工程款支付期限不明确。此种情形，应适用《合同法》第六十一条、第六十二条第（二）项的规定，此两条内容如下：

第六十一条　合同生效后，当事人就质量、价款或者报酬、履行地点等内容没有约定或者约定不明确的，可以协议补充；不能达成补充协议的，按照合同有关条款或者交易习惯确定。

第六十二条　当事人就有关合同内容约定不明确，依照本法第六十一条的

---

① 《合同法》第六十三条："执行政府定价或者政府指导价的，在合同约定的交付期限内政府价格调整时，按照交付时的价格计价……"

② 2015 年 10 月 8 日经国务院批准由国家发展改革委公布的《中央定价目录》（发改委令第 29 号），以及随后各省（直辖市、自治区）发布的各地定价目录，均不包括政府投资的建设工程造价。中央及各省（直辖市、自治区）的政府定价目录内容，详见国家发展改革委网站：http://www.ndrc.gov.cn/fzgggz/jggl/zcfg/201606/t20160623_ 808466. html。

规定仍不能确定的，适用下列规定：

（一）质量要求不明确的，按照国家标准、行业标准履行；没有国家标准、行业标准的，按照通常标准或者符合合同目的的特定标准履行。

（二）价款或者报酬不明确的，按照订立合同时履行地的市场价格履行；依法应当执行政府定价或者政府指导价的，按照规定履行。

......

从上述条文看，合同价款不明时，应考虑"补充协议""合同有关条款""交易习惯""订立合同时履行地的市场价格履行"。在施工合同价款具有可调空间时，都可以说合同价款最终并不明晰，工程竣工验收后的结算程序，就是达成一个关于合同价款的"补充协议"；而"合同有关条款""订立合同时履行地的市场价格履行"则是双方无法自行达成结算时，由法院或者仲裁机构委托司法鉴定应当遵守的组价原则。

施工合同中有关工程结算的条款，本身即是《合同法》第六十一条、第六十三条在工程建设领域的具体体现。"以审计为准"条款本身亦是解决合同价款不明的一种途径，其本身亦是为了承发包双方（尤其是发包方）最终履行合同主义务而存在，是一个为主合同义务履行而服务的条款。当该条款导致工程造价迟迟不能确定，影响合同主义务的履行时，基于"合同全面履行"原则，承包人有权且人民法院亦应突破该条款的表面束缚，而采用其他合理的方式确定工程造价，维护合同双方的权利义务平衡，推进合同的正常、全面履行。而这种突破"以审计为准"条款的前提是如何认定"以审计为准"条款已实际影响了合同主义务的履行。

（三）对"以审计为准"条款的突破

当"以审计为准"条款阻碍了合同的正常、全面履行时，权利人应有权突破该条款的表面限制。司法实践中，人民法院突破该条款，以司法鉴定或其他合理的方式确定工程造价的，有以下几种情况。

1. 非因承包人的原因，导致政府审计程序迟迟无法启动

政府审计系行政监督行为，涉及审计机关与发包人之间的法律关系，发包人可能存在故意拖延提交审计资料的情况，审计部门也可能因各种原因迟迟不

将项目工程列入年度审计计划。① 无论何种情况，都属于施工合同中确定价款的条款不能有效实现，阻碍了合同主义务的履行，当事人可以通过其合理方式来确定价款，如果双方当事人不能达到有效协议，任何一方当事人在诉讼或者仲裁程序中，要求进行工程价款的司法鉴定，均应得到支持，以推动施工合同的有效履行。

2. 审计机关明确表示无法出具审计结论

审计机关无法进行正常的审计，其原因很多，或因行政法规的变动，或因工程建造资料的缺失，或因工程建造过程的某些违规问题尚未依法解决等，无论具体原因为何，既然审计无法进行，不能通过审计来明确合同价款，就不应坚守形式上的审计程序，而导致施工合同无法正常履行。②

3. 从审计机关的审计资料中无法得出工程具体造价

此种情况，较多出现在总承包人与分包人之间的工程款纠纷中。审计机关对工程的审计通常以整体工程为对象，并不刻意区分分项分部工程，更不会从各个分包人的施工范围来考虑审计方式，所以会出现从审计报告中无法得出分包部分工程对应的审计价款的情况。③ 由此，即便分包合同中"以审计为准"的条款，也无法以审计结论进行结算，故而当事人可以另行协商确定工程造价，也有权通过申请司法鉴定来确定工程造价。

四、结语

工程结算中"以审计为准"条款，本质上是解决"合同价款不明"的程序性约定，无论是政府投资项目中的结算"以审计为准"条款，还是非政府投资的一般项目中的工程对账结算行为，均是一种合同履行过程中确定合同价款的方法，性质上并无区别，司法上亦不应区别对待，司法对"承发包双方就工程造价无法达成一致意见"与"审计程序无法正常启动或审计结果不能依法作

---

① 类似情况可参见"李某明与资阳海天水务有限公司、中亚建业建设工程有限公司建设工程施工合同纠纷案"，案号：（2017）最高法民申 2937 号。

② 类似情况可参见"甘肃万象园林绿化工程有限责任公司与金昌市体育局建设工程施工合同纠纷案"，案号：（2017）甘民终 112 号。

③ 类似情况可参见"吴某与宁夏永建建筑工程有限公司、刘某甲、刘某乙建设工程施工合同纠纷案"，案号：（2013）宁民提字第 24 号。

出"应一视同仁，视为当事人无法按约定方式来解决合同价款不明的问题，应准许一方当事人对工程造价提出的鉴定申请，以解决合同价款不明问题，促进合同履行，创造合同履行效益。

参考文献

［1］李凤鸣．审计学原理［M］．北京：中国审计出版社，1997．

［2］朱庆育．民法总论［M］．北京：北京大学出版社，2013．

［3］崔建远．合同法（第五版）［M］．北京：法律出版社，2010．

［4］韩世远．合同法总论（第三版）［M］．北京：法律出版社，2011．

［5］林一主．建设工程施工合同纠纷案件审判实务［M］．北京：法律出版社，2015．

［6］时现，李善波，徐印．审计的本质、职能与政府审计责任研究——基于"免疫系统"功能视角的分析［J］．审计与经济研究，2009（3）：8－13．

［7］裴育，郑石桥．政府审计业务基本逻辑：一个理论框架［J］．审计与经济研究，2016，31（4）：3－11．

［8］秦旺．建设工程造价结算前沿问题研究［J］．法律适用，2017（5）：81－89．

［9］姜昀．审计报告不影响船舶建造合同双方结算协议的效力［J］．人民司法，2015（6）：84－86．

［10］李后龙，俞灌南，杨晓蓉，等．建设工程招投标纠纷案件审判疑难问题研究［J］．法律适用，2017（7）：84－90．

建设工程施工合同纠纷中
专家辅助人制度的完善[*]

————

陈　沸　斯陈洁^{**}

一、问题的提出

　　建设工程施工合同纠纷往往会涉及工程量、工程造价、工程质量等争议，此类争议由于其复杂性与专业性，作为"外行人"的法官难以通过审判经验与一般常识进行判断，因而常常涉及司法鉴定。然而，"源于对司法鉴定意见的过于'迷信'，司法实践中出现了诸多以鉴定意见代替审判过程（以鉴代审）的现象，从而在很大程度上扭曲了司法鉴定原有的功能和定位，异化了司法审判自身的特质"。[①]

　　事实上，鉴定意见只是一种专业证据，即使要依赖这一专业证据进行事实认定，也需要对鉴定意见进行质证后才能认定。那么，如何对专业且复杂的鉴定意见进行有效质证呢？此时，同为专业人士的专家辅助人便有了用武之地。所谓专家辅助人，是指在科学、技术以及其他专业知识方面具有专门知识或经验的人，通过当事人的申请，出庭对鉴定意见进行质证、对案件事实所涉及的专业问题提出意见或就专业问题进行对质的人。专家辅助人的出现恰好能够缓

---

　　* 本文获"第八届浙江律师论坛二等奖""第四届杭州律师论坛一等奖"。

　　** 斯陈洁，建纬杭州律师事务所实习律师，中国政法大学法学硕士。

　　① 夏万宏：《反思民事诉讼中的"以鉴代审"》，载《中国司法鉴定》2013 年第 6 期，第 20 页。

解民事审判中存在的"以鉴代审"问题，其可以对鉴定意见进行专业化的质证，并就专业问题提出自己的意见，能够让法官在不同专业人士的意见表述下"兼听则明"，更有利于法官摆脱对鉴定意见的过分依赖甚至盲从，作出科学的事实认定，同时也有利于在一定程度上减少重复鉴定的发生，避免使问题烦琐化、复杂化，提高审判的准确性。[①]

二、专家辅助人与专家证人之辨析

在现行立法中，专家辅助人被表述为"有专门知识的人"。常有人将"有专门知识的人"称为专家证人，诚然，专家辅助人与专家证人存在一些相似之处：首先，专家辅助人与专家证人均是由当事人申请后参加到诉讼程序之中的。其主要是为当事人提供专业知识的支持，费用也是由申请的当事人一方承担。其次，专家辅助人与专家证人在诉讼中均是协助当事人进行诉讼，且均有基于专业知识对专业问题提出意见的功能。

然而上述相似之处仅是表象，专家辅助人与专家证人在本质上是不同的，正如宋春雨法官所云"专家辅助人在实践中经常被错误理解为专家证人，但事实上二者性质并不相同"[②]。其不同之处在于：第一，专家辅助人与专家证人的主要功能不同。专家辅助人的主要功能是帮助当事人对专业问题进行质证、对质以及对专业问题提出意见，而帮助法庭查明事实或者帮助法官理解专门问题则仅仅是间接的功能。但专家证人的主要功能不同，其主要功能是为法庭提出证据，帮助法官解决专门问题。这点从《英国民事诉讼规则》第35.3条就可以看出来，该条规定："（1）专家证人的职责，在于以其专业知识帮助法院解决有关诉讼程序涉及的问题。（2）专家证人的职责，优先于专家证人对指示人或者费用承担人之义务。"[③] 第二，专家辅助人与专家证人制度设计的意义不同。专家证人"起源于英美法系国家，主要用于解决诉讼中产生的技术争议，

[①] 黄尔梅：《准确把握立法精神　确保法律正确实施——最高人民法院刑事诉讼法司法解释稿简介》，载卞建林、谭世贵主编：《新刑事诉讼法的理解与实施：中国刑事诉讼法学研究会年会文集2012年卷》，中国人民公安大学2013年版，第14页。

[②] 宋春雨：《论〈民事诉讼法〉司法解释中的若干证据问题》，载《法律适用》2015年第4期，第30页。

[③] 《英国民事诉讼规则》，徐昕译，中国法制出版社2001年版，第176－177页。

可以说是与大陆法系专家鉴定制度相对应的制度设计"①。但是我国民事诉讼专家辅助人出现前已有鉴定人制度，专家辅助人的制度设计更多的是对鉴定制度的补充，或者说，是对现有鉴定制度存在问题的一种"修正"和"缓解"。

笔者认为，相较于"专家证人"，用"专家辅助人"作为"有专门知识的人"的规范称谓更为恰当，除了上述不同之处，主要还有以下几点理由：第一，"专家辅助人"的称谓更能体现"有专门知识的人"在诉讼中的"辅助"功用；第二，"专家辅助人"的称谓更有利于"有专门知识的人"发表客观、科学的专业意见。

三、建设工程施工合同纠纷中专家辅助人制度的现状及存在的问题

（一）立法现状

对专家辅助人从规范性层面进行考察发现，早在 2002 年的《最高人民法院关于民事诉讼证据的若干规定》（以下简称《证据规定》）第六十一条中就对"有专门知识的人"即专家辅助人作出了规定，该条对专家辅助人的数量，费用负担以及在民事诉讼中的活动进行了规定。以该条来看，专家辅助人出庭的活动包含 3 个方面：接受审判人员和当事人的询问对专门性问题进行说明（提出意见）；当事人各自申请的专家辅助人就专业问题进行对质；对鉴定人提问，即对鉴定意见进行质证。

2009 年《最高法公布对网民 31 个意见建议答复情况》中第 17 点答复关于知识产权审判中技术事实认定的问题时，则强调"要注重发挥专家证人的作用，积极鼓励和支持当事人聘请专家证人出庭说明专门性问题，并促使当事人及其聘请专家进行充分有效的对质，更好地帮助认定专业技术事实"，且"不受举证时限的限制，在二审程序中也可提供"。

2012 年新修订的《中华人民共和国民事诉讼法》（以下简称《民事诉讼法》）第七十九条则规定，专家辅助人可以就鉴定意见进行质证或对专业问题提出意见。有学者称"这标志着专家辅助人制度在我国诉讼中的初步确立，标

---

① 郭华：《专家辅助人制度的中国模式》，经济科学出版社 2015 年版，第 54 页。

志着鉴定人—专家辅助人的新型鉴定模式的诞生。"[①] 也有学者称这是"在立法上确立了鉴定与专家辅助人并存的'双层'专家证据制度,对于我国民事诉讼的发展具有重要意义"[②]。该条内容相较于《最高法公布对网民 31 个意见建议答复情况》中的称谓变化则可以看出,立法者已认识到专家辅助人比专家证人更适合我国的现实情况。

2015 年施行的《关于适用〈中华人民共和国民事诉讼法〉的解释》(以下简称《民事诉讼法解释》)第一百二十二条、第一百二十三条则对专家辅助人作出了进一步规定,包括人数、活动、意见属性、费用承担以及能否参与专业问题之外的法庭审理活动。其中,首次明确专家辅助人在法庭上就专业问题提出的意见,视为当事人的陈述。并再次指出,专家辅助人参与民事诉讼程序的活动有对鉴定意见进行质证,对案件事实所涉及的专业问题提出意见以及当事人各自申请的专家辅助人就专业问题进行对质。此处,《民事诉讼法解释》与《证据规定》的内容形成了一致。

上文列举了最主要与最基本的民事诉讼专家辅助人相关规定,从上述规定可以看到,目前的立法规范总体而言吸收了英美法系国家专家证人的优秀成果,同时也顺应了大陆法系国家鉴定制度的改革方向,显然体现出某种制度借鉴和改良的意图。但是我们必须清醒地认识到,进步是有限的,依然存在着一些并未很好解决的问题,诸如专家辅助人的资质要求不明晰,启动时间不合理,缺乏促使专家辅助人客观、科学发表意见的约束制约机制等。

(二) 司法实践现状

实践是检验真理的唯一标准。立法规定若无法在司法实践中应用,则无异于一纸空文。王亚新教授曾提出"司法是国家与社会之间不可或缺的媒介,而其中的判例则构成了将一般性的立法与日常处理具体案件的司法实践连接到一起的制度装置"。[③] 因此,笔者将通过判例来对专家辅助人在建设工程施工合同

---

① 罗芳芳:《专家意见中立性问题研究:美国法之理论与实务》,中国政法大学出版社 2015 年版,第 299 页。

② 宋春雨:《论〈民事诉讼法〉司法解释中的若干证据问题》,载《法律适用》2015 年第 4 期,第 30 页。

③ 王亚新:《社会变革中的民事诉讼(增订版)》,北京大学出版社 2014 年版,第 365 页。

纠纷司法实践中的适用进行考察。通过考察发现以下两点情况。

1. 专家辅助人在建设工程施工合同纠纷中适用率极低

《民事诉讼法》新增了专家辅助人制度，2015 年《民事诉讼法解释》对专家辅助人制度进行了细化规定后，我们在司法实践里仍然很少见到专家辅助人的出现。笔者统计了自 2015 年 1 月 1 日起至 2018 年 5 月 24 日止，在中国裁判文书网上以"专家辅助人""建设工程施工合同纠纷"为关键词，在民事案由范围内检索到的判例共计 58 例，其中 2015 年 10 例，2016 年 16 例，2017 年 29 例，2018 年 3 例。但在相同的时间跨度内，以"鉴定意见""建设工程施工合同纠纷"为关键词在民事案由中检索到判例共计 9821 例，其中 2015 年 1736 例，2016 年 3541 例，2017 年 3990 例，2018 年 554 例。可见，在涉及建设工程施工合同纠纷案件专业问题时，适用专家辅助人的案例与适用鉴定的案件相比微乎其微。3 年多的时间，全国各级法院在建设工程施工合同纠纷案件中对专家辅助人的适用竟然还不到百例。

2. 裁判文书对专业问题事实缺乏心证公开

"心证公开是法官通过裁判文书公开法官被说服的过程，包括公开影响法官在事实认定方面的各种主客观因素。由于当事人专业知识的匮乏，涉及专业性问题的事实认定只有公开心证，才能使当事人对裁判结果心悦诚服。"[1]

然而，在司法实践中，更多的是对专业问题事实缺乏心证公开的裁判文书。有一些法院的裁判文书中笔者只能看到有专家辅助人的存在，但对于其意见内容，对法庭认定专业事实是否产生影响一无所知。例如，安徽池州市天润投资有限责任公司与安徽省第一建筑工程公司建设工程施工合同纠纷二审案[2]，安徽省高院20 多页的判决中，只在第一页提到了天润投资有限责任公司聘请的专家辅助人周某到庭参与了诉讼，后面对于专家辅助人意见的具体内容只字未提。并且该案判决显示鉴定人也到庭接受了质询，然而其对于专家辅助人是否对鉴定意见进行质证以及质证的内容亦是只字未提。在上述案件中，连省高院这一级别的都存在裁判文书对专业问题事实缺乏心证公开的情况，更遑论其他下级法院了。

---

[1] 徐胜萍、张雪花：《论民事诉讼专家辅助人制度的完善》，载《海南大学学报（人文社会科学版）》2016 年第 3 期，第 103 页。

[2] 安徽省高级人民法院民事判决书（2015）皖民四终字第 00195 号。

四、建设工程施工合同纠纷中专家辅助人制度的完善建议

(一) 明晰专家辅助人的资质要求

《联邦证据规则》第 702 条规定，一个人可以因知识、技能、经验、训练或者教育而具备专家资格。① 也就是说，在美国，只要"专家证人对于相关领域拥有充分和至少的技能或者他的推论能够帮助事实审理者发现真实"② 即可，立法并没有规定严格的资质要求。因此，就有学者建议："借鉴英美法系国家关于专家证人制度的规定，在我国，只要具有专门知识的人就可以在法庭上充当专家辅助人，而不管其专门知识是通过何种途径获得的，这样做有利于诉辩双方的权利（力），也有利于法庭上存有争议的专门性问题的解决。"③ 日本民事诉讼法的规定与英美相似，其"对于辅佐人的资格，法律通常没有特别的限制，因而无论是谁只要经法院的许可就可以成为辅佐人。法院也可以随时取消该许可"④。

但也有学者从现实出发表示反对："在我国专家辅助人制度刚刚起步，制度还不够完善，程序运作还不成熟的情况下，对专家辅助人从技术职称、教育背景、从业年限等若干方面提出资格上的原则性要求还是很有必要的。"⑤ 那么我国究竟是否要对专家辅助人设置资质要求呢？

从英国司法史的实际情况来看，尽管对专家证人获得专业知识的途径没有作出明确的要求，但那时的法官通常会比较愿意接受曾受过正规教育的证人，相反如没有这样的学业背景，其证言就很难为法庭所采纳。随着时代的发展和社会的进步，法官们虽确实不再关心专家所拥有的专业知识或经验的来源，

---

① 王进喜：《美国〈联邦证据规则〉（2011 年重塑版）条解》，中国法制出版社 2012 年版，第 213 页。

② ［美］约翰·W. 斯特龙主编：《麦考密克论证据》，汤维建等译，中国政法大学出版社 2004 年版，第 31 页。

③ 季美君：《专家证据的价值与我国司法鉴定制度的修改》，载《法学研究》2013 年第 2 期，第 153 页。

④ ［日］中村英郎：《新民事诉讼法讲义》，陈刚、林剑锋、郭美松译，法律出版社 2001 年版，第 72 页。

⑤ 徐胜萍、张雪花：《论民事诉讼专家辅助人制度的完善》，载《海南大学学报（人文社会科学版）》2016 年第 3 期，第 106 页。

但在司法实践中，对那些有名气的、经常在法庭上露脸的专家仍怀有某种偏爱。[①] 并且，即使英美法系国家没有在立法中对专家证人的资质作出严格限制，但"由于专家证人的概念十分宽泛，专家证人的资格问题常常成为法庭辩论的重点，控辩双方都希望通过交叉询问揭露对方专家证人在资格上存在的瑕疵，以降低对方专家证人的可信度或最终达到阻止其做证的目的"[②]。

笔者认为，我国过去对鉴定人设置了严格的门槛，导致鉴定人的资格审查形式大于实质，只在意该鉴定人是否在相关鉴定机构的名录上，而忽视了鉴定人与具体案件专业事实是否对口。民事诉讼法修法新增专家辅助人制度的一个重要目的即是为了弥补鉴定制度的缺憾，故不能重蹈覆辙。对于建设工程施工合同纠纷中的专家辅助人不应设置严格的资质要求，但基于我国国情并不是完全没有要求，确切地说应是设置适当的较低的资质要求。只要专家辅助人的教育经历或工作经历中能够体现其具有案件相关事实所需的建设工程专业知识或技能与经验即可，对于其职称、行内名誉、从业年限等则均不作要求。当然，这只是资格上不作这些方面的要求，但在法庭认定意见的证据力时则不可避免需要考虑这些因素。例如，同样建设工程领域的两位专家，从业年限长短，职称高低、行内名誉的好坏等或多或少会影响到法官的心证。

（二）放宽专家辅助人的启动时间

依据《意大利刑事诉讼法典》第 225 条第 1 款、第 233 条第 1 款以及第 359 条第 1 款的规定，当事人在法官决定鉴定前和决定鉴定之后均可任命自己的技术顾问；而公诉人只有在法官决定鉴定后，或者在其核查体貌样征、进行有关描述、拍照和其他需要专门资格才能实施的技术工作时，才可以任命技术顾问。即专家辅助人不仅可以在审判程序参与，也可以在审前程序参与。[③]

2009 年《最高法公布对网民 31 个意见建议答复情况》中第 17 点答复关于知识产权审判中技术事实认定的问题时，还强调专家证人不受举证时限的限制，在二审程序中也可提供。然而在 2015 年我国修改的《民事诉讼法解释》中将

---

① 季美君：《专家证据制度比较研究》，北京大学出版社 2008 年版，第 31 页。

② 季美君：《专家证据的价值与我国司法鉴定制度的修改》，载《法学研究》2013 年第 2 期，第 153 页。

③ 郭华：《专家辅助人制度的中国模式》，经济科学出版社 2015 年版，第 136 页。

当事人启动专家辅助人的时间明确限定为举证期限届满前。对于这一限定，有学者主张："如果将专家辅助人理解为专家证人，赋予专家意见以证据属性，则依循举证时限制度将当事人申请专家辅助人出庭的期间限定于举证期限届满之前有其合理性。"① 但是，专家辅助人在民事诉讼中的活动除了提出专家辅助人意见外，还包括对鉴定意见进行质证以及双方专家辅助人进行对质等。如果案件审理中法院委托鉴定，在鉴定意见作出后，举证期限已经届满，这样的启动时间限定显然变得不合理，将会"影响当事人对鉴定意见的质证，影响法官对涉专业性问题的案件事实作出客观、公正的心证"②。浙江省高院《关于专家辅助人参与民事诉讼活动若干问题的纪要》第五条则是作出了变通规定：当事人申请专家辅助人出庭，应在举证期限届满前十日或者申请鉴定人出庭做证时一并提出。

对此，有法官主张："可以结合审理案件的实际情况，在证据交换之后限定双方当事人申请专家辅助人的期限；若案件涉及司法鉴定，则在鉴定意见送达当事人之后限定其申请专家辅助人的期限。这样既可充分发挥专家辅助人的作用，又能避免当事人不必要的申请专家辅助人导致的诉讼资源浪费。"③

笔者认为，建设工程施工合同纠纷中专家辅助人的启动时间应当放宽，并在一定程度上借鉴《意大利刑事诉讼法典》，在审前程序以及鉴定意见送达后的 15 日内均可启动。司法实践中，一些案件在起诉时当事人就聘请了专家辅助人对案件中的专业性问题出具书面专家意见，浙江省建筑业协会发布的《关于在工程建设领域建立专家辅助人推荐制度的暂行规定》第二条中亦规定专家辅助人可以提供书面专家意见。此时，虽然当事人没有向法院申请启动专家辅助人，但法院也不能将该专家意见一概置之不理，故在审前程序也可以申请启动民事诉讼专家辅助人。并且，由于在有鉴定意见的情况下，质证、提出意见与进行对质等一般需要围绕鉴定意见展开，为防止"鉴定意见突袭"，允许在鉴定意见送达当事人后的 15 日内启动专家辅助人，这也是较合理的选择。当然，

---

① 徐胜萍、张雪花：《论民事诉讼专家辅助人制度的完善》，载《海南大学学报（人文社会科学版）》2016 年第 3 期，第 105 页。

② 同上。

③ 孙海龙、姚建军：《对专家辅助人制度完善的思考》，载《人民法院报》2008 年 1 月 10 日，第 6 版。

由于是否同意专家辅助人参与建设工程施工合同纠纷的决定权在法院，因此不用担心这样放宽是否会过分浪费司法资源。

（三）构建对专家辅助人故意虚假发表意见的约束制约机制

作为拥有专门知识的人，一方面，专家可以正确运用自己掌握的科学知识和经验，对事实认定者感到不明白的数据进行合理的拼合或解释，帮助事实认定者理解证据或确定争议事实；另一方面，专家也可能误用科学原理和技术方法形成错误的判断，误导事实认定者（包括法官、陪审团成员）作出错误的判断。[①] 而且俗话说："拿人钱财替人消灾。"专家辅助人是由当事人聘请，并且由聘请的当事人支付费用，建设工程施工合同纠纷涉及的标的额又一般较高，如果某位专家的意见完全倒向对方当事人，恐怕这方当事人是不会愿意花钱聘请这位专家的。故建设工程施工合同纠纷中的专家辅助人在事实上不可避免地有一定的偏向性。但即使现实如此，"我们至少应在立法层面上坚持和主张专家辅助人向法庭出具意见应当具有客观性、科学性，强调专家在专业上应当秉持客观、中立场"[②]。《最高人民法院民事诉讼法司法解释适用解答》中也指出："虽然专家辅助人可以对其委托的一方当事人利益服务，但必须以客观陈述、尊重科学为前提。专家辅助人不应当为偏袒一方而故意出具歪曲的意见。"[③] 然而，现有的法律法规尚没有对专家辅助人故意虚假发表意见的约束制约机制，上述客观、科学等要求没有外在的保障很可能变成口号性的空文，实践中还是会出现大量问题。因此，笔者建议，完善建设工程施工合同纠纷中的专家辅助人制度需要构建对专家辅助人故意虚假发表意见的约束制约机制。

那么，应怎样构建对专家辅助人故意虚假发表意见的约束制约机制呢？笔者认为，可以"三管齐下"。第一种约束制约机制是同行的监督和审查，即与行业名誉挂钩。对于该机制，有学者认为"从某种程度上说，有一小部分专

---

① 常林：《司法鉴定专家辅助人制度研究》，中国政法大学出版社 2012 年版，第 130 页。

② 毕玉谦：《辨识与解析：民事诉讼专家辅助人制度定位的经纬范畴》，载《比较法研究》2016 年第 2 期，第 111 页。

③ 吴晓明、杜万华主编：《最高人民法院民事诉讼法司法解释适用解答》，人民法院出版社 2015 年版，第 193 页。

家，他们为了维护自己的荣誉和在业界的地位，必然会在出具专家意见时谨慎行事；而其他大部分的专家，由于不经常参与出庭做证，也没有荣誉需要维护，在面对这种不具有强制性，仅仅依赖专家的自尊心和荣誉感来予以维持的制约方式时，往往视而不见。因此，同行的监督和审查并不是一种十分有效的中立性保障工具，只作为一种潜在的威慑而存在着"①。换言之，光有同行的监督与审查是不够的，还需要其他的约束机制进行外在保障。第二种约束制约机制是用立法明确规定专家辅助人需要客观、科学、中立地发表意见。常林教授曾表示"可以通过法律规范的形式固化专家辅助人的中立性，规制其遵从科学出庭做证的义务；'以自己的名义'分析判断专门性问题，形成与委托人之间相对明晰的关系，即以最大的专业能力提供有价值、有原则的技术服务"②。此外还可以在立法中规定，专家辅助人出庭前需要签署保证书，保证其所发表的专业意见客观公正、遵循科学，绝不故意作出虚假陈述。第三种是通过立法规定故意虚假发表意见的责任追究机制来约束制约专家辅助人，以使其客观与科学地发表意见。对此，如果建设工程施工合同纠纷案件中专家辅助人对专门性问题故意发表虚假的意见，可以借鉴当事人虚假陈述的责任追究机制，对专家辅助人故意发表虚假意见的行为进行处罚。倘若因为专家辅助人故意发表虚假意见造成诉讼拖延或者其他严重妨害民事诉讼的后果，法院可以对该专家辅助人处以罚款或拘留。另外，由于建设工程施工合同纠纷一般标的额较大，如果因一方聘请的专家辅助人故意虚假发表意见导致对方当事人的重大损失，受损害的一方当事人可以另行提起侵权之诉，要求损害赔偿。

（四）要求裁判文书心证公开

台湾学者姜世明在描述自由心证主义时曾指出："法院为判决时，应斟酌全辩论意旨及调查证据之结果，依自由心证判断事实之真伪……法院依自由心证判断事实之真伪，不得违背理论及经验法则。得心证之理由，应记明于判决。"③ 换言之，自由心证要求判决中应写明得出心证的理由，即裁判文书心证

---

① 罗芳芳：《专家意见中立性问题研究：美国法之理论与实务》，中国政法大学出版社 2015 年版，第 219 页。
② 常林：《司法鉴定专家辅助人制度研究》，中国政法大学出版社 2012 年版，第 193 页。
③ 姜世明：《民事诉讼法（下册）》，新学林出版股份有限公司 2015 年版，第 44 页。

公开。"充分的心证公开可以促进当事人与法官的有效沟通，提升当事人对裁判的认可度、服从度，从而真正实现司法公信、树立司法权威。"①

笔者认为，在建设工程施工合同纠纷中，对于专家辅助人提出的意见，法官应综合考虑后进行自由裁量决定是否采信，然而也不能放任法官随意地进行自由裁量，影响到专家辅助人的参与效力。为保障专家辅助人在建设工程施工合同纠纷案件中的参与效力，应当要求裁判文书心证公开。

傅郁林教授曾说"法官通过裁判文书陈述法庭选择、解释和适用法律的决策过程，一方面是对法官任意行使司法权力的程序控制；另一方面有利于抵制社会各界对司法独立性的无端干预，并合法地扩大司法对行政行为的审查权"②。结合本文，笔者认为，法官通过裁判文书的心证公开，一方面能够对法官任意行使专家辅助人意见的自由裁量权进行程序控制；另一方面有利于增加建设工程施工合同纠纷当事人对判决的认可度与服从度，真正实现案结事了。

那么，怎样做到在专家辅助人参与的建设工程施工合同纠纷案件里裁判文书心证公开呢？有学者认为："法院裁判文书在涉专业性问题的事实认定中不仅应列明专家辅助人的个人基本情况，而且应当对案件中出现的鉴定意见、专家辅助人意见以及因此而衍生出的诸如补充说明、补充鉴定、咨询回复等材料进行剖析、阐释，说明作出认定的事实基础、法律依据以及裁量时所考虑的其他理由。"③ 也有学者认为："如果法庭没有采信专家辅助人意见，应当在判决书中对未采信的理由予以说明，不宜简单地以'不科学'或者'没有足够的证据印证'等笼统表达一笔带过。"④ 笔者认为，在建设工程施工合同纠纷案件的裁判文书中，首先应写明专家辅助人的基本情况，如姓名、性别、工作单位等。其次，应对专家辅助人意见进行详细说明，不能像上文提到的判决书那样，只让人知道有专家辅助人的存在，但对其说了什么一无所知。最后，在对专家辅

---

① 徐胜萍、张雪花：《论民事诉讼专家辅助人制度的完善》，载《海南大学学报（人文社会科学版）》2016 年第 3 期，第 103 页。

② 傅郁林：《民事裁判文书的功能与风格》，载《中国社会科学》2000 年第 4 期，第 133 页。

③ 徐胜萍、张雪花：《论民事诉讼专家辅助人制度的完善》，载《海南大学学报（人文社会科学版）》2016 年第 3 期，第 107 页。

④ 郭华：《专家辅助人制度的中国模式》，经济科学出版社 2015 年版，第 188 页。

助人意见进行采信时，要有逻辑地阐述作出心证的理由，不予采信时也应当具体说明为何不予采信。

参考文献

［1］夏万宏. 反思民事诉讼中的"以鉴代审"［J］. 中国司法鉴定，2013（6）：20－25.

［2］黄尔梅. 准确把握立法精神　确保法律正确实施——最高人民法院刑事诉讼法司法解释稿简介［C］//新刑事诉讼法的理解与实施：中国刑事诉讼法学研究会年会文集2012年卷. 北京：中国人民公安大学，2013.

［3］宋春雨. 论《民事诉讼法》司法解释中的若干证据问题［J］. 法律适用，2015（4）.

［4］徐昕译. 英国民事诉讼规则［M］. 北京：中国法制出版社，2001.

［5］郭华. 专家辅助人制度的中国模式［M］. 北京：经济科学出版社，2015.

［6］罗芳芳. 专家意见中立性问题研究：美国法之理论与实务［M］. 北京：中国政法大学出版社，2015.

［7］王亚新. 社会变革中的民事诉讼（增订版）［M］. 北京：北京大学出版社，2014.

［8］徐胜萍，张雪花. 论民事诉讼专家辅助人制度的完善［J］. 海南大学学报（人文社会科学版），2016（3）.

［9］姜世明. 民事诉讼法（下册）［M］. 北京：新学林出版股份有限公司，2015.

［10］傅郁林. 民事裁判文书的功能与风格［J］. 中国社会科学，2000（4）.

［11］常林. 司法鉴定专家辅助人制度研究［M］. 北京：中国政法大学出版社，2012.

［12］毕玉谦. 辨识与解析：民事诉讼专家辅助人制度定位的经纬范畴［J］. 比较法研究，2016（2）.

［13］奚晓明，杜万华. 最高人民法院民事诉讼法司法解释适用解答［M］.

北京：人民法院出版社，2015．

　　[14] 王进喜．美国《联邦证据规则》（2011 年重塑版）条解 [M]．北京：中国法制出版社，2012．

　　[15] [日] 中村英郎．新民事诉讼法讲义 [M]．陈刚，林剑锋，郭美松，译．北京：法律出版社，2001．

　　[16] 孙海龙，姚建军．对专家辅助人制度完善的思考 [J]．人民法院报，2008．

建设工程纠纷中的表见代理

——以举证责任的分配为视角[*]

陈　沸　朱春苗[**]

在建设工程施工过程中存在大量的项目经理或实际施工人以承包人名义对外缔结合同的情况，但囿于建设工程项目中普遍存在的非法转包、违法分包、借用资质的市场乱象，以及针对表见代理制度法律规定的原则性，就具体案件能否构成表见代理因涉及各方利益的分割与平衡，往往引发巨大争议。本文试图从举证责任分配角度就民事诉讼尤其是建设工程纠纷中表见代理行为的认定问题进行梳理与探讨。

一、问题的提出

表见代理属于广义的无权代理的范畴，是指行为人无代理权、超越代理权或代理权终止后以被代理人名义缔结合同，由于行为人具备被授予代理权的权利外观，从而使相对人有理由相信行为人有代理权并与之为法律行为，为保护交易安全及善意相对人的信赖利益，故而认定该代理行为有效，由被代理人承担相应法律后果的一项制度安排。

表见代理的规定最初体现于《合同法》第四十九条。作为对被代理人的救济措施，《最高人民法院关于适用〈中华人民共和国合同法〉若干问题的解释(二)》第十三条明确了被代理人承担责任后对无权代理人的追偿权。但由于合

---

　　* 本文获"中国建设工程法律与争议解决 2017 年度高峰论坛"优秀奖。

　　** 朱春苗，建纬杭州律师事务所律师，山东科技大学法学学士。

同法对表见代理的规定过于原则,《最高人民法院关于当前形势下审理民商事合同纠纷案件若干问题的指导意见》(法发〔2009〕40 号)(以下简称《最高院民商事指导意见》)第四部分"正确把握法律构成要件,稳妥认定表见代理行为",进一步阐明了表见代理的认定规则及构成要件,促进了司法实践中表见代理制度适用的规范性。鉴于《中华人民共和国民法总则》(以下简称《民法总则》)(2017 年 3 月 15 日第十二届全国人民代表大会第五次会议通过)第一百七十二条仍然延续了《合同法》第四十九条中关于表见代理的原则性规定,《最高院民商事指导意见》仍是司法实务中认定表见代理的重要依据。

针对表见代理问题,《最高院民商事指导意见》第十三条规定相对人不仅应举证证明存在有权代理的客观表象,还应证明其善意且无过失地相信行为人具有代理权,而就该条款列明的举证责任的分配是否妥当问题,有待探讨。举证责任的分配在民事诉讼中具有重大影响。根据通说,举证责任具有双重含义,即行为意义的举证责任和结果意义的举证责任。行为意义的举证责任亦称主观证明责任,是指当事人在诉讼中,为避免败诉风险而向法院提出证据证明其主张的一种行为责任。结果意义的举证责任又称客观证明责任,是指待证事实的存在与否真伪不明时,由何方当事人对不利后果进行负担的责任和风险。德国、日本通说均认为,主观证明责任与客观证明责任的分配几乎采用完全相同的方式,二者在绝大多数情形下无须区别对待。[①] 本文所讨论之举证责任,如无特别说明,均含有此双重含义。

就举证责任问题,除有特别适用规定外,我国现行诉讼活动基本上遵循的是"谁主张、谁举证"的一般举证原则,但针对具体个案中举证责任的分配并未制定可以统一适用的判断基准,这也直接导致了不同案件中由于审判法官对于举证责任分配的认识不同而产生"同案不同判"的结果。

二、由被代理人对行为人确系无权代理或其不具有可归责性承担举证责任

(一)表见代理的认定路径

表见代理制度的适用应遵循从有权代理到无权代理再到表见代理的认定路

---

① 徐涤宇:《民事证明责任分配之解释基准——以物权法第 106 条为分析文本》,载《法学研究》2016 年第 2 期。

径，即被代理人应首先举证以排除有权代理的可能，在此基础上，方有适用表见代理的余地。有权代理与表见代理存在本质区别，在行为人是否具备代理权存疑时，应先行审查是否为有权代理，而不应越过该程序直接去套用表见代理的构成要件。若根据现有之证据已可认定行为人确为有权代理，则针对该代理问题的举证程序即应终结，无须再去审查相对人是否"善意且无过失"等。因此，被代理人应首先对行为人确系无权代理的事实进行举证，如行为人超出授权范围、行为人非本单位工作人员、缔约所用之公章或合同章系私刻或盗用、授权材料为伪造文件、行为人的授权已然终止等，若被代理人举证不能的，则需承担不利的法律后果。

在徐州中铁物资有限公司与龙成建设工程有限公司、江苏耀华特种玻璃有限公司等买卖合同纠纷案件①的审理中，最高人民法院即体现了该种裁判思路。最高人民法院认定，行为人徐某某等对外签订和履行涉案合同，属职务行为，故龙成建设工程有限公司申请再审，称二审判决未能认定徐某某等人的行为属于无权代理，未能从是否构成表见代理的角度确认当事人应负责任，属于适用法律错误的理由不能成立。在杨某与云南九州建设集团有限公司、曹某某民间借贷纠纷案件②中，最高人民法院亦明确阐明其审查思路，是否应由九州建设集团有限公司承担清偿债务的责任，就要审查曹某某的借款行为是职务行为还是个人行为，曹某某是否构成有权代理，是否构成表见代理。

（二）被代理人的可归责性问题

在理论与实践中最具争议性的一个问题是被代理人的可归责性问题，即在表见代理的认定过程中是否应考虑被代理人的因素，当被代理人举证证明行为人系无权代理且其不具有可归责性时，被代理人应否承担责任？就该问题，我国民法学界存在两种对立的学说，即单一要件说与双重要件说，两种学说的主要分歧在于是否要求被代理人具有过错。从这个意义上说，双重要件说可以被称为被代理人过错必要说，单一要件说可以被称为被代理人过错不必要说。③

就此，笔者倾向于在表见代理适用中考虑被代理人过错因素的双重要件说。

---

① 参见最高人民法院（2014）民申字第1987号民事裁定书。
② 参见最高人民法院（2016）最高法民申2966号民事裁定书。
③ 杨代雄：《表见代理的特别构成要件》，载《法学》2013年第2期。

因表见代理系属在意思自治原则与合理信赖的价值之间进行衡量后而设定的制度安排，本就以牺牲被代理人之利益为代价，但该牺牲仍应限定在一定的范围之内，若完全忽视被代理人因素在表见代理中的作用，容易导致实质上的不公平，以完全牺牲一方的利益为代价去弥补另一方当事人的损失，实有矫枉过正之嫌。表见代理的构成，被代理人将受到其意思之外的约束，意味着被代理人不利益的附加，当然需要被代理人一侧的归责事由的支持。①

因此如被代理人可举证证明其就无权代理人之行为无可归责之因素，即应排除表见代理制度的适用，从而免除其责任。在建设工程纠纷中典型的如与被代理人无关联之第三人私刻公章或伪造授权文件与相对人签订合同的情况，此时被代理人并无过错，实际上也无可行之措施规避该种风险，此时仍要求被代理人承担责任，未免苛之过甚。在武汉恒钢物流发展有限公司（以下简称恒钢公司）与中铁七局集团第五工程有限公司（以下简称中铁七局五公司）、武汉鼎顺置业有限公司买卖合同纠纷案件②中，最高人民法院即认定，行为人以私刻的中铁七局五公司的印章与恒钢公司签订合同及对账单，恒钢公司虽主张构成表见代理，但未能证明案涉相关人员系中铁七局五公司的工作人员，且中铁七局五公司事先并不知情，事后也未予追认。故应当认定案涉合同并非中铁七局五公司与恒钢公司所签订，而是行为人与恒钢公司所签订。而在达州市建筑工程总公司与北京金梁博宇商贸有限责任公司买卖合同纠纷案件③中，最高人民法院则通过被代理人存有过失情况下第三人私刻公章构成表见代理的认定，反面论证了被代理人可归责性的运用。

三、由相对人就其信赖且有理由信赖行为人有代理权，即行为人具备权利表象进行举证

表见代理构成要件之一即"相对人有理由相信行为人有代理权"，其要求行为人在客观上形成具有代理权的表象以致相对人产生合理信赖。在被代理人

① 叶金强：《表见代理构成中的本人归责性要件——方法论角度的再思考》，载《法律科学》2010 年第 5 期。

② 参见最高人民法院（2016）最高法民终 110 号民事判决书。

③ 参见最高人民法院（2016）最高法民申 2338 号民事裁定书。

已举证证明行为人系无权代理且未能证明其不具有可归责性的前提下，举证责任应转移至相对人，由相对人举证说明行为人虽系无权代理但具备授权的权利，其因有理由信赖行为人具有代理权而与之为法律行为，在举证不能的情况下，相对人则需承担不利的法律后果。

（一）相对人主观上应认定行为人系代理人

所谓代理，系指代理人以被代理人的名义为法律行为，且法律效果归属于被代理人的法律行为。表见代理属广义的无权代理的范畴，故相对人首先应是信赖行为人系有权代理人，并将被代理人作为合同相对人，方能产生代理之效果，否则即不应适用代理制度之规定。在天长市远东钢材贸易有限公司与天长市腾达建筑安装工程有限公司买卖合同纠纷案件①中，最高人民法院即认定，案涉合同是唐某某以项目名义签订，且结合案件证据综合判断，远东钢材贸易有限公司是将唐某某等作为还款主体而非腾达建筑安装工程有限公司，故其并非因相信唐某某有权代理腾达建筑安装工程有限公司而与其签订合同，故不应认定为表见代理。

实践中存在的另一相反情况是，行为人虽以自己名义与相对人缔结合同，但相对人是出于对行为人权利表象的信赖而与之缔约，在相对人举证充分的情况下，仍应有适用表见代理之可能。如湖北省工业建筑总承包集团第三建筑工程公司与王某某、张某某买卖合同纠纷案件②中，最高人民法院即认定，实际施工人张某某虽以自己的名义与王某某签订了《钢材供应合同》，但结合张某某在该工程中全面负责施工以及以委托代理人名义签订施工合同等事实，相对人有理由相信张某某有代理权。

（二）技术专用章或资料专用章等的效力认定

在建设工程项目施工中存在着大量的项目经理或实际施工人以技术专用章或资料专用章签订合同的情况，就该等印章的效力问题，颇有争议。第一种意见认为一般情况下技术专用章等不具备对外缔约的法律效力，除非有被代理人授权或综合当事人的交易习惯、交易先例、交易历史等可以认定该印章具有订

---

① 参见最高人民法院（2016）最高法民申 908 号民事裁定书。
② 参见最高人民法院（2015）民申字第 2687 号民事裁定书。

立合同的效力。第二种意见则认为因实践中存在着大量的以技术专用章或资料专用章签订合同的情况，且无论是项目部公章或是技术专用章等，实际上基本都是由项目部或项目经理为日常经营管理之便利而自行刻制且未予备案，故亦应认定技术专用章的效力，这既符合实践需要，也对维护交易安全具有积极作用。

笔者赞同上述第一种意见。因印章虽具有证明效力，且在一般情形下印章持有人有理由被视为具备权限之代理人，但在使用技术专用章、资料专用章的情况下，该印章已然通过其刻制的名称明确限定其使用范围及其权利边界，此时相对人仅凭该等限权印章即与行为人缔结合同，难以达到"合理信赖"之程度，故不应构成表见代理。同理，该种认定规则也应适用于已明确注明"签订经济合同无效""不得对外订立合同"等信息的印章。在段某某与重庆市渝万建设集团有限公司、重庆凯安建筑劳务有限公司等租赁合同纠纷案件①中，最高人民法院即认为，资料专用章应专用于与公司资料有关的活动，其不具备签订合同的效力，段某某也未举证证明该资料专用章曾用于签订合同，从而具备签订合同的效力，合同相对方段某某对此未尽必要的注意义务，其关于表见代理的主张不能成立。在陈某某与国本建设有限公司、中太建设集团股份有限公司民间借贷纠纷②，江苏九鼎环球建设科技集团有限公司与上海闽绪物资经营部买卖合同纠纷③等案件中，最高人民法院皆持此观点。

但如相对人可举证证明存在特别授权或根据双方交易习惯、经济往来或被代理人在其他经济活动中曾使用该等印章缔结、履行合同的情况等，达到相对人"有理由信赖行为人有代理权"之程度的，亦应可构成表见代理。在王某与青海省建筑工程总承包有限公司建设工程施工合同纠纷案件④中，最高人民法院即认定，技术资料专用章系总承包公司项目部内部施工用章，一般不作为对外公章使用。但根据法院查明的事实，总承包公司在与多个主体的经济往来中均使用过该技术资料专用章，其他施工各方对加盖该技术资料专用章即能够代

---

① 参见最高人民法院（2017）最高法民申641号民事裁定书。
② 参见最高人民法院（2014）民申字第1号民事裁定书。
③ 参见最高人民法院（2016）最高法民申2658号民事裁定书。
④ 参见最高人民法院（2016）最高法民申1131号民事裁定书。

表总承包公司行为均已产生信赖。

（三）项目经理对外收取工程款、借款、担保行为的效力认定

根据《建设工程项目管理规范》（GB/T 50326—2006）规定，项目经理，系公司法定代表人在建设工程项目上的授权委托代理人。项目经理应由法定代表人任命，并根据法定代表人授权的范围、期限和内容，履行管理职责，并对项目实施全过程、全面管理。就项目经理为工程建设的正常推进而对外以承包人名义订立的合同，债权人要求承包人承担法律行为的，一般情况下应予支持，除非承包人有充分证据可证实债权人明知或应知项目经理无相应权限。现各法院对该观点的认定较为一致，《北京市高级人民法院关于审理建设工程施工合同纠纷案件若干疑难问题的解答》（京高法发〔2012〕245 号）、《江苏省高级人民法院关于审理建设工程施工合同纠纷案件若干问题的意见》（2008 年 12 月 21 日）、《杭州市中级人民法院民一庭关于审理建设工程及房屋相关纠纷案件若干实务问题的解答》（2010 年 11 月 1 日）、《四川省高级人民法院关于审理建设工程施工合同纠纷案件若干疑难问题的解答》（川高法民一〔2015〕3 号）等皆持此观点。

但就项目经理以承包人名义对外收款（此处仅讨论项目经理指定将款项汇入其个人账户的行为）、借款或对外担保的行为，能否构成表见代理，司法实务则有不同认定。笔者认为，项目经理无明确授权而对外收取工程款、借款或担保的行为不应认定为表见代理。项目经理在履行项目建设过程中的职权一般为组织工程项目部，调配并管理进入工程项目的人力、资金、物资、机械设备等生产要素，指挥工程项目建设的生产经营活动，参与工程竣工验收，参与工程价款的结算等。因此，项目经理对外收取工程款、借款或担保的行为已明显超出其职权范围，属于项目经理在建设工程项目管理中的反常行为，相对人仅凭项目经理的身份即主张其具备权利表象的，不应构成表见代理。

四、由被代理人就相对人恶意或过失承担举证责任

（一）就《最高院民商事指导意见》第十三条规定之举证责任分配的再
　　　思考

相对人主观状态为善意且无过失，属表见代理构成要件之一应无疑义。在相对方有过错的情形下，不论该种过错是故意还是过失，无表见代理适用之余

地，在最高人民法院公报刊载的兴业银行广州分行与深圳市机场股份有限公司借款合同纠纷案件中，最高人民法院即已明确表达了上述观点。但就相对人善意且无过失的举证责任分配问题，《最高院民商事指导意见》第十三条的规定是否妥当，笔者认为有待商榷。

首先，参照善意取得制度的规定，应由被代理人就相对人恶意或过失承担举证责任。因表见代理制度设计的初衷与《中华人民共和国物权法》（以下简称《物权法》）第一百零六条规定之善意取得制度存有相通之处，即皆有保护交易秩序安全和第三人信赖利益之功用。就我国《物权法》第一百零六条规定的"善意"的举证责任承担问题，有学者从罗森贝克的规范说出发（该学说将民事实体法规范区分为权利发生规范、权利妨碍规范、权利消灭规范和权利限制规范），并以侧重原所有权人利益保护为维度，就《物权法》第一百零六条的条文规定进行分析，由此得出应由受让人承担善意的举证责任的结论。但该观点受到了不少学者的批判，且我国现民法学界的主流观点仍是认为，应当推定受让人为善意，而由主张其为非善意的原权利人就受让人的恶意或过失承担举证责任。[1]

其次，就相对人而言，其对自己主观"善意"的举证实际上是无法穷尽的，该种举证责任分配并不具有可操作性，故其应仅需就代理人的无权代理行为在客观上形成具有代理权的表象并足以使其产生合理信赖承担举证责任，至于相对人存有恶意或过失，应由被代理人提出并举证更为合理，也更为可行。

最后，从比较法上看，大陆法系民法上的表见代理通常要求被代理人就相对人的恶意承担证明责任，德国民法、日本民法、我国台湾地区的"民法"莫不如此。[2]

需要说明的是，在案件诉讼过程的对抗中，相对人证明其合理信赖与被代理人证明相对人恶意或过失之间，并非泾渭分明，而是常常存有重叠或交叉部分。通常相对人为自己"有理由相信行为人有代理权"进行举证和被代理人反驳举证是交叉进行的，是一个举证和质证的交叉进行的过程，法院则根据双方举证情况综合判断，系统认证；一旦相对人证明了自己"有理由相信行为人有

---

① 王利明：《物权法研究》，中国人民大学出版社 2002 年版，第 269 页。
② 杨代雄：《表见代理的特别构成要件》，载《法学》2013 年第 2 期。

代理权"，则其主观上也就当然属于善意，反之亦然，一旦被代理人证明了相对人主观存在恶意或过失，则相对人就"没有理由相信行为人有代理权"，表见代理不成立。①

（二）受益人标准的运用

根据《最高院民商事指导意见》第十四条之规定，在考察相对人的主观状态是否构成表见代理时，还需结合案涉标的物交付方式、实际用途、标的物流向等合同的具体履行因素，在实践中，往往也将被代理人是否从无权代理人之无权代理行为中受益作为一项重要认定标准。《南通市中级人民法院关于建设工程实际施工人对外从事商事行为引发纠纷责任认定问题的指导意见（试行）》（通中法〔2010〕130号）即规定，适用有关规定审查后对是否构成表见代理仍存有重大争议的，应将合同标的物的用途作为重要参考因素予以审查，如购买的材料、租赁的器材和所借的款项实际用于项目施工的，可以认定建筑单位承担责任，且规定由相对人对"合同标的物的用途"承担举证责任。《江苏省高级人民法院民二庭宏观经济形势变化下的商事司法问题研究》（2009年4月23日）亦要求必须结合合同签订和履行过程中标的物交付方式、地点和用途等因素以综合判断合同相对人是否尽到合理注意义务、构成善意无过失。最高人民法院审查的格尔木建宁物资供应站与中国五冶集团有限公司、四川康瑞建筑劳务有限公司买卖合同纠纷案件②，北京同力宏联商贸有限公司与河北建工集团有限责任公司、苏州市祥瑞工程建设有限公司买卖合同纠纷案件③，江苏南通六建建设集团有限公司与王某某及卢某某、马某某民间借贷纠纷④等案件中，最高人民法院均将合同的履行方式、送货地点、标的物流向等作为是否构成表见代理的重要考量因素。

虽受益人标准的运用将因无权代理行为而实际受益的被代理人纳入责任承担范围，并不会过分损害被代理人的利益，但此种认定标准混淆了各当事人间

---

① 参见《最高人民法院关于合同法司法解释（二）理解与适用》，人民法院出版社2009年版，第102－103页。

② 参见最高人民法院（2016）最高法民申2550号民事裁定书。

③ 参见最高人民法院（2015）民申字第1630号民事裁定书。

④ 参见最高人民法院（2013）民申字第909号民事裁定书。

的法律关系：即无权代理人与相对人之间的买卖、租赁或借贷法律关系以及无权代理人与被代理人之间的建设工程合同法律关系。受益人标准存有强行将相对人的损失与被代理人的受益捆绑的嫌疑，不利于理顺当事人间法律关系，妥善处理各方争议，亦不利于抑制实践中项目经理无权代理行为的泛滥问题。并且该标准对相对人来说可能产生实质上的不公平，尤其是要求相对人就"标的物之用途"承担举证责任的情况。因在建设工程纠纷中，标的物如何交付、使用，大部分都是交易达成后项目经理或实际施工人处置标的物的行为，与相对人是否善意无过失及交易主体的确定问题没有本质和必然关系，作为合同相对人来说，其只要全面适当履行合同义务就应获得合同对价，至于合同标的物用于何处，其不负有监督使用的义务。[1] 故笔者建议在司法实践中慎用受益人审查标准，只有在对表见代理的认定存在重大争议，无法确定是否应由被代理人承担责任时，再结合该标准予以审查，且相对人应仅负责对标的物交付地点、交付方式、合同约定用途等进行举证，以证明其已尽到合理的注意义务，至于交付后的实际用途及流向，若被代理人或行为人否认用于工程项目的，则应由被代理人或行为人就标的物的实际用途及流向承担举证责任。

（三）个体认知能力差异考量

就不同合同相对人而言，其教育背景、从业经验、社会阅历、人际交往等之间可能存在或细微或巨大的差异，在认定行为人是否已具有代理权的客观表象，相对人是否已形成合理信赖时，是否需要将相对人的个体认知能力差异纳入考量范围，颇有争议。如《绍兴市中级人民法院关于审理建筑领域民商事纠纷案件若干问题的纪要》（2013 年 10 月 15 日）中即直接规定对合同相对人主观上是否善意无过失的认定，应采用客观认知标准，包括知道或者根据市场规则、生活常识可以推定的应当知道；原则上不认可因个体认知能力不同的差异性。而《上海市高级人民法院民二庭商事合同案件适用表见代理要件指引》则规定，不同的合同相对人主观认知和客观感知存在差异，认定表见代理应当根据不同案件的具体事实进行。司法实践中也存在着诸多对不同相对人苛以不同

---

[1] 周凯：《表见代理制度的司法适用——以涉建设工程商事纠纷为对象的类型化研究》，载《法律适用》2011 年第 4 期。

注意义务的情况。在马某某与温州中城建设集团有限公司、吴某某民间借贷纠纷案①中，最高人民法院即认定，就项目经理借款事宜，相对人作为商人，其对借款合同的订立主体的认知能力理应有一定的商场经验，并在该案中将相对人的具体身份和经验作为认定相对人"善意且无过失"的标准之一。笔者认为，不同相对人因各种因素确实存在认知能力不同的情况，对更有经验的相对人苛以更高的注意义务符合表见代理制度的初衷，表见代理制度的目标之一为保护"信赖利益"，而非疏忽轻信，有经验的相对人未尽到与其经验、能力相匹配的注意义务，难谓其已形成"合理信赖"，故在认定表见代理时，应将相对人个人认知能力差异纳入考察范围。

五、结语

举证责任的分配规则，可以追溯至罗马法时代，其主要解决在案件待证事实处于真伪不明状态时的风险负担问题。因我国现实行的仍是以法律规范为大前提，以案件事实为小前提，最终得出裁判结论的三段论推理模式，故在裁判作出前，寻找到请求权基础后，必然涉及案件事实的证明以及由谁负责证明的问题，举证责任即是在案件事实无法查清情况下直接影响裁判天平的重要砝码。鉴于实践中建设工程领域管理混乱，转包、挂靠、违法分包等不法情况层出不穷，项目经理或实际施工人以建设单位名义对外签订买卖、租赁、借款合同等引发的争议频出，而现行法规关于表见代理制度的规定又偏于原则的现状，"通过对实体法规范的分析发现法律确定的举证责任分配规则"②，合理分配举证责任，在司法实务中具有重要意义。

---

① 参见最高人民法院（2012）民再申字第 93 号民事裁定书。
② 参见《最高人民法院民事诉讼法司法解释理解与适用》，人民法院出版社 2015 年版，第 317 页。

浅议对被收购建筑施工企业承建
项目尽职调查思路的构建[*]

陈　沸　蒋　烽**

一、前言

近年来，工程建设领域中房地产开发企业之间的收购案较为多见，建筑施工企业之间的收购案较为少见。虽然少见，但隐藏在被收购建筑施工企业各层面的风险点却绝不亚于房地产开发企业。

以股权收购方案为例，显见的风险源可来自目标公司、目标股权、子公司、承建项目与分公司等各层面。各层面体现的风险点不尽相同，对股权收购造成的影响也大小不一。尤其是源自承建项目与分公司层面的风险源更是体现了风险点较为密集、复杂且重大的特征，如拖欠工程款、工期延误、项目负责人卷款跑人等，一旦爆发转化为现实风险，轻则使项目亏损致收购方收益减少，重则拖垮建筑施工企业致收购目的完全落空。

然而，单就项目层面的尽职调查工作也非易事。如何既能全面洞悉隐藏在承建项目中的风险源，又能突出重点把控重要风险点，是对法律尽职调查工作的重大挑战。

二、项目层面法律尽职调查工作面临的挑战

项目层面法律尽职调查工作面临的挑战，至少可来源于以下几个层面。

---

　*　本文获"第七届浙江律师论坛三等奖""第三届杭州律师论坛二等奖"。

　**　蒋烽，建纬杭州律师事务所律师，中国人民大学法律硕士。

（一）法律风险本身的特性

法律风险本身的诸多特性，如法律风险因素不可控制、风险是否爆发不可预见、风险后果幅度无法确定等①，会对项目层面的尽职调查工作造成一定障碍，在此，结合笔者自身的办案经验，列举几例。

1. 法律风险的不可控性

法律风险不仅源自目标企业本身，还可能源自不可知的第三方。前者如目标企业资金周转困难无法按约支付供应商材料款的情况下，就存在供应商通过合法乃至非法途径追讨材料款的风险；后者最为典型的如第三方实施的针对目标企业的侵权行为，此更是无法预测。即使是源自目标企业本身的法律风险，也存在目标企业或股东刻意隐瞒不利于目标企业有关事实的情况。正是因为企业在经营过程中，存在着众多令企业自身主观意志所可控或不可控的法律风险因素，穷尽所有法律风险的排查几乎是一项不可能完成的任务。

2. 法律风险具有变动性

以在建工程项目工期延误问题为例，尽职调查时虽查明项目不存在工期延误风险，但后续施工过程中，可能会因建设单位不按约支付工程款、不及时提供图纸等因素导致工期延误。

（二）项目层面风险源密集复杂

项目层面风险源密集复杂的特性，可从建筑施工企业因承建项目会与不同主体产生多层次法律关系中得以体现。概言之，建筑施工企业因承建项目对外产生多条法律关系，包括但不限于：第一条线，建筑施工企业与上游建设单位之间的建设工程施工合同关系（以下简称总承包建设工程施工合同关系）；第二条线，建筑施工企业与下游专业分包单位、劳务分包单位、供应商、租赁商等之间的专业分包合同关系、买卖合同关系、租赁合同关系等；第三条线，建筑施工企业内部与其下属分支机构或在册职工之间的内部承包法律关系；第四条线，施工单位与住建局、税务局等行政机关之间的行政法律关系。每条线上又串联起不同的风险点且风险点呈现的方式、体现的重要度都不尽相同。

---

① 吴江水：《完美的防范——法律风险管理中的识别、评估与解决方案》，北京大学出版社2012年版，第7页。

（三）尽职调查工作的有限性

一般而言，尽职调查工作都是在有限的期间内投入有限的人力、运用有限的方法展开的，而且针对建筑施工企业的尽职调查，对象与范围需囊括目标公司、目标股权、子公司、承建项目与分公司等各大层面，分配至项目层面的时间更是有限。受制于各项有限的条件，对项目层面的尽职调查工作自然无法涵盖所有的承建项目，即使是同一类进度的项目，也无法覆盖项目建设的方方面面。

（四）律师专业能力的局限性

在尽职调查过程中，收购企业往往也会派员前往在建工程项目现场，了解项目建设情况，从而为今后接管项目做准备。值得注意的是，律师与收购企业就关注的内容，无论从广度上还是深度上都有差别。以关注内容的广度角度为例，收购企业作为今后的"主人"，需关注项目安全、文明、质量、进度、造价、管理团队、施工技术、民工工资支付等方方面面；而律师事务所限于专业能力，对施工质量、安全、造价、技术等情况缺乏专业能力鉴别，更多关注其可以有所作为之处，如应收账款、工期等情况。

面对诸多挑战，如若不对项目层面尽职调查要点进行梳理，不区分尽职调查重点，"眉毛胡子一把抓"，势必使风险排查工作质量大打折扣。但问题是，如何有条不紊地对众多的法律风险点进行梳理？按照怎样的架构进行梳理？这是一项在尽职调查工作之初亟须解决之事。

本文试图从项目层面风险排查工作着手，通过梳理不同类型的项目、项目中多条主线的法律关系、不同法律关系线下的风险点，努力构建一张"点、线、面"结合的"风险排查网"，以期达到布控重要层面的重点风险，并以重点风险为突破口，实现"管中窥豹"推测类似项目共通法律风险的目的，从而为有序推进项目层面尽职调查工作架构思路。

三、风险排查网的构建思路

不言自明，项目层面"风险排查网"中的"面、线、点"，分别对应"项目层面""项目层面中的法律关系主线""法律关系主线下的风险要点"三大要素，将此三大要素有序编制在一起，"风险排查网"的框架可初步显现。具体操作进程上，"风险排查网"的构建，需历经项目筛选、梳理法律关系主线、明确审查风险要点3个主要步骤。

第一步，项目筛选。

建筑施工企业作为平台型企业，承建项目众多，以收款比例为划分点，可归为5类，即在建工程、已竣工未结算工程、已结算未付至节点工程款的工程、已结算仅剩质保金的工程与质保金已结清的工程。

5类项目收款比例依序从低到高、收款风险由大到小，自然而然，关注度亦应由高到低。第五类工程因已结清质保金，收款比例最接近100%，收款风险降至最低，故关注度最低，可暂不列入尽职调查范围。第四类工程因仅剩质保金，收款比例一般接近95%，收款风险很小，故无须做重点审查。而其他3类项目收款比例一般为70%~85%，需做重点审查。

但受制于各项条件，亦无法就在建工程、已竣工未结算工程与已结算未付至节点工程款的工程做全面的审查，为此，可以在建工程项目作为重中之重，从在建工程项目层面抽选几个典型项目进行重点审查，基于项目层面法律风险的通性，以从在建工程项目层面发现的法律风险作为突破口来推论其他工程存在的法律风险。

第二步，梳理法律关系主线。

如前所述，在众多条线的法律关系中，重中之重是第一条线，即总承包建设工程施工合同关系，一则关乎应收，二则风险点密集，因此需做重点审查。第二条与第三条线主要涉及应付与内部管理，第四条线涉及行政管理，重要性次之，可做简要审查。

第三步，明确审查风险要点。

各条主线上串联着不同的风险点，比如在第一条线总承包建设工程施工合同关系中，串联着合同无效、欠付工程款、工期延误、质量问题、安全问题、文明问题等风险点；在第二条线建筑施工企业与下游专业分包单位之间的专业分包合同关系中，串联着合同无效、欠付工程款、工期延误、质量问题、安全文明问题等风险点；在第四条线施工单位与住建局、税务局等行政机关之间的行政法律关系中，串联着无施工许可证下违法施工、拖欠农民工工资、偷税漏税等风险点。

虽然第一条线与第二条线上串联的风险点看似表述一致，但实则风险点呈现的方式、体现的重要度皆大相径庭。如同为合同无效，前者主要考察前手，即建设单位与总承包施工单位之间有无取得建设用地规划许可证、有无取得建设工程规划许可证、是否存在必须进行招投标而未招标的情况、中标是否无效、有无资质、有无超越资质等影响双方之间建设工程施工合同无效的要素；后者主要考察后手，即总承包施工单位与专业分包单位之间的专业分包合同是否存在转包、违法分包等无效要素。再比如同为欠付工程款，前者是从应收工程款角度考察建设单位有无拖欠施工单位工程款，后者是从应付工程款角度考察施工单位有无拖欠专业分包单位等下家的工程款。收付之间，孰重孰轻，比较显见。

历经三步构建的"风险排查网"如图1所示。

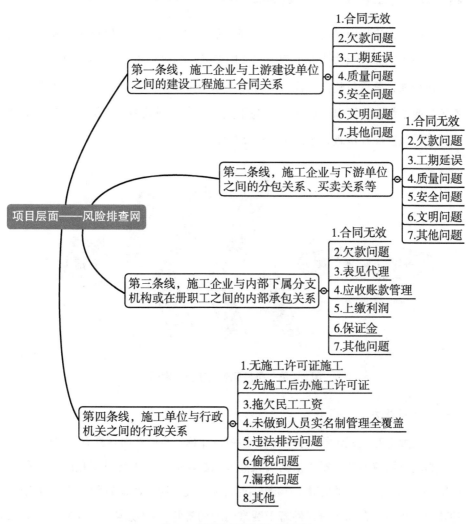

图1 "风险排查网"示意图

构建起的"风险排查网",可起到如下作用。

第一,从宏观角度,有利于整体把控项目层面的风险,为有鉴别、有选择地开展尽职调查工作提供指导。

第二,从微观角度,有利于甄别风险点,对于具体的风险点,可较为精确地定位至属于哪条主线上、哪类项目中特有或共有的风险点,从而避免归类错误而致评估不当的问题发生。

四、以在建工程项目为例的说明

为能更为清晰地呈现"风险排查网"的构建思路,本文以审查在建工程项目第一条主线即总承包建设工程施工合同关系中的风险点为例予以说明。

该类项目总承包建设工程施工合同关系中,主要考察建设工程施工合同的签约与履约情况,可以应收工程款为重点,结合合同效力、工期、质量、安全文明等风险点展开审查,示意图如图2所示。

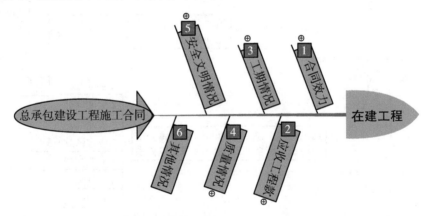

图2 第一条线风险点审查示意图

(一)合同效力

合同效力对工程价款结算依据、违约金计算等实质性内容具有全局性影响。

影响合同效力的因素,依据《最高人民法院关于审理建设工程施工合同纠纷案件适用法律问题的解释》和浙江省高级人民法院民事审判第一庭《关于审理建设工程施工合同纠纷案件若干疑难问题的解答》的规定,主要有:有无取得建设用地规划许可证、有无取得建设工程规划许可证、是否存在必须进行招投标而未招标的情况、中标是否无效、有无资质、有无超越资质、有无挂靠、转包、违法分包等几种因素，示意图如图3所示。

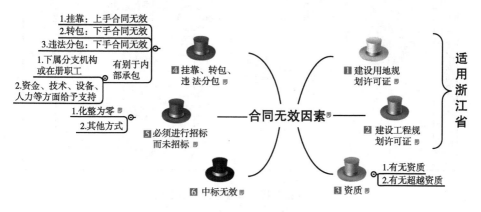

图3 合同无效因素示意图

在该等因素中，因未取得建设用地规划许可证和建设工程规划许可证致合同无效是浙江省高级人民法院民事审判第一庭在《关于审理建设工程施工合同纠纷案件若干疑难问题的解答》中明确的两项内容，其他皆为《最高人民法院关于审理建设工程施工合同纠纷案件适用法律问题的解释》明确的内容。

1. 关于必须进行招投标而未招标

对必须进行招投标而未招标此因素的考察，历经两道环节。

第一道环节：判定项目性质是否属于必须进行招投标的项目，对此，可依据《中华人民共和国招标投标法》（以下简称《招投标法》）《中华人民共和国招标投标法实施条例》《工程建设项目招标范围和规模标准规定》等规范性文件予以识别。经判定，若不属于必须进行招投标的项目，则不影响合同效力；若属于必须进行招投标的项目，继续进行第二道环节：判定有无进行招投标。若项目未经招投标，则可直接判定合同无效。值得注意的另外一种情形是属于法定必须进行公开招投标的项目，却进行了邀请招标的，则亦导致合同无效。示意图如图4所示。

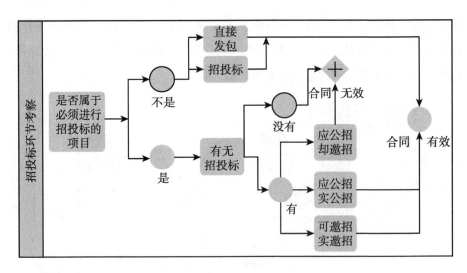

图 4　招投标环节考察内容示意图

2. 关于中标无效

中标无效的情况，依据《招标投标法》的规定，分布在第五十条、第五十二条、第五十三条、第五十四条、第五十五条、第五十七条与第六十四条中，主要包括以下 6 种情形。

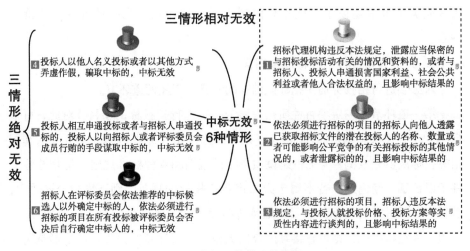

图 5　中标无效的 6 种情形

在这 6 种情形中，又区分了两类情形，一类是绝对无效的情形，只要该等行为发生，即会导致中标无效的后果，如上图左侧所示。另一类是相对无效的情形，虽然该等行为发生，但不一定会导致中标无效，只有在影响中标结果的情况下，才会导致中标无效，如图 5 右侧所示。

3. 关于超越资质

对建筑施工企业有无超越资质承建项目的审查，注意前后两个规范性文件对此的差异性规定。以房屋建筑工程施工总承包企业一级资质企业为例：2001 年 7 月 1 日起施行的《建筑业企业资质等级标准》规定一级企业的承包工程范围为可承担单项建安合同额不超过企业注册资本金 5 倍的下列房屋建筑工程的施工：① 40 层及以下、各类跨度的房屋建筑工程；②高度 240 米及以下的构筑物；③建筑面积 20 万平方米及以下的住宅小区或建筑群体。

而 2015 年 1 月 1 日起施行的《建筑业企业资质标准》对此规定：一级资质的企业可承担单项合同额 3000 万元以上的下列建筑工程的施工：①高度 200 米以下的工业、民用建筑工程；②高度 240 米以下的构筑物工程；取消了"建筑面积 20 万平方米及以下的住宅小区或建筑群体"这一限定。

4. 挂靠、转包与违法分包

对挂靠、转包与违法分包的认定，可依据《建筑工程施工转包违法分包等违法行为认定查处管理办法（试行）》予以认定。

需要注意的是，挂靠行为影响的是前后两手合同的效力，既影响建设单位与总承包施工单位之间建设工程施工合同的效力，又影响总承包施工单位与挂靠人之间的挂靠协议的效力。

转包与违法分包两项因素影响的是后手，即总承包施工单位与转承包人、违法分包合同的承包人之间的建设工程施工合同的效力，而不会影响前手建设工程施工合同的效力。

（二）应收工程款

对应收工程款的审查主要包括两个层次。

第一层次：确定欠款数额。

主要审查建设单位有无欠付目标企业进度款、欠款金额及时间等要素。审查签约要点包括：合同价、进度款支付比例、支付方式、应付时间。审查履约要点包括：上报申请进度款报表时间、申报金额、审批金额。

第二层次：确定债权顺位。

主要审查要点包括：项目有无走账、项目能否适用建设工程价款优先受偿权、项目是否适宜折价或拍卖、目标企业有无放弃建设工程价款优先受偿权、承建项目有无被查封、有无被抵押等情况。

（三）工期情况

工期延误问题，可谓是工程管理中的通病，正所谓十个工程九个拖，而无论工程是国企管理还是民企管理。施工单位工期签证环节管理薄弱，原因林林总总，或因工期签证意识淡薄，或因管理不到位，或因碍于情面难以启齿，等等。无论出于何种原因，终究为建设单位追究工期延误违约金留下了重大隐患。

对工期情况的审查，主要比对工期签约与履约情况，需得出的结论包括：在建项目工期有无延误、延误天数、预估违约金等。

审查签约要点包括：约定开工日期、开工日期的确定标准、约定竣工日期、竣工日期的确定标准、合同工期、工期是否约定可予顺延、约定工期顺延的事由、约定上报工期签证的期限、约定违约责任等。

审查履约要点包括：实际开工日期、应竣工日、有无上报工期签证、上报工期签证是否属约定的可予工期顺延的事项、上报期限是否在约定的期限内、上报签证监理与建设单位有无签收、监理与建设单位有无批准工期顺延及批准的工期顺延天数、预计竣工日期等。

（四）质量情况

质量为工程建设的生命，众参建主体，包括建设单位、监理单位、设计单位、施工单位等都十分重视，工程施工技术日臻完善的今天，也较少发生桩基、基础、主体结构等主要工程部位的质量问题。因质量问题技术性非常强，受限于律师的专业能力，无法就质量问题本身进行鉴别，仅能进行书面审查。

审查签约要点包括：质量标准、违约责任。

审查履约要点包括：已完工程是否已经验收合格、是否存在因质量问题被建设单位扣款的情况。

（五）安全文明情况

同上所述，安全情况也属技术性非常强的领域，受限于律师的专业能力，无法就安全隐患进行鉴别，仅能进行书面审查。

审查签约要点包括：安全文明标准、违约责任。

审查履约要点包括：是否存在因安全文明问题被建设单位扣款的情况。

（六）其他情况

主要审查在建工程项目有无涉诉或涉仲的情况、有无被政府有关部门处罚的情况。

五、结语

纷繁复杂的项目以及项目层面隐藏的密集复杂的法律风险点，对法律尽职调查工作提出了诸多挑战。面对挑战，如何实现既快又准，既能抓住重点又不失全面地识别与评估法律风险，是法律尽职调查工作参与者共同追求的基本目标。

本文努力构建的"风险排查网"以及运用"风险排查网"进行梳理、识别与评估风险，仅仅是一种尝试、一种办法，希望能抛砖引玉，获得更多资深专业人士的批评指正。

工程质量鉴定的质证要点与采信标准

——基于杭州中院 5 个典型案例的考察*

————

曲笑飞

一、关于本文案例样本的来源及数据分析

所谓建设工程质量司法鉴定，是指司法鉴定机构接受委托，运用建设工程相关理论和技术标准对有质量争议的工程进行调查、勘验、检测、分析、复核验算、判断，并出具鉴定意见的活动。①

在当前的人民法院受理的建设工程施工合同纠纷案件中，建设工程质量司法鉴定尚不多见。我们通过"浙江法院网""中国裁判文书网""北大法宝""威科先行"等信息平台，对杭州中院 2008—2015 年审结的建设工程施工合同纠纷案件进行筛选，剔除以调解、撤诉方式结案的案例，收集到共 242 份民事判决书作为研究对象。初步整理后我们发现，近半数案件在审理过程中涉及建设工程造价或建设工程质量司法鉴定，而在二审程序中当事人仍坚持针对司法鉴定意见提出上诉主张的共 34 个，其中仅有 5 个案例与建设工程质量鉴定有关，在作为整个考察对象的 242 个案例样本中占比约 2.1%，在以司法鉴定意见为争议焦点的全部 34 个案例样本中占比约 14.7%。然而，承包、发包双方对于法院审理过程中形成的建设工程质量鉴定意见的认知分歧却异常悬殊，这

---

* 本文获"第二届杭州律师论坛三等奖"。

① 中华人民共和国司法部司法鉴定管理局：《建设工程司法鉴定程序规范》（SF/Z JD0500001—2014）。

5个案件均经历了一审、二审程序，且其中2个案件还经过再审程序（1个尚在高院提审中），另有一个案件是因仲裁裁决书中未做实体处理导致在仲裁结案后发包人就工程质量问题另行向法院提起诉讼，亦经历了一审、二审程序后方告结束。

针对这5个典型案例进一步分析，我们发现，发包人主动以工程存在质量问题提起诉讼的情况几乎不存在，往往是在承包人提出工程价款诉讼请求后发包人才以抗辩或反诉方式提出工程质量问题主张的。在唯一属于发包人主动起诉的案件"杭州德特高压电气设备有限公司与浙江省一建建设集团有限公司建设工程施工合同纠纷"中，之前完成的仲裁程序中仲裁申请仍是由承包人提出的，发包人则随后提出的关于工程质量问题的反请求。

从这5个典型案例中建设工程质量司法鉴定意见的内容角度来看，鉴定机构无一例外均认定工程存在质量问题，但这些司法鉴定意见最终被法院采信的只有3个。在未被法院采信的两个案例中，一个系当事人自行委托鉴定，形式上不符合要求；另一个系工程保修期届满后针对建筑物目前的质量进行的司法鉴定，而无法确定施工单位应否承担责任。

二、关于工程质量鉴定的质证要点

这5个典型案例中，承包、发包双方当事人针对建设工程质量司法鉴定意见提出的不少上诉观点都是值得借鉴的。面对一份明确认定存在工程质量问题的司法鉴定意见，施工单位提出的质证要点通常包括以下几个方面。

1. 建设工程质量司法鉴定的启动条件是否具备

根据《最高人民法院关于审理建设工程施工合同纠纷案件适用法律问题的解释》第十三条的规定，"建设工程未经竣工验收，发包人擅自使用后，又以使用部分质量不符合约定为由主张权利的，不予支持"。而浙江省高院则进一步明确："要严格把握工程质量鉴定程序的启动。建设工程未经竣工验收，发包人亦未擅自提前使用，发包人对工程质量提出异议并提供了初步证据的，可以启动鉴定程序。"然而，即使在建设工程质量司法鉴定并不具备启动条件的情况下，若鉴定已经启动且已出具了鉴定意见，再回头提出启动条件是否具备的质疑则已无济于事了，面对一个明确的鉴定意见，任何中立的裁判者都难以做到无动于衷的。在"浙江裕祥建设有限公司与浙江新镒通实业有限公司、周某建设工程施工合同纠纷"案件中,尽管承包人早已将工程交付给发包人,且发包人关联公司在尚未竣工验收的情况下实际占有使用建筑物长达一年半之久,但一审时已委托鉴定单位进行鉴定且已出具了工程质量不合格的司法鉴定意见,承包人在二审时再提出司法鉴定启动条件不具备的上诉理由也难以挽回了。

2. 建设工程质量司法鉴定的机构及人员是否具备相应的资质

通常,一个完整的工程质量争议解决过程需要经历工程质量司法鉴定、修复方案鉴定与修复造价鉴定3个流程,目前在浙江省范围内尚无一家同时具备这3个方面专业工作必须资质的鉴定单位。多数情况下,为节省司法资源,提高审判效率法院会组织争议双方当事人协商选定一家鉴定单位来完成3个流程的作业,但在协商无果或未保留完整协商记录的情况下,鉴定单位的资质问题往往会成为当事人最容易找到的质疑目标。在"雅鼎卫浴股份有限公司与建德市华新公司有限公司、浙江一帆钢结构有限公司建设工程施工合同纠纷"案件中,发包人提出再审申请时的一个主要理由即在于一审时的工程质量司法鉴定单位不具备工程造价评估资质,而再审过程中法院则重新委托具备工程造价资质的鉴定单位就修复方案出具了新的鉴定意见。

3. 建设工程质量司法鉴定的依据是否真实、科学、有效

作为衡量建筑物是否存在质量缺陷的比照标准,鉴定依据通常包括强制性技术规范与当事人约定标准两种类别。在当事人约定标准与强制性技术规范一致的情况下,无论违反哪一类标准均可确认存在质量缺陷且责任在于施工单位;但在当事人约定标准并不符合强制性技术规范的情况下,如果工程质量不符合后者当然可以确定工程存在质量问题,但该质量问题的责任主体如何确定呢?这里主要涉及举证责任分配的问题。在"浙江裕祥建设有限公司与浙江新镒通实业有限公司、周某建设工程施工合同纠纷"案件中,鉴定结论为"办公室石材不符合施工联系单约定与规范要求,沿街商铺石材规格不符合规范要求",承包人上诉提出石材被认定不符合规范部分未经样品和检材比对等理由。法院认为:施工联系单上明确记载了"外墙干挂花岗岩主材价(根据甲供样品而订)",因此,只是花岗岩主材价格根据发包人的甲供样品而订,至于承包人订购的花岗岩是否与样品完全一致,举证责任在于承包人。即若承包人认为不符

合约定、不符合规范要求的原因系发包人指定样品，则应由承包人进一步举证证明其提供的石材与发包人提供样品是完全一致的，在承包人并无进一步证据证明其主张的情况下，仅凭石材客观上不符合联系单约定和不符合规范要求的现状，并不能得出系因发包人提供样品所致。

4. 鉴定对象目前的质量状况能否代表竣工验收时的质量状况

建设工程质量司法鉴定的范围按时间顺序可大致分为 3 个阶段：竣工验收前，原则上一切质量争议均可通过司法鉴定予以明确；竣工验收后、质量保修期届满前，针对保修范围内的质量争议可通过司法鉴定予以明确；质量保修期届满后，仅可就涉及主体结构安全问题的质量争议通过司法鉴定予以明确。在"浙江省建工集团有限责任公司与浙江凤凰城房地产开发有限公司建设工程施工合同纠纷"案件中，尽管司法鉴定意见足以证明建筑物存在外墙面砖黏合不牢固的质量问题，但由于保修期早已届满，且开发商曾委托案外其他维修单位对该部位进行过检测、维修，导致法院无法判定该工程质量问题的责任在于施工单位，从而认定司法鉴定意见不予采信。

5. 承包人在对司法鉴定意见提出比较充分的质疑理由的同时，有无书面申请重新鉴定或补充鉴定

依照《最高人民法院关于民事诉讼证据的若干规定》第二十七条的规定："当事人对人民法院委托的鉴定部门作出的鉴定结论有异议申请重新鉴定，提出证据证明存在下列情形之一的人民法院应予准许：（一）鉴定机构或者鉴定人员不具备相关的鉴定资格的；（二）鉴定程序严重违法的；（三）鉴定结论明显依据不足的；（四）经过质证认定不能作为证据使用的其他情形。对有缺陷的鉴定结论，可以通过补充鉴定、重新质证或者补充质证等方法解决的，不予重新鉴定。"

可见，鉴定意见只是法院认定事实的一种证据类型，在一方当事人提出比较充分的质疑理由的情况下，只是部分地动摇或削弱了该证据的证明力，而民事诉讼中实行"高度盖然性"证据认定原则，若欲从根本上否定该证据的证明力，尚须申请重新鉴定或补充鉴定方可奏效。在"杭州德特高压电气设备有限公司与浙江省一建建设集团有限公司建设工程施工合同纠纷"案件中，承包人经法院再三释明后仍拒不提出重新鉴定申请，法院即以此为由最终采信了鉴定意见。

三、法院对于工程质量鉴定意见的采信标准

司法机关在个案中的裁决结果，往往结合了许多判决书中无法全部体现甚至难以直接言说的政策追求或利益考量。我们相信，即便个案中真实的裁决理由未必是判决书"言说"的裁决理由，但作为旁观者我们只能获悉这些可以在判决书中"言说"的理由，而且，恰恰也是这些可以在判决书中"言说"的理由才被裁判者当成可以对外展示的规则。通过抽取这些个案中的裁判规则，法院对于工程质量鉴定意见的采信标准得以大致呈现出来。

（一）质量鉴定单位不具备造价鉴定资质，再审时可重新委托造价机构对返修费用进行司法鉴定

雅鼎卫浴股份有限公司与建德市华新公司有限公司、浙江一帆钢结构有限公司建设工程施工合同纠纷

【鉴定意见】

在该案一审中，法院委托浙江省质量检测科学研究院对涉案厂房的彩钢板屋面瓦产品质量进行了鉴定并出具了鉴定报告，鉴定意见为：①经涂层和镀厚度检测，鉴定对象涂、镀层厚度均低于 GB/T 12754—2006 标准要求，同时涂镀层锌层重量偏低，使鉴定对象的耐锈蚀性能下降；②鉴定对象涂层有大量的铁屑颗粒物和其他污染物，使鉴定对象容易产生黄锈和锈蚀；③鉴定对象锈蚀与生产环境因素无关；④一幢厂房屋面彩钢夹心板返修费用估算为634 551.35元（仅供参考）。庭审中，浙江省质量检测科学研究院指派鉴定人王某、陈某及工作人员杨某出庭接受了质询。经查明，一审法院依法指定的鉴定机构——浙江省质量检测科学研究院，系浙江省高级人民法院司法鉴定人名册中具有产品质量鉴定资质的鉴定机构，鉴定人员也具备相应资质，但不具有工程造价评估资质。

【一审认定】

据此鉴定意见，一审法院确认厂房彩钢板屋面瓦产品质量不符合标准，需要全部返修，且每幢厂房屋面彩钢夹心板返修费用估算为634 551.35元，3 幢共计1 903 654.05元。

【双方争议】

针对质量鉴定意见，承包人上诉称：

（1）鉴定依据：鉴定报告所依据的两个国家标准，即《钢结构工程施工质量验收规范》（GB 50205）和《彩色涂层钢板及钢带》（GB/T 12754—2005）是国家标准中所没有的。

（2）鉴定资质：在鉴定报告中签字的 3 位司法鉴定人，均系"借用"其他（方圆集团、诚信公司）的高级工程师，并且这 3 位被"借用"的鉴定人也均无"司法鉴定执业证"。

（3）鉴定工具：检测彩钢瓦质量的工具——日立 S－4700 扫描电子显微镜，其操作人员无上岗证，该仪器又无年检合格证。

（4）鉴定取样程序：鉴定报告鉴定对象为 1～6 号 6 幢厂房的屋面彩钢瓦质量，但鉴定报告仅对 1、2 号两幢厂房进行取样鉴定，并未对另外 4 幢厂房的屋面彩钢瓦质量进行鉴定。但是，原审判决却认定另外 4 幢厂房的屋面彩钢瓦质量也均为不合格。

（5）鉴定意见：鉴定报告更换全部屋面板没有设计院出具的设计意见，屋面彩钢瓦夹心板虽表面生锈但实体仍是完好的，原审判决认定全部更换没有设计依据和科学结论作为证据。

针对承包人的上诉意见，发包人辩称：

（1）关于鉴定依据的笔误问题。原审法院在开庭审理时，鉴定人员应原审法院的要求出席法庭接受了质询，质询时鉴定人员已经表明系笔误，并作出了说明，不能以笔误而否定鉴定报告。

（2）关于鉴定机构及鉴定人的资质问题。原审中，由于三方当事人对鉴定机构的选择不能达成协议，原审法院在浙江省高院公布的司法鉴定人员名册中，选定具有鉴定资质的鉴定机构进行鉴定，庭后又对鉴定机构及鉴定人员的资质和资格进行审核，在判决书中认定具有鉴定资质。

（3）关于鉴定检测工具的问题。承包人认为检测彩钢瓦的工具——日立 S－4700 扫描电子显微镜，其操作人员无上岗证，又无该仪器年检合格证的上诉理由，仅是自己的一种推测，鉴定人员作为高级工程师理应会使用该仪器。

（4）关于鉴定取样程序的问题。原审庭审中承包人认可 6 幢厂房的彩钢瓦质量一致，都是从一个厂家购买的，且鉴定机构多次要求承包人提供买卖合同、发货单、检测报告、质保单等资料，但其一直拒绝提供；而且，鉴定人员在现场取样时对取样标准三方当事人均签字予以确认。

（5）关于鉴定意见是否应经设计院审核的问题。庭审中，出席法庭的鉴定人员明确表示，由于锈蚀已经深达基体，除进行全部更换屋面彩钢瓦外，没有其他修复办法。鉴于屋面彩钢瓦是全部更换，因此不需要设计单位提供设计方案，相反如果是进行局部维修倒是需要设计单位的维修方案的。

【二审认定】

二审法院认为，原审法院根据当事人的申请，在案件审理过程中委托浙江省质量检测科学研究院对彩钢板的质量问题进行了鉴定。该鉴定机构具备相应的鉴定资质，且其在鉴定过程中派遣专业人员，在各方当事人在场的情况下，充分听取了各方当事人的意见，通过现场勘测、取样，并根据现场勘测及样品检测结果进行技术分析而作出了相应的鉴定意见。虽然承包人对浙江省质量检测科学研究院的鉴定过程、方式及鉴定依据等提出了异议，但其并未能提交充足有效的证据证明鉴定机构在鉴定上述方面存在错误，而鉴定依据的标准问题鉴定人员也已明确系笔误造成，故该鉴定意见应可作为法院判断责任的依据。现原审法院根据鉴定意见，认定屋面彩钢板存在质量问题，并结合无法修复的客观实际，判令承包人承担全部返修费用，并无不当。①

【再审新理由】

二审判决后，承包人提起再审申请，再审过程中，承包人另补充了一点即鉴定单位浙江省质量检测科学研究院不具有工程造价评估资质。同时，承包人提交视频光盘一张，欲证明屋顶彩钢夹心板产生的锈蚀是由发包人厂区的污染源引起的，与承包人人没有任何关系。发包人则提出申请对案涉彩钢夹心板的返修费用申请重新鉴定。

【再审认定】

杭州中院再审认为，视频系承包人自行拍摄的发包人部分厂区外景，浙江省质量检测科学研究院出具的鉴定报告已明确鉴定对象锈蚀和生产环境因素无关，故该视频不具有证明力，本院不予确认。由于承包人虽对鉴定报告不认可，却又不申请重新鉴定，也未能提供其所提异议成立的有效证据，且还拒绝提供

---

① 案号：（2013）浙杭民终字第 2450 号。

其所采购的案涉彩钢夹心板的检测报告、验收单、质保单等，因此一审、二审将该鉴定报告作为法院认定案涉产品有质量问题且作为判断责任的依据并无不当。

由于浙江省质量检测科学研究院不具有工程造价评估资质，其对案涉返修费用所作出的"一幢厂房屋面彩钢夹心板返修费用估算为634 551.35元（仅供参考）"鉴定意见，超出了其鉴定业务范围，一审、二审作为判决依据欠妥，故对发包人的申请予以准许。再审过程中，经杭州中院依法委托浙江中瑞江南工程咨询有限公司对涉及的6幢厂房屋顶彩钢夹心板全部更换的直接费用进行鉴定，鉴定结果为：涉案的6幢厂房屋顶彩钢夹心板全部更换的直接费用为4 275 672元。但鉴于发包人对本案3幢厂房原判决承包人支付返修费用1 903 654.05元未提出异议，故原判决实体处理可予以维持。①

（二）鉴定意见仅表明外墙面砖目前的质量状况而非竣工验收时的质量，且保修期早已届满，故质量鉴定意见不予采信

浙江省建工集团有限责任公司与浙江凤凰城房地产开发有限公司建设工程施工合同纠纷②

【鉴定意见】

一审审理中，法院根据发包人的申请，委托浙江瑞邦建设工程检测有限公司对涉案工程的A幢、B幢、D幢外墙面砖工程质量进行鉴定，该公司于2013年3月25日出具编号为RB2012 - FJS01 - 030司法鉴定报告，认为目前凤凰城A幢、B幢、D幢外墙饰面砖黏结强度不合格，同时该公司于2013年7月1日出具质量缺陷修复处理方案，认为：①对出现空鼓松动脱落起壳及黏结强度不合格的区域，应全面敲除后严格按原设计要求进行重新施工，施工过程中必须处理好黏结层与保温抹面层的黏结，尤其是保温抹面层的砂浆的黏结，并按照相关国家标准规范要求进行相应的检测及验收。②饰面砖黏结强度合格的区域可不进行修缮处理。③对大面积的外墙饰面砖，应按每层设置一道分割缝，以补偿温度应力的影响。

① 案号：（2014）浙杭民再字第7号、（2014）浙杭民再字第8号。
② 案号：（2014）浙杭民终字第106号。

另外，原审法院委托浙江韦宁工程审价咨询有限公司对凤凰城 A 幢、B 幢、D 幢外墙面砖修复工程造价进行鉴定，该公司出具的浙韦工审（2013）第 282 号报告，认为修复价款经核算金额为 3 608 720 元。

【一审认定】

一审法院认为：发包人提出反诉认为工程质量存在问题，虽提交鉴定机构的鉴定意见明确目前诉争外墙饰面砖黏结强度不合格，结合涉案工程为竣工验收合格工程，结合发包人委托维修单位也进行了检测及维修，故目前的鉴定意见不能确认饰面砖黏结强度不合格是否为维保期限形成，也不明确是否为承包人施工造成，故发包人要求承包人赔偿外墙修复费用缺乏适合法律依据，不予支持。

【双方争议】

针对一审法院对鉴定意见的认定，凤凰城房地产开发有限公司上诉称：

（1）鉴定意见已足以证明讼争的外墙面砖工程存在质量问题，且该质量问题应由承包人承担责任。

（2）外墙饰面砖工程与外墙面的防渗漏直接相关，其保修期限为 5 年，无论是发包人对承包人提出要求履行整改等修复义务时，还是本案进行工程质量司法鉴定时，都没有超过 5 年的保修期限。

（3）就质量保证责任而言，外墙面砖黏结强度不合格这一质量缺陷已严重危及人身及财产安全，作为承包人，在建筑物及外墙饰面砖工程的合理使用寿命内都需对此承担责任。故原审将竣工验收合格作为承包人免责的理由属于适用法律错误。

（4）发包人委托维修单位进行检查及维修只是凤凰城房地产开发有限公司在建工集团不履行相关义务的情况下处于防止继续发生饰面砖脱落砸伤他人恶性事故而进行的临时应急措施，目的在于防止损失扩大。

针对发包人的上诉观点，承包人答辩称：

（1）建设工程质量司法鉴定存在程序上的瑕疵，更换鉴定机构没有通知承包人。

（2）出具质量缺陷修复处理方案的单位缺乏必要的建设工程设计资质。

（3）修复方案的造价金额过高，对照发包人和维修单位签订的协议可以看出，两者之间的费用差距巨大。

【二审认定】

在二审中，根据发包人的申请，浙江瑞邦建设工程检测有限公司的鉴定人员出庭接受质询。对鉴定人员出庭接受质询所做说明，经双方质证，承包人对鉴定报告的客观性有异议，认为涉案工程已经超过了保修期，当时已经通过竣工验收合格，且发包人自己认可竣工验收合格。鉴定时，因时间较长，故鉴定意见不客观。发包人认为鉴定报告中黏结强度不合格所指就是施工质量问题，虽然案外人参与施工，但当时请案外人杭州润特邦清洁公司进行检查脱落或对已经脱落的部分进行修补时因为已经发生了面砖砸车的事情，从发包人提供的合同看，清洁公司整补只有 150 平方米，不可能把本案中所有的面砖质量问题推到清洁公司。二审法院对鉴定人员所做说明予以采纳。

二审法院认为，涉案工程已经竣工验收合格，并办理备案登记，符合交付条件，虽在审理中，根据发包人的申请，依法委托浙江瑞邦建设工程检测有限公司对上述外墙面砖工程质量进行鉴定，鉴定意见为目前浙江凤凰城 A 幢、B 幢、D 幢外墙饰面砖黏结强度不合格，但该鉴定意见鉴定的是面砖的目前状况，并非是施工当时的，在时间上也已经过了保修期，且 2011 年 1 月，凤凰城房地产开发有限公司已经另外委托杭州润特邦清洁有限公司对 A 幢、B 幢等外墙空鼓等进行检查和修补，故 A 幢、B 幢、D 幢外墙的现状并不能用以证明竣工当时的施工质量，故发包人据此要求承包人按照浙江韦宁工程审价咨询有限公司核算的 A 幢、B 幢、D 幢外墙面砖修复价款 3 608 720 元缺乏依据，不予支持。

【再审进展】

据了解，该案已由浙江省高级人民法院于 2015 年 5 月 12 日裁定提审，目前仍在审理中。[①] 浙江省高院认为，发包人的再审申请符合《民事诉讼法》第二百条第二项、第六项规定的情形。

---

① 案号：（2015）浙民申字第 61 号。

（三）当事人自行委托鉴定不符合形式要求，且其明确表示不要求司法鉴
　　　定，自行鉴定意见不予采信

菏泽卓越房地产开发有限公司与浙江大同建设工程有限公司建设工程
施工合同纠纷①

【鉴定意见】

关于销售展示厅质量问题，发包人自行委托进行司法鉴定，并向一审法院
提交了鉴定报告，说明该工程存在安全隐患和施工质量问题。

【一审认定】

一审法院向发包人指出其提交的鉴定报告不符合形式要求，但发包人明确
表示不要求鉴定。而且，从一审法院委托进行的建设工程造价司法鉴定所出具
的《司法鉴定意见书》载明的事实看，发包人已对销售展示厅投入装修使用，
故发包人自行委托的鉴定报告不予采信。对于承包人实际施工完成部分的工程，
应视为合格。

【双方争议】

发包人认为，根据一审提交的鉴定报告，展示厅工程存在安全隐患和重大
质量问题。

【二审认定】

至于发包人主张承包人所建工程存在质量问题的上诉意见，因发包人已经
实际使用了售楼处，而其虽辩称对 8 号楼、11 号楼提出过质量异议，但并无书
面证据予以证实，且该两幢楼房已经在继续施工，故本院对于发包人抗辩案涉
工程存在质量问题的意见不予采信。

（四）未经竣工验收的工程，虽已交付发包人但并无证据证明其擅自使用
　　　的，法院应发包人申请启动工程质量鉴定并无不当

浙江裕祥建设有限公司与浙江新镒通实业有限公司、周某建设工程施工合
同纠纷②

【鉴定意见】

在案件审理过程中，发包人申请对涉案工程的工程质量进行鉴定。2012 年

---

① 案号：（2015）浙杭民终字第 239 号。
② 案号：（2015）浙杭民终字第 1118 号。

4月20日，浙江中技建设工程检测有限公司出具质量鉴定报告作出以下鉴定意见。办公楼加层部分结构工程施工质量为：①梁、柱钢筋配置不符合施工联系单约定要求；②屋面梁B－D/5轴表观质量不符合规范要求；③构建尺寸、混凝土强度、砌体表观质量等其余参数符合施工联系单约定要求及规范要求。办公楼涂饰工程施工质量符合规范要求。办公楼石材幕墙工程施工质量为：①石材规格不符合施工联系单约定与规范要求；②幕墙框架构件尺寸、节点安装、防腐、板缝施工、渗漏情况符合施工联系单与规范要求。办公楼门窗工程施工质量符合规范要求。办公楼外墙空调架安装施工质量不符合规范要求。沿街商铺石材幕墙工程施工质量为：①石材规格不符合规范要求；②幕墙框架构件尺寸不符合施工联系单约定要求；③幕墙框架节点安装、防腐、板缝施工、渗漏情况符合规范要求。沿街商铺除门框与地面间隙较大外，门窗工程施工质量符合规范要求。沿街商铺外墙空调架安装施工质量不符合规范要求。沿街商铺屋面工程施工不符合施工联系单约定要求。沿街商铺饰面砖工程施工质量符合规范要求。

之后，发包人股东①申请对涉案工程存在的质量问题进行修复方案及修复费用的鉴定。浙江展诚建筑设计有限公司出具修复方案的鉴定报告，并出具加固工程造价评估书，修复工程造价为222 598元。

【一审认定】

关于工程修复的责任问题，因承包人未提供足以证明发包人擅自使用涉案工程的有效证据，故其对涉案工程存在质量问题应承担相应修复责任。而根据鉴定报告涉案工程修复造价为222 598元，故对发包人股东要求承包人支付修复费用222 598元的诉讼请求，该院予以支持。

【双方争议】

针对一审法院启动质量及修复造价鉴定的程序，承包人认为不符合法律规定，故据此鉴定意见判决由其承担修复费用缺乏依据。

（1）涉案工程于2009年11月底即已竣工，应发包人要求，承包人于2009年12月4日向其交付涉案工程全部钥匙，发包人出具了收据。

---

① 案件审理过程中，发包人经股东一致决议解散并办理工商注销登记，应承包人申请法院变更被告为发包人原二股东。

（2）发包人瑞泰置业与使用涉案工程办公的瑞泰投资的法定代表人均为发包人股东周某，两公司的工商登记住所地均为涉案工程所在地杭海路××号，发包人瑞泰置业与瑞泰投资使用同一办公场所，足以证实涉案工程虽未正式验收，但发包人瑞泰置业已在实际使用的事实。

（3）发包人实际使用涉案工程一年零七个月（自 2009 年 12 月 4 日工程交付到 2011 年 7 月 28 日发包人提出反诉）后才主张所谓质量权利并申请质量及修复鉴定，于法无据，法院不应支持。依一个正常人的生活经验判断，假如涉案工程真的如发包人所述存在上诉人交付不当及诸多质量问题，在如此之长的时间内，发包人及其股东均缄口不言，显然极不合常理。

（4）一审中，发包人未提出证据证明其曾就涉案工程存在质量问题与承包人有过交涉，无证据证明其向承包人提出过返工及修复的要求，更无证据证明承包人存在拒绝返工及修复的情形。一审法院启动质量鉴定程序的做法，不仅浪费了司法资源和社会资源，也有违浙江省高院有关指导意见中"要严格把握工程质量鉴定程序的启动"的规定。

（5）建设工程质量鉴定意见及修复鉴定意见存在严重缺陷，一审法院缺乏甄别，导致错误采信。以石材为例，质量鉴定报告就"办公楼石材幕墙工程"及"沿街商铺石材幕墙工程"中给出的结论是：办公楼石材不符合施工联系单约定与规范要求，沿街商铺规格不符合规范要求。但事实上，该两处所用石材的选用标准均来源于第 19 号施工联系单的约定，该联系单载明"外墙干挂花岗岩主材价（根据甲方提供样品而订）"，而承包人正是根据甲方提供的样品选用品牌及规格的。现鉴定报告称所用石材与联系单约定不符，须将相关检材与样品进行比对后才能得到相应结论。而在鉴定过程中，却从未组织双方对封存样品进行比对。另外，鉴定报告认为石材不符合规范要求，存在发包人提供的样品本身即不符合规范要求、发包人样品符合规范但因承包人未按样品选用石材导致不符合规范这两种可能，在没有对比样品的情况下，不能直接确定这就是承包人的过错。

【二审认定】

杭州中院认为：首先，关于一审法院启动质量及修复造价鉴定程序的正当性及鉴定意见的问题。承包人上诉主张发包人在使用了案涉工程一年多后再提出质量问题并申请鉴定，缺乏法律依据。本院认为，根据《最高人民法院关于审理建设工程施工合同纠纷案件适用法律问题的解释》第十三条的规定，建设工程未经竣工验收，发包人擅自使用后，又以使用部分质量不符合约定为由主张权利的，不予支持。而本案中，承包人就发包人已实际使用的事实并未提供充分、有效的证据予以证明，其提供的证据只能证明其已经交付案涉工程。因此，在发包人就工程质量提出异议并申请鉴定的情况下，原审法院启动鉴定程序并无不当。

其次，关于鉴定意见，承包人上诉提出石材被认定不符合规范部分未经样品和检材比对等理由。就此，本院认为，第19号施工联系单明确"外墙干挂花岗岩主材价（根据甲方提供样品而订）"，现鉴定意见为办公室石材不符合施工联系单约定与规范要求，沿街商铺石材规格不符合规范要求，若承包人认为不符合约定、不符合规范要求的原因系发包人指定样品，则应由承包人进一步举证证明其提供的石材与发包人提供样品是完全一致的，在承包人并无进一步证据证明其主张的情况下，仅凭石材客观上不符合联系单约定和不符合规范要求的现状，并不能得出系因发包人提供样品所致。因为根据联系单约定，只是花岗岩主材价格根据发包人甲供样品而订，至于承包人订购的花岗岩是否与样品完全一致，举证责任在于承包人。因此，原审法院采纳鉴定意见并无不当。

（五）维修费用远高于施工费用亦属正常，施工单位放弃重新鉴定申请应承担不利后果

杭州德特高压电气设备有限公司与浙江省一建建设集团有限公司建设工程施工合同纠纷①

【鉴定意见】

2012年10月11日，杭州仲裁委员会受理了承包、发包双方之间的建设工程施工合同纠纷。承包人申请要求发包人支付工程欠款1870余万元及利息，发包人提出仲裁反请求，要求承包人承担费用修复车间环氧地坪开裂起壳、房屋渗漏水、地基沉降、地面开裂、墙体开裂等工程质量缺陷，并赔偿维修期间被申请人的经济损失、提供完整的竣工图和竣工资料各3套。仲裁期间，发包人

---

① 案号：（2015）浙杭民终字第1247号。

申请对工程质量缺陷是否存在、原因、是否属保修范围及修复费用进行鉴定，浙江省质量检测科学研究院接受杭州仲裁委员会委托进行鉴定，认为：根据竣工图纸（图纸号：06316J－2－1）和设计变更通知单（编号：06316－10）对地面面层更改为上做5厚的环氧树脂面层，表明该工程生产车间地面的设计要求为环氧树脂面层厚度为5毫米，6个取样点检测的厚度均不符合设计要求的厚度。鉴定意见认定：①环氧树脂地面不符合设计要求，是由环氧树脂用量不足或施工方法不当造成的，属于保修范围。②E楼热水管漏水缺陷、墙面有渗水、地面积水，是由不锈钢管与不锈钢管件连接不当或密封圈损坏（老化），造成管道漏水而造成的连锁反应，属于保修范围……同时，鉴定估算环氧地坪的返工修复费用单价为175元/平方米，合价为3 795 260元，并说明该费用包含现有地面拆除、自流平地面、底漆及5毫米厚环氧树脂地面、垃圾外运及相关税费，未包含因返修所引起的范围扩大、间接费用等。

【仲裁认定】

2014年3月27日，杭州仲裁委员会作出（2012）杭仲裁字第302号裁决。该仲裁裁决认为环氧树脂地面、E楼热水管漏水缺陷及墙体渗水，属于保修范围，对此承包人在合同约定的保修期内负有保修或者承担支付保修费用的义务。发包人曾通知承包人对环氧树脂地面进行过一次保修，如这次保修未达到要求，发包人应通知承包人再次维修，但没有证据表明发包人在此后有通知承包人再次维修，或者委托他人进行维修，承包人也没有拒绝维修的意思表示，故发包人直接要求承包人支付维修费的条件不具备。另庭审中查明，属于保修范围内的环氧树脂地面发包时核定的造价仅为187万元，现鉴定机构的维修费用估算高达379.526万元，远高于发包时核定造价，该维修费用估算与本案事实不符，仲裁庭不予采信，对发包人的该项仲裁反请求仲裁庭不予支持。发包人应依照《施工合同》中质量保修责任的约定行使权利，因此如再发生争议的，可另案解决。

【一审认定】

该裁决生效后，承包人向杭州市中级人民法院申请执行，发包人以仲裁程序违法等为由提出不予执行申请。2014年6月3日，杭州市中级人民法院作出（2014）浙杭执裁字第7号执行裁定，以"鉴定人同时兼任案件一方当事人的

委托代理人，该关系可能影响案件公正审理"为由，裁定对杭州仲裁委员会
（2012）杭仲裁字第 302 号裁决不予执行。

2014 年 7 月 9 日，发包人向一审法院起诉。请求判令：①承包人承担发包
人厂房环氧地坪修复费用3 795 260元；②承包人立即修复发包人厂房 E 楼热水
管漏水缺陷；③承包人按照合同约定提供完整的竣工图和竣工资料各 3 套；
④承包人承担全部诉讼费用。

一审法院认为，仲裁裁决系因工程造价单位与承包人代理人有关联而裁定
不予执行，浙江省质量检测科学研究院接受杭州仲裁委员会委托对工程质量进
行鉴定，该鉴定本身的程序合法，内容真实，鉴定人员具有相应资质，可以采
信。承包人认为鉴定依据错误和违法，原审法院不予采信，其对质量鉴定证明
力虽持有异议，但经原审法院释明，不提出重新鉴定，应承担不利后果。根据
该鉴定报告，6 个取样点检测的厚度均不符合设计要求的厚度，环氧树脂地面
不符合设计要求，是由环氧树脂用量不足或施工方法不当造成的，属于保修范
围。关于环氧树脂地面维修问题，双方自 2010 年 1 月以来已多次协商，发包人
曾催告承包人维修未果，在本案诉讼中承包人对是否同意维修也不明确表态，
故原审法院判定修复费用3 795 260元应由承包人承担。

【双方争议】

宣判后承包人不服，就环氧地坪维修及费用问题提起上诉称：

首先，一审判决所依据的质量鉴定报告违背事实和法律及国家规范，且无
费用评估资质，其鉴定意见错误，依法不具有证明力。

（1）鉴定报告对 5 厚环氧树脂面层的标准理解错误，违反国家规范和双方
当事人的一致意思，由此得出不符合设计要求的厚度结论错误。根据国家规范
规定，环氧树脂面层由底涂层、中涂层和面涂层共同构成，根据国家规范和双
方当事人对 5 厚环氧树脂面层设计要求的解读应是环氧树脂面层总厚度应达 5
毫米，鉴定报告将 5 厚环氧树脂面层理解为面涂层 5 毫米，是错误的。

（2）施工地面总面积21 687.2平方米，而使用中已损坏需要修补的自流坪
地面面积不足 1000 平方米，鉴定报告将施工的全部面积21 687.2平方米纳入维
修范围违背客观事实和法律规定、合同约定。

（3）费用估算单价每平方米 175 元，维修费用高达3 795 260元，鉴定单位

和人员既无鉴定资质也无任何价格组成依据，毫无依据，且违反常理、常识，不足采信。

（4）鉴定报告的性质是发包人单方提供，而非法院委托第三方作出，鉴定报告形成于仲裁过程中，既然仲裁裁决书被法院裁定不予执行，现发包人将其作为自己提供的证据主张权利，其性质只能是其单方提供的证据，而绝不能视为法院委托第三方所作，对该事项法院如认为应进行鉴定的，应按举证责任分配的原则重新进行，由发包人申请法院进行鉴定，原审判决将其归为承包人的举证责任错误。

其次，即使发包人委托他人修理，依照合同约定，维修费用亦在实际发生后另行解决，仲裁对此裁决符合合同约定，原审判决在维修费用尚未产生的情况下进行裁判，违反合同约定，是错误的。

针对承包人的上诉观点，发包人辩称：

浙江省质量检测科学研究院出具的质量鉴定报告合法有效，无论是仲裁期间还是一审期间，一建公司对该鉴定报告的真实性、合法性均无异议。一审期间，一建公司在法院释明的情况下已经明确表态不申请重新鉴定，因此，原审法院以此作为审理依据，完全正确。

（1）质量鉴定报告是杭州仲裁委员会委托浙江省内权威鉴定机构作出，无论是仲裁期间还是一审期间，双方当事人对其真实性、合法性均无异议，现一建公司提出鉴定单位和鉴定人员不具有鉴定资质的说法毫无依据。

（2）对一份真实合法的鉴定报告，法院有权进行独立的审查判断，而无须也不应受仲裁裁决效力的影响。

（3）承包人认为质量鉴定报告对环氧地坪的鉴定意见不符合国家技术规范的说法毫无依据，不能成立。首先，浙江省质量检测科学研究院是专业鉴定机构，其鉴定工作不会不依据国家技术规范进行。其次，国家技术规范规定的是最低限度的标准，当事人完全可以约定高于技术规范的施工要求，发包人为西门子生产精密设备配件，对地面有很高的要求，要求环氧树脂面层是5毫米厚是正常的。

最后，如果环氧地坪施工符合要求，工程竣工验收时就无须作为甩项进行处理，承包人也无须再承认存在质量问题并多次维修。

（4）如果承包人有证据足以反驳该份质量鉴定报告，应由其向法院申请重新鉴定。但承包人在原审法院释明的情况下仍拒绝申请重新鉴定，应承担不利后果。

【二审认定】

杭州中院认为：本案争议的主要焦点系浙江省质量检测科学研究院出具的案涉工程质量鉴定报告能否作为本案有效证据使用。承包人认为该质量鉴定报告对5厚环氧树脂面层的标准理解错误，就该问题，本院经审查后认为，虽然双方当事人对设计变更通知单（编号为06316－10）"……上做5厚环氧树脂面层"中关于"5厚"的理解存在分歧，承包人认为应理解为整个环氧树脂面层总厚度为5毫米，发包人则认为应理解为环氧树脂面层中的面涂层厚度为5毫米，但案涉质量鉴定报告中所体现的现场取样点环氧层厚度无论理解成是总厚度抑或是面涂层厚度均不足5毫米，不符合设计变更通知单的要求。同时，承包人认为质量鉴定报告中体现的找平层及白色基层应理解为环氧树脂面层中的中涂层的观点，缺乏依据，亦与承包人提供的国家技术规范中关于环氧树脂中涂层的设计标准存在较大出入。故承包人提出的案涉工程质量鉴定报告存在错误理解国家技术规范情形的上诉理由，依据不足，本院不予采纳。基于上述分析以及双方之间形成的函件及会议纪要可知，案涉工程环氧树脂地坪的质量问题并非如承包人所称的仅为破损的地面面积，而是全部的施工面积，质量鉴定报告将全部施工面积作为维修费用的评估范围，并无不当。关于承包人提出的该质量鉴定报告的出具单位及鉴定人员不具备造价鉴定资质的问题，因承包人未提供证据证明，故本院不予采纳。

案涉质量鉴定报告在本案所涉纠纷的仲裁阶段由杭州仲裁委员会依法委托形成，虽然该质量鉴定报告最终并未被仲裁庭采信，但该质量鉴定报告的真实性、合法性并未被否定，承包人在仲裁阶段对该质量鉴定报告的真实性、合法性亦未提出异议。故发包人将该质量鉴定报告作为证据提交使用，并不违反法律、法规的禁止性规定。同时，在本案一审期间，承包人虽对该质量鉴定报告的实质性内容提出异议，但并未举证证明，而且在原审法院向其释明是否需要重新鉴定时，承包人亦明确表示不申请，故根据举证责任分配，应当由承包人承担举证不能的不利法律后果。

关于质量鉴定报告所确定的维修费用数额是否合理的问题，承包人并未提供证据推翻该鉴定数额，且维修费用高于建设之初的施工费用的情形亦并非不存在，故原审法院采纳质量鉴定报告所确定的维修费用，并无不当。根据审理查明，就案涉工程的环氧树脂地坪质量问题双方曾多次协商，承包人也进行过维修，均未维修完成。同时在诉讼过程中，承包人亦因维修范围等问题而对是否继续维修未进行明确表态，故原审法院判令承包人承担质量鉴定报告所确定的维修费用，符合本案实际情况。承包人提出因维修费用尚未实际发生而无须承担质量鉴定报告所确定的维修费用的上诉理由，本院不予采纳。

综合上述分析，原审法院将案涉质量鉴定报告作为本案有效证据予以采纳，并无不当。

四、完善工程质量司法鉴定程序的几点建议

工程质量司法鉴定的难度及其重要作用毋庸置疑，但实践中其暴露的各种问题也引起了广泛关注。如何提高工程质量司法鉴定工作效率和质量，已成为司法机关、鉴定机构、律师及当事人面临的共同课题。在此提出以下几点建议[①]。

（1）鉴定的启动方式应当以当事人申请为主。当事人应当申请鉴定而没有提出申请时，我们建议法官行使释明权。在经释明后当事人仍未申请鉴定或者未缴纳有关费用导致鉴定程序无法启动的，法官可依据现有证据及法律规定径行裁判。在确定哪一方当事人应当申请鉴定时，法官应主要考虑举证责任的分配。原则上对需要鉴定的事项负有举证责任的一方当事人应当申请鉴定。

（2）鉴于建设工程案件的复杂性，建议法官综合考量各种因素，对申请鉴定的时间予以灵活处理。理想的处理方式是在争议焦点确定和举证责任明确分配以后再设定申请鉴定的时限；尽量避免因为在待证事项还未确定的情况下就起算申请鉴定的时限，损害当事人的申请鉴定权利，也影响案件对基本事实的查明。

（3）当事人在申请工程质量鉴定时，也可以就修复方案和修复费用同时提

---

① 中国建设工程法律沙龙、《中国建设工程法律评论》编委会：《当前建设工程案件中鉴定程序存在问题的解决方案初探》（讨论稿2015年11月24日）。

出鉴定申请。法官在此情况下应注意选择那些既有工程质量鉴定资质也有修复方案鉴定资质和价格评估资质的鉴定机构。申请人也可以在经后续审理确定有工程质量问题时，根据质量问题的具体情况再行提出对该质量问题的修复方案以及修复费用的鉴定申请，以确保其索赔的理据充分，也便于法官的裁判。我们建议法官充分体谅和理解申请人分阶段提出鉴定申请的合理性。

（4）法官在接到当事人的鉴定申请时，建议重点关注：关联性原则。委托鉴定的事项应当与当事人所争议的待证事实具有关联性，能够达到证明待证事实的目的。可行性原则。鉴定事项应当属于能够通过鉴定得出结论的事项；鉴定范围最小化原则。法官在委托鉴定前应尽量排除无争议项，只对有争议项进行鉴定，尽可能地减少鉴定次数，严格限制重复鉴定。

（5）在决定进行鉴定后，法官应给予双方当事人合理时间准备相关证据材料。建议双方当事人及代理律师全面、完整地整理鉴定所需要的证据资料。若案情复杂、资料众多，当事人可以考虑另行聘请鉴定专业人员协助整理，以便于鉴定工作顺利推进。鉴定所需的资料其本质就是证据，只有在法官认定为可以采信的证据以后，鉴定机构才能以此作为鉴定的依据。

（6）确定鉴定机构后，建议组织由法官、鉴定人员及当事人共同参加的鉴定准备会，以便高效推进鉴定工作。鉴定准备会的主要目的和内容可以包括以下4方面：第一，鉴定人提出需要双方提供的鉴定资料并确定提交时限；第二，对于双方存在争议的鉴定资料，法官在听取争议各方和鉴定人意见后，决定是否作为鉴定依据；第三，法官就鉴定范围、鉴定标准和方法听取争议各方和鉴定人意见，并作最终决定；第四，法官给鉴定人指定鉴定期限和鉴定步骤。

（7）在鉴定阶段，建议法官工作的重点在以下3方面：第一，对鉴定人的鉴定工作及时督促，必要时可以发出督促函，要求鉴定人按期完成鉴定工作；第二，对于当事人根据鉴定需要补充提供的证据组织质证，作出是否采纳的决定；第三，对于鉴定人无法依专业知识认定的争议项，及时给予认定意见；若一时无法认定，可要求鉴定人作为争议项在鉴定意见中特别列明。

（8）鉴定机构出具的鉴定意见论证应当充分、清晰。工程鉴定具有很强的专业性，鉴定意见的论证过程是否充分，直接决定了法官和当事人对鉴定意见的理解、质证和采纳。鉴定意见论证不应出现：第一，模棱两可。工程鉴定应力求严谨，但实践中偶有鉴定意见中论证和结论不一致的情况，又或者论证过程相互矛盾、模棱两可的现象。第二，依据不清。对建设工程质量进行司法鉴定，不应作出合格或不合格的鉴定意见，而应作出工程质量是否符合施工图设计文件、相关技术规范、当事人约定技术标准的鉴定意见。

（9）建议当事人及其律师聘请专业领域的技术专家对鉴定意见涉及的专业问题进行研究和分析并出具专业意见；也鼓励专家辅助人出庭，以弥补当事人及其律师在专门知识领域质证能力的不足，并可为法官准确判断鉴定意见提供参考。

（10）法官不应过度地依赖鉴定意见，不应认为鉴定意见的证明力绝对大于其他证据；在鉴定意见与案内其他证据有矛盾时，不宜一概地采信鉴定意见，避免以鉴代审。

双方当事人已就工程价款达成结算协议，能否启动司法鉴定程序

——从一起建设工程施工合同纠纷案件谈起[*]

杨　峰[**]

一、案情简介

2011 年 6 月 30 日，浙江某建筑安装公司（以下简称承包人）与辽宁某商贸城有限公司（以下简称发包人）签订机电安装工程施工合同一份，约定由承包人承包某商贸城的二期 A 标的机电安装工程，合同约定"本工程以工程量清单为基础的固定综合单价合同。结算程序为：经过竣工验收后，承包人送审完整的结算资料并具备结算条件后，由发包人（或委托造价咨询公司）在 3 个月内审核完毕"。2012 年 2 月 25 日、3 月 22 日该工程分两次通过初验，2012 年 2 月 28 日，发包人及回迁单位搬入使用。2013 年 12 月 9 日，发包人委托的造价咨询公司（以下简称审价单位）出具审价报告（初稿）一份，载明工程总造价 37 620 788.07 元。2014 年 1 月 8 日，承发包双方签订《关于商贸城机电安装工程的决算说明》（以下简称《决算说明》）一份，其中，双方共同确认审计价款 37 620 788.07 元，扣除优惠价 1 620 788.07 元，最终结算价为 3600 万元。同时确认预埋、室外消防等 4 个固定总价包干的合同金额合计 3 255 760 元，扣除已

　＊　本文获"第二届杭州律师论坛三等奖"。

　＊＊　杨峰，建纬杭州律师事务所合伙人律师，浙江大学法律硕士。

付工程款及应扣除的水电费、审计费等费用后，最终确认尚欠工程款为10 219 319元。该《决算说明》签订后至2014年8月期间，发包人陆续向承包人支付了工程款750万元，余款约271万元未付。之后，承包人多次向发包人催讨，但发包人以工程现场存在未按图施工、偷工减料、质量瑕疵，双方结算价格过高为由拒绝支付余款。为此，发包人又重新委托原审价单位进行审核，该审价单位于2014年12月29日出具审价报告（二稿）一份，载明工程总造价为33 485 366.93元。发包人对照审价报告二稿认为，双方已签署的《决算说明》中的结算价格明显过高，属于显失公平。

2014年12月30日，在催讨工程余款未果后，承包人起诉至工程所在地法院，请求法院判决发包人支付工程余款271万元及相应的利息。诉讼中，发包人又让原审价单位出具了一份审价报告（三稿），载明工程总造价为28 025 725.19元。上述审价报告二稿、三稿发送给承包人后，承包人认为双方已经签署《决算说明》确认工程结算造价，无须审价，故对该二稿、三稿均不予认可。

庭审中，发包人辩称：《决算说明》是在胁迫情况下签订，其确定的价款与实际工程造价相差700万元左右，显失公平，依法应撤销或不予采纳。为此反诉要求撤销该《决算说明》，判决承包人返还工程款（具体以司法鉴定为准），并申请法院对涉案工程造价进行司法鉴定。承包人不同意鉴定，认为双方已就工程价款达成结算协议，且工程现场已经实际使用3年半左右，期间发生大量功能性改造，现场已不具备鉴定条件。法院最终委托辽宁某造价咨询公司（以下简称鉴定单位）对涉案工程造价进行司法鉴定。

2015年12月31日鉴定单位出具鉴定报告一份，分为两个方案。其中方案一的编制方法为按照竣工图结合现场扣减，即竣工图上有但现场没有的工程量直接扣减，得出方案一的工程造价为23 003 194.28元；方案二是在方案一的基础上，根据发包人进一步异议继续扣减，得出方案二的工程造价为22 290 075.43元。承包人对整个鉴定报告均不予认可，认为该鉴定报告的鉴定依据完全错误，应根据竣工图进行鉴定，不能根据当前的工程现场情况对竣工图中的工程量直接进行扣减，该鉴定结论只能代表工程使用后的当前的残值，不能客观反映竣工时的实际工程量。且承包人针对该鉴定报告内的工程量清单，指出漏算、错算的具体工程量合计 1400 多万元。为此，该鉴定单位于 2016 年 2 月 2 日出具修正报告一份，在鉴定报告的方案一、方案二的基础上，增加修正项 1 285 499.95 元，争议项 3 404 021.27 元。承包人仍认为鉴定价格严重偏离工程竣工时的实际造价，明显过低，不予认可。上述鉴定报告及修正报告出具后，发包人据此增加反诉请求为要求承包人返还工程款 1000 多万元。但最后一次开庭结束后，发包人又撤回反诉。

法院经审理认为：合同约定承包人送审结算资料后，由发包人或委托造价咨询公司审核。根据《最高人民法院关于审理建设工程施工合同纠纷案件适用法律问题的解释》第十六条，可以认定双方选择采用委托造价咨询公司审核确定工程价款。虽然双方已经签订《决算说明》确定工程最终结算价为 3600 万元，但该《决算说明》依据的是审价单位的一稿，并非最终审价结果。况且该《决算说明》确定的结算价格与审价单位出具的二稿、三稿的差距甚远，与鉴定单位的鉴定结论也相差 1000 多万元，故不能确定该《决算说明》是双方真实意思表示。鉴于已支付的机电工程的工程款 32 950 681.2 元已经超过鉴定单位给出的工程造价 500 多万元（包括争议项在内的鉴定造价为 27 692 715.50 元），故对承包人要求支付 271 万元工程款的诉请不予支持，判决驳回。一审判决后，承包人不服，提出上诉，目前该案在二审阶段。

二、问题的提出

笔者是上述案件承包人的代理人。我们注意到，该案中，承包发包双方在诉讼前已经就工程价款达成结算协议，且达成结算协议之前，工程已经实际投入使用近两年之久，达成结算协议之后发包人亦履行了部分付款义务。但法院仍然根据发包人申请，启动了司法鉴定程序。不仅如此，在鉴定结果出来后，法院还采信了在承包人看来依据明显不足的鉴定意见，最终以鉴定所得造价与双方协商确定的结算价差距较大为由，认定双方结算协议不是发包人的真实意思表示。

该案中，法院的上述做法是否正确，值得我们深思，由此也引申出类似案件的两个主要争议焦点，也是本文要探讨的两个核心问题：第一，在双方当事人已经达成结算协议的情况下，法院究竟能否启动司法鉴定程序？第二，启动司法鉴定程序后，假如鉴定所得的工程造价与双方协商确定的结算价差距较大，是否可以据此认定显失公平，进而撤销当事人之间已经达成的结算协议或不予采信?

三、司法实践中类似案例及司法指导意见的考察

围绕上述两个核心问题，笔者从法院判例、司法指导意见两个层面出发，展开调研。初步收集了一些法院的判例以及司法指导意见，现整理如下，以供大家学习和交流。

(一) 各地法院的典型案例

案例主要来源于最高人民法院《民事审判指导与参考》、"中国裁判文书网""北大法宝"及有关著述。经删选后，得到与关键词"达成结算协议、鉴定"有关的司法案例 8 个，涉及江苏、江西、北京、浙江、湖南、新疆各省、市、自治区。上述案例中，有 6 个案例均认为双方已经达成结算协议，不应启动司法鉴定程序，2 个案例启动了司法鉴定，但最终对鉴定意见未予采信，现分述如下。

1. 观点一：双方已经达成的结算协议是真实意思表示，一方申请鉴定，法院不予支持。

(1) 最高人民法院《民事审判指导与参考》第 62 期，"薛某某、陈某与重庆交通建设 (集团) 有限责任公司、绵阳市交通运输局、绵阳市重点公路建设指挥部办公室、绵阳市重点公路建设指挥部、绵阳市人民政府建设工程施工合同纠纷案"中，最高法院经二审认为"双方签署的《退场清算协议》是双方自愿协商的结果，是双方真实意思表示，且不违反法律的禁止性规定，应为有效，因以此为依据确定涉案工程款，本案已无须对涉案工程款再进行鉴定"。

(2) 江苏高院 (2014) 苏民终字第 00412 号民事判决，即"江苏省建设集团有限公司与东格尔药业有限公司建设工程施工合同纠纷案"中，江苏高院在判决理由部分的论述尤为精辟，该院认为，"建设工程施工合同中约定发包人在收到竣工决算后两个月内审核完毕，故东格尔药业有限公司负有审核的义务，造价审计只是工程价款结算方式之一，并非法定强制程序，东格尔药业有限公司自行审核或委托他人审核，委托什么机构审核，对审计结论是否认可，东格尔药业有限公司均有选择权，退一步讲，即使不经过造价审计，只要双方当事

人对结算价格协商一致，法律亦予以认可，现东格尔药业有限公司已经签章确认《结算项目汇总》，即使与工程实际情况有出入，也系当事人对自己权利的处分，法律不予干涉"。在该案一审审理过程中，东格尔药业有限公司申请法院依法委托或指定司法鉴定机构对涉案工程进行造价鉴定。江苏省建设集团有限公司不同意鉴定，认为双方进行工程决算时，东格尔药业有限公司已经委托了有资质的鉴定公司做了工程造价审计，对该审计结果双方均认可，对双方具有约束力。一审法院对该鉴定申请未予准许。二审中，东格尔药业有限公司再次申请鉴定，二审法院认为，双方当事人已签章确认了《结算项目汇总》并形成了《还款协议》，故对此鉴定申请不予准许。

（3）北京市第一中级人民法院（2014）一中民终字第05015号民事判决，即"北京城建建设工程有限公司与北京远建建筑工程有限责任公司建设工程分包合同纠纷"一案中，法院认为："对于城建公司所申请的工程造价鉴定，因双方在诉讼前已就工程价款的结算达成协议，故对该公司的工程造价鉴定申请，法院不予支持"。

（4）湖南省高级人民法院（2014）湘高法民一终字第7号民事判决，即"株洲中石新亚管道燃气有限公司与株洲市顺越非开挖技术工程有限公司、茶陵县中石新亚管道燃气有限公司建设工程施工合同纠纷"一案中，一审法院认为，"《茶陵穿越工程结算》协议系双方真实意思表示，不违背法律法规禁止性的规定，应认定合法有效。双方最终确定的实际还应支付工程款为5 436 905.69元是双方涉案工程款真实结算金额，予以确认。自双方达成结算协议后，顺越公司收到工程款600 000元。诉讼中株洲新亚公司、茶陵新亚公司又以上述结算协议无效并要求鉴定，但不能提供充分证据证明上述结算协议存在不当和错误，故该辩解理由和要求不能成立，不予采信"。二审法院认为，"《茶陵穿越工程结算》是当事人的真实意思表示，并得到了当事人的实际履行，应作为本案当事人履行相关付款义务的依据，原审法院判决并无不当，株洲新亚公司关于应通过鉴定确定工程款的上诉主张依据不足，不予支持"。

（5）新疆维吾尔自治区高院伊犁哈萨克自治州分院（2014）伊州民一初字第71号民事判决，即"新疆驼峰工程爆破有限公司与新疆奎山宝塔石化有限公司建设工程施工合同纠纷"一案中，法院认为，双方当事人在诉讼前对涉案工程进行了结算审核，并在《工程项目结算审核签发单》上签字、盖章确认了工程结算总价。因此，双方就工程款数额已经达成结算协议，且该协议不存在无效和可撤销的情形下，对双方均具有拘束力。故对奎山宝塔公司要求对工程造价鉴定的申请不予准许。

（6）江西省高院（2015）赣民一终字第41号民事判决，即"赣州群山投资有限公司与赣州德盛建筑装饰有限公司、何群山建设工程施工合同纠纷"一案中，江苏省高院二审意见认为"经群山公司委托江西金诚工程咨询有限公司审核认定的工程价款18 193 899.04元得到了群山公司和德盛公司的确认。在此基础上，群山公司与德盛公司于2014年3月27日签订了《工程结算协议书》对上述真实发生的事实进行确认。而且，根据《工程结算协议书》确认的工程总价款和应付工程款，群山公司于2014年3月30日以欠条的形式对尚欠工程款进行了确认。这表明《工程结算协议书》的签订时群山公司自愿而为，反映了其真实意思"。

通过以上判例的考察可见，实践中，在双方当事人已经达成工程结算协议的情况下，一方申请司法鉴定的，法院一般不予准许。但上述法院在是否司法启动鉴定程序的把握上，存在细微差别：案例1、2、3中，法院针对已经达成结算协议的，一概不同意启动鉴定程序，特别是江苏高院的判例中，法院认为"即使与工程实际情况有出入，也系当事人对自己权利的处分，法律不予干涉"，说明其更为彻底、明显地坚守"意思自治"立场，以维护合同的稳定性和交易安全。相比较而言，案例4、5中，法院认为"申请鉴定一方未能提供证据证明结算协议存在不当或错误"或"结算协议不存在无效或可撤销的情形"，实则是给启动司法鉴定程序留出一个口子，即如果有足够充分的证据证明结算协议存在无效或可撤销的情形，法院可能会同意启动司法鉴定程序。

2. 观点二：双方已经达成结算协议，一方申请鉴定的，法院同意鉴定，但根据质证情况，对鉴定意见不予采信。

（1）北京市高级人民法院陈旻法官专著《建设工程纠纷案例答疑》[①] 中，标题为《双方当事人自愿达成工程结算协议，一方当事人以显失公平为由要求

[①] 陈旻、金华利：《建设工程纠纷案例答疑》，中国法制出版社2008年11月第1版，第68－76页。

撤销结算协议，并请求人民法院对工程进行造价鉴定的，应如何处理?》一文所涉及的"长江公司与建华公司建设工程施工合同纠纷"一案中，双方签署了《工程竣工结算协议书》及还款协议，诉讼中，长江公司向法院申请造价司法鉴定，法院对工程造价启动了司法鉴定程序，但最终未予采信。法院认为"长江公司对工程已经验收并实际接受使用。事后双方进行了决算，确定了工程总价款，且长江公司支付了部分工程款，表明长江公司对建华公司所完成的工程及工程款的确认，应当按照还款协议履行"。北京高院陈昱法官的评析意见为："长江公司作为涉诉大型工程的发包人，对于工程结算负有审慎的审查义务，其在签署上述两份协议（结算协议、还款协议）时对涉诉工程已经验收完毕并实际使用，对工程的实际情况应当是清楚的，且其在签订协议书后亦部分履行了支付工程款的义务，因此有理由认定长江公司在协议书上签字盖章是其真实意思表示的体现。本案中，法院对工程进行鉴定时错误的，其最终未采用其鉴定结果是正确的。"

（2）杭州市中级人民法院（2013）浙杭民终字第 3463 号民事判决，即"南昌万向城娱乐有限公司（原南昌东方之珠娱乐有限公司）与浙江中南建设集团有限公司（以下简称中南公司）、胡敏建设工程施工合同纠纷"一案中，一审法院查明：实际施工人胡敏向法庭提交了加盖有东方之珠公司的公章，两份工程审核确认单，合计工程决算最终价为 2570 万元。东方之珠公司以多向中南公司、胡敏支付工程款为由，起诉请求判决中南公司返还其多付的工程款，并申请司法鉴定。对此，一审法院虽然启动司法鉴定程序，但对于鉴定报告最终并未予以采信，仍以双方达成的结算文件为准进行结算，二审予以维持。不予采信的理由是：涉案工程已经完工近 4 年，根据鉴定报告记载"有相当部分内容拆除、改建情况，原貌难以还原"，在该情况下再予以鉴定所得出的工程造价与双方协商确认的工程造价存在较大的差距，故以该鉴定结论未依据主张工程款已超付，要求返还，不应予以支持。

（二）各地法院的司法指导性意见

对于"双方当事人达成工程结算协议后，能否启动司法鉴定程序"这一问题，实践中，有的法院在司法文件中作出了明确规定。在笔者能收集到的司法文件范围内，主流观点均倾向于认为，双方当事人已经就工程价款达成结算协议，应当以协议作为结算依据，不应启动司法鉴定程序。具体规定如下。

(1) 浙江省高级人民法院民一庭《关于审理建设工程施工合同纠纷案件若干疑难问题的解答》(浙法民一〔2012〕3号)第十七条："十七、启动工程量和工程价款鉴定程序，应该注意哪些问题？当事人对工程价款存在争议，不能协议一致，也无法采取其他方式确定的，可以根据当事人的申请，对工程造价进行鉴定……人民法院应避免随意、盲目委托鉴定和不必要的多次、重复鉴定。根据双方当事人的合同约定或者现有证据，足以认定工程量和工程价款的，不应再就工程价款委托鉴定。"

(2) 辽宁省高级人民法院《全省房地产案件专题研讨会纪要》(辽高法〔2003〕164号)第十三条规定："在建设工程施工合同纠纷案件中，当事人之间出于真实意思表示，自愿进行的工程价款决算，是认定涉案工程价款决算值的重要依据。一方当事人要求抛开原决算值，对工程价款重新审计、鉴定的，不应予以支持。但合同有特殊约定的除外。"

(3) 北京市高级人民法院《关于审理建设工程施工合同纠纷案件若干疑难问题的解答》(京高法发〔2012〕245号)第三十二条："当事人申请对工程造价进行鉴定的，如何处理？当事人对工程价款存在争议，既未达成结算协议，也无法采取其他方式确定工程款的，法院可以根据当事人的申请委托有司法鉴定资质的工程造价鉴定机构对工程造价进行鉴定……"

(4) 四川省高级人民法院《关于审理建设工程施工合同纠纷案件若干疑难问题的解答》(川高法民一〔2015〕3号)第三十三条规定："当事人对工程价款存在争议，既未达成结算协议，也无法采取其他方式确定工程价款的，人民法院可以根据当事人的申请，委托有司法鉴定资质的工程造价鉴定机构对工程造价进行鉴定……"

(5) 重庆市高级人民法院《关于当前民事审判若干法律问题的指导意见》(2007)第二部分第十一条："建设工程造价鉴定：合同对工程价款没有约定或者约定不明，工程竣工后，当事人双方不能达成结算协议，也无法采取其他结算方式结算工程款的情形，可以委托工程造价鉴定部门对工程款的数额予以审定。审判实践中，还应注意以下问题：建设工程的造价或者工程款的数额不通过鉴定可以确定的，不作鉴定；能不全部鉴定的，则不进行全部鉴定……"

（6）江苏省高级人民法院民一庭丨2015.12.21《建设工程施工合同纠纷案件司法鉴定操作规程》第六部分"建设工程造价鉴定"第二十七条规定："当事人对工程价款存在争议，既未达成结算协议，也无法采取其他方式确定工程款的，人民法院可以根据当事人的申请委托鉴定机构对工程造价进行鉴定。当事人申请工程造价鉴定，人民法院经审查具有下列情形之一的，不予准许：（1）双方当事人就工程款数额已协商一致达成协议……（4）发包人未对承包人提交的结算资料提出异议，符合《建设工程司法解释》第20条规定的；（5）人民法院根据双方提交的结算材料可以直接认定工程款数额的。"

（7）山东省高级人民法院《关于印发全省民事审判工作座谈会纪要的通知》（鲁高法〔2005〕201号）第二部分"关于建设工程施工合同纠纷案件的处理问题"之（二）"关于建设工程造价的鉴定问题"规定："合同对工程价款没有约定或者约定不明，工程竣工后，当事人双方又不能达成结算协议的，也无法采取其他结算方式结算工程款的情形下，可以委托工程造价审计部门对工程款的数额予以审定，但要防止鉴定出现过多过滥的现象。为此会议确定了以下原则：建设工程的造价或者工程款的数额不通过鉴定可以确定，则不作鉴定；必须通过鉴定才能确定工程价款的，要尽可能减少鉴定次数，能不重新鉴定的，则不重新鉴定；必须通过鉴定才能确定工程价款数额的，要尽可能地减少鉴定范围，能不全部鉴定的，则不进行全部鉴定。"

（8）山东省济南市中级人民法院《建设工程案件研讨纪要》第二十二条规定："对建设工程造价的确定应遵循当事人意思自治的原则。建设工程施工合同已经对工程造价进行了约定，当事人又对工程造价申请鉴定的，不应予以准许。"

（9）湖北省高级人民法院《民事审判若干问题研讨会纪要》（2004）：第一部分之（四）"关于建设工程施工合同中结算依据问题"规定："1. 建设工程施工合同有效情况下工程款的结算问题：建设工程竣工验收后，双方对工程已经结算的，应按双方确定的结算结论认定最终的工程价款。……2. 建设工程施工合同无效情况下工程款的结算问题：建设工程施工合同无效，对工程款应当据实结算。当事人能够协商的，从其协商。不能协商的，由承担举证责任的当事人一方申请鉴定……"

通过对上述法院司法指导性意见考察可见，其主流观点均认为只有在双方当事人既未达成结算协议，也无法采取其他方式确定工程价款的情况下，才同意启动司法鉴定程序。换言之，若根据现有的证据（包括结算协议及其他结算材料，甚至司法解释规定的"以送审价为准"条款情况下对工程结算价款的默认）可以确定工程结算价款，则法院不支持启动司法鉴定程序。当然，我们也注意到，辽宁高院的规定里，强调是出于"真实意思表示""自愿"。也就是说，该院认为，如果确有足够、充分证据证明结算协议的意思表示不真实，不排除例外情况下可以启动司法鉴定程序。

四、本文对两个核心问题的分析

从上述法院的裁判案例以及司法指导性意见可以看出，对于第一个问题，多数法院认为，双方已经就工程价款达成结算协议，一方对工程造价申请司法鉴定的，人民法院应不予支持。但实践中，有的法院可能会从查明案件事实或保障诉权角度考虑，先同意鉴定申请，然后再根据质证情况，决定对具体的鉴定意见是否采信。对于第二个问题，鉴定所得的工程造价与双方协商确定的结算价差距较大，是否构成显失公平，各地法院没有明确规定，笔者至今也未搜索到相关判例。下面，笔者将结合所代理的案件，谈谈对上述两个核心问题的看法。

（一）关于双方当事人已经达成工程结算协议，能否启动司法鉴定

首先，是否启动司法鉴定程序，必须坚持"慎重"原则。有的法院可能会认为，申请鉴定是当事人的权利，不同意鉴定，可能损害申请方的诉讼权利，至于采信不采信鉴定意见另当别论。从表面看，是否启动司法鉴定似乎仅仅是一个程序问题，但应当强调的是，一项程序上的权利往往关乎实体权利的得失。的确，启动司法鉴定，受诉法院是保障了一方当事人申请鉴定的权利，但一旦启动鉴定程序，往往就会将另一方置于不利的境地：第一，不可避免的是诉讼的拖延，以及因应对司法鉴定所付出的精力和成本。第二，原本已经尘埃落定的结算造价很可能会因为鉴定结论而被动摇，随之而来的必然是既得利益的受损。因为一旦鉴定结果与双方协商确定的结算价格相差较大，恐怕多数法官都难以做到无动于衷，出于公平也好，规避风险也好，很可能会采信鉴定结论。

如此一来，启动司法鉴定，实际上就必然损害另一方当事人的利益。故笔者认为，面对这样的选择，受诉法院必须慎之又慎。不能仅仅因为想给一方程序上的权利，而盲目、随意地启动司法鉴定程序。否则，很可能以所谓保护一方当事人的诉讼权利的名义，损害另一方当事人的实体权利。上述浙江高院、重庆高院、山东高院的指导意见很好地体现了启动司法鉴定应奉行"慎重"的原则，对司法实践具有重要的指导意义。

其次，结算协议在建设工程施工合同纠纷的价款结算方面具有最高的效力，是双方对自己权利的最终安排和处分。在当事人已经自愿达成工程结算协议的前提下，不应启动司法鉴定。是否为"自愿"，原则上一经签订，即为自愿，具体到个案中，应当根据案件事实和证据综合判断。即综合双方当事人的证据及法庭调查查明的事实，足以认定该结算协议是双方真实意思表示的，应当不予准许鉴定。这些事实主要包括：工程是否已经验收合格、是否实际投入使用，结算协议的签订背景，结算协议的洽商过程及协议内容文字，协议签订后是否签署过还款协议、出具过欠条或者支付过工程款，双方发生纠纷前是否对该协议的效力提出过异议，等等。

下面，以笔者代理的案件为例，具体分析为何足以认定该案的结算协议为双方真实意思表示，而不应当启动司法鉴定程序。

（1）从结算协议的签订背景看，案涉《决算说明》签订之日，发包人对涉案工程已经实际使用近两年之久，对工程现场的实际情况是完全清楚的，即发包人是在知道或应当知道的情况下在该份《决算说明》上签字、盖章。

（2）从结算协议的签订过程看，案涉《决算说明》是双方在发包人委托审价单位的初稿基础上，经过充分协商、讨价还价达成的一揽子协议。该份协议中，双方除一致同意在审价金额基础上以一次性优惠162万元的方式确定工程最终决算价3600万元外，还对其他4个固定总价包干的合同、已付工程款数额及应扣除费用等一揽子事项进行了梳理和确认，最终确认尚欠工程款为10 219 319元。在这个协商、讨价还价的过程中，双方实际上已经考虑了与结算有关的方方面面因素，包括承发包双方各自提出的应予增加或扣减的价款或费用，最终经过讨价还价、综合双方意见后确定在初稿金额上一次性扣除1 620 788元作为双方最终结算价。这个过程包含着双方的意思自治，包含着对各自利益的衡量和取舍，是民事权利主体对自己权利的最终清算和处分，故该《决算说明》在施工合同纠纷中具有最高的效力。

（3）该《决算说明》签订之后，发包人亦部分履行了付款义务。发包人在2014年1月8日签订该《决算说明》后至2014年8月期间，陆续向承包人支付了工程款750万元，由此可见其对该份结算协议的效力是认可的，并且实际上也是按照该份协议在执行的。

（4）从该《决算说明》签订后一直到承包人起诉之日为止，发包人对该份《决算说明》的效力从未提出过任何异议。恰恰是承包人起诉之后，发包人才对该《决算说明》的效力提出了异议，其目的不言而喻。

以上4点，为正面分析。当然，我们也注意到，该案中，一审法院启动司法鉴定，重要的参考依据是审价单位出具的二稿、三稿的造价数额与一稿的金额差距较大（且该院最终还将其作为判定《决算说明》不是发包人真实意思表示的一个理由），但笔者认为，纵然有审价单位的二稿、三稿作为证据，也不足以动摇该结算协议是双方当事人的真实意思表示，不能作为启动司法鉴定的理由，具体如下。

（1）审价单位出具的二稿、三稿是在达成结算协议后，根据发包人单方委托及单方意见核减所形成的，并未经过承包人的确认，故该二稿、三稿本身不能作为判断涉案工程实际造价以及衡量双方协商确定的结算价格是否过高的依据。

（2）承发包双方只是在合同中约定，结算资料由发包人或发包人委托造价咨询公司审核，并未约定以造价咨询公司审核结论为准。除非合同特别约定，以工程审价单位的审价结果为准，审价单位在工程结算中的地位，仅仅是辅助发包人审核，最终结算应以承发包双方确认为准，并非取决于审价单位的结论。

（3）工程结算是平等民事主体之间的当事人处分权利的行为，委托第三方进行审价并非强制性程序，发包人可以自行审核，也可以委托审价单位审核，对于审价报告，发包人可以确认，也可以要求修改和调整。该案的发包人没有选择继续调整或修改，而是选择一次性优惠162万元的方式确定最终结算价，属于其对民事权利的处分，应当受该结算协议的约束。故结算协议签订后，双方已就工程价款的结算事宜达成一致，第三方审价应该终止，没有必要也没有任何理由再出具第二稿、第三稿。

（二）关于启动司法鉴定程序后，鉴定所得的工程造价与双方协商确定的结算价差距较大，法院是否可以据此认定显失公平，进而撤销当事人之间已经达成的结算协议或不予采信

此处，我们暂且抛开鉴定意见明显依据不足，不能被采信的情况不论（因为，若鉴定意见本身依据不足或错误，如杭州中院的判例及笔者代理的案件中的鉴定意见系在现场不具备鉴定条件下作出，其本身就不能作为认定工程造价的依据，当然也就不存在是否因两者差价较大而构成显失公平的问题）。本文接下来要探讨的是，假如鉴定意见确能客观反映工程的实际造价且该造价与双方协商确定的结算造价差距较大的情况下，法院能否据此认定显失公平，进而撤销当事人之间已经达成的结算协议或不予采信？笔者认为，纵然如此，也不构成显失公平，理由有如下几点。

（1）建设工程合同是平等主体之间的协议，当事人有权协商作价，没有任何法律法规强制要求双方当事人必须按照鉴定价或评估价进行结算。

市场经济条件下，绝大多数商品和服务的价格都进行市场调节，非政府定价，建设工程施工合同的价款结算，也不例外。因此，即便鉴定意见所确定的工程造价是客观的、公正的，在承发包双方已经签订结算协议的前提下，也应当尊重当事人的意思自治，以双方协商确定的价格作为结算依据，而不论该协议结算价格高于抑或低于鉴定价格。类似问题，最高人民法院在《关于建设工程承包合同案件中双方当事人已确认的工程决算价款与审计部门审计的工程决算价款不一致时如何适用法律问题的电话答复意见》（民一他字（2001）第2号）已经明确指出："审计是国家对建设单位的一种行政监督，不影响建设单位与承建单位的合同效力。建设工程承包合同案件应以当事人的约定作为法院判决的依据。只有在合同明确约定以审计结论作为结算依据或者合同约定不明确、合同约定无效的情况下，才能将审计结论作为判决的依据"，充分体现了最高法院对"意思自治原则"的尊重。虽然上述答复系针对政府财政审计，但从尊重当事人的民事权利及意思自治的精神来看，是同样适用于司法鉴定的。同理，在双方当事人已经达成工程结算协议的情况下，即使司法鉴定所得造价与

协议结算价格不符，也应当以协议价格为准。因为工程价款的结算，是平等主体之间处分民事权利的协议，无论协议价格与工程实际造价是否有出入，均属于双方对自己的民事权利的处分，应当以当事人约定为准，法律不应予以干涉。

（2）当事人选择以"协商作价"的方式确定工程价款，实际上包含一个讨价还价的磋商过程，在这个磋商过程中，有时可能并不仅仅考虑工程实体造价的问题，还可能将其他经济因素包含在双方讨价还价确定的结算价格内。

比如，停工、窝工的补偿，垫资成本、人工、材料价格上涨的补偿，甚至出于长期合作或友情等方面考虑而给予的让利或补贴，等等。当然，可能基于某种原因，当事人未必在该结算协议中，将上述作价因素予以明示。但如果非要抛弃当事人协商确定的价格，而代之以鉴定价格为准进行结算，有时候反而违背双方当事人真意。

（3）如当事人选择以一次优惠作价或一次性补偿的方式协商确定工程最终结算造价的场合，意味着双方当事人自愿承担估价不准的风险，该风险属于商事主体在市场交易过程中的商业风险，应当由双方当事人自行承担。

建设工程价款的结算，可以协商作价，也可以委托第三方审价，第三方审价并非强制程序。换言之，只要双方当事人协商一致，即使不委托第三方审价也完全可以，第三方审价只是供发包人和承包人参考，是否认可，发包人和承包人均享有选择权。若双方当事人没有选择让审价单位继续审价，而是在审价单位出具的审价报告（无论第几稿）的基础上自愿协商，以承包人一次性优惠让利或者以发包人一次性补偿的方式确定最终的结算造价。则一旦确定，即使事后发现该工程的实际造价与双方确定的结算价格严重偏离，双方也不能反悔。其理由在于，双方在确定一次性优惠或补偿价款时，应视为已将所有影响结算的因素考虑在该一次性优惠价或补偿价内，这是一种商业判断，属于商业风险，应当自行承担估价不准的风险。如任由反悔，将助长不诚信的行为，并严重影响交易安全。以笔者代理的案件为例，双方当事人在第三方审价单位出具初稿后，完全可以选择继续审价、核对、修改，直至逐步缩小争议范围、最终确认工程造价，也可以根据自己对工程造价的估算，选择一次性优惠的方式协商确定最终结算造价，而一旦选择一次性协商作价，就意味着双方均可能要承担估价不准确（协商作价可能高于或低于工程实际造价）的风险。

（4）显失公平必须符合《合同法》规定的构成要件，除要求权利义务严重失衡外，还应考虑合同主体的经验及判断能力以及签约时的主观认识情况，建设工程施工合同双方不符合显失公平的主体条件。

"显失公平"有严格的构成要件，根据《民法通则若干意见》第七十二条规定，除要求权利义务严重失衡外，还要求在订立合同时一方当事人利用了自己的优势或对方缺乏经验，即通常是在对方对有关情况不清楚、不了解的情形下签订了合同，从而导致该合同背离了自己的真实意思。建设工程施工合同纠纷中，一般情况下，发包人均是有经验的开发商，承包人是有经验的承包商，并不存在承包人利用其优势或利用发包人没有经验的情况。此外，根据工程惯例，一般工程结算是发生工程竣工、验收完毕后或交付使用后，双方达成结算协议之时，双方对工程现状是清楚和了解的，并非在缺乏了解或仓促之下签订的，故其主体条件不符合。

（5）显失公平必须以当事人提出撤销之诉，且不超过法律规定的除斥期间为前提。

根据《合同法》的规定，即便显失公平的所有构成要件均符合，人民法院对显失公平也不能主动适用，必须以当事人提出撤销之诉为前提，且人民法院应审查是否超过了撤销权行使的期限。假如当事人没有提出撤销之诉，或者撤回了撤销之诉，那么，双方所签订的结算协议就是确定有效的，既然是有效的，法院应当维持该结算协议的效力，以此作为结算依据，而不能主动撤销或摒弃双方当事人的结算协议。如此做法，否则，有违合同法关于可撤销合同的规定以及民事诉讼法关于人民法院"不告不理"的原则。以笔者代理的案件为例，该案的发包人签订该《决算说明》时就知道或应当知道现场情况，其如果要以工程现场实际情况与结算工程量不符为由主张显失公平，要求撤销该结算协议，应当在一年内提出撤销之诉，但其提出反诉要求撤销之日已经超过一年，故其撤销权已经丧失，更何况其最终还撤回了反诉。故在当事人没有申请撤销的情况下，受诉法院以所谓的"不能确定其系被告真实意思表示"为由摒弃该结算协议，无异于变相地撤销或否定了该协议，显然是错误的。

五、结论意见

通过对审判实践中各地法院对类似案件的处理意见以及对笔者所代理的案

件的深入分析，笔者得出以下两点结论。

（1）若双方当事人已经就工程价款达成结算协议，一方当事人申请鉴定，一般情况下，人民法院不应当启动司法鉴定。除非申请鉴定的一方确有"足够、充分"的证据证明，双方达成的结算协议存在无效或可撤销的情形。

这里必须强调的是，所谓的"足够、充分"的证据，必须由申请鉴定的一方当事人独立举证，在启动鉴定之前就完成举证，不能倒过来将"司法鉴定报告"作为证明结算协议存在无效或可撤销事由的证据。即在法院决定启动司法鉴定程序之前，申请鉴定一方必须先完成举证义务，提供其他充分、有效的证据来证明该协议存在无效或可撤销的情形。且对证据是否充分、有效，法院应从严掌握，达到高度盖然性的标准，即仅凭这些证据，即使没有司法鉴定也足以让法官相信，双方达成的结算协议非常有可能存在无效或可撤销的事由。只有申请人完成了该举证义务，法院才能同意启动司法鉴定，此时，通过司法鉴定只不过起到进一步印证的作用。以笔者代理的案件为例，发包人所提供的证据，根本就达不到"足够、充分"的标准，因为无论是其自行拍摄的现场照片，还是单方委托审价单位出具的二稿、三稿，均是在工程使用多年以后形成的，不能客观反映工程竣工时的情况，且工程量出入如此之大，明显与该工程通过消防验收、竣工验收备案等事实自相矛盾，此类证据显然不足以证明结算协议存在无效或显失公平等可撤销情形，故受诉法院据此启动司法鉴定是错误的。

（2）鉴定意见仅仅是证据的一种，人民法院应当认真听取双方当事人对该鉴定意见的质证意见，对于依据明显不足的鉴定结论应不予采信，即使采信鉴定意见，也不能仅仅以该鉴定意见与双方当事人协商确定的结算价差距较大为由，认定双方结算协议存在显失公平。

笔者认为，人民法院应当综合考虑显失公平构成的要件、撤销权是否行使以及撤销权行使期限是届满等因素，决定是否适用显失公平。另外，民法注重公平，商法注重效率，建设工程施工合同的性质属于商事合同，商事主体应对自己的商业判断负责，承担商事合同固有的商业风险，故显失公平在商事领域应当慎用。

建设工程领域刑事案例实证分析

——基于杭州地区法院27个刑事判决的考察[*]

————

侯志会　施飞军[**]

一、案例研究方法及说明

本文案例选取样本为杭州市中级人民法院及地区内的基层法院，而并未局限在杭州市中级人民法院这一审级。原因有二，一方面在于刑事案件的特殊性。实务中刑事案件的上诉率和上诉改判率均远低于民商事案。另一方面，建设工程领域的刑事案件，在一审法院被告人多数已取得缓刑结果，上诉二审的较少（本文27例案例中只有3例上诉）。基于上述两因素考虑，本文选取的案例样本共计7个罪名，共27份判决书，包括杭州中院及杭州中院依法监督和指导所辖10区4县（市）基层法院。

需要指出的是，同在杭州地区的浙江省高级人民法院和杭州铁路运输法院的案例不在本文选取范围之内。另外，由于法院网上公开裁判文书的局限性，本文选取的案例尚不能包括杭州地区法院建设工程刑事犯罪领域中7个常见罪名的所有案件。

本文案例检索自2013年1月1日起至2015年12月31日止，杭州地区法院关于建设工程领域的7个主要罪名的案件情况。时间区间为3年。数据来源为中国裁判文书网、浙江法院公开网、威科先行及无讼案例。

---

　*　本文获"第六届浙江律师论坛三等奖"。

　**　施飞军，建纬杭州律师事务所律师，西南政法大学法学硕士。

二、2013—2015 年杭州地区法院建设工程领域常见罪名的概括分析

表1 2013—2015 年建设工程领域 7 个常见罪名分布情况

案件类型	案件数量/个	占 27 个案件总数比例/%
重大责任事故罪	7	25.92
伪造公司印章罪	8	29.62
非国家工作人员受贿罪	5	18.51
拒不支付劳动报酬罪	3	11.11
串通投标罪	2	7.4
职务侵占罪	1	3.7
挪用资金罪	1	3.7

通过检索发现，2013—2015 年建设工程刑事犯罪领域，杭州地区法院判决了上述 7 个罪名的案件，总计有 27 份判决书。从表 1 可见，有几个特征值得关注。

1. 重大责任事故罪、伪造公司印章罪、非国家工作人员受贿罪这 3 个罪名占到近八成。显示出近 3 年，杭州地区法院此 3 个罪名在建设工程涉刑事犯罪领域的高发态势，案发的 3 个罪名在该领域较为集中。

2. 职务侵占罪、串通投标罪、挪用资金罪在 3 年的时间内，各有 1 个案例，显示出近 3 年，杭州地区法院此 3 个罪名在建设工程领域的偶发态势。

三、七个常见罪名的实证分析

（一）重大责任事故罪

重大责任事故罪规定在《中华人民共和国刑法》（以下简称《刑法》）第一百三十四条第一款："在生产、作业中违反有关安全管理的规定，因而发生重大伤亡事故或造成其他严重后果的，处三年以下有期徒刑或者拘役，情节特别恶劣的，处三年以上七年以下有期徒刑。"

1. 本罪犯罪主体

根据最高人民法院和最高人民检察院 2015 年颁布的《关于办理危害生产安

全刑事案件适用法律若干问题的解释》（法释〔2015〕第22号）第一条规定：
"刑法第一百三十四条第一款规定的犯罪主体，包括对生产、作业负有组织、
指挥或者管理职责的负责人、管理人员、实际控制人、投资人等人员，以及直
接从事生产、作业的人员。"

本罪犯罪主体突破直接主管责任人员，增加了实际控制人、投资人等主体，
主体范围进一步扩大。另外，单位不是本罪的犯罪主体。7个案例中，共有被
告人14人。其具体构成如表2所示。

表2　重大责任事故罪犯罪主体

犯罪主体	人次	比例/%
实际施工人	9	64.28
发包人负责人	1	7.14
项目经理	1	7.14
项目施工员	1	7.14
项目安全员	1	7.14
分包单位负责人	1	7.14

从表2可见，近3年间，杭州地区法院在重大责任事故罪责任主体认定上，
以实际施工人主体身份涉刑最多，占比超过半数，达到64.28%。实际施工人作
为最高人民法院关于《建设工程施工合同司法解释》所创设的新概念，其所指的
"实际施工人"系在施工合同无效情况下，实际参加建设工程施工的施工合同主
体，主要包括转包、违法分包、借用资质与他人签订建设工程合同的承包人等。

【裁判要旨】发包人在未委托设计单位进行建筑方案设计，即将工程发包
给不具有相应建筑资质的承包人情形下，发生重大责任事故的，发包人负责人
和个体承包人共同构成本罪。

【实务案例1】发包人临安市保通车辆综合性能检测有限公司决定修建一
条车辆检测坡道，并由担任公司后勤部经理的被告人陈某负责该工程。后被
告人陈某在未委托设计单位进行建筑方案设计的情况下，将该工程发包给不
具备相应建筑资质的被告人周某承建，且双方未签订书面合同。被告人周某
在无设计图纸、无施工经验、无安全防范措施情况下，安排人员施工。后因
在建的胎模墙突然倒塌，致使正在作业的3名工人死亡。案发后，涉案公司

及被告人周某与被害人家属达成调解协议，并已支付赔偿金，取得谅解。法院认为，被告人陈某、周某在生产、作业中违反有关安全管理的规定，因而发生重大伤亡事故，情节特别恶劣，其行为均已构成重大责任事故罪。据此，法院判处被告人陈某有期徒刑三年，缓刑四年；判处被告人周某有期徒刑三年，缓刑四年六个月。

2. **本罪客观表现**

本罪在客观方面主要表现为生产、作业过程中违反有关安全管理的规定。

如何认定"有关安全管理的规定"，根据《最高人民法院关于进一步加强危害生产安全刑事案件审判工作的意见》（法发〔2011〕20号）第三条规定："认定相关人员是否违反有关安全管理规定，应当根据相关法律、行政法规，参照地方性法规、规章及国家标准、行业标准，必要时可参考公认的惯例，和生产经营单位制定的安全生产规章制度、操作规程。"

（通俗地讲，4种依据均可，即法律法规、行业标准、公认惯例、规章制度）。

如何认定"重大伤亡事故或造成其他严重后果"，根据最高人民法院和最高人民检察院《关于办理危害生产安全刑事案件适用法律若干问题的解释》第六条规定，包括三种情形，即造成死亡一人以上或者重伤三人以上的（注，此情形不分主要次要责任），或者造成直接经济损失一百万以上的，或者其他严重后果的。第七条规定，造成三人以上死亡或者十人以上重伤，且负事故主要责任的；或者直接经济损失三百万以上，且负事故主要责任的；或者其他特别严重后果、情节特别恶劣的。

【裁判要旨】个体建筑承包人未经审批，擅自建造装卸粉煤灰港口设施，在施工过程中，未聘用监理单位，招用无资质人员进行桩基施工，随意更改钢结构设计方案。导致装卸设备作业过程中发生坍塌，造成被害人死亡的，个体建筑承包人构成本罪。

【实务案例2】（两审）一审原判认定，2011年1月，被告人汪某未经审批，擅自建造装卸粉煤灰的港口设施。在建造过程中，被告人汪某未聘用监理单位现场监管，招用无资质人员进行桩基施工，随意更改钢结构设计方案，更换建筑材料等。2011年8月，四座钢板仓装卸设施完工，被告人汪某将钢板仓设备投入使用，其中将 4 号钢板仓租赁给宁波一顺公司使用。2012 年 3 月 14 日，4 号钢板仓装卸设施在作业过程中发生坍塌，造成宁波一顺公司员工程某、王某和郭某 3 人死亡。经杭州安监局调查，事故钢板仓土建基础桩基存在不均匀下沉，以及施工焊接质量不合格，钢结构焊接强度未达到设计要求是事故发生直接原因，事故钢板仓建造过程中违规施工及钢板仓使用安全管理不到位是事故发生的主要原因和重要原因。

一审法院最后认为汪某犯重大责任事故罪，判处被告人汪某有期徒刑三年。二审杭州中院不开庭审理，对被告人委托妻子电话 110 报警行为认定为委托他人代为投案，视为自动投案，并如实供述，系自首。同时对一审后的积极赔偿达成调解协议，认定诉辩理由成立。改判为两年六个月。

【裁判要旨】实际施工人、项目经理未等工程整改完成并复查合格，即擅自浇筑主体工程混凝土，造成坍塌，致人死亡的，实际施工人及项目经理共同构成本罪。

【实务案例 3】2013 年大奥建设公司承建"千岛湖嘉鸿酒店及商业用房工程"，同年 9 月，邬某从大奥建设公司处整体转包上述工程。同年 10 月，该工程正式取得施工许可证。2014 年 6 月 17 日，杭州市城乡建设委员会对该工地检查后责令停工整改，并要求整改完成待复查合格后方能复工。2014 年 8 月 24 日，施工方擅自浇筑酒店主体工程混凝土。当日在浇筑酒店大堂 9—18 轴位置时发生高大支模架坍塌，事故造成受害人杨某死亡，罗某等 12 人轻伤以下不同程度受伤。经评估，事故现场直接经济损失为 102.15 万元。另查明，被告人胡某为该工程项目经理，被告人孙某甲为项目施工员，被告人孙某乙为项目安全员。

法院认为，被告人胡某（项目经理）对事故负主要管理责任，被告人邬某、孙某甲、孙某乙对事故负直接管理责任。法院最后认为，4 被告人在生产、作业中违反有关安全管理规定，因而发生重大伤亡事故，均已构成重大责任事故罪。

法院最后判处被告人胡某有期徒刑一年六个月，缓刑二年；被告人邬某有期徒刑一年六个月，缓刑二年；被告人孙某甲有期徒刑一年六个月，缓刑二年；被告人孙某乙有期徒刑一年六个月，缓刑二年。

【裁判要旨】实际施工人明知被害人无高空作业证，仍安排其进行作业，致被害人死亡的，实际施工人构成本罪。

【实务案例4】被告人王某系浙江北洲建设有限公司驻富阳区新登镇松溪村新堰阳光家园一期一标项目部架子班班长。2014年9月9日下午，被告人王某明知被害人肖某无高空作业证且身体不舒服情况下，仍安排其到A20号楼拆除外架。被害人在12层拆除外架钢管时，未系安全带不慎坠落到地面，经医院抢救无效死亡。法院认为，被告人王某在生产、作业中违反有关安全管理规定，因而发生一人死亡的重大事故，其行为已构成重大责任事故罪。判处被告人王某有期徒刑一年六个月，缓刑二年。

【裁判要旨】实际施工人未严格履行现场管理职责，对施工现场机械不符合标准的安全隐患未采取任何措施，并安排无资质人员操作施工机械时，致被害人死亡的，实际施工人构成本罪。

【实务案例5】被告人李某（实际施工人）在工地施工时违反规定，安装使用缺少安全联锁装置，未经检验合格，不符合《建筑起重机械安全监督管理规定》的建筑物料提升机，并对提升机吊篮两边无围栏、提升机操作人员无上岗证等问题拒不整改，管理混乱，各工种各自为政，随意使用，未切实履行现场管理职责。

被告人潘某（实际施工人）在承接工程泥工活后，未严格履行现场安全管理职责，对作业现场提升机不符合标准的安全隐患未采取任何措施，并安排无资质人员操作提升机，致使泥工作业人员赵某在使用提升机时被挤压受伤而死亡的事故发生。法院认为，被告人潘某在作业中违反有关安全管理的规定，因而发生重大伤亡事故，其行为已构成重大责任事故罪。判处被告人潘某有期徒刑一年，缓刑一年三个月。

另，本案同案被告人陈某因拒不整改构成重大劳动安全事故罪。

该罪（《刑法》第一百三十四条第一款）与工程重大安全事故罪（《刑法》第一百三十七条）的区别，均为过失犯，区别有二：①主体不同，该罪主体是自然人犯罪，后罪主体是特定单位犯罪，包括建设单位、设计单位、施工单位、监理单位4类单位主体；②客观表现不同，该罪表现为不服从管理，违章作业，后罪表现为违反国家规定，降低工程质量标准（具体情形可参照《建设工程质量管理条例》，还包括任意压低造价、缩短工期等）。

该罪与重大劳动安全事故罪（《刑法》第一百三十五条）区别，均为过失犯，区别有三：①主体不同，该罪包括职工、主管人员、实际投资人员，后罪也包括主管人员；②客观表现不同，该罪违章作业的作为，后罪表现为拒不整改的不作为；③该罪是自然人犯罪，后罪也可以是单位犯罪。

【裁判要旨】实际施工人在施工现场未尽到安全监管义务，雇用无资质的水电安装作业人员，该作业人员在未戴安全帽、未系安全带情况下，从脚手架上不慎坠落死亡的，实际施工人构成本罪。

【实务案例6】被告人黄某（实际施工人）在无承揽资质情况下，承揽了某房产工地的水电安装工程。后被告人黄某将施工项目转包给没有承揽资质的被告人王某（实际施工人）。施工期间，被告人黄某、王某未尽到安全监管义务，对水电安装施工现场安全检查不到位。后被告人王某雇用的无资质水电安装人员在作业时，未戴安全帽、未系安全带，在移动脚手架上作业时不慎坠落，后经抢救无效死亡。法院认为，被告人黄某、王某在生产、作业中违反有关安全管理的规定，因而发生重大伤亡事故，其行为已构成重大事故责任罪。判处被告人黄某有期徒刑一年，缓刑一年；判处被告人王某有期徒刑十个月，缓刑一年。

【裁判要旨】实际施工人及负有管理职责的人员，未落实动火审批手续，未安排现场监护人员，致使施工现场发生燃爆事故，造成人员伤亡的，共同构成本罪。

【实务案例7】2011年7月，杭州某建设集团有限公司中标承建彩虹快速路三标段项目。2012年3月，杭州某建设集团有限公司将该项目的钢箱梁工程分包给浙江某钢结构有限公司。之后，浙江某钢结构有限公司将钢箱梁的制作安装分包给广州某实业有限公司。被告人高某在不具有相应资质情况下，以支付管理费方式，借用河南省某保温有限公司的防腐保温工程专业承包一级资质，自广州某实业有限公司处承接该项防腐涂装工程。2012年8月7日，河南某保温有限公司油漆班作业人员对钢箱梁进行喷涂作业。被告人张某作为油漆班副班长，预计当天下午可以完工。后因台风天气，作业人员提前撤离，钢箱梁油漆未完工。2012年8月9日，被告人高某等人对作业现场进行巡查，发现钢箱梁东端已经封板，但未采取任何措施。被告人张某当天安排不具备上岗证的周某等3人在钢箱梁西端继续油气喷涂作业。同日上午，广州某实业有限公司安排电焊工刘某去焊钢箱梁东端未封好的封板。被告人谢某作为广州某实业有限公司负责人，未按规定落实动火审批手续，也未安排现场监护人员。当天，钢箱梁箱体发生燃爆，致使在箱内作业的周某受重伤死亡，另外一人受气体冲击后重伤。

法院认为，被告人张某、高某、谢某在生产作业中违反有关安全管理规定，因而发生重大伤亡事故，其行为均已构成重大责任事故罪。公诉机关指控罪名成立。判处被告人张某有期徒刑一年九个月，缓刑二年；判处被告人高某有期徒刑一年六个月，缓刑一年九个月；判处被告人谢某有期徒刑一年三个月，缓刑一年六个月。

3. 本罪缓刑率统计分析

从表3可见，本罪适用缓刑率非常高。在选取的杭州地区法院3年期间，仅有1个被告人（该罪名唯一的二审案件）未宣告适用缓刑。需要指出的是，能够适用缓刑的均具有认罪态度好和积极赔偿并取得被害人家属谅解这两个酌定从轻的量刑情节。

表3　本罪适用缓刑率分析

被告人数量/人	适用缓刑/人	缓刑率/%
14	13	92.85

（二）伪造公司、企业、事业单位、人民团体印章罪（简称伪造公司印章罪）

本罪规定在《刑法》第二百八十条第二款，该款规定："伪造公司、企业、事业单位、人民团体印章的，处三年以下有期徒刑、拘役、管制或者剥夺政治权利。"2013—2015年，杭州地区法院关于建设工程领域的伪造公司印章罪共有8个案例。

1. 本罪客观行为

从表4看，2013—2015年，在犯罪客观行为方面，私刻、伪造印章行为在伪造公司印章罪方面是最主要的客观行为。另外值得注意的是，随着技术手段的不断进步，在传统的私刻行为外，出现了利用计算机扫描、图片编辑等方式套打印章等新型伪造印章的手段行为。

表4 犯罪客观行为

犯罪客观行为	次数	比例/%
套打印章	2	25
私刻、伪造印章	6	75

【裁判要旨】被告人私自用计算机扫描建设公司印章，并将该印章套打在合同上，构成本罪。

【实务案例8】建德检察院指控的被告人胡某犯伪造公司印章罪一案中①，被告人胡某在未征得建设公司同意情况下，将之前私自扫描进其办公室计算机的建设公司印章套打在一份钢材购销合同上，致使上海某实业公司起诉建设公司，要求建设公司支付货款等义务。法院认为，被告人胡某伪造公司印章，其行为已构成伪造公司印章罪。判处被告人胡某有期徒刑六个月，缓刑一年。

【裁判要旨】被告人采用计算机扫描、图片编辑、彩色打印等方式伪造、套打印章，构成本罪。

【实务案例9】被告人谭某为帮助唐某等人报名参加建德市三都镇姚家桥改建工程的招投标，将自己保管留有的浙江云龙建设有限公司等相关招标材料，拿到文印店，以编辑套打上述公司印章方式伪造介绍信、招投标委托书等文件。被告人吴某以计算机扫描、图片编辑、彩色打印等方式帮助谭某伪造了相关文书。后被告人谭某又授意被告人吴某将印章套打到其修改过的工程承包合同中，用于上报主管部门备案。法院最后认为，被告人谭某、吴某伪造公司印章，其行为均已构成伪造公司印章罪，公诉机关指控罪名成立。判处被告人谭某有期徒刑六个月；判处被告人吴某拘役六个月。

---

① 参见（2014）杭建刑初字第460号刑事判决书。

【裁判要旨】被告人为参加工程招投标活动，授意他人通过网上私刻印章的，构成本罪。

【实务案例10】被告胡某甲为参加三都镇便民服务中心装饰工程等项目招投标，授意胡某乙通过网上联系私刻印章的卖家，制作了浙江国才建设有限公司印章及"毕国财"法定代表人印章。胡某甲持上述假文件参与了三都镇工程的招投标活动。

法院认为，被告人胡某甲、胡某乙伪造公司及法定代表人印章，其行为已构成伪造公司印章罪。判处被告人胡某甲有期徒刑六个月；判处胡某乙拘役四个月，缓刑六个月。

2. 本罪伪造的印章类型

从印章方面考察，2013—2015 年，杭州地区涉及建设工程领域伪造公司印章罪的 8 个案例，被告人共伪造了 11 枚印章。具体印章种类如表 5 所示。

表5　伪造公司印章种类

印章种类	枚数	比例/%
公章	7	63.64
法定代表人章	2	18.18
发票专用章	1	9
合同专用章	1	9

从表 5 看出，伪造公司公章依旧占比为六成多，即大多数比例。这也与正常商业活动对公章的要求相匹配。表 5 中的两枚法定代表人章和一枚发票专用章，均是配合各自公章使用。

3. 伪造印章后的使用用途

司法实践中对本罪打击的是伪造行为本身，还是伪造印章后的使用行为多有争议。根据杭州地区法院关于建设工程领域，伪造公司印章罪的 8 个案例分析，杭州地区法院在涉及建设工程领域的该问题上，实际上打击的是伪造印章后的使用行为，正因此，该罪不要求情节严重。

从表6可见，被告人伪造公司印章用于合同、协议上和参加招投标活动等经济活动占比为七成半。如行为人伪造印章用于非经济活动如投诉，是否构成本罪的问题，在杭州地区法院近3年案例中，明确予以肯定。

表6　伪造印章后的使用行为

伪造印章用处	次数	比例/%
1. 合同、协议上	3	37.5
2. 参加招投标	2	25
3. 投诉中标单位	1	12.5
4. 开立银行账户	1	12.5
5. 支取工程款	1	12.5

【裁判要旨】被告人私刻公司印章，加盖在投诉材料上，以被加盖印章单位名义投诉中标单位的，构成本罪。

【实务案例11】被告人杨某挂靠某园林市政公司，参与浙江影视后期制作中心一期项目室外附属工程施工标段的投标，未能中标。后被告人杨某通过私刻浙江长江工程建设有限公司的公章及法定代表人印章各一枚，加盖在投诉材料上，以浙江长江工程建设有限公司名义投诉中标单位中建三局。法院认为，被告人杨某伪造公司印章并使用，其行为已构成伪造公司印章罪。判处被告人杨某有期徒刑7个月。

【裁判要旨】被告人购买伪造的印章并使用，应构成本罪。

【实务案例12】2011年8月，被告人周某与长荣建设公司签订商业金融用房承包工程后，为解决项目钢材紧缺问题，购得伪造的长荣建设公司公章一枚。并持该印章与龙达公司签订钢材购销合同，后持该公章授权他人在上虞法院应诉并与龙达公司达成调解协议。长荣建设公司发现后报案。

法院经审理后，对公诉机关指控事实予以确认。最后，法院认为，被告人周某的行为已构成伪造公司印章罪，公诉机关指控罪名成立。判处被告人周某有期徒刑一年。

【裁判要旨】项目负责人私刻公司合同专用章，用于以房抵债协议的，该项目负责人构成本罪。

【实务案例13】被告人戴某挂靠在浙江福田建筑装饰有限公司担任项目负

责人期间，因项目垫资向案外人欠下大额债务。后经与项目甲方及案外人协商，其以浙江福田建筑装饰有限公司名义与项目甲方及案外人签订抵房协议书，约定由项目甲方将其开发的一处房产出售给案外人，用项目甲方欠浙江福田建筑装饰有限公司的工程款抵作该房的首付款。三方协议签订后，被告人戴某未经浙江福田建筑装饰有限公司同意，擅自找人私刻了该公司的合同专用章在协议上盖章，后该协议得以履行。

法院经审理认为，被告人戴某伪造公司印章，其行为已构成伪造公司印章罪，公诉机关指控罪名成立。判处被告人戴某拘役四个月。

【裁判要旨】被告人伪造印章，私设银行账户，用于项目资金流转的，构成本罪。

【实务案例14】2011年5月，被告人胡某挂靠在浙江耀厦控股集团有限公司（当时名为浙江耀厦建设有限公司，后改名）时与湖南省荣达房地产开发有限责任公司签订湖南安化"荣达·水韵山城"商住小区建设工程。在工程建设初期，被告人胡某与下属王某等人商议后伪造了"浙江耀厦建设有限公司"印章，在中国邮政储蓄银行安化县支行私设名为"浙江耀厦建设有限公司（安化县水韵山城项目部）"的银行账户，用于项目资金运转。2013年12月，浙江耀厦控股集团有限公司员工在注销该项目的建行账户时发现在安化邮政储蓄银行有相同名称的账户，并非系公司授权开立，且开户所用公章亦为伪造，遂报案。

法院认为，被告人胡某伪造公司印章已构成伪造公司印章罪，公诉机关指控罪名成立。因被告人有自首情节，遂判处被告人胡某拘役五个月，缓刑十个月。

【裁判要旨】被告人为承包工程及支取工程款，伪造印章的，构成本罪。

【实务案例15】2010年至2011年，被告人施某为了承包杭州某某电器制造有限公司的工程和支取工程款，委托他人伪造"杭州某某建筑装潢工程有限公司"单位印章及"杭州某某建筑装潢工程有限公司发票专用章"各一枚，以杭州某某建筑装潢工程有限公司名义签订合同、开具发票并通过转账的形式支取工程款。经鉴定，被告人施某使用的"杭州某某建筑装潢工程有限公司"单位印章和"杭州某某建筑装潢工程有限公司发票专用章"均系伪造。

本院认为，被告人施某伪造公司印章，其行为已构成伪造公司印章罪。公诉机关指控的罪名成立。被告人施某如实供述自己的主要罪行，且在庭审中自愿认罪，本院依法予以从轻处罚，并对其适用缓刑。

需要强调的是，该罪只要行为人实施了伪造行为并客观使用，原则上就构成犯罪，无须情节严重。

（三）非国家工作人员受贿罪

本罪规定在《刑法》第一百六十三条，非国家工作人员是指公司、企业或其他单位工作人员，利用职务上的便利，索取他人财物，或者非法收受他人财物，为他人谋取利益的，数额较大的行为。2013—2015 年，杭州地区法院关于建设工程领域的该罪共有 5 个案例。

根据最高人民法院和最高人民检察院的《关于办理商业贿赂刑事案件适用法律若干问题的意见》及相关规定，非国家工作人员主要包括：①非国有公司、企业的工作人员；②国有公司、企业及其他国有单位中的非国家工作人员；③其他单位中的非国家工作人员，其中既包括事业单位、村委会、居委会等组织，也包括组委会、筹委会、工程承包队等非常设性组织。

1. 本罪犯罪主体统计分析

2013—2015 年，在杭州地区法院建设工程领域，非国家工作人员受贿罪的 5 个案件中共有 5 名被告人。从表 7 可见，杭州地区法院关于非国家工作人员受贿罪的犯罪主体方面，村主任、村支部书记占了八成比例。在如今大力推进城市化进程中，城中村改造等工程的大量推进，村主任、村支部书记已逐渐成为本罪的高发人群。

表 7　本罪犯罪主体统计分析

犯罪主体	人次	比例/%
公司工作人员	1	20
村主任、村支部书记	4	80

【裁判要旨】村委会主任利用职务上的便利，非法收受他人财物，为他人在工程承包中谋取利益，且不能证明村委会主任在具体工程中是协助政府从事行政管理工作人员的，应构成非国家工作人员受贿罪。

【实务案例16】公诉机关指控被告人陈某在担任村委会主任期间，在协助人民政府对河道堤防加固工程中，利用职务便利，收受工程承包人李某所送的人民币5万元，所收现金用于个人生活开支。公诉机关认为，被告人陈某身为国家工作人员，利用职务上的便利，非法收受他人财物，为他人谋取利益，其行为已构成受贿罪。

被告人陈某的辩护人提出，被告人陈某不是受贿罪的适格主体，理由：①潘连村堤防加固工程是村集体事务，而不是政府事务。潘连村作为该工程的申报单位和建设单位，是该工程的项目法人，不存在协助政府管理事宜。②该工程不是上级政府授权潘连村筹建，而是该村自主决定进行堤防加固，具体实施中也是由村组织招标、签订工程建设合同。③从本案书证中，仅能看到上级政府有拨款补助的事实，并不存在委托或授权管理资金的表示。

法院审理后认为，被告人陈某利用职务上的便利，非法收受他人财物，为他人谋取利益，数额较大，其行为已构成非国家工作人员受贿罪。公诉机关指控被告人陈某犯受贿罪的意见应予纠正。法院纠正理由：①在案没有被告人系协助政府从事行政管理事务人员的相关文件、证明，协管职责要求等证据，公诉机关提供的书证也不能证实被告人陈某系依法从事公务人员的事实。②从该项目的申报过程看，潘连村是该工程的申报单位。从杭州市财政局、林业水利局下发的文件看，潘连村是该工程的建设业主单位。③从资金拨付情况看，在相关关于拨付资金的通知书中也明确该工程补助款是拨付给潘连村的，实际也由该村书记、主任审批。④从招投标过程看，发出招标公告、中标通知、签订承包合同等，均非政府授权，潘连村是实施主体。综上，现有证据不能证实被告人陈某在本案中是协助政府从事行政管理工作的人员，其在工程中收受他人财物，应认定为非国家工作人员受贿罪。判处有期徒刑二年六个月，缓刑三年六个月。

2. 本罪客观行为分析

根据《刑法》第一百六十三条规定，本罪客观行为具体表现为利用职务上的便利，索取他人财物，或者非法收受他人财物，为他人谋取利益的，数额较大的行为。

【裁判要旨】被告人在担任村主任期间，利用职务便利，为包工头谋取利益，先后多次非法收受他人财物，数额较大的，构成本罪。

【实务案例 17】被告人汪某在担任瓜沥镇如松村村支部委员、村主任期间，利用职务便利，在创建生态村、整治村工程、筑坝等工程中为包工头孔某等人谋取利益，先后多次收受他人财物共计价值 74 000 元。

法院认为，被告人汪某利用职务上的便利，非法收受他人财物，为他人谋取利益，数额较大，其行为已构成非国家工作人员受贿罪，公诉机关指控罪名成立。判处被告人汪某有期徒刑两年。

【裁判要旨】行为人在招投标过程中，为他人谋取利益，非法收受现金，数额巨大的，构成本罪。

【实务案例 18】2012 年 5 月起，浙江某网架公司因参与杭州某机械公司新建钢结构厂房工程项目投标，遂指派公司投标办工作人员即被告人洪某负责该工程的成本预算、报价等工作。同年 9 月 20 日左右，该杭州某机械公司负责人徐某在萧山其家中，让被告人洪某在该工程报价上提供帮助，并当场送给被告人洪某现金 10 万元，被告人洪某非法予以收受。同年 9 月 23 日，该浙江某网架公司在信赖被告人洪某的工程成本预算结果的情况下，决定以 2750 万元的报价参与该工程投标。该浙江某网架公司中标后就上述报价汇总是否包含屋面气楼工程与该杭州某机械公司发生争议，因而未承接该工程。

法院认为，被告人洪某身为公司工作人员，利用职务上的便利，为他人谋取利益，非法收受他人财物，数额巨大（10 万元以上），其行为已构成非国家工作人员受贿。公诉机关指控罪名成立。被告人洪某犯罪后自动投案，如实供述罪行，系自首，可从轻或减轻处罚；并在到案后检举、揭发他人违法行为（吸毒），虽不属于立功，但可以酌情从轻处罚。法院遂判处被告人洪某犯非国家工作人员受贿罪，判处有期徒刑三年，缓刑四年。涉案赃款 10 万元，予以追缴。

【裁判要旨】村总支部书记利用职务便利，为第三人谋取利益，第三人为此免除其债务的，则村总支部书记构成本罪。

【实务案例 19】被告人孔某系如松村村总支部书记、经济（股份）联合社社长。①2010 年 11 月的一天，被告人孔某利用职务便利，在如松村净化池和道路桥梁建设工程中，为项目负责人丁某谋取利益，非法收受丁某所送的 2 字软中华香烟 30 条，价值 18 000 元。②案外人沈某所在的浙江勤业建筑设计有限公司在被告人孔某支持下，于 2011 年 8 月 5 日和如松村签订农居安置房项目设计业务合同。2011 年 8 月 8 日，沈某通过银行汇款出借给被告人孔某 20 万元。被告人孔某因借钱一事被他人知晓，遂向沈某出具 20 万元借条一张。沈某为感谢被告人孔某的帮助，免除了被告人孔某 10 万元债务。至案发，被告人孔某尚未归还沈某任何款项。

法院认为，被告人孔某利用职务上的便利，非法收受他人财物，为他人谋取利益，数额巨大（本案即免除的 10 万元），其行为已构成非国家工作人员受贿罪，公诉机关指控罪名成立。遂判处被告人孔某有期徒刑五年三个月。

【裁判要旨】村委会主任利用职务便利，收受工程承包人现金及被免除债务的，构成本罪。

【实务案例 20】2011 年 1 月，被告人竺某在担任高桥村村委会主任期间，利用职务便利，收受该村地基工程承包人送给的现金 12 000 元及免除其欠承包人的债务 7000 多元，共计人民币 20 000 元。同年 3 月，被告人竺某在家中收受承包人所送现金 20 000 元，后用作其竞选村党总支书记的活动经费。此后，被告人竺某在支付承包人工程款过程中为承包人谋取利益。法院最后以被告人竺某犯非国家工作人员受贿罪，判处其有期徒刑一年六个月。

（四）职务侵占罪

职务侵占罪规定在《刑法》第二百七十一条第一款，该款规定："公司、企业或者其他单位的人员，利用职务上的便利，将本单位财物非法占为己有，数额较大的，处五年以下有期徒刑或者拘役。"2013—2015 年，杭州地区法院关于建设工程领域的该罪共有 2 个案例。

【裁判要旨】挂靠的实际施工人自行解决所有工程支出，被挂靠单位仅收取管理费的，丧失构成职务侵占罪的主体要件，该挂靠实际施工人不构成职务侵占罪。

【实务案例 21】（两审）一审认定，2011 年 3 月 21 日，中利建设集团有限公司（以下简称中利建设公司）与浙江圣豪房地产有限公司（以下简称圣豪公司）签订建设工程施工合同一份，约定由中利建设公司承建圣豪公司的伊顿庄园 A 区块工程。同年，3 月 22 日，夏某与中利建设公司签订经营承包合同，约定中利建设公司的临安区域业务由夏某承包经营。该工程的建设实际由被告人王某负责。2013年2月4日，因被告人王某未能及时支付工人工资，经劳动执法部门协调，被告人王某代表承包方中利建设公司参加协调会与发包方圣豪公司商讨工资支付办法。会议商定由圣豪公司支付900万元，中利建设公司支付200万元，共计1100万元用于支付工人工资。同日，中利建设公司将该笔资金转入被告人王某账户。同年2月5日，被告人王某在支付了415万元工人工资后，将剩余679万元转移后逃匿，并将该笔资金用于偿还个人债务。原审以职务侵占罪，判处被告人王某有期徒刑八年六个月，并处没收财产人民币80 000元，并判令被告人王某将违法所得退还给中利建设公司。

宣判后，上诉人王某上诉。其上诉理由：①其不符合职务侵占罪的主体要件。其与中利建设公司没有劳动关系，实质是挂靠关系。双方是平等的民事主体。②犯罪客观方面，挂靠者所从事行为并不是职务行为，在工程挂靠施工中，实际施工人只是通过利用建筑单位资质，实际施工人或项目经理等身份的取得不是基于行政隶属关系或委托关系，而是一种形式上需要客观上形成代理权的表象，并不构成职务行为。

杭州中院二审最后认定，①上诉人王某仅挂靠中利建设公司的工程，中利建设公司仅收取管理费。所有工程支出均需王某自行解决，结合圣豪公司和中利建设公司签订的建设工程施工合同，依现有证据不能排除上诉人王某在施工过程中有垫资的情况。②1100万元中，圣豪公司支付的900万元系工程款和工程预付款。中利建设公司支付的200万元，应属于借款。③上诉人王某辩解部分未支付民工工资款项用于归还借款，这些借款就是用于工程的垫资，因不排除上诉人王某在施工过程中有垫资情况，若该辩解属实，则不能认定王某将从圣豪公司、中利建设公司收到的资金占为己有。现有证据尚不能排除其辩解的真实性，故上诉人王某构成职务侵占罪的证据不充分。

杭州中院最后判决：撤销浙江省临安市人民法院（2014）杭临刑初字第680号刑事判决对被告人王某职务侵占罪的定罪量刑及追赃处理。判处被告人王某犯拒不支付劳动报酬罪，判处有期徒刑两年六个月，罚金两万元。

本案系典型的对非授权性项目经理主体辩护成功案例，二审通过对项目经理主体的辩护，促使二审法院改变认定，将一审的职务类犯罪主体改为其他经济犯罪主体，从而变更罪名，刑期和罚金均大幅减轻。

【裁判要旨】项目负责人利用职务之便，将本单位财产占为己有的，构成本罪。

【实务案例22】2013年4月至5月，被告人冉某利用其担任杭州三恒地基基础有限公司在余政储出（2012）35号地块工程（朗诗·未来街区，以下简称朗诗工地）地基工程项目负责人的职务便利，在经手该项目工地管桩调度、管桩签收、工地管理过程中，采用签收管桩不实际进入工地的手段，分别于2013年4月5日、8日及5月5日指使浙江新业管桩有限公司驾驶员樊某等人将该公司送往朗诗工地的三车型号为PHCAB500（125）的管桩运往其指定地点销售给他人。后被告人林某在明知是赃物的情况下，将其中价值23 370元的15根管桩代为销售。给被告人杨某甲，将其中价值40 590元的22根管桩代为销售给陆某。被告人杨某甲明知是赃物而予收购。

法院审理后认为，被告人冉某利用职务便利，将本单位财物占为己有，数额较大，其行为已构成职务侵占罪。公诉机关指控罪名成立。

（五）串通投标罪

本罪规定在《刑法》第二百二十三条第一款："投标人相互串通投标报价，损害招标人或者其他投标人利益，情节严重的，处三年以下有期徒刑或者拘役，并处或者单处罚金。"2013—2015年，杭州地区法院关于建设工程领域的该罪共有2个案例。

根据最高人民检察院、公安部关于《公安机关管辖的刑事案件立案追诉标准的规定（二）》（2010年5月7日印发）第七十六条规定："投标人相互串通投标报价，或者投标人与招标人串通投标，涉嫌下列情形之一，应予立案追诉：（一）损害招标人、投标人或者国家、集体、公民的合法利益，造成直接经济损失数额在五十万元以上的；（二）违法所得数额在十万元以上的；（三）中标项目金额在二百万元以上的；（四）采用威胁、欺骗或者贿赂等非法手段的；（五）虽未达到上述数额标准，但两年内因串通投标，受过行政处罚二次以上，又串通投标的；（六）其他情节严重的情形。"

【裁判要旨】通过借用多家建筑公司资质，提供保证金，统一参与投标的，行为人构成本罪。

【实务案例23】2009年10月至2010年年底期间，被告人高某伙同高某某

（另案处理），分3次，在多次工程招投标过程中中标，通过向其他多家公司借资质，提供保证金，统一参与投标。经评标，均中标，中标结算金额分别为人民币7 809 052元、9 207 940元、8 110 270元。法院认为，被告人高某伙同他人，相互串通投标报价，损害招标人、其他投标人利益，情节严重，其行为已构成串通投标罪，公诉机关指控罪名成立。被告人高某有自首情节，可从轻处罚。法院判处被告人高某有期徒刑六个月，缓刑一年，并处罚金50 000元。

【裁判要旨】单位的直接主管人员及直接责任人员，以套印制造商授权书的方式代理制造商参与投标，并编制多份投标书等方式串通投标的，可以构成本罪。

【实务案例24】被告人杨某系三石公司的股东和弘川公司的实际出资人及控制人。2012年11月，新天地公司进行国际招标采购。被告人杨某为使弘川公司中标，安排三石公司以套印制造商授权书的方式参与投标，由其确定了弘川公司投标底价后，指使其员工被告人梁某制作了三石公司、弘川公司的投标书。被告人杨某在明知苏州迅达公司无法直接投标或授权其他代理商参加投标后，还指使被告人梁某等人在苏州迅达公司不知情的情况下，利用苏州迅达公司套印公章伪造苏州迅达公司的标书。12月19日，被告人杨某甲安排三石公司员工俞某以苏州迅达公司名义参与投标，参与投标的公司还有弘川公司等多家公司。后该项目由弘川公司中标，中标金额达1998万元。

法院认为，被告人杨某利用三石公司及弘川公司及派自己的员工冒充他人企业名义，由其编制各份投标书的方式串通投标，损害招标人利益，情节严重，被告人梁某明知该串通投标行为仍予以帮助。上述二被告人系单位犯罪的直接负责的主管人员及直接责任人员，其行为均已构成串通投标罪。公诉机关指控罪名成立。在共同犯罪中，被告人杨某系主犯，被告人梁某系从犯，应依法从轻处罚。二被告人归案后能够如实供述，当庭自愿认罪，予以从轻处罚。判处：被告人杨某犯串通投标罪，判处有期徒刑一年，缓刑一年，并处罚金二十万元；被告人梁某犯串通投标罪，判处拘役六个月，缓刑六个月，并处罚金二万元。

本罪名两案尽管中标金额高达2000多万元，但因具有从犯，自首情节成立，故均被宣告缓刑。

（六）挪用资金罪

挪用资金罪规定在《刑法》第二百七十二条第一款："公司、企业或其他单位的工作人员，利用职务上的便利，挪用本单位资金归个人使用或者借贷给他人，数额较大、超过三个月未还的，或者虽未超过三个月，但数额较大进行营利活动的，或者进行非法活动的，处三年以下有期徒刑或者拘役；挪用本单位资金数额巨大的，或者数额较大不退还的，处三年以上十年以下有期徒刑。"2013—2015 年，杭州地区法院关于建设工程领域的该罪共有 1 个案例。

根据最高人民检察院、公安部《关于公安机关管辖的刑事案件立案追诉标准的规定（二）》（2010 年 5 月 7 日印发）第八十五条规定："公司、企业或者其他单位的工作人员，利用职务上的便利，挪用本单位资金归个人使用或者借贷给他人，涉嫌下列情形之一的，应予立案追诉：（一）挪用本单位资金数额在一万元至三万元以上，超过三个月未归还的；（二）挪用本单位资金数额在一万元至三万元以上，进行营利活动的；（三）挪用本单位资金数额在五千元至二万元以上，进行非法活动的。"

【裁判要旨】工程项目施工员，由单位口头委派进行项目结算及缴纳税款的，该施工员利用职务便利，挪用单位资金进行非法活动，数额巨大，已构成挪用资金罪。

【实务案例25】2009 年 7 月 6 日至案发前，被告人陈某系大成建设集团有限公司工作人员。2011 年 8 月，大成公司承建哈尔滨机场快速路项目，被告人陈某担任施工员。2014 年 1 月 20 日，大成公司安排被告人陈某在哈尔滨市代为缴纳税款，将人民币 1 439 100 元转账至其银行账户。被告人陈某利用自己代为缴纳税款的职务便利，在代公司缴纳人民币 37 860 元税款后，陆续将剩余款项用于赌博和个人开支，后无力归还。

法院认定，被告人陈某利用职务上的便利，挪用本单位资金进行非法活动，数额巨大，已构成挪用资金罪。从其行为表现看，其能够事先联系所在单位，并主动前来单位说明自己的犯罪事实，可以认定为向所在单位投案，应视为自动投案。其在开庭时曾出现翻供，但随后其又能够认罪并如实供述，依法可以认定为自首。判处被告人陈某有期徒刑四年。

挪用资金罪和职务侵占罪主要有以下三方面的区别。

区别一，主观目的不同。挪用资金罪行为人目的在于非法取得本单位资金的使用权，但并不企图永久占有，而是准备用后归还；职务侵占罪的行为人目的在于非法取得本单位财物的所有权，而非暂时使用。

区别二，侵犯的客体和对象不同。挪用资金罪侵犯的客体是公司、企业或者其他单位的资金使用权，对象是公司、企业或者其他单位的资金；职务侵占罪侵犯的客体是公司、企业或者其他单位的所有权，对象是公司、企业或者其他单位的财物。

区别三，客观表现不同。挪用资金罪表现为公司、企业或者其他单位的工作人员，利用职务上的便利，挪用本单位资金归个人使用或者借贷给他人，数额较大、超过三个月未还的，或者虽未超过三个月，但数额较大、进行营利活动的，或者进行非法活动的行为；职位侵占罪表现为公司、企业或者其他单位的人员，利用职务上的便利，将本单位财物非法占为己有，数额较大的行为。挪用资金罪的行为方式是挪用，即未经合法批准或许可而擅自挪用归自己使用或者借贷给他人；职务侵占罪的行为方式是侵占，即行为人利用职务上的便利，侵吞、窃取、骗取或者以其他手段非法占有本单位财物。

（七）拒不支付劳动报酬罪

本罪规定在《刑法》第二百七十六条："以转移财产、逃匿等方法逃避支付劳动者的劳动报酬或者有能力支付而不支付劳动者的劳动报酬，数额较大，经政府有关部门责令支付仍不支付的，处三年以下有期徒刑或者拘役，并处或者单处罚金；造成严重后果的，处三年以上七年以下有期徒刑，并处罚金。"

【裁判要旨】被告人以逃匿方式逃避支付劳动者劳动报酬，数额较大，经政府有关部门责令支付仍不支付，其行为已构成本罪。劳动者工资均已得到清偿，可以酌情从轻处罚。

【实务案例26】2011 年 1 月和 7 月，被告人吴某挂靠浙江长润建设有限公司，先后与富阳某村民委员会签订承建 A 和 B 两标段建设工程合同。截至 2014 年 1 月，被告人吴某在挂靠建设期间拖欠 92 名劳动者工资共计人民币 1 523 802 元。后富阳市人力资源和社会保障局于 2014 年 8 月 22 日发出《劳动保障监察限期改正指令书》，2014 年 9 月 10 日发出《劳动保障监察行政处理告知书》，

2014 年 9 月 16 日发出《劳动保障行政处理决定书》，上述文书均张贴于被告人吴某负责的银湖花苑排屋一标、三标工地，但被告人吴某仍逃匿拒不支付，经富阳市人力资源和社会保障局与富阳市受降镇银湖村村民委员会协调决定由富阳市受降镇银湖村以尚未结算的工程款先行支付拖欠的劳动者工资，富阳市受降镇银湖村于 2014 年 8 月 27 日支付人民币 878 802 元至富阳市人力资源和社会保障局。

法院认为，被告人吴某以逃匿的方式逃避支付劳动者的劳动报酬，数额较大，经政府有关部门责令支付仍拒不支付，其行为已构成拒不支付劳动报酬罪。公诉机关指控的事实和罪名成立，适用法律正确。被告人吴某自愿认罪，且劳动者的工资均已得到清偿，本院酌情予以从轻处罚。辩护人与本案事实一致的辩护意见予以采纳，对被告人吴某犯罪数额的辩护意见，本案中劳动部门在被告人吴某已逃匿的情况下，通过在被告人吴某负责管理的工地张贴相关催告支付文书，并采取拍照方式记录，应视为已通知被告人吴某，在被告人吴某逃匿失去联系导致民工上访的情况下，经政府协调，富阳市受降镇银湖村以村里尚未结算的工程款先行支付该拖欠的劳动者工资，故对该辩护意见，法院不予采纳。

法院判决被告人吴某犯拒不支付劳动报酬罪，判处有期徒刑一年，并处罚金人民币 20 000 元。

尴尬的情怀，错位的制度

——对"实际施工人"概念及制度的反思[*]

———

曲笑飞

一、"实际施工人"：一项基于情怀的制度设计

"实际施工人"并非传统民事法律及民事诉讼法律中的固有概念，在现行的法律、行政法规中也没有关于"实际施工人"的任何规定。换言之，"实际施工人"并非法律认可的主体类别之一，法律既未赋予其有别于其他主体的实体权利与义务，亦未在诉讼程序上特别设计一种有别于其他主体的救济方式与保护途径。"实际施工人"这个概念源自《最高人民法院关于审理建设工程施工合同纠纷案件适用法律问题的解释》（法释〔2004〕14号，以下简称《司法解释》）中的以下规定：

第四条　承包人非法转包、违法分包建设工程或者没有资质的实际施工人借用有资质的建筑施工企业名义与他人签订建设工程施工合同的行为无效。

第二十五条　因建设工程质量发生争议的，发包人可以以总承包人、分包人和实际施工人为共同被告提起诉讼。

第二十六条　实际施工人以转包人、违法分包人为被告起诉的，人民法院应当依法受理。

实际施工人以发包人为被告主张权利的，人民法院可以追加转包人或者违法

---

[*] 本文获"《中国建设工程法律评论》2016年度征文比赛三等奖"。

分包人为本案当事人。发包人只在欠付工程价款范围内对实际施工人承担责任。

显然，"实际施工人"是《司法解释》为区别《合同法》中的"施工人"而创设的一个新概念。《合同法》中的"施工人"概括了建设工程施工合同的所有合法施工主体，包括总承包人、承包人、专业工程分包人、劳务作业分包人，而《司法解释》上述规定中所指的"实际施工人"，则均为在施工合同无效情况下实际参加建设工程施工的施工合同主体，通常认为包括非法转包合同的承包人、违法分包合同的承包人、没有资质借用或挂靠有资质的建筑施工企业的名义与他人签订建设工程合同的承包人3种类型。

《司法解释》创设"实际施工人"的初衷在于保护农民工的利益，根据最高人民法院前副院长黄松有在新闻发布会上答记者问时的说法，主要是出于解决农民工工资拖欠问题的考虑："这个司法解释主要是基于以下两个方面的考虑：为了给国家关于清理工程款拖欠和农民工工资重大部署的实施提供司法保障。由于有些法律规定的还比较原则，人民法院在审理建设工程施工合同纠纷案件时，对某些法律问题在具体适用上认识不统一……不仅影响到人民法院司法的公正性、统一性和审判效率，而且也不利于尽快解决拖欠工程款和农民工工资问题。因此，为了配合国家专项措施的实施，统一人民法院执法尺度，保护各方当事人的合法权益，维护建筑市场的正常秩序，促进建筑业的健康发展，制定了这个司法解释。"[1] 然而，即便是保护了实际施工人利益，真的就能最终保护了农民工的利益吗？

首先，关于"实际施工人"的范围，通说认为承包人与发包人订立建设工程施工合同后，又将建设工程转包或者违法分包给第三人，这里的第三人就是实际施工人。[2] 而在本人接触到的涉及"实际施工人"的案例中，单位作为"实际施工人"参加诉讼的微乎其微，绝大多数案件中均由自然人作为"实际施工人"参加诉讼。并且，这些被法院认定为"实际施工人"的自然人竟无一例外均系工程建设的出资人或组织、管理者，即俗称的"包工头"或工地上的

---

① 黄松有主编，最高人民法院民事审判第一庭编著：《最高人民法院建设工程施工合同司法解释的理解与适用》，人民法院出版社2004年版，第6-7页。

② 黄松有主编，最高人民法院民事审判第一庭编著：《最高人民法院建设工程施工合同司法解释的理解与适用》，人民法院出版社2004年版，第15页。

"老板"，在这些拿起法律武器维护自身权益的诉讼主体中，我们并没有见到任何一个农民工的身影。第三人要么是施工企业，要么是包工头，与传统意义上我们所理解的进城务工农民有本质的区别，这些主体大部分都是靠盘剥农民工利益来获取自身利益，法律在保护他们利益的角度上予以倾斜，并不意味着农民工的生存环境就能得到改善。

其次，在工程价款的构成中，农民工工资仅为直接费用的一项，即便包括社会保障费用在内也只占其中不大的比重；在法律关系上，实际参与施工作业的农民工与实际施工人之间还存在着一层雇佣关系或劳务关系。因此，实际施工人对发包人行使诉权实现的利益并不因此直接由农民工享有，农民工讨要工资往往仍需另外通过劳动仲裁、诉讼程序甚至"围堵政府""跳楼秀"等极端途径方可解决，农民工的合法权益无法直接适用该规定获得特殊的保护。现实生活中，相对于规范的施工企业来说，作为自然人的"实际施工人"在取得工程款后更容易因利益驱动或诚信缺失拒不支付农民工工资，目前来自"包工头"的拖欠已成为农民工工资拖欠的最主要原因。①

更何况，在多年的包工生涯中，第三人已经与农民工达成了彼此认可的行为法则，这些行为法则与第三人通过合法途径获得工程，还是通过转包、违法分包得到工程完全没有关系。保护农民工利益在较长的时间内是一个重要议题，农民工生存环境既与社会大环境有关，也与包工头的素质有关，但从总体上看与转包和违法分包可能并无多大关联，农民工在因合法承发包关系获得的工作境遇，不见得就比因违法承发包关系获得的工作境遇好。

可见，《司法解释》创设的"实际施工人"的概念及相应的制度设计能否落实成为农民工合法权益的有效保护机制，在《司法解释》所赋予"实际施工人"对发包人的直接诉权与农民工工资的实现之间，无论在法律关系层面还是在实现程序层面上，可能都存在着一道难以逾越的客观障碍，基于"弱者保护"情怀的这项制度设计很可能是表错了情。

---

① 张勇：《实际施工人诉权保护的法律误区——兼析法释（2004）14号司法解释第26条》，载《规划·规范·规则——第六届中国律师论坛优秀论文集》，中国政法大学出版社2006年版，第249 - 257页。

二、种下的是"龙种",收获的可能是"跳蚤"

如果说作为概念的"实际施工人"只是为《司法解释》的政治正确或道义关怀提供了一个注脚的话,那么,作为制度的"实际施工人"则在很大程度上改变了建设工程施工合同纠纷诉讼中的基本结构与价值取向。结合近年司法实践中的经验与教训,业界时有针对"实际施工人"制度的针砭之辞,认为该条款虽然出发点是为了保护农民工的合法权益,但不仅在实际操作中难以实现解释起草者的目的,而且容易造成司法混乱,其结果得不偿失。[①] 其理由主要在于:首先,《司法解释》并非立法,突破合同相对性缺少法律依据。《司法解释》的起草者认为,承包人将建设工程非法转包、违法分包后,建设工程施工合同的义务都是由实际施工人履行的,实际施工人与发包人已经全面履行了发包人与承包人之间的合同并形成了事实上的权利义务关系。[②] 据此,《司法解释》起草者认为《司法解释》第二十六条第二款未突破合同相对性。但该观点难以得到赞同:其一,"事实上的权利义务关系"的内涵难以理解,从合同法的角度看,权利义务应当先通过合同设定,再通过合同履行来实现合同目的。如果在没有与对方协商、尚未达成合意的情况下,就直接以行为来断定与对方存在合同关系,似有强迫对方买单的意味。其二,第三人代为履行在普通民商事合同履行过程中是非常普遍的,但在建筑行业里,代为履行受到严格的限制,国家法律禁止转包和违法分包就是限制的表现。无论债务人与第三人关于代为履行的合同是否有效,除法律有特别规定的情况下,第三人应当不会再就施工工程与债权人发生权利义务关系。而依据合同法一般理论,合同相对性原则是普遍、通用原则,突破合同相对性则需要法律的特别规定,在没有法律规定为前提的情况下,《司法解释》二十六条便有"越位"之嫌。[③]

那么,是否有必要突破合同的相对性,对实际施工人加以特别保护呢?合

---

① 孙玉军:《突破合同的相对性能解决实际施工人问题吗——关于对最高院施工合同纠纷案件适用法律问题的解释第二十六条的评析》,载《建筑时报》2011年3月7日第3版。

② 黄松有主编,最高人民法院民事审判第一庭编著:《最高人民法院建设工程施工合同司法解释的理解与适用》,人民法院出版社2004年版,第223页。

③ 孙玉军:《突破合同的相对性能解决实际施工人问题吗——关于对最高院施工合同纠纷案件适用法律问题的解释第二十六条的评析》,载《建筑时报》2011年3月7日第3版。

同相对性是指因合同产生的债权债务，债权人只能向本合同的其他主体主张权利，如果允许债权人向非本合同当事人的其他当事人主张权利，就被称为突破合同相对性。在承包人私自将工程进行转包和违法分包的情况下，实际施工人与承包人之间存在施工合同，无论施工合同是否有效，实际施工人本应向其合同相对人即承包人主张权利。但根据《司法解释》第二十六条的规定，如果承包人怠于行使其对发包人的权利，造成其对实际施工人无法偿还债务，实际施工人可以向与其并不存在合同关系的发包人直接主张权利。笔者认为，《合同法》第七十三条已经有了"代位权"的规定，因债务人怠于行使其到期债权，对债权人造成损害的，债权人本可以向人民法院请求以自己的名义代位行使债务人的债权。既然《合同法》已经给了实际施工人向发包人主张权利的途径，那么，《司法解释》再出台一个突破合同相对性的规定有必要吗？况且，《司法解释》的规定远不如现行法律法规对代位权阐述的完备，这就显得《司法解释》第二十六条的规定更加多余。①

更为重要的是，《司法解释》颁布后，农民工境遇未见明显改善，但已造成大量的恶意诉讼或虚假诉讼。实践中，实际施工人往往怠于对发包人付款情况进行调查了解，而是直接起诉发包人，发包人为了证明已经支付全部工程款，往往需要提供大量证据，而法院通常也需要审查发包人与承包人之间的合同内容以及履行情况。并且，由于工程实际施工人往往不是一个，即承包人可能进行了多次分包，如果每个实际施工人都将发包人诉至法院，均要求在未付款价款范围内承担给付责任，若在起诉的同时申请财产保全的话，必将给发包人带来巨大的诉讼压力，也是对司法资源的严重浪费。而且，实践中还普遍存在为了审理实际施工人被拖欠的几十万元或十几万元的款项，法院去审查发包人与承包人之间上千万元甚至上亿元工程款项的合同履行情况和费用结算情况，使得法院和发包人都不堪其累。更为恶劣的是，司法实践中经常遇到实际施工人与承包人相互串通的情况，就合同和结算情况造假，恶意提起以发包人或总承包人为被告的诉讼，企图达到获取超额工程款的非法目的，而由于发包人与实际施工人之间并不存在书面合同关系，对于实际施工人的情况根本一无所知，

---

① 孙玉军：《突破合同的相对性能解决实际施工人问题吗——关于对最高院施工合同纠纷案件适用法律问题的解释第二十六条的评析》，载《建筑时报》2011年3月7日第3版。

对于工程实际费用的结算和支付情况更是无法查证，导致发包人难以提出有效的抗辩，则诉讼结果极有可能会损害发包人合法利益。①

此外，在传统的民事法律与民事诉讼法律的语言体系与价值序列中，"实际施工人"这个概念与制度都显得有些突兀和生硬。因此在司法实践中产生了管辖不明、司法鉴定适用定额不明、诉讼时效不明、发包人承担责任方式不明、优先受偿权行使主体不明等诸多问题。

三、司法规则的设立，应考虑如何与市场秩序接轨

司法的意旨并不限于平息诉讼、解决纠纷，其采取的价值取向往往还影响了建设领域的市场秩序及从业者的生态模式。从制度实施的效果方面来看，"实际施工人"制度并不利于规范建设工程承、发包市场的秩序，更不利于打击建设工程领域中的违法、违规行为。

一方面，非法状态下的实际施工人因此获得了远较合法状态下分包人更为优越的法律地位。这种优越性不仅体现在其享有了针对发包人的直接诉权方面，还表现在其因施工合同无效所取得的"免责护身符"。影响实际施工人实体权利范围的主要因素无非工程价款结算、工期责任、质量责任这 3 个方面，而在《司法解释》的语境下，这 3 个方面的权责归属均与合同效力密切相关。首先，依《司法解释》第二条的规定，在建设工程施工合同无效但建设工程经竣工验收合格的情况下，承包人（包括实际施工人）可请求参照合同约定支付工程价款，故实际施工人的可得价款数额并不因其非法身份遭受任何减损；其次，依《司法解释》第二十五条的规定，因建设工程质量发生争议的，发包人可以以总承包人、分包人和实际施工人为共同被告提起诉讼。由于此处未明确工程质量责任的最终承担主体，虽然司法实践中可以通过连带责任的形式将实际施工人纳入责任主体之中，但最终承担工程质量责任往往都是更容易被追究责任的承包人，而实际施工人因其与承包人之间的非法转包、违法分包或挂靠协议被认定无效从而逃避最终承担责任的案例不算罕见；最后，对于施工合同无效情况下的工期延误责任判断上，究竟属于违约责任还是缔约过失责任？目前，法

---

① 贾长亮、张健：《突破合同相对性对于解决实际施工人问题是弊大于利》，载《佳木斯教育学院学报》2013 年第 10 期。

院大多根据施工合同的效力简单地采取"既然合同无效,则违约责任不予支持"的态度,即便按照缔约过失责任来处理,发包人因此遭受的工期损失也难以弥补。可见,《司法解释》赋予非法状态下的实际施工人的不仅仅是程序上的便利,还包括实体权利上远较合法状态下分包人更为优渥的待遇。

另一方面,根据《司法解释》第一条和第四条的规定,借用资质、超越资质、非法转包、违法分包的建设工程施工合同本应属于无效合同,但其第二十六条又允许实际施工人以与其没有合同关系的发包人为被告提起诉讼,并且发包人要在欠付工程款的范围内承担实体责任。这样的规定,无异于将无效合同按照有效合同处理,这将在客观上导致无效合同的合法化,完全有悖建筑法严格的资质管理制度和非法转包、违法分包禁止制度。借用资质、超越资质、非法转包、违法分包等行为本身是被严格禁止的,但实际施工人恰恰就是些主导并实施这些违法行为且因此取得建设项目的企业和个人。而《司法解释》第二十六条的规定,不仅未对这些违法主体进行制裁,反而赋予实际施工人除向其合同相对人主张债权的权利外,还可以向发包人主张债权,完全是对基于违法违规行为成为实际施工人的纵容和扩大保护。[1]

当然,理论上的不和谐不能也不应该成为我们贸然拒绝新事物的充分理由,或许,每一个将来被证明具有旺盛生命力的制度设计在其面世伊始均会面临水土不服的窘境。一个常态的社会,利益的存在是多元而非单一的,建设工程施工合同纠纷即是社会利益多元化的一个缩影,集中体现了发包人、总包(挂靠)单位和实际施工人为责任承担问题产生的利益分歧。法院主要的任务是权衡当事人的利益,并通过对个别案件的判决或对一般原则的阐释,使当事人的利益得到协调。客观上,《司法解释》的实施对"借用资质"行为提供了一种正向的激励作用,导致制度实施的效果与其他明令禁止此类违法行为的工程法律所秉承的价值取向背道而驰,虽然我们不能强求《司法解释》能够取代其他工程法律起到规范建筑市场秩序的作用,但司法绝非简单的定分止争,其过程和结果总是伴随着规则的找寻、确立和宣示,能动地规制着经济社会的发展。司法机关审理建设工程施工合同纠纷案件的价值导向应与规范市场秩序的需要

---

[1] 贾长亮、张健:《突破合同相对性对于解决实际施工人问题是弊大于利》,载《佳木斯教育学院学报》2013 年第 10 期。

一致，每个涉及实际施工人的建设工程施工合同纠纷案件的审判都蕴含着对建筑市场经营管理秩序的引导和规范。在目前的工程法律制度框架中，资质管理的目标是维护建筑市场的正常秩序，市场的优胜劣汰是最有效的资源配置方式，解决建筑业企业资质挂靠并非仅属于建设行政主管部门的职责，司法机关的价值导向亦左右着政策的成败。随着我国市场经济体制的完善，解决建筑企业资质挂靠问题，应该在近中期逐步弱化、远期取消建筑业企业资质管理制度，逐渐强化以个人为中心的执业资格制——由个人执业资格制度取代企业资质管理制度将是解决资质挂靠的根本途径。因此，司法机关在责任归属的认定上应作出有利于社会制度规范功能发挥的安排，至少，在案件裁判中片面地追求各方当事人皆大欢喜的结局，从而对借用资质、非法转包、违法分包等严重破坏建设领域市场秩序行为采取绥靖甚至包容的态度，则无异于饮鸩止渴。

四、制度的生产与再生产：农民工利益该如何保护

在弱者保护这个问题上，法律在工具意义上的重要性是不言而喻的。近代以来，在市场经济社会中，弱者之所以成为弱者往往归因于弱者个人，社会经济结构的原因或者政府应承担的责任则很少被提及。尽管中国目前的市场化改革尚未完成，但这种"弱肉强食"逻辑似乎已经深入人心了。[①] 然而，弱者也同样是在社会利益的分配和调整的过程中产生出来的，对于弱者的产生，我们不得不思考，制度究竟在其中扮演了何种角色，现行法律是否参与到了弱者的产生过程中？只要我们认为法律应该有而且必须有目的，只要我们认为法律的本质属性是一种调整社会关系的工具，那么，在逻辑上就不得不接受"法律生产弱者"的结论。就农民工利益保护而言，"农民工"的名称即表明了其弱者地位的由来主要源于"农民"身份而非"工人"职业，对其工资收入的保护并不见得比其户籍限制、养老保障、医疗保险、子女入学等问题更为迫切，而这些差距的产生，归根结底都是现行制度而非天然的产物。

面对社会中弱者的生存困境及因此引发的关于社会全面衰败的担忧，人们总是寄希望于政府有所作为，期待着一个足够强势的政府能挺身而出担当起保

---

① 周安平：《优胜劣汰与优胜劣不汰——人类社会生存竞争规则的道德底线》，载《法商研究》2007年第3期。

护弱者的全部重担。以保护弱者的名义，政府于是垄断了扶贫，垄断了慈善，垄断了社会保障，垄断了保护弱者的一切通道，而且这些垄断的正当性也轻易地取得了全社会的认同。然而，我们看到的结果却往往是与其初衷背道而驰。一方面，不受监督的权力必然会导致普遍的寻租行为，对弱者的保护最终演变成为与强者的结盟；另一方面，强势政府垄断了弱者保护的全部通道，使公民社会与公共空间遭受到了严重挤压，从而导致社会成员对政府的依附性越来越强，使得社会的强、弱分层进一步加大。实践证明，将弱者保护的全部职责委赋予强势政府的做法，恰恰强化了弱者生成的体制基础，将不可避免地陷入弱者更弱的死循环。[①] 关于弱者保护的路径，诺齐克的自由权利理论或许能够给出比较贴切的启示。从诺氏关于国家起源的虚拟逻辑分析来看，国家不可以使用它的强制手段来迫使一些公民给别人提供帮助；也不能用强制手段禁止人们自利或自我保护的活动。否则的话，国家就走出了自己合法性和正当性的边界。在他看来，国家只要在权力与目标问题上多走一步，自我膨胀，就背离了公共权力设立的初衷。因而也就不赞同那些扩大国家功能的做法——如功利主义、福利国家、社会工程、计划经济等规划的蓝图。对于"改造社会制度以达到物质条件的较大平等"的合法性，他认为"实际上却很少能说是得到了证明"。[②]笔者认为，在当前中国的建设工程行业中，包括非法转包、违法分包、挂靠、农民工工资拖欠在内的许多问题其实都是被管出来的、被制度逼出来的，为了解决这些管出来的问题，政府开出的药方不是解除管制措施或削减管制的力度，而是希望通过进一步加强管理的方式来实现，这无异于南辕北辙。

　　一般地，通过制度设计实现对弱者的法律保护主要有两种路径：一种是通过对作为强者的交易方的规制而抑制其强势，"弱者的身份依赖必然会使强势身份者的权利受限制"。[③] 另一种是通过利益给予、权利赋予以及成立弱者组织等方式来扶助弱者。这两种路径较多体现在农民工、消费者、妇女、儿童、老人、低收入人群、中小业等主体的权益保护法律中。然而，从法律实践看，对

---

①　曲笑飞：《弱者的制度性生产与再生产》，载《齐鲁学刊》2012 年第 12 期。

②　诺齐克：《无政府、国家与乌托邦》，何怀宏等译，中国社会科学出版社 1991 年版。

③　马俊驹、童列春：《论私法上人格平等与身份差异》，载《河北法学》2009 年第 11 期。

弱者保护的不同制度路径均可能会导致意料之外的后果。[1] 对强者的抑制，由于是通过对其权利的规制而实现的，这极易引起被规制者的对策行为；对弱者的权利赋予，由于给予了一种会带来利益的权利，因此常会产生受益人扩大的现象，导致甄别真正的弱者的困难加大，从而使利益不能最准确地到达本来需要帮助的弱者群体；而对弱者进行直接的利益给予，则最容易产生利益的溢出效应，这种溢出效应一方面表现为受益人群体的扩大，另一方面表现为利益分配的成本以及对利益的非法截留，这会使真正的弱者能够享受到的利益大打折扣。[2]

就农民工利益保护而言，《司法解释》所秉持的弱者情怀虽值得赞赏，但其中关于实际施工人的制度设计可能只是一种"头痛医头、脚痛医脚"的权宜之计，随着时间的推移和司法诉讼经验的积累，借助于来自实务界和学术界的持续关注与不懈求解，笼罩在实际施工人身上的层层迷雾可期逐渐散去，经由立法的完善与解释的融贯这两条路径，最终可以实现与传统民法、诉讼法及其他工程法律制度之间的接轨。

---

① 应飞虎：《弱者保护的路径、问题与对策》，载《河北法学》2011 年第 7 期。
② 曲笑飞：《弱者的制度性生产与再生产》，载《齐鲁学刊》2012 年第 12 期。

建设工程固定价合同调整价差司法路径分析[*]

徐 丹[**]

一般而言，建设工程施工合同的价款计算可以采用固定价、可调价以及成本加酬金。固定价又可以分为绝对固定和相对固定，前者价款不因任何因素而调整，后者则在约定的风险范围内不予调整。当然，还存在着合同总价款本身是可调价，但在某项费用上是固定价的可能。固定价排除了通过合同进行调差的可能，则如果在签订合同后、履行合同的过程中，发生材料费、人工费或者机械费的大幅上涨，调整价差并无合同依据的情况下，调差的请求能否被法院支持，以及被法院以什么理由支持，是本文试图探讨的内容。

一、司法文件的规定

由于该问题由来已久，最高人民法院早在 2002 年《关于审理建设工程合同纠纷案件的暂行意见》中对此就已经有了明确的态度，其第二十七条规定：

建设工程合同约定对工程总价或材料价格实行包干的，如合同有效，工程款应按该约定结算。因情势变更导致建材价格大幅上涨而明显不利于承包人的，承包人可请求增加工程款。但建材涨价属正常的市场风险范畴，涨价部分应由承包人承担。

该条规定，其实完全借鉴了广东省高级人民法院 2000 年《关于审理建设工程

---

[*] 本文获"2015 年度《中国建设工程法律评论》征文三等奖"。

[**] 徐丹，建纬杭州律师事务所律师，南京大学法学硕士。

合同纠纷案件的暂行规定》（粤高法发〔2000〕31号）第二十七条的规定，在文字上都没有任何区别，而在此之前，1998年的《山东省高级人民法院关于审理建筑工程承包合同纠纷案件若干问题的意见》第二十九条就已经有了类似的规定：

> 审理建筑工程承包合同纠纷案件，要增强合同意识，对依法确认为有效的合同，一般应以合同作为处理纠纷的依据。但合同订立后，如果出现当事人无法预见和克服的因素，如国家产业政策调整、国家政策性价格调整、税率调整、国家规费调整等，致使双方或一方当事人继续履行合同显失公平的，应适用情势变更原则，公平合理地对合同内容予以变更或解除。
>
> 对于当事人可预见的市场风险，当事人请求变更或解除合同的，不应予以支持。

同样是在山东，2011年《山东省高级人民法院关于印发全省民事审判工作会议纪要的通知》（鲁高法〔2011〕297号）第三条第五款规定：

> 建设工程施工合同约定工程价款实行固定价格结算，在合同履行中，发生建筑材料价格或者人工费用过快上涨，当事人能否请求适用情势变更原则变更合同价款或者解除合同。如果建筑材料价格或者人工费用的上涨没有超出固定价格合同约定的风险范围，当事人请求适用情势变更原则调整合同价款的，不予支持；如果建筑材料价格或者人工费用的上涨超出了固定价格合同约定的风险范围，发生异常变动的情形，如继续履行固定价格合同将导致当事人双方权利义务严重失衡或者显失公平的，则属于发生了当事人双方签约时无法预见的客观情况，当事人请求适用情势变更原则调整合同价款或者解除合同的，可以依照最高人民法院《关于适用〈中华人民共和国合同法〉若干问题的解释(二)》第二十六条和最高人民法院《关于当前形势下审理民商事合同纠纷案件若干问题的指导意见》的相关规定，予以支持。

山东省高院2011年的规定较1998年的规定进一步明确了情势变更原则的适用条件，并且强调了应符合最高人民法院文件的规定，而其允许依据情势变更原则调整价差的态度则一以贯之。

此外，部分省市的司法文件，虽然没有采用情势变更原则的说法，但仍然对调整价差予以了肯定。如2008年《江苏省高院关于审理建设工程施工合同纠纷案件若干问题的意见》（苏高法审委〔2008〕26号）第九条规定：

建设工程施工合同约定工程价款实行固定价结算的，一方当事人要求按定额结算工程价款的，人民法院不予支持，但合同履行过程中原材料价格发生重大变化的除外。

上述规定均是对合同已有约定的突破，而有的司法文件则是在充分尊重合同的基础上，于合同未有约定或约定不明之时的调差予以规定。如2012年《北京市高级人民法院关于审理建设工程施工合同纠纷案件若干疑难问题的解答》（京高法发〔2012〕245号）第十二条规定：

建设工程施工合同约定工程价款实行固定价结算，在实际履行过程中，钢材、木材、水泥、混凝土等对工程造价影响较大的主要建筑材料价格发生重大变化，超出了正常市场风险的范围，合同对建材价格变动风险负担有约定的，原则上依照其约定处理；没有约定或约定不明，该当事人要求调整工程价款的，可在市场风险范围和幅度之外酌情予以支持；具体数额可以委托鉴定机构参照施工地建设行政主管部门关于处理建材差价问题的意见予以确定。

因一方当事人原因导致工期延误或建筑材料供应时间延误的，在此期间的建材差价部分工程款，由过错方予以承担。

二、适用情势变更原则调差的困难

虽然2009年《最高人民法院关于适用〈中华人民共和国合同法〉若干问题的解释（二）》（法释〔2009〕5号）第二十六条明确规定了情势变更原则，从最高人民法院到部分地方法院的司法文件都对适用情势变更原则调差予以支持，但实践中适用该原则的案例却十分罕见。事实上，最高人民法院在确定情势变更原则的同时，对其适用作出了非常严格的限制。《最高人民法院关于正确适用〈中华人民共和国合同法〉若干问题的解释（二）服务党和国家工作大局的通知》（法〔2009〕165号）规定：

对于上述解释条文，各级人民法院务必正确理解、慎重适用。如果根据案件的特殊情况，确需在个案中适用的，应当由高级人民法院审核。必要时应报请最高人民法院审核。

由于绝大部分建设工程案件一审都在基层法院或中级人民法院进行，所以事实上办案法官并没有直接适用情势变更原则的权利，通过报批这种特殊程序适用该原则显然极大地限制了该原则的适用。在这种程序上的限制以外，最高人民法院在《关于当前形势下审理民商事合同纠纷案件若干问题的指导意见》（法发〔2009〕40 号）中还对适用情势变更原则的实体审查上作出严格的规定，主要是对"无法预见"和"不属于商业风险"的严格把握。

该指导意见体现的严格的标准在司法中得到普遍的贯彻，如在（2013）民申字第 1099 号"广东省电白建筑工程总公司与东莞市长安镇房地产开发公司建设工程施工合同纠纷申请案"中，广东省电白建筑工程总公司申请再审称：本案施工期间主要材料价格超常涨价，并非一般承包人能预料，这是广东省建设厅规范性文件公认的客观事实，不属于正常的商业风险，二审判决以正常商业风险为由不予调整材料价差，违背公平原则。最高人民法院裁定：建设工程施工合同约定，承包方式为按定标价包人工、包材料、包工期、包质量、包安全，还包括按国家规定由乙方缴纳的各种税收，除设计变更外，总价、单价以定标价为准，结算时不作调整。上述约定系针对合同约定的施工期间内包括主要建材价格产生变化的市场风险承担条款，说明双方当事人已预见到建材价格变化的市场风险，故二审判决认定开工日期至合同约定的竣工日期建筑材料上涨属于正常的商业风险，不属于情势变更，适用法律并无不当。

根据 2014 年 12 月 3 日在北大法宝案例库全文检索的结果，检索"情势变更"加"调差"，得 9 个案例，除 2 个案例与本文论题无关、1 个案例重复以外，在有效的 6 个案例中，没有一个案例由法院适用了情势变更原则进行固定价调差。检索"情势变更"加"补差"加"建设工程"，得 16 个案例，也没有一个案例适用了情势变更原则。以其他方法在北大法宝案例库多次检索得到的唯一支持情势变更原则调差的案例尚在上述最高人民法院司法文件发布之前的 2005 年：（2005）桂民一终字第 45 号，其依据的还是最高人民法院 1993 年的《全国经济审判工作座谈会纪要》（法发〔1993〕8 号）："由于不可归责于当事人双方的原因，作为合同基础的客观情况发生了非当事人所能预见的根本性变化，以致按原合同履行显失公平的，可以根据当事人的申请，按情势变更的原则变更或解除合同。"可见在当下的司法实践中，试图以情势变更为由，获得法院对调差支持，可能性微乎其微。

三、适用政府调差文件调差的可行性

虽然前述检索的 6 个有效案例都没有适用情势变更原则进行调差，但并非都没有支持调差，其中有两个案例法院进行了调差，而其判决的理由则都是采用了政府颁布的调差文件。

在（2013）豫法民二终字第 73 号"广东省源天工程公司等与河南省大河筑路有限公司建设工程施工合同纠纷"上诉案中，2005 年 8 月，河南海星公司作为业主与大河筑路有限公司签订《施工合同文件》，确定根据工程量清单所列的预计数量和单价或总额价计算的合同总价为人民币 96 296 969 元，并在合同组成文件中约定合同为单价合同，合同期内不调价。其后经转包，工程由源天工程公司实际负责施工。2006 年施工期间，燃油、石材价格较 2005 年投标时的价格存在上涨，源天工程公司认为按照河南省交通定额站发布的《关于调整在建高速公路建设项目材料价格的指导性意见》（豫交定〔2004〕2 号文）等文件，应由业主承担上述材料的价差损失，请求法院根据鉴定结论予以支持。鉴定机构针对业主河南海星公司的异议回复称：土方差价、材料价格上涨调整的依据是否成立，由法院裁定，本次鉴定仅对涉及项目的造价进行鉴定。原审共同被告称鉴定机构错误适用了《关于调整在建高速公路建设项目材料价格的指导意见》，因为该指导意见既不是法律法规，也不是规章，对合同双方不具有法律强制约束力。原审法院认为，虽然河南海星公司与大河工程公司在施工合同中约定，合同期内不调价，但市场材料价格变动为实际情况。河南省交通工程定额站作为河南省高速公路定额造价管理部门，多次发布文件要求在高速工程项目建设中，建设单位应在招标文件及合同中对材料价格涨降差价调整方法作出明确约定，并对原施工合同条款中规定的由于材料价格涨落因素影响对合同价格不予调整或没有明确调整方法的，提出了具体的调整价差费用计算公式及业主和施工单位的承担比例。本案查明，柴油、重油和石粉的投标单价较施工时单价均有大幅上涨，且涨幅超过 10%，符合河南省交通工程定额站在《关于调整在建高速公路建设项目材料价格的指导性意见》中规定的应予调整材料品种及价格调整情形，故结合本案实际情况，依据公平原则，应予调整材料价差。河南省高院二审认为，河南省交通厅作为全省高速公路建设管理部门，

其定额站多次发文对调整部分筑路材料价格提出指导意见，并给出了具体调整方法。本着实事求是、风险共担的原则，应该对本案工程造价进行鉴定，客观地认定工程价款，对各方都是公平的。

与此类似，在（2011）益法民一终字第91号：徐某某等与黄某某等建设工程施工合同纠纷上诉案中，湖南省沅江市人民法院一审未允许调差，而益阳市中级人民法院二审认为：本案合同约定的价格明显低于建设成本，合同签订后不久建材价格暴涨，根据湖南省建设厅湘建价〔2008〕2号文件的规定，凡在施工承包合同中没有具体明确风险范围和调整幅度的，即使是采用固定价格的工程，也应列入调整范围，按照合同约定价格结算工程款显失公平。经沅江市价格认证中心鉴定，工程的人工费及材料费达324万元，与本案合同标的230万元相比，超出合同标的94万元。二审考虑材料、人员工资涨价等因素，在原审判决的基础上，再由沅江景星寺补偿徐某某、黄某某、田某某、张某某四人因材料、人员工资涨价部分的损失30万元。

四、适用政府调差文件调差的分歧

值得注意的是，上述两个案例，实际施工人都明确以情势变更原则为依据请求调差，二审法院在支持调差的同时，却完全规避了对本案是否情势变更原则予以判定，而是直接适用了省厅文件。

虽然司法实践中适用政府调差文件进行固定价调差并不鲜见，但在是否适用调差文件这一问题上，司法并不统一，而是出现非常复杂的分歧。法院不适用调差文件的情况一般包括以下几个。

（一）认为调差文件不是具有强制效力的法律法规

如在（2012）永中法民二初字第11号："湖南某某水电建设有限公司诉江华县某某江水电有限公司建设工程合同纠纷"案中，湖南省永州市中院认为：根据双方签订的合同约定，不因合同工程量的变化而调整主体合同单价和临时工程总价，也不因部分施工组织设计和进度计划的改变而变动合同单价和临时工程总价；招标文件的合同约定，承包人应做好市场调查工作，充分考虑到由于物价的波动可能造成的风险，并计入投标报价中，本工程不接受任何理由的价格调整要求。以上双方所签订的合同是双方协商一致的真实意思表示，合法有效，是规范双方权利义务的依据。既然本案中合同约定了不予调价，且在日后对人工工资调差和材料调差没有签证认可，在施工单位的材料调差申请表中，业主亦批示不予认可，故进行人工调差和材料调差没有依据，不能予以支持。湖南某某水电建设有限公司虽然提出按湖南省水利厅文件《湖南省水利厅关于调整水利工程建设人工和材料价格意见的通知》（湘水建管〔2008〕3号）有关精神，2007年1月1日以后施工的人工及材料单价应进行调差，但是该文件并非国家强制性法律法规，只是部门规范性文件，依法不予采纳。

在（2014）吉中民申字第98号："张某某与吉林吉化华强建设有限责任公司等公司建设工程施工合同纠纷"上诉案中，吉林省吉林市中院也认为：《关于加强工程建设材料价格风险控制的意见》属于山东省建设厅对各市建委（建设局）、各有关单位发布的指导性意见，法院也无法依据该意见作出相应的判定。

（二）认为个案不符合调差文件的规范范围

如在（2011）浙民终字第10号"浙江某某开发有限公司与五洋建某某团股某某公司（以下简称五洋公司）为建设工程施工合同纠纷"案中，五洋公司请求调整人工费，鉴定机构称因合同中无关于人工费调整及如何调整的约定，并在施工过程中也无双方就人工费问题需作调整的鉴证，经查省市定额造价部门也无94版定额人工费价格须作调整的文件或指导性意见，因此不予调整。浙江省湖州市中院一审认为：虽根据浙江省建发《关于加强建设工程人工、材料要素价格风险控制的指导意见》（〔2008〕163号）和《关于加强建设工程人工、材料要素价格风险控制的实施意见》（湖建发〔2008〕255号）的规定，自2007年12月1日起可以对2003年预算定额所确定的人工费用调整，但并不涉及94版定额的人工费调整。所以，本案既没有合同双方对人工费可以调整及如何调整的约定，也没有浙江省建筑行业关于可以在适用94版定额计价时进行人工费调整的政策法规，鉴定机构没有支持五洋公司的该项请求是正确的。五洋公司上诉称：上述文件虽然没有规定适用于94版定额，但也没有规定不适用94版定额。人工调差的目的是弥补施工单位实际人工单价大幅上涨时的经济损失，03版定额计价的工程可以人工调差，94版定额计价的工程更应可以人工调差。而浙江省高院二审认为：首先，适用94版定额并无人工费可以调差的任何政策性文件，凡对人工费调差的文件均指适用03版定额而非94版定额。其次，2008年9月17日，湖州市建设规划局根据省建设厅《关于加强建设工程人工、材料要素价格风险控制的指导意见》（〔2008〕163 号）颁发的实施意见（〔2008〕255 号文件）第二条明确规定："本意见施行之日前已签订施工合同，并在合同条款中对建设工程要素价格的风险范围、幅度有明确约定的从其约定。未约定且为固定价格合同，除在 2007 年 10 月 1 日以前已经竣工或者本意见施行之日前已办理竣工结算的工程外，发承包双方应本着实事求是、风险合理分担原则，按照本意见及时调整价差并签订补充协议。"而本讼争工程，既非该文件规定的"实施之日前签订的施工合同并在合同条款中对建设工程要素价格的风险范围、幅度有明确约定的"范围，双方又未对调整价差协商一致并签订补充协议，故该政策性指导文件不能作为本案人工费调差的依据，人工费应当按照合同约定结算（对于该项说理，似有逻辑问题，而以调差文件本身规定的适用范围来确定是否适用的思路是清楚的）。

（三）认为适用调差文件需以合同约定政策性调差为前提

如在（2014）陕民一终字第 00117 号："西安筑邦建设工程总公司（以下简称筑邦公司）与荥阳市中原房地产发展有限公司（以下简称中原公司）建设工程施工合同纠纷"案中，筑邦公司请求调整人工费，陕西省高院则认为：筑邦公司主张因合同无效，合同中关于工程款的包干约定亦无效，中原公司应依据《陕西省建设厅关于调整房屋建筑和市政基础设施工程量计价安全文明施工措施费及综合人工费单价的通知》（陕建发〔2007〕232 号文件）向其支付人工费调差费用 2 807 964.6 元。双方合同虽然无效，但涉案工程已交付使用，应参照合同约定结算工程价款。双方《建设工程施工合同》及该合同补充条款中约定涉案工程为固定价，单价不作调整，故一审判决对筑邦公司人工费调差费用诉讼请求不予支持并无不当。筑邦公司主张因工期延误，期间因市场价格变动导致其成本增加，中原公司反而因延期后房屋价格上涨获得利润，若不予调差有失公平。首先，陕建发〔2007〕232 号文件明确规定"合同约定执行国家调整政策的 2008 年 1 月 1 日以后完成的工程量执行调整后标准，合同未约定的，是否调整及调整幅度由合同双方商定"，适用前提是合同双方约定采用政策性调价，而本案双方约定采用固定价不作调整；其次，据审理查明事实，筑邦公司不能证明工期延误系中原公司原因所致；最后，合同约定为固定价，则筑邦公司订立合同时已认可由其承担市场价格变动的风险，故其上述辩称理由不能成立。

（四）认为合同中已明确约定不调差

如在（2013）新兵民一终字第 25 号："新疆东方建筑安装工程公司（以下简称东方公司）与新疆石河子荣达房地产开发有限公司、新疆石河子荣达房地产开发有限公司哈密分公司建设工程施工合同纠纷"案中，新疆维吾尔自治区高院生产建设兵团分院认为：关于涉案工程是否应当调差，数额是多少的问题。根据《最高人民法院关于审理建设工程施工合同纠纷案件适用法律问题的解释》第十六条第一款："当事人对建设工程的计价标准或者计价方法有约定的，按照约定结算工程款。"本案中，双方当事人在合同中约定按固定价结算工程款，因此，应按合同约定结算。而且双方在合同价款中约定的风险范围包括安全因素和物价上涨因素，这表明双方在签约时对建筑材料价格变化的风险已有预见，东方公司也愿意承担风险带来的后果。所以东方公司在事后要求调差，不符合双方当事人合同的约定。庭审中，东方公司提交的自治区建设厅《关于建筑材料价格风险费用计取的指导意见》主要针对的是文件发布以前订立的合同，工程尚未施工完毕且在合同中未约定风险控制条款的情形。而本案中，双方签订的合同中明确约定了风险范围包括安全因素和物价上涨因素。因此，该指导意见不能作为本案中调整工程价款的依据。

五、总结

从上述案例我们可以看出，虽然与适用情势变更原则相比，适用政府调差文件进行调差是更具可行性的路径，但也绝不意味着调差文件具有当然的适用性，其在司法实践中仍然体现出了非常大的分歧，司法结果的可预测性较弱。关于该问题，我们可以总结出以下几点。

（1）是否适用情势变更原则进行调差，主要是一个事实判断的问题，即签订合同后费用的大幅上涨是否是签约时双方不可预见的，是否不属于正常的商业风险，法官根据该事实认定来进行裁判，而裁判的规则本身，即情势变更原则则是明确的、无争议的。与情势变更原则不同，适用政府调差文件进行调差，则主要不是事实问题，而是规则问题，由于没有具体明确的法律规定，即是否适用调差文件，在什么情况下适用，有赖于法官个人对规则的认知，也必然涉及个案的具体情况，以及法官基于该具体情况的利益衡量。

（2）调差文件一般来说是省厅文件，甚至只是省厅部门的文件，其是否对于当事人双方签订的民事合同具有强制效力，自然存在很大的法律问题。在实践中，不仅法官认识到了这个问题，行政主管部门也认识到了这个问题，因此调整文件往往表现出了一定的谦抑性，在文件本身的适用上不同程度地尊重当事人的合同自由。如上述湖建发〔2008〕255 号文件规定：意见施行之日前已签订施工合同，并在合同条款中对建设工程要素价格的风险范围、幅度有明确约定的从其约定。未约定且为固定价格合同，才按照意见及时调整价差并签订补充协议。也就是说，该调差文件自行排除了对已约定风险合同的适用，对于未约定风险的固定价合同，也不是直接适用，而是要求当事人通过签订补充协议的方式调差。而上述陕建发〔2007〕232 号文件则更进一步，仅在合同约定适用政策性调差时才适用，合同未约定的，是否调整及调整幅度由合同双方商定。调差文件的这种谦抑性，也在很大程度上限制了在司法上直接适用的可能。

（3）是否适用调差文件也体现出了司法鉴定与审判权之间的关系。由于审价的专业性，在确定价款上，法官往往非常依赖鉴定机构的意见。如在上述(2011) 浙民终字第 10 号："浙江某某开发有限公司与五洋建某某团股某某公司为建设工程施工合同纠纷"案中，先由鉴定机构给出意见，称因合同中无关于人工费调整及如何调整的约定，并在施工过程中也无双方就人工费问题需作调整的鉴证，经查省市定额造价部门也无 94 版定额人工费价格须作调整的文件或指导性意见，因此不予调整。湖州市中院一审即参考鉴定意见，对调差的请求予以驳回。在鉴定机构给出明确意见的情况下，法官的判决往往不会与鉴定意见不同，但这也绝不意味着可以以鉴代审，法官对于价款确定问题仍然具有无可争议的审判权。如在上述（2013）豫法民二终字第 73 号："广东省源天工程公司等与河南省大河筑路有限公司建设工程施工合同纠纷"上诉案中，鉴定机构即表示：土方差价、材料价格上涨调整的依据是否成立，由法院裁定，本次鉴定仅对涉及项目的造价进行鉴定。即法官对于是否调差具有最后的决定权。

在固定价合同不允许调差的情况下，司法进行调差的可能路径与困难大致已如上文。需要指出的是，虽然固定价是我国建筑市场常见的计价方式，且更为业主所偏好，但如果项目的工程量确定性较弱，在建设过程中工程量变化较多，则势必为纠纷的产生埋下隐患。因此，根据不同项目的特点，灵活采用发包方与承包方都能接受的计价方式，符合我国建筑市场的不断发展，以及工程管理水平的不断提高的现实。

工程转包与挂靠的认定与甄别[*]

徐 丹

2014 年 9 月 1 日，住房和城乡建设部印发《工程质量治理两年行动方案》，要求各级主管部门对在建的房屋建筑和市政基础设施工程项目的承发包情况进行全面检查，检查建设单位有无违法发包行为，检查施工企业有无转包、违法分包以及转让、出借资质行为，检查施工企业或个人有无挂靠行为，并责令主管部门严惩重罚各类违法行为。检查与惩罚，均以对违法行为的准确认定为基础，在这方面，住房和城乡建设部 2014 年 8 月 4 日发布并于 2014 年 10 月 1 日起实施的《建筑工程施工转包违法分包等违法行为认定查处管理办法（试行）》（以下简称《管理办法》）则为落实《工程质量治理两年行动方案》、准确认定各类违法行为提供了依据。

在建设工程领域的违法行为中，转包与挂靠是两种最为常见的类型，二者相互区别，又具有一定的相似性。本文拟结合《管理办法》对二者的认定标准与区分方法做初步的探讨。

一、非法转包的认定标准

1997 年制定的《中华人民共和国建筑法》（以下简称《建筑法》）第二十八条规定："禁止承包单位将其承包的全部建筑工程转包给他人，禁止承包单位将其承包的全部建筑工程肢解以后以分包的名义分别转包给他人。"2000 年施行的《招标投标法》第四十八条也规定："中标人应当按照合同约定履行义务，

---

[*] 本文原载于高杉峻主编《民商法实务精要（第二辑）》。

完成中标项目。中标人不得向他人转让中标项目，也不得将中标项目肢解后分别向他人转让。"

1998 年《建设部关于进一步加强工程招标投标管理的规定》（建建〔1998〕162 号）对转包作出如下界定："凡承包单位在承接工程后，对该工程不派出项目管理班子，不进行质量、安全、进度等管理，不依照合同约定履行承包义务，无论是将承包的工程全部转包给他人，还是以分包的名义将工程肢解后分别转包给他人，均属违法的转包行为。"其后，原建设部《1999 年整顿和规范建设市场的意见》（建建〔1999〕53 号）中《关于若干违法违规行为的判定》第二条对转包判定标准的规定复述了上述界定。2000 年国务院制定的《建设工程质量管理条例》第七十八条，以及 2004 年原建设部制定的《房屋建筑和市政基础设施工程施工分包管理办法》第十三条对转包的定义，也与上述界定基本相同。可见非法转包的形式可以分为全部转包和肢解分包，而其共同的特点在于承包单位对工程不参与项目管理，对于这一点，也有部分地方规范进一步予以规定，如 2001 年制定的《深圳市制止建设工程转包、违法分包及挂靠规定》第四条规定："承包单位对其承包的建设工程未派出项目管理班子或其技术管理人员数量明显低于正常水平的，以转包行为论处。"

《管理办法》同样也对转包进行了定义，其第六条规定："本办法所称转包，是指施工单位承包工程后，不履行合同约定的责任和义务，将其承包的全部工程或者将其承包的全部工程肢解后以分包的名义分别转给其他单位或个人施工的行为。"值得注意的是，和以往的定义相比，该定义删除了承包单位不参与项目管理的内容。而《管理办法》突破既有规定之处更在于，其采取了列举和兜底的方式对转包的认定进行进一步细化，其第七条规定：

存在下列情形之一的，属于转包：

（一）施工单位将其承包的全部工程转给其他单位或个人施工的；

（二）施工总承包单位或专业承包单位将其承包的全部工程肢解以后，以分包的名义分别转给其他单位或个人施工的；

（三）施工总承包单位或专业承包单位未在施工现场设立项目管理机构或未派驻项目负责人、技术负责人、质量管理负责人、安全管理负责人等主要管理人员，不履行管理义务，未对该工程的施工活动进行组织管理的；

（四）施工总承包单位或专业承包单位不履行管理义务，只向实际施工单位收取费用，主要建筑材料、构配件及工程设备的采购由其他单位或个人实施的；

（五）劳务分包单位承包的范围是施工总承包单位或专业承包单位承包的全部工程，劳务分包单位计取的是除上缴给施工总承包单位或专业承包单位"管理费"之外的全部工程价款的；

（六）施工总承包单位或专业承包单位通过采取合作、联营、个人承包等形式或名义，直接或变相的将其承包的全部工程转给其他单位或个人施工的；

（七）法律法规规定的其他转包行为。

上述规定第（三）项关于承包单位不履行管理义务的内容，不是作为全部转包和肢解分包的共同特点，而是与二者并列作为认定转包的标准之一。同时，该规定还特别区分了合法的劳务分包与转包之间的界限，并指出了合作、联营、个人承包等其他的伪装形式。因此，从整体上看，《管理规定》规定的转包认定标准更加明确，并且更加严格。

二、挂靠的认定标准

《建筑法》第二十六条规定："禁止建筑施工企业超越本企业资质等级许可的业务范围或者以任何形式用其他建筑施工企业的名义承揽工程。禁止建筑施工企业以任何形式允许其他单位或者个人使用本企业的资质证书、营业执照，以本企业的名义承揽工程。"

上述建设部《关于若干违法违规行为的判定》第四条规定：

根据《建筑法》第二十六条的规定，凡通过转让、出借资质证书或者以其他方式允许他人以本单位名义承接工程任务的，均属挂靠承接工程任务，包括无资质证书的单位、个人或低资质等级的单位，通过种种途径和方式，利用有资质证书或高资质等级的单位名义承接工程任务。

其判定条件是：（一）有无资产的产权联系，即其资产是否以股份等方式划转现单位，并经公证；（二）有无统一的财务管理，不能以"承包"等名义搞变相的独立核算；（三）有无严格、规范的人事任免和调动、聘用手续。凡具备上述条件之一的，定为挂靠行为。

根据该规定，挂靠（也可以称为借用资质）的判断标准有资产、财务和人事 3 个方面，其中人事的判断标准在《房屋建筑和市政基础设施工程施工分包管理办法》中得到了进一步强调，其第十五条规定："分包工程发包人没有将其承包的工程进行分包，在施工现场所设项目管理机构的项目负责人、技术负责人、项目核算负责人、质量管理人员、安全管理人员不是工程承包人本单位人员的，视同允许他人以本企业名义承揽工程。"

《管理办法》第十条则规定："本办法所称挂靠，是指单位或个人以其他有资质的施工单位的名义，承揽工程的行为……"这个定义和以往的规定相比显得非常简明清晰，并且和对转包一样，《管理办法》也对挂靠的认定标准进一步细化，其第十一条规定：

存在下列情形之一的，属于挂靠：

（一）没有资质的单位或个人借用其他施工单位的资质承揽工程的；

（二）有资质的施工单位相互借用资质承揽工程的，包括资质等级低的借用资质等级高的，资质等级高的借用资质等级低的，相同资质等级相互借用的；

（三）专业分包的发包单位不是该工程的施工总承包或专业承包单位的，但建设单位依约作为发包单位的除外；

（四）劳务分包的发包单位不是该工程的施工总承包、专业承包单位或专业分包单位的；

（五）施工单位在施工现场派驻的项目负责人、技术负责人、质量管理负责人、安全管理负责人中一人以上与施工单位没有订立劳动合同，或没有建立劳动工资或社会养老保险关系的；

（六）实际施工总承包单位或专业承包单位与建设单位之间没有工程款收付关系，或者工程款支付凭证上载明的单位与施工合同中载明的承包单位不一致，又不能进行合理解释并提供材料证明的；

（七）合同约定由施工总承包单位或专业承包单位负责采购或租赁的主要建筑材料、构配件及工程设备或租赁的施工机械设备，由其他单位或个人采购、租赁，或者施工单位不能提供有关采购、租赁合同及发票等证明，又不能进行合理解释并提供材料证明的；

（八）法律法规规定的其他挂靠行为。

该规定的第（一）、（二）项重复了挂靠的基本形式，第（三）、（四）项为分包情形下认定挂靠提供了依据，而第（五）～（七）项则可以看作原有人事标准和财务标准的进一步具体化。细化后的挂靠认定标准显然更具有针对性和操作性。

三、转包与挂靠的区分意义与疑难

虽然转包与挂靠的认定各有其标准，并且在新的《管理办法》规定下各自的认定标准更加明晰，但在实践中，二者之间，特别是全部转包和挂靠之间却具有不容否认的外观相似性，导致区分上的困难。

首先，二者具有主体上的相似性，即都存在名义上的承包人和实际施工人。虽然转包的认定不以接受转包方没有相应资质为条件，但事实上在转包的情形下，实际施工人几乎都是没有相应资质的，和挂靠人的情况完全一致。

其次，二者具有人事上的相似性。由于不管是转包还是挂靠，工程都由实际施工人负责，也就使得工程管理也由实际施工人来掌控，实践中往往均表现为管理人员与名义承包人之间没有劳动关系，是由实际施工人派驻的，而这里的实际施工人是认定为接受转包人还是挂靠人，并不能从人事关系本身判断。

再次，二者具有财务上的相似性。转包人与接受转包人之间，以及被挂靠人和挂靠人之间，都是相对独立的经济主体，都不可避免地存在账目上的独立核算。而且不论是转包还是挂靠，发包人往往对此并非不知情，也普遍存在发包人与实际施工人之间的款项支付关系。此外，接受转包人和挂靠人作为实际施工人，都存在以自己名义直接对外发生诸如购买建材等财务关系的情况。

最后，二者具有利润形式的相似性。虽然转包人的利润通过差价实现，而被挂靠人的利润则通过诸如管理费等各种名目实现，但二者往往均表现为工程价款的一个固定比例。由于转包和挂靠都需要合法的外衣，比如，签订所谓内部承包合同，所以这种利润性质其实很难通过合同文本判明。

虽然转包与挂靠在区分上存在上述困难，但二者的区分具有重要的现实意义，因为二者的法律后果不尽相同。

从《管理办法》来看，其第十三条第（三）项规定：

对认定有转包、违法分包违法行为的施工单位，依据《建筑法》第六十七条和《建设工程质量管理条例》第六十二条规定，责令其改正，没收违法所得，并处工程合同价款 0.5% 以上 1% 以下的罚款；可以责令停业整顿，降低资质等级；情节严重的，吊销资质证书。

而该条第（四）项规定：

对认定有转让、出借资质证书或者以其他方式允许他人以本单位的名义承揽工程的施工单位，依据《建筑法》第六十六条和《建设工程质量管理条例》第六十一条规定，责令改正，没收违法所得，并处工程合同价款 2% 以上 4% 以下的罚款；可以责令停业整顿，降低资质等级；情节严重的，吊销资质证书。

上述罚款数额与《建设工程质量管理条例》的规定吻合，从对转包和挂靠的罚款比例可以看出，挂靠被认为是较转包更加严重的违法行为。这种相对的严厉性，同样体现在该条第（三）项规定了对挂靠人的处罚，但并未有处罚接受转包人的条款。

除了行政法意义上的后果不同外，更为重要的是挂靠与转包民法后果的差异。根据《最高人民法院关于审理建设工程施工合同纠纷案件适用法律问题的解释》第四条的规定，承包人非法转包或者没有资质的实际施工人借用有资质的建筑施工企业名义与他人签订建设工程施工合同的行为无效。而根据该司法解释第一条的规定，没有资质的实际施工人借用有资质的建筑施工企业名义的，应当根据《合同法》第五十二条第（五）项的规定，认定无效。也就是说，对于转包而言，转包合同无效而承包合同有效；对于挂靠而言，不仅挂靠合同无效，而且承包合同也无效。

四、作为甄别方法的工程承接与人事管理标准

既然区分转包与挂靠具有重要的意义，而包括《管理办法》在内的规范性文件并未为二者的区分提供可以操作的标准，那么审判实践中，法官是如何对二者进行甄别的呢？

经过对诸多案例的研究，发现甄别转包和挂靠最为有效的方法是考察名义承包人的合同相对人对工程承接环节的介入，我们可以称为工程承接标准，该标准可以细分为以下几点。

（1）介入工程承接环节的时间。转包是由转包人承接到工程，取得承包权后再转包给接受转包人，而挂靠则是挂靠人在工程承接时即已介入，并且通常

是挂靠人先行获得工程发包的信息，与发包人初步接洽后，再寻觅或联系合适的被挂靠人。

（2）在工程承接工作中的作用与地位。与转包人主导工程承接不同，在挂靠的情况下，是否承接工程、以什么价格和什么条件承接工程，主要是由挂靠人决定的，被挂靠人只是负责资质上的配合。在实践中，还普遍存在挂靠人作为被挂靠单位的委托代理人，直接与发包人签订合同的情况。

（3）工程承接费用的承担。与发包人接洽承包工程，是需要成本的，在正式的招标投标程序中，还有投标保证金、招标文件购置费、投标文件编制费等支出。在转包的情况下，由于是转包人负责承接工程，所以这些成本均由转包人承担。而在挂靠的情况，这些成本则由挂靠人承担。

在工程承接标准之外，对人事管理的考察也是一种可行的方法。虽然如上文所言，转包和挂靠在人事上往往均表现为项目管理人员与名义承包人之间没有劳动关系，而由实际施工人指派，但是实践中，名义承包人参与工程管理的程度各有不同。一般而言，转包人的目的在追求转手的差价，通常在转包后并不参与工程管理，而挂靠则因为存在资质借用，挂靠人和被挂靠人之间实际上是一种合作的关系，所以被挂靠人参与工程管理的程度一般比转包深。

这种区别也体现在《管理办法》的规定中。《管理办法》中转包认定标准第七条第（三）项为："施工总承包单位或专业承包单位未在施工现场设立项目管理机构或未派驻项目负责人、技术负责人、质量管理负责人、安全管理负责人等主要管理人员，不履行管理义务，未对该工程的施工活动进行组织管理的。"而挂靠认定标准第十一条第（五）项为："施工单位在施工现场派驻的项目负责人、技术负责人、质量管理负责人、安全管理负责人中一人以上与施工单位没有订立劳动合同，或没有建立劳动工资或社会养老保险关系的。"一个是名义承包人未派驻管理负责人，一个是管理负责人中有一个与名义承包人之间不存在劳动关系，二者具有明显的区别。但我们也可以发现，这二者之间并不存在明确的界限，而是存在交集。这种交集，不仅仅体现为名义承包人完全未派驻管理负责人的情形，而是更为宽泛。一方面，上述《管理办法》第十一条第（三）项是作为认定转包的并列标准之一，并非是认定转包的必要条件。另一方面，正如上述《深圳市制止建设工程转包、违法分包及挂靠规定》第四条"承包单位对其承包的建设工程未派出项目管理班子或其技术管理人员数量明显低于正常水平的，以转包行为论处"所体现的，在司法实践中，并非完全未派驻管理人员即认定为转包，派驻了至少一个管理人员就认定为挂靠，这期间仍然存在一个从量变到质变的多样性，而如何认定其实还有赖于法官的自由裁量权。也正是因为这种交集和自由裁量的空间，所以人事管理标准作为区分转包和挂靠的依据，并不像工程承接标准那样更本质和更明确。

我们可以两个案例来作为上述标准的例证。

【案例1】

安徽省高级人民法院（2013）皖民四终字第00042号：中铁一局集团有限公司（以下简称中铁一局）等与合肥市大军装饰有限公司（以下简称大军公司）建设工程施工合同纠纷上诉案

大军公司系陈某某个人投资设立的有限责任公司，陈某某系法定代表人。2011年8月，为承建宿州市洪河路东延新汴河大桥及引道工程，陈某某与刘某达成口头协议：由刘某负责该工程的招投标，中标后由大军公司进行施工，大军公司应向刘某缴纳诚信保证金，并按照工程总价款的5%给付刘某管理费。刘某为参与该工程的投标，经与中铁一局协商，双方于2011年10月23日签订一份《标前合作协议》，协议第1条约定：以甲方（中铁一局）名义进行该工程施工的竞标。第2.1条约定：工程中标后，以甲方名义负责工程施工，甲方同意将中标后本工程的全部工程项目交由乙方（刘某）施工。具体事宜，工程中标后依据甲方与业主签订的施工总承包合同约定的原则，另行签订施工协议。第2.2条约定：工程中标后，由乙方自主组建项目经理部，全部工程项目由乙方负责施工、独立核算，自负盈亏。乙方按中标总价的3%向甲方上缴管理费，与本项目有关的应缴纳的税、费由乙方缴纳，或由甲方以甲方的名义代扣代缴。第2.4条约定：由乙方组建的项目经理部中，甲方派出项目经理、项目总工、质安工程师、财务人员等3~5人，以控制合同的实施。甲方派出的3~5名工程管理人员的工资由乙方承担，乙方负责提供甲方派驻人员的住宿及办公场所，并提供办公设施及交通工具。2011年11月8日建设单位通知中铁一局中标。中标后，刘某通知陈某某进场施工。在此期间，陈某某共向刘某支付保证金780万元。其后，大军公司因故退出施工，中铁一局给付大军公司实际完成工程的工程款。大军公司索还保证金未果，即以中铁一局与刘某为被告提起诉讼。经法院查明，大军公司、刘某均不具备建筑施工企业资质。

一审法院认为，刘某承包该工程后，其本人没有出资进行工程建设，而是将该工程全部交给大军公司施工，由大军公司出资进行工程建设。刘某只是收取大军公司5%的提成，其与大军公司之间应认定转包关系。而中铁一局与刘某虽然在标前协议中约定刘某以中铁一局的名义进行招投标，但双方在协议中又同时约定中标后将全部工程交由刘某施工，由刘某组建项目部，中铁一局派驻项目经理及技术人员的工资均由刘某发放。且双方在标前协议中约定中标后双方签订施工协议时依据中铁一局与业主签订的施工总合同主要条款签订，中铁一局只是收取管理费，该工程由刘某独立核算、自负盈亏。庭审中，中铁一局与刘某均认可双方系转包关系，故中铁一局与刘某之间应系转包关系。二审法院对刘某与大军公司之间的转包关系予以否定，认为中铁一局与刘某签订的《标前合作协议》约定刘某以中铁一局名义参与涉案工程施工的竞标。投标定价中铁一局有建议权，投标最终报价由刘某确定。可见，涉案工程并非由中铁一局取得承包权后再转包给刘某施工的，双方合作的内容是刘某借用中铁一局施工资质，并以中铁一局的名义承揽工程，双方属挂靠关系。所以，原判认定中铁一局与刘某之间是转包关系有误，应予纠正。

【评析】

本案一审法院简单地以转包和挂靠相似的外观，以及当事人的自认，就将中铁一局与刘某之间的关系认定为转包，属于适用法律错误。二审法院考察刘某在工程承接中的作用，认为投标报价由刘某确定，中铁一局仅有建议权，所以案涉工程并非中铁一局取得承包权之后再转包，应属挂靠关系，即为上述工程承接标准的经典应用。另外，中铁一局与刘某之间的人事安排，是由刘某组建项目经理部，由中铁一局派出项目经理、项目总工、质安工程师、财务人员等，工资由刘某承担，这也为人事管理标准的应用提供了事实依据。

【案例2】

杭州市中级人民法院（2014）浙杭民终字第110号：彭某某与杭州永翔建设集团有限公司（以下简称永翔公司）建设工程分包合同纠纷上诉案

2008年3月3日，建国机电公司与彭某某订立《建设工程施工合同》一份，约定建国机电公司将公司1、2、3号车间土建工程发包给永翔公司进行施工，彭某某在委托代理人处签名。2008年5月19日，彭某某与永翔公司订立《工程项目内部承包协议书》一份，约定永翔公司将其承建的建国机电公司车间1、2、3号工程以先提成后分配的原则，单独立账，单独核算，自负盈亏的方式委托彭某某承包，彭某某以工程结算造价7.5%作为永翔公司的税金及管理成本；彭某某支付永翔公司提取的费用、生产成本、管理成本、税金等后，盈余部分均由彭某某支配，但必须在工程竣工决算后，建设单位将全部工程款汇入被告账户一个月内，由永翔公司兑现。合同订立后，彭某某向永翔公司交付民工保障金236 000元，同时对案涉工程进行建设施工。案涉工程于2009年经竣工验收合格。后彭某某起诉请求永翔公司支付工程款及返还民工保障金。

一审法院查明建国机电公司发招标通知给彭某某，彭某某参加招投标，但未中标，后变更陈述为以永翔公司名义参加招投标。同时2008年3月3日建国机电公司与永翔公司订立的《建设工程施工合同》中，彭某某在委托代理人处签名的事实，可以认定彭某某参加了建国机电公司案涉工程的招投标，并参与了案涉《建设工程施工合同》的订立。同时根据彭某某与永翔公司的约定，案涉工程彭某某以工程结算造价7.5%作为永翔公司的税金及管理成本，永翔公司在工程竣工决算后，建设单位将全部工程款汇入永翔公司账户一个月内，由永翔公司支付彭某某工程价款的约定，可以认定彭某某与永翔公司订立《工程项目内部承包协议》依附于永翔公司与建国机电公司订立的《建设工程施工合同》，缺少转包合同所需的独立结算，独立付款的要件。宣判后，彭某某不服，提出上诉称：一审判决认定彭某某与永翔公司之间是挂靠关系是错误的，应是转包关系。二审法院驳回上诉、维持原判，理由与一审法院相同。

【评析】

在本案中，虽然实际施工人辩称发包人与名义承包人的施工合同签订在前，而名义承包人与实际施工人的内部承包合同签订在后，表面上似乎符合转包而非挂靠的特征。但一审法院不拘泥于施工合同与内部承包合同签订的时间先后，而是从实际施工人主导工程承接的角度入手，将案涉法律关系认定为挂靠关系，是对工程承接标准的准确把握。而人事管理标准在本案中则完全失效，因为本案工程管理人员与名义承包人之间不存在任何劳动关系，完全由实际施工人派驻，这正是转包与挂靠在人事管理上的交集，无法以此为标准来区分二者。此外，我们还注意到，除了采用工程承接标准以外，一、二审法院还提出，彭某某与永翔公司订立《工程项目内部承包协议书》依附于永翔公司与建国机电公司订立的《建设工程施工合同》，缺少转包合同所需的独立结算、独立付款的要件。一般而言，不管是转包合同还是挂靠合同，都是以发包人与名义承包人之间的施工合同为背景的，事实上也都是一种依附的关系。而由于挂靠作为挂靠人和被挂靠人之间的一种合作，被挂靠人参与工程管理的程度更高，则其参与财务管理，并与发包人、实际施工人之间的财务纠缠的情况更为普遍，但无论如何，独立结算、独立付款作为转包和挂靠之间可能的交集，是否能够作为区分二者的标准，需要更多的事实与学理的支持，而在本案中，由于未能看到合同内容及其他诉讼材料，判决书的表达也语焉不详，我们无法确切地理解法官的判决依据。但是，我们可以看出，现实的商业操作纷繁复杂，法官在以工程承接标准作为基准，甄别转包与挂靠的同时，是否还会有其他的补充说理，将取决于个案事实与法官自身的法律思维与自由裁量。

总之，新《管理办法》的出台，为建设工程领域各类违法行为的认定和处罚提供了更加明确的依据，必将对进一步规范建筑工程施工承发包活动，保证工程质量和施工安全起到非常重要的作用。而转包和挂靠作为最为重要的违法行为类型，对二者准确的认定，也将会成为落实《管理办法》的关键之一，成为考验法律从业人员的智慧所在。

法院对建设工程领域"背靠背"条款处理的常见类型

——基于近两年*的 20 个典型案例的分析**

———————

宋坚达***

"背靠背"条款，通常是指合同的负有付款义务的一方在合同中设置的，以其在与第三方的相关合同中收到相关款项作为其支付本合同相关款项的前提条件的条款。人们形象地概括为"上流有水，下流才有水"。总包商设置该类条款的目的是用业主支付的工程款支付分包商的工程款，若业主未付款，总包商即以该条款抗辩分包商的付款请求权。

"背靠背"条款的约定，属于当事人的意思自治，本身是合法有效的。但在司法实践中，这一问题属于法官自由裁量的范围。那么，实践中，法官是如何裁量该类条款的效力的呢？

应运"背靠背"条款抗辩分包商的付款请求权的效果如何？是否只要业主不付工程款，总包商就可以不付分包商的工程款？

带着以上问题，笔者从 154 个案例中挑选出 20 例涉及"背靠背"条款的典型案例，形成本文讨论的案例库，试图从案例出发，探究法官的裁判思路和观点，并从总包商的角度提一些建议。

———————

* 2013 年 1 月 1 日至 2015 年 4 月 4 日。
** 本文获"首届杭州律师论坛三等奖"。
*** 宋坚达，建纬杭州律师事务所合伙人律师，浙江大学法律硕士。

一、数据统计

1. 供本文讨论的案例库的形成①

（1）笔者在"中国裁判文书网"中，输入关键词"以业主支付为前提"，得案例1例。

（2）使用上述网站里的高级搜索工具，输入关键词"付款条件是否成就"，案由处输入"建设"，在2014年1月1日至2015年4月4日的期限内，共获95条记录。笔者通读该95份裁判文书后，得12例涉及"背靠背"条款，且在诉讼中形成相关争议焦点的案例。

（3）笔者在北大法宝"中国法院裁判文书数据库"中，全文检索"付款条件是否成就"，共获348条记录；再在标题处输入"建设"，将审理日期设定为2013年1月1日至2015年4月4日，共获58条记录。笔者通读该58份裁判文书后，得12例涉及"背靠背"条款，且在诉讼中形成相关争议焦点的案例。

（4）上述第（3）项下的12例案例中有5例与第（2）项下的相关案例重复，故删除第（3）项下的重复案例，得7例案例。

（5）上述第（1）、第（2）、第（4）项下的案例，共计20例，形成本文讨论"背靠背"条款相关问题的案例库。

2. 初步数据分析

（1）关于样本案例的承办法院级别。中国大陆虽然是大陆法系国家，判例不具有英美法系判例法的意义。但在我国四级法院的系统里，最高人民法院的判例对全国法院审理类似案件还是有不可小觑的参考和示范作用，各省高院和中院的案例在本地区亦有较强的参考作用。故在围绕案例库展开讨论前，对案例的承办法院的级别做一交代。

收入本文案例库的20例案例中，由基层人民法院审理的有3例，占总数的15%；中级人民法院审理的有13例，占总数的65%；省高院审理的有4例，占总数的20%；最高人民法院审理的0例。

---

① 所有搜索均完成于2015年4月4日。

（2）案例库 20 例案例的审级分布情况为：一审的 2 例，占总数的 15%；二审的 16 例，占总数的 80%；再审的 1 例，占总数的 5%。

（3）案例库 20 例案例的地域分布较广，遍及全国 10 个省（直辖市），其中江苏省 4 例，山东省 3 例，其余 8 个省（直辖市）分别 2 例或 1 例。

从上面的数据来看，本文讨论的案例大部分是中院及以上人民法院承办的，且绝大部分案例经过了二级人民法院的审理，应该说，案件承办质量较高，能够代表中国法院审判的较高水平。另外，案例地域分布较广，具有较强的代表性。所以，该案例库有较强的研究价值。

（4）"背靠背"条款涉及的合同类型。在案例库中，涉及专业分包合同的有 16 例，占总数的 80%；涉及劳务分包的有 3 例，占总数的 15%；涉及租赁合同的有 1 例，占总数的 5%；涉及买卖合同的 0 例。

从上面的数据来看，"背靠背"条款几乎可以涉及建设工程领域的所有主要合同类型，并且主要出现在专业分包合同和劳务分包合同里。鉴于此，本文着重从建设领域中最常见的分包合同中的"背靠背"条款展开讨论。

二、"背靠背"条款概述

1. 概念及条款原形

"背靠背"条款，通常是指合同的负有付款义务的一方在合同中设置的，以其在与第三方的相关合同中收到相关款项作为其支付本合同相关款项的前提条件的条款。该类条款通常还会进一步明确，本合同的付款义务方未收到第三方相应款项前，本合同的相对方无权要求付款等内容。所以，该类条款常被人们现象地概括为"上流有水，下流才有水"。

在目前建筑市场处于绝对的买方市场，业主为大，业主拖欠工程款现象日趋普遍的建筑市场环境下[①]，"背靠背"合同条款在建设工程领域的各类合同文本中屡见不鲜，不仅在各专业分包合同、劳务分包合同，而且在租赁合同，甚至买卖合同中，亦能见其身影。具体情形有：

（1）在总包商与各专业分包商签订的分包合同中，总包商会提出，付款方

---

① 三门峡市中级人民法院（2014）三民终字第 199 号民事判决书。

式为总包商按业主付款进度，同比例支付分包商工程款；业主未支付工程款，分包商无权请求付款。

（2）在劳务发包人（含总包商和发包劳务的各专业分包商）与劳务分包商的劳务分包合同文本中，劳务发包人会提出，付款方式为"……在甲方（总包商，笔者注）收到业主支付的工程款后七天内按甲方确认的结算价向劳务分包人支付劳动报酬尾款（5%质保金除外），两年后甲方支付乙方5%质保金"。①

（3）在大型施工机械的租赁合同中，承租人会提出工程完成至某某节点时，始付租赁费，但以业主支付工程款为前提。若业主未付款，则承租人有权不付租赁费。②

（4）在与材料供应商的买卖合同（建设工程领域，赊购赊销十分普遍）中，总包商或专业承包商会提出，支付货款的方式为工程完成至某某节点且业主付款后支付相应货款，若业主迟延支付工程款，总包商或专业分包商亦有权相应推迟付款且不承担违约责任。

出现在上述不同合同文本中的，表现形式各异的"背靠背"条款的本质是一样的。即付款以业主支付为前提，若业主未付款，则付款条件不成就。

2. "背靠背"条款设置的目的（意义）

实践中，"背靠背"条款的设置者均为总包商，故笔者关于设置目的的探讨是站在总包商的立场上进行的。

（1）用业主支付的工程款支付分包商的工程款，并转嫁业主支付不能的风险。在当前的建筑市场环境里，业主拖欠总包商工程款的情况十分普遍。总包商为避免自己在尚未收到业主工程款的情况下，支付分包商的工程款，往往设置"背靠背"条款，以达到将业主将来支付不能的风险部分转嫁分包商。这是总包商设置"背靠背"条款最主要的目的。

（2）推迟付款时间，节约资金成本。在工程实践中，自分包商完成分包任务至业主将相关工程款支付总包商，中间往往会相隔较长一段时间，有的长达

---

① 河南省郑州市中级人民法院（2014）郑民三终字第1038号民事判决书。

② 案例库案例中涉及租赁合同的"背靠背"条款原文："五、付款及结算，主体工程全部完成至地上十二层时，甲方（承租方，笔者注）开始拨付租赁费给乙方，同时根据开发商的付款情况，如果开发商延期付款，甲方只暂付一个月的租金，后每月付清上个月的租赁费，以此类推。若开发商能够按期拨付工程款，甲方出扣押一个月的租金，前期租金一次性付清。"

一年以上，如果出现工程参与方间的纠纷，甚至导致了工程的停工，这个时间间隔会更长，本文讨论的案例库中的浙江建安实业集团股份有限公司与贺惠青建设工程分包合同纠纷再审申请案，至诉讼时，案涉工程已经竣工验收合格4年有余[1]。试想，如果没有"背靠背"条款牵制着分包商，其势必在完成分包任务和结算后立马向总包商请款，而总包商在4年之后尚未从业主手里拿到工程款，加之工程款动辄几百万元，甚至上千万元，四五年的资金成本不可谓不大。

当然，如果就此一个目的而言，总包商也可以利用其对分包方的优势地位，在分包合同中明确约定一个尽可能长的付款期限。

（3）共同垫资[2]，以利于项目的顺利实施。分包商的请款必须基于业主已经将相应工程款支付于总包商，这样的"背靠背"条款的设置，相对于总包商而言，分包商实为垫资施工。这与总包商在选择分包商时特别注重分包商的经济实力是同样的目的。本文讨论的案例中的重庆市智翔铺道技术工程有限公司（以下简称重庆智翔公司）与山东省路桥集团有限公司（以下简称山东路桥公司）建设工程合同纠纷案，济南市中级人民法院在他们的判决书中就写道：从合同的顺利履行以及约定本条款的目的来看，山东路桥公司总包的济宁市太白楼西路梁济运河大桥工程I合同段的工程款达两亿多元，若山东路桥公司在未收到业主付款前需要向分包方预先支付分包工程的工程款，山东路桥公司是很难有这样的支付能力的。因此约定山东路桥公司收到业主支付分包工程的款项后再支付给重庆智翔公司，有利于合同的履行。[3]

（4）更能得到分包商的配合，有利于与业主结算。分包商的请款（特别是最后一期），必须基于业主已经与总包商结算且已经将工程款（质保金除外）支付于总包商。这样的"背靠背"条款的设置，有利于总包商与业主的最终结算和请款。在工程实践中，业主与总包商结算时，均要求总包商缴齐工程资料。而涉及分包出去的各专业工程部分的工程资料是由各分包商完成[4]并汇总至总

---

[1]　浙江省高级人民法院（2014）浙民申字第172号民事裁定书。
[2]　国务院国发办〔2004〕78号文件规定施工总承包单位垫资后，不得要求分包单位同步垫资。但该文件不属于法律法规，不具有强制性。
[3]　山东省济南市中级人民法院（2014）济民五终字第182号民事判决书。
[4]　工程实践中，亦存在总包商完成部分分包出去的专业工程的工程资料的情形。

包商，再由总包商交分业主。这样的条款设置有利于督促分包商及时完成并上缴工程资料。

（5）有利于倒逼分包商服从总包商的管理，积极配合总包商自己施工部分的施工。因为总包商对业主的违约使业主拒付工程款后，分包商也将承担不能请款的风险。

《建筑法》第五十五条规定"建筑工程实行总承包的，工程质量由工程总承包单位负责，总承包单位将建筑工程分包给其他单位的，应当对分包工程的质量与分包单位承担连带责任"。该条文即是总包商对分包商的分包工程承担连带责任的法律依据。然而分包商却不必为总包商的工程负责，也就是说，总包商自身的原因导致对业主违约，业主拒付工程款的，与分包商无关，分包商依旧可以向总包商请求付款。但是，当分包合同中约定了"背靠背"条款后，实际上分包商也要对导致业主拒付工程款的总包商的违约行为，承担不利后果了。所以，"背靠背"条款有利于分包商服从总包商的管理，甚至积极配合总包商的施工（特别表现在总包商就与分包商分包工程搭接部分进行施工的时候），真正与总包商"同呼吸，共命运"。

（6）转移矛盾，对业主施压，有利于督促业主清欠。一方面，在建设工程领域，农民工工资是一个敏感话题，对农民工工资的拖欠往往会被上升到"维稳"的政治高度。另一方面，有些工人滥用其"弱势地位"恶意讨薪，更有甚者，分包商大做"农民工"文章，雇用不明身份人员，以催讨农民工工资为名，围堵总包商或业主，甚至到政府部门闹事，实施恶意结算，意欲追求非法利润。"背靠背"条款的设置，有利于总包商将劳务分包中的农民工工资的问题转移给业主。将矛头引向业主后，有利于督促业主及时结算和清欠。

三、引发该条款纠纷的事件的类型化分析

工程实践中，哪些事件的发生会引发"背靠背"条款的纠纷呢？对这一问题的探讨，有利于厘清责任，也有利于分析法官作出具体裁判的原因。笔者借用"上流有水，下流才有水"这一形象的表述，做类型化的分析。

（1）"上流没水"，即业主尚未向总包商付款的情形。在这种情况之下，总

包商未获工程款，按照其与分包商之间的"背靠背"条款的约定，总包商可以不付分包商的工程款。其实不然，通过对案例库16个至法院判决时业主尚未付款的案例的分析，其中14个案例的判决结果均不支持总包商的这一抗辩理由。为有利于后面的深入讨论，有必要对导致业主未向总包商付款的可能原因进行概括。

原因一，业主违约，业主该付未付。

原因二，总包商违约，导致业主拒付。

原因三，分包商违约导致总包商对业主的违约，业主拒付。

（2）"上流有水，但下流没水"的情形。在这种情况之下，如果仅从总包商与分包商之间的"背靠背"条款的内容来看，总包商必定是违约了，但其实不然，因为总包商得到业主的工程款仅仅是分包商向总包商请款的一个条件，而要使总包商的付款条件完全成就，分包商必须完成分包任务，在质量、工期等方面没有瑕疵，在程序上也已经完成了结算等。所以，仍有必要对总包商未向分包商付款的原因进行概括。

原因一，总包商违约，收而不付。

原因二，分包商违约或尚未完成分包任务，抑或尚未与总包商结算等，故总包商拒付工程款。

四、法院对"背靠背"条款是否有效的态度

1. 有效与否，法官有自由裁量权

总包商与分包商在他们的分包合同中约定"以业主支付为前提"的"背靠背"条款的法律效力如何呢？笔者认为，这属于平等民事主体间对自己民事权利的处置，符合意思自治原则，亦未违反《合同法》第五十二条之规定，所以这样的规定应是合法有效的。上海市建纬律师事务所主任朱树英律师亦赞同笔者的上述观点。在其著作中，还从我国《建筑法》规定总分包应就分包工程对建设单位承担连带责任，而连带责任的内容应包含权利和义务两个方面这样一个角度出发，认证了"背靠背"条款中这样的约定合理、合法。[1] 同时，朱律

---

[1] 朱树英：《工程合同实务问答》，法律出版社2007年版。

师还提醒读者，"在司法实践中，这一问题属于法官自由裁量的范围"。那么，在现实的司法实践中，法官是如何运用他们的自由裁量权的呢？

讨论这个问题的必要性在于，它有助于明确争议焦点的具体内容。人民法院在审理案例库中的案例时，基本上都将总包商的付款条件是否成就作为双方争议的焦点。面对该争议焦点，诉讼双方首先考虑的是双方约定的"背靠背"条款是否合法有效。如果该条款是无效的，则双方就可以绕开：①业主到底有没有付款给总包商；②如果没付，是谁的责任；③诉讼双方谁应该承担不利后果；④总包商是否积极向业主主张自身权利等问题。

笔者详细阅读每份裁判文书，试图分析文书背后法官的态度。发现仅8份文书明确了法官的态度：3份持有效的态度，5份持无效的态度。其他的，均未明确表明法官的态度，似乎是有意地回避。现笔者将法官的各种态度归纳如下。

（1）明确表明"背靠背"条款有效。

这一类型的案例在案例库中有3例，占总数的15%。

1）赵某某与陕西建工安装集团有限公司建设工程施工合同纠纷案。三门峡市中级人民法院在该案的判决书中这样写道：（"背靠背"条款）是在目前建筑市场处于绝对的买方市场，业主为大，业主拖欠工程款现象日趋普遍的建筑市场环境下，总包商为转移业主支付不能的风险，而在分包合同中设置"以业主支付为前提"的条款，通常称为"背靠背"条款（Pay When Paid）。该条款有其一定的合理性和合法性，故该约定有效。①

2）重庆市智翔铺道技术工程有限公司（以下简称重庆智翔）与山东省路桥集团有限公司（以下简称山东路桥公司）建设工程合同纠纷案。济南市中级人民法院在该案的判决书中这样写道：从合同的顺利履行以及约定本条款的目的来看……约定山东路桥公司（总包商，笔者注）收到业主支付分包工程的款项后再支付给重庆智翔（分包商），有利于合同的顺利履行，也相当于双方分担了风险。……综上……业主是否支付对应款项，决定着山东路桥公司付款条件是否成就。

3）刘某某与徐某某、山东振远建设工程有限公司建设工程施工合同纠纷案。山东省泰安市中级人民法院在该案的二审民事判决书中这样写道：根据协

---

① （2014）三民终字第199号民事判决书。

议（内含"背靠背"条款，笔者注）约定，上诉人徐某某支付剩余工程欠款的条件均已成就。

（2）默认有效。

这一类型的案例在案例库中有9例，占总数的45%。

1）上诉人河南省地矿建设工程（集团）有限公司与被上诉人河南兴文建筑工程有限公司建设工程施工合同纠纷案。

2）上海银欣高新技术发展股份有限公司等诉浙江国泰建设集团有限公司建设工程合同纠纷案。

3）浙江建安实业集团股份有限公司与贺某某建设工程分包合同纠纷申请案。

4）宿迁中厦建设工程有限公司与山东通发实业有限公司建筑设备租赁合同纠纷上诉案。

5）中某某公司与湖南建设集团有限公司某某路工程某某公司合同纠纷上诉案。

6）泰兴市裕明土方工程有限公司与长顺建设集团有限公司建设工程合同纠纷案。

7）上海市建工机械工程有限公司与上海佳绩建筑装潢工程有限公司建设工程施工合同纠纷案。

8）苏州远东土石方工程有限公司与江苏九鼎环球建设科技集团有限公司、江苏武进汉能光伏有限公司建设工程施工合同纠纷案。

9）鹰潭丰华建设工程有限公司与宁波景业建设有限公司建设工程施工合同纠纷案。

笔者发现在这9个案例的裁判文书中，法院均没有明确该类条款的效力，但是，法官均在裁判文书的说理部分用了大量的篇幅，结合案件查明的事实，紧紧围绕案涉的"背靠背"条款的内容，论证业主是否已经付款；如果业主尚未付款，是谁的过错，谁应该承担不利后果，总包商有无怠于行使自身权利的行为等问题。法官这样的行文逻辑，其前提是认可该类条款的效力的。因为，法官没有必要对无效的合同条款的适用进行如此细致的说理。

（3）明确表明"背靠背"条款无效。

这一类型的案例在案例库中有5例，占总数的25%。

其中2例是因为合同无效或单方承诺未经对方同意而不生效。与"背靠背"条款本身内容的效力无关。①

其余3例均以"业主（建设方）不是分包合同的当事人，故其付款给总包商与否不是总包商向分包商付款的成就条件"这样的理由表明条款无效。该3例分别如下。

1）湖北新农垦建设工程有限公司与湖北省崇阳县宏远脚手架安装有限公司承揽合同纠纷案，判决书的相关表述为：建设方不是本案合同相对人，其付款给被告与否并非被告付款给原告的成就条件。

2）重庆一建建设集团有限公司（以下简称重庆一建公司）诉青海和宇节能门窗有限公司（以下简称青海和宇公司）等建设工程施工合同纠纷案，判决书的相关表述为：合同虽作了这样的约定（指"背靠背"条款），但豪都华庭公司（建设方）在合同上未签字盖章，此约定对豪都华庭公司不产生效力。因此，豪都华庭公司是否付款不应成为重庆一建公司（总包商）给付青海和宇公司（分包商）工程款的前提条件。

3）重庆一建建设集团有限公司诉青海艺盛铝塑制品有限公司建设工程施工合同纠纷案，判决书的相关表述与上述第2点雷同，不再赘述。

（4）其他。

在这一类型里，法官并没有明确表明其对"背靠背"条款效力的否定，但在说理的过程中对该类条款作了消极的和负面的评价，并且最终没有按"背靠背"条款的约定来裁判案件。

1）"明显有违公平原则"。在案例库中，相关案例有1例，占总数的5%，该案是北京东方信联无线通信有限公司与天津讯广科技有限公司建设工程施工合同纠纷上诉案，判决书相关表述为：东方通信公司在对付款条件的约定上，显然将第三人付款的风险转移给讯广科技公司。第三人何时付款、付款比例的

---

① 该2例分别是：①湖南省长沙市中级人民法院在（2013）长中民三终字第03691号民事判决书中认定的，"该约定的付款时间并不明确，'原合同'即双方签订的《建设工程甲劳动总承包合同》因被上诉人无施工资质而被认定无效，故该约定不能构成上诉人拒付的理由"。②江苏省镇江市中级人民法院在（2013）镇民终字第39号民事判决书中有：李某某向赵某出具的承诺书中虽有"公司承诺审计报告出来后，根据业主支付的工程款比例付清工程款"的表述。但该表述系江苏某工程建设有限公司向赵某作出的单方承诺，并非双方的约定。

大小、第三人拒绝付款或者违反约定延迟付款等均会影响到施工方讯广科技公司的利益，该约定明显有违公平原则。[①]

2）"属于约定不明"。在案例库中，相关案例有 1 例，占总数额的 5%，该案是江苏三善建设有限公司与江苏顶峰型材有限公司建设工程施工合同纠纷上诉案，判决书相关表述为：鉴于三善公司与某公司签订的合同与本案双方当事人之间签订的合同约定的付款进度并不相同，而双方合同中对发生争议的上述条款又未作出明确解释说明，故上述合同条款属约定不明。[②]

3）"无法确定时限，明显违反合同的平等和公平原则"。在案例库中，相关案例有 1 例，占总数的 5%，该案是珠海保税区毅进物流有限公司等与裕达建工集团有限公司建设工程施工合同纠纷上诉案，法官在该案的判决书中写道，以"业主向工程总包方付款至 95%"作为付款条件，无法确定毅进公司（总包商）履行付款义务的时限，客观上将导致工程款支付无限期拖延，明显违反合同的平等和公平原则。

2. 总包商可能的应对措施

总包商既然从自身利益出发在分包合同中设定了"背靠背"条款，自然不希望该条款的效力被法院否定。而实践中，这一问题又属于法官自由裁量的范围。所以如何让法官在自由裁量时对自己的合同条款倾向于作出有效认定，是总包商在设计"背靠背"条款时首要考虑的问题。

笔者阅读了案例库中所有裁判文书后，提出以下建议，供总包商在设计"背靠背"条款时考虑。

（1）如果内容中涉及"背靠背"条款的，不管是专业分包还是劳务分包，在设计分包合同的内容时，应将业主作为第三方。

---

① 没有进入本文案例库的苏州远东土石方工程有限公司与江苏九鼎环球建设科技集团有限公司、江苏武进汉能光伏有限公司建设工程施工合同纠纷一审案亦属于这种情况。该案一审判决书这样写道：故上述协议内容（指"背靠背"条款）对远东土石方公司显失公平，九鼎公司以此协议内容辩称远东土石方公司追索工程款的条件尚不具备，不予支持。该案一审判决书的如此表述，似在否定"背靠背"条款的效力。但该案二审法院在其判决书里的态度有微妙的变化，似在默认"背靠背"条款的效力，只是对九鼎公司在使用该条款时提出了更严苛的要求。

② 已归入本文"三、明确表明'背靠背'条款无效"的长沙靖某某建筑工程有限公司与李某某等建设工程合同纠纷上诉案，其判决书中亦有"该约定（指'背靠背'条款）的付款时间并不明确"的相关表述。

在之前，我们看到的分包合同均只有总包商和分包商两方主体。在专业分包合同上，虽然也会有业主的盖章，但这种业主的盖章仅仅是业主对总包商就该专业分包的认可①，并不是该专业分包合同的一方主体。案例库已有 3 个案例因为业主不是分包合同的当事人而被认定"背靠背"条款无效，占案例库案例数的 15%。

（2）含"背靠背"条款的分包合同，应兼顾双方的利益诉求，尽量体现公平合理原则。

1）宜将业主向总包商付款的总体安排在分包合同里明示。

2）宜在分包合同中设置保障分包商有关业主付款的知情权的条款，如在有业主参与的三方分包合同里，应明确约定业主对总包商的每次付款，均应提前一天（通过监理）书面告知分包商；或者约定，总包商必须在每次收到业主的工程款后的 24 小时内书面通知分包商，否则视为总包商放弃"背靠背"条款的约定等。

3）宜在分包合同里设置总包商在业主未按时付款时，积极行使自身权利的条款。

（3）在设计条款具体内容时，应将"上流"业主的付款尽量地明确、具体，如具体指哪一笔款项，什么时间（或条件，或节点）支付等。

这样详细约定的目的是，让总分包间的约定尽可能地明确。如果出现业主不付款，总包商在抗辩分包商的付款请求时，能够将业主未付的款项与"背靠背"条款约定的业主先付的款项对应起来，让法官确信当初总分包间的约定是明确的，分包商已经对总包商因业主不付某款项而拒绝付款的风险已经有所预见。

（4）在设计分包合同的付款安排时，宜将总包商对分包商的付款与业主对总包商的付款一一对应。

这种对应并不要求付款的期数、时间等均一致。举例说明，可以出现业主与总包商约定的付款为十期，而总包商与分包商约定的付款为五期这样不一致的情形。但是，总分包约定的五期付款的节点应该与业主与总包商约定的付款中的某五期是一一对应的。

---

① 《建筑法》第二十九条第一款规定建筑工程总承包单位可以将承包工程中的部分工程发包给具有相应资质条件的分包单位；但是，除总承包合同中约定的分包外，必须经建设单位认可。

所以说，这种"一一对应"，主要体现在付款的节点上，即付款进度上。再举例说明，假设总包商与业主的合同中约定总包商的某一次请款的节点是"三层楼面浇筑完毕"，那么总包商与脚手架分包商的分包合同中宜约定分包商的某次请款的节点是"外脚手架搭至三层"。

五、法院对"背靠背"条款约定的付款条件的态度

如前所述，目前司法实践中，对"背靠背"条款本身的效力尚有不同的态度，属于法官自由裁量的范围。如果法官对该类条款持否定或倾向于否定的态度，总包商以该类条款约定的付款条件尚未成就相抗辩或上诉的，自然不会得到支持。

总包商可能会更关心案例库中被法院明确或默认"背靠背"条款有效的12个案例的最终结果，也即"总包商以业主尚未付款，故付款条件未成就"的抗辩或上诉理由能得到法院的支持吗？统计的结果有点令人沮丧：12个案例中仅有2个案例的总包商的"付款条件未成就"的抗辩是获法院的支持的，而且其中有1个案例是因为双方约定了"经审计"和"业主支付相关款项"两个前置条件，法院支持抗辩的最主要的原因是"工程价款既未经审计，又无被告方人员的签字认可"[①]。所以，真正以"业主未付款故付款条件未成就"的抗辩理由获法院支持的案例仅1例，在案例库中的比例仅为5%。

1. 获得支持的原因

获得法院支持的案例是重庆市智翔铺道技术工程有限公司与山东省路桥集团有限公司建设工程施工合同纠纷案。同样的抗辩理由，为什么其他10个案例均被法官驳回，唯独这个案例获得了支持呢？

从山东省济南市中级人民法院出具的该案判决书中，我们可以了解到，总包商的抗辩理由之所以能获得支持，主要是基于以下3点。

（1）总包商与分包商签订"背靠背"条款的出发点是为了合同的顺利履行，且在内容上总包商能够将业主的每笔付款特定化，该条款所指向的业主的付款能与该分包商的分包工程一一对应起来。

---

① 安徽省淮北市中级人民法院（2015）淮民一终字第00002号民事判决书。

（2）"从交易习惯及诚实信用原则的角度看"，总包商与该工程所有的分包商的一贯的支付流程：总包商按工程进度和各分包商完成的工程量逐期申请业主拨付工程款，监理单位审核后签发支付凭证，业主支付总包商工程款，总包商再按照支付凭证向各分包商支付工程款。

（3）诉讼前，总包商已经向业主申请支付相应款项，且在诉讼中已经向法院提供了相应证据。

2. 被驳回的类型

为进一步探究法院的裁判态度，现对被法院驳回的 10 个案例进行归类。

（1）总包商在法庭辩论前"已经实际收到了业主支付的工程款"。这种情况有 5 个案例，占 50%，分别是：上海银欣高新技术发展股份有限公司等诉浙江国泰建设集团有限公司建设工程合同纠纷案，珠海保税区毅进物流有限公司等与裕达建工集团有限公司建设工程施工合同纠纷上诉案，刘某某与徐某某、山东振远建设工程有限公司建设工程施工合同纠纷案，鹰潭丰华建设工程有限公司与宁波景业建设有限公司建设工程施工合同纠纷案，中某某公司与湖南建设集团有限公司某某路工程某某公司合同纠纷上诉案。

这种现象的出现与工程诉讼案件，鉴定多、期限长、二审多等特点有关。法院已经查明总包商在诉讼中或一审后已经收到了业主的相应工程款了，自然不会再支持总包商"业主未付款故付款条件尚未成就"的抗辩或上诉理由。

（2）总包商"未提供证据证明其与业主的工程款结算情况"。有 3 个案例涉及这种情况，分别是：上诉人河南省地矿建设工程（集团）有限公司与被上诉人河南兴文建筑工程有限公司建设工程施工合同纠纷案、浙江建安实业集团股份有限公司与贺某某建设工程分包合同纠纷申请再审案、赵某某与陕西建工安装集团有限公司建设工程施工合同纠纷案。

（3）总包商"未证明业主付款情况"。有 2 个案例涉及这种情况，分别是上海市建工机械工程有限公司与上海佳绩建筑装潢工程有限公司建设工程施工合同纠纷案，苏州远东土石方工程有限公司与江苏九鼎环球建设科技集团有限公司、江苏武进汉能光伏有限公司建设工程施工合同纠纷案。

（4）总包商"急于行使自身权利，对分包商不利"。有 4 个案例涉及这种情况，分别是上海市建工机械工程有限公司与上海佳绩建筑装潢工程有限公司建设工程施工合同纠纷案，苏州远东土石方工程有限公司与江苏九鼎环球建设科技集团有限公司、江苏武进汉能光伏有限公司建设工程施工合同纠纷案，鹰潭丰华建设工程有限公司与宁波景业建设有限公司建设工程施工合同纠纷案，赵某某与陕西建工安装集团有限公司建设工程施工合同纠纷案。

（5）"阻却付款条件成就的原因并非分包商"。有1个案例涉及这种情况，是宿迁中厦建设工程有限公司与山东通发实业有限公司建筑设备租赁合同纠纷上诉案。

（6）"超出分包商对合同履行风险的合理预期"。有1个案例涉及这种情况，是宿迁中厦建设工程有限公司与山东通发实业有限公司建筑设备租赁合同纠纷上诉案，特别说明：大部分案例的判决书的说理部分是兼有上述两种甚至三种理由的。

3. 总包商被驳回的原因

由上述10个案例，可大致归纳出总包商以"业主未付款"为由抗辩或上诉而被驳回的原因。

（1）业主已经付款，总包商收而不付，属于总包商违约，相关抗辩或上诉自然被驳回。

（2）业主没有付款，并且属于总包商的原因，总包商不能因为业主未付款来抗辩分包商的付款请求权。

（3）业主未付款，可能属于业主违约，但总包商怠于行使自身的权利（包括未结算、未催讨、未起诉等），同样不能抗辩分包商的付款请求权。

（4）总包商应对业主尚未付款举证而未举证。

4. 总包商如何更好地运用"背靠背"条款

总包商该如何运用"背靠背"条款这个武器，让法院支持其"业主尚未付款，故总包商的付款条件未成就"这样的抗辩和上诉理由呢？

上述12个案例给总包商的启示是"背靠背"条款的应用，不仅要做好条款的设计和签订阶段的工作，而且要做好履约管理阶段和诉讼应对阶段的工作。

（1）条款设计。作为总包商向分包商付款的前提，总包商应明确收到业主的具体哪一笔工程款（或与该分包商的分包任务相对应的款项），如第×期至第×期的期中支付证书对应的工程款等。对此，前文"二、总包商可能的应对措施"已有详述，此处简略。

（2）合同签订。对此，前文"二、总包商可能的应对措施"也已有详述。需特别提醒的是，总包商出具给分包商的结欠单或还款计划等，如果含有"背靠背"条款的，必须一式二份，且要有分包商的盖章确认，双方各执一份。否则，会被视为是总包商的单方承诺，"背靠背"条款对分包商不发生效力。

（3）履约管理。总包商应严格按分包合同履行付款义务，并一以贯之，力争在诉讼中能让法官从"交易习惯"的角度，确认总包商一贯按照"背靠背"条款的约定付款；在出现业主迟延付款、不付款等情形时，切不可抱事不关己、高高挂起的态度，必须及时主张权利，并保留证据。

（4）诉讼应对。被分包商起诉至法院后，总包商切勿以为手握条款就可以高枕无忧了，应积极应诉，并充分举证。主要举证证明以下几方面的事实：

1）已向业主主张权利的事实。为此，总包商可以向法庭提交催款函、律师函、案件受理通知书、裁判文书等证据。

2）业主尚未支付该部分工程款的事实。总包商切勿以为业主尚未付款系消极事实，法院不会将举证责任分配给自己而不积极举证。大量的案例表明，法院通常将该部分的举证责任分配给总包商。总包商为证明业主尚未付款，可以向法庭提交询证函、业主出具的未付款证明、结欠单、判决书等证据。

3）分包商的原因间接导致业主拒付工程款的事实。如分包商违约，进而导致总包商对业主违约，最终导致业主拒付相应工程款的情形。虽然说，根据合同的相对性原则，分包商的违约与总包商拒付工程款之间没有直接关系，但这样的举证有利于法官在自由裁量时，考虑让有过错的分包商承担一定的不利结果，进而使判决结果对总包商有利。

六、小结

（1）目前，总包商设置"背靠背"条款最主要的目的是用业主支付的工程款来付分包商的工程款，如果业主支付不能或迟延付款，则将该风险转嫁给分包商，能拖延付款则尽量拖延。但是，本文统计的数据可能会让部分总包商沮丧：20个案例中只有1例是达到了总包商当初的目的，只占5%的比例。其实不然，据笔者观察，有 4 个案例，在总包商"业主尚未付款，故付款条件不成就"的说辞下，已经等到了业主的款项，其实已经达到了总包商的目的。大部分案子，分包商的起诉已经在分包商结算一年之后了；有的案子虽然是判总包商败诉，但总包商也已经拖延付款四五年了，应该说，总包商的目的也已经达到了。

（2）法院理解的"背靠背"条款被设置的目的应该是什么？虽然三门峡市中级人民法院在其判决书中概括了类似上述第一点的目的，但其在后面的说理部分对总包商运用该条款抗辩分包商的付款请求权时提出了严苛的条件，且最终也没有支持总包商的上诉理由。

济南市中级人民法院在重庆市智翔铺道技术工程有限公司与山东省路桥集团有限公司建设工程施工合同纠纷案的判决书的说理部分，似乎传递了另一层意思：法院认可的"背靠背"条款被设置的目的应该是公平和合理的，必须是为了合同的顺利实施的需要。

（3）应用"以业主支付为前提"的"背靠背"条款来抗辩分包商的付款请求权，是一项涉及条款的设计和签订阶段、履约管理阶段、诉讼应对阶段的系统工作。只签订了"背靠背"条款，而没有做好相应的履约管理工作，在出现诉讼时，又不积极应诉和举证，总包商的"业主尚未付款，故付款条件尚未成就"的抗辩或上诉理由是很难获得支持的。

当事人自行委托鉴定的效力与操作

——基于 18 个建设工程案例的分析[*]

曲笑飞

一般而言，建设工程纠纷诉讼中的鉴定可大致分为两种形式，即诉讼中进行的司法鉴定或诉讼外自行委托进行的鉴定。所谓司法鉴定，特指将委托鉴定决定权赋予人民法院的鉴定程序，要求鉴定人必须是在诉讼中由人民法院指派或聘请，鉴定意见是在诉讼中经法院委托制作的。而当事人自行委托鉴定是当事人独立行使鉴定的决定权、委托权，在鉴定程序上，自行鉴定的启动由委托鉴定的当事人控制。尽管现行法并未规定自行委托鉴定的方式，但考虑到诉讼实践中越来越重的当事人主义倾向，我国司法实践中绝大部分地方都承认当事人的此项权利。2002 年 4 月施行的《最高人民法院关于民事诉讼证据的若干规定》以司法解释的形式对此进行了明确，自行鉴定结论可以作为当事人举证的合法形式，在诉讼过程中可向法院提出。

一、自行委托鉴定的必要性

在笔者近期代理的多起建设工程施工合同纠纷案件中，都不同程度地涉及当事人自行委托鉴定的证据认定问题。限于本文的考察范围，之所以会在法院委托的司法鉴定以外出现当事人自行委托鉴定，大概可以归纳为以下几类情形。

---

[*] 本文获"《中国建设工程法律评论》2014 年度征文比赛三等奖"。

1. 规避"固定价合同不鉴定"原则的需要

依照《最高人民法院关于审理建设工程施工合同纠纷案件适用法律问题的解释》第二十二条的规定,"当事人约定按照固定价结算工程价款,一方当事人请求对建设工程造价进行鉴定的,不予支持"。但是,实际施工范围的变化、主材或人工价格的调整等风险范围以外的客观因素在施工过程中总会不同程度地存在,甚至在签约时或施工过程中往往会出现形形色色的内部串通行为,都可能导致合同约定的固定价水平与实际工程量相比严重偏离。因此,在一些特殊情况下,若仍继续坚持按照固定价进行结算则会造成明显不公的结果。一来,为了向法院提供一个用于权衡合同固定价水平合理与否的可信尺度;二来,也是为了启动法院对固定价合同结算的司法鉴定程序,当事人自行委托鉴定就有必要进行了。

2. 提供新证据的需要

依照《最高人民法院关于民事诉讼证据的若干规定》第四十一条的规定,一审、二审过程中的"新证据"在类型、期限上均有特别限制。那么,在当事人疏于或怠于向法院申请司法鉴定的情况下,通过自行委托鉴定以补救诉讼程序中的不足。

3. 否定已有司法鉴定结论的需要

依照《最高人民法院关于民事诉讼证据的若干规定》第二十七条的规定,对于法院委托的司法鉴定结论有异议的,无论是启动重新鉴定还是补充鉴定、重新质证或者补充质证,均须当事人提供证充分的证据用于证明该鉴定结论确实"有缺陷"才行。事实上,普通的当事人往往无力对司法鉴定中的专家判断展开有效的反驳,而即便是同样的反驳意见,出自与法院委托的鉴定人势均力敌的另一位专家口中的反驳意见也更为可信。

4. 控制鉴定风险的需要

一旦进入法院委托的司法鉴定程序,则鉴定结果难以准确预测。为控制鉴定风险,当事人往往会事先选择一家合适的鉴定机构就争议事项提出专业的判断意见,然后视结果来确定在诉讼过程中对可能进行的司法鉴定采取支持或反对立场,或者,在结果对自己显然不利的情况下干脆是放弃诉讼寻求与对方和解的可能性。如果结果对自己有利的,而这家事先选择的鉴定机构恰巧具备了必要的资质条件且其专业判断意见是以合乎要求的形式提供的，那么，不妨将已经取得的专业判断意见以自行委托鉴定的形式向法院举证，从而把握诉讼的主动权。

二、自行委托鉴定与法院委托司法鉴定的差异

必须承认，当事人自行委托鉴定打破了法院对于鉴定启动权的垄断，"这不仅强化了当事人的举证手段，更重要的意义在于当事人可以在相同的水平线上，在鉴定领域与法院的职权鉴定相抗衡了，在鉴定这个一直被奉为法院专权的诉讼空间，出现了一个当事人这个另外的诉讼主体。笼罩在鉴定上空的神秘感顿时化为乌有。"然而，经由学者们阐释出来的理论意义并不能帮助我们解决任何一个实务中必须作出准确回答的问题。本文的问题首先在于：当事人自行委托有关部门鉴定后作出的鉴定结论，与经申请由人民法院委托的鉴定机构所出具的鉴定结论，在诉讼中的证明力是否有实质性的差异，证据法上的效力有无差异。

人们通常认为，人民法院指定鉴定机构的鉴定，包括人民法院经当事人的申请而进行的委托和人民法院依职权主动委托鉴定机构进行鉴定这两种情况下，对于鉴定机构出具的鉴定结论，如果当事人的反驳不足以推翻其结论的，或符合需要重新鉴定的条件重新鉴定的，否则应当作为定案的根据。而当事人自行委托有关部门鉴定所出具的鉴定结论，由于其在委托程序上的非正式性，并且存在诸多的利己性和利益驱动性，则需要更为详细地对其证据效力进行具体分析：其一，对于当事人提交法庭的自行鉴定结论必须进行审查，必须经过庭审质证，否则不能直接作为定案的证据。其二，如果对方当事人对该鉴定结论没有异议，且不存在需要重新鉴定的情形的，在质证后应当作为认定事实的证据。其三，如果对方当事人对鉴定结论提出异议，并有证据足以反驳该鉴定结论所认定的事实的，对方当事人可以申请法院重新鉴定，其鉴定结论没有效力。

针对上述试图对自行委托鉴定与法院委托司法鉴定的效力进行明确区分的见解，本文持不同观点，若仅从证据的证明力角度来看的话，二者几乎处于相同的重量级上，法院对于自己委托的司法鉴定结论同样也必须进行审查，也必须经过庭审质证方可作为定案的依据，在这一点上与自行委托的鉴定并无实质

性的差异。但是，若从推翻或否认该证据的难度上看，二者的区别就比较明显了。当事人要求对司法鉴定结论进行重新鉴定的基本条件是"提出异议"且"有充分证据证明其存在缺陷"，而当事人要求对自行委托鉴定结论进行重新鉴定的条件仅包括"提出重新鉴定申请"且"有证据足以反驳"即可。显然，前者是要求异议当事人证明缺陷的客观存在，而后者仅要求异议当事人证明缺陷的可能存在；换言之，前者要求"证实"，而后者仅要求"证伪"。这样看来，二者间的主要差异并不在证据本身的证明力大小，而在于证据法意义上的证据层级、地位不同。

三、关于案例数据的整体分析

笔者认为，自行委托鉴定作为民事诉讼证据的一种特殊形式，其证据效力的有无、大小本来就不可能脱离案件的具体环境作出"All or Nothing（要么全有，要么全无）"的僵化判断。就这个充满弹性解释空间的司法实务中的典型"技术类"问题来说，天真地指望从片段、零散的立法文本或司法解释中的规定中寻找到准确的答案无异于缘木求鱼，而盲目依赖学者们立场不同的学说或见解则更易南辕北辙。当然，尽管在每个涉及自行委托鉴定的建设工程纠纷案件中此类证据的采信与否最终取决于裁判法官的"自由心证"，但在当前裁判文书强制公开制度所开辟的"大数据时代"，寻找到法官群体对自行委托鉴定意见之效力的基本立场或大致倾向，应该是值得并且可以去尝试的。

鉴于"中国裁判文书网"的案例数据库中仅包括 2014 年以来的裁判文书，且不支持关键词搜索，故本文对于典型案例的搜集仍通过"北大法宝"进行。在该网站"案例资源"栏目下，设定标题关键词包括"建设工程"且全文关键词包括"自行委托鉴定"作为检索条件，得出关联结果 18 条。

经粗略统计，在上述全部 18 个案例中，自行委托鉴定结论被最终采信的共计 9 个，而自行委托鉴定未被采信的也同样是 9 个，两种情况的比例均为 50%。这个胜负平分秋色的初步数据虽不能对司法机关对待自行委托鉴定的态度作出直接的回答，但至少还是佐证了本文所关注的问题的真实性，即自行委托鉴定的证明力及证据效力如何，就目前看来首先是个存在相当争议的实践问题，指望从教科书中寻找权威答案或是采取简单的"三段论"式的逻辑方法对于争议的解决是无能为力的。

进一步统计，在上述18个案例中，当事人自行委托进行的鉴定类型主要包括建设工程造价鉴定与建设工程质量鉴定两种，各自均为9个。涉及造价鉴定的9个案例中，自行委托鉴定结论被采信的为4个，未被采信的为5个；涉及质量鉴定的9个案例中，自行委托鉴定结论被采信的为5个，未被采信的为4个。以上对比数据或许可以提示我们：相对于自行委托的工程造价鉴定，自行委托的工程质量鉴定更容易被法院采信。

四、自行委托鉴定意见被采信的主要理由

1. 各方当事人对自行委托鉴定意见不持异议

例如，在"卢某某与官某某建设工程施工合同纠纷上诉案"中，当事人在一审诉讼期间一致同意自行委托鉴定，因对经三方自行委托的海南华鹏工程咨询有限公司作出的工程造价纠纷鉴定报告书不持异议，该鉴定结论当然被法院所采信。

又如，在"杭州潇潇五金工具有限公司诉杭州民盛建设工程有限公司建设工程承包合同纠纷案"中，对于原告自行委托杭州市房屋安全鉴定所作出的《房屋安全鉴定报告》，被告当庭表示认可该报告所作的质量问题的原因分析，并认为没必要再另行进行鉴定，故法院予以采信。

2. 异议当事人未提出反驳证据且未申请重新鉴定

例如，在"中国化学工程第十三建设有限公司（以下简称十三化建公司）诉湛江大鹏石化有限公司（以下简称大鹏石化公司）建设工程施工合同纠纷申请再审案"中，大鹏石化公司在收到十三化建公司的结算资料后自行委托有关单位对涉案工程进行结算审核，在收到该自行委托鉴定报告后，十三化建公司如不予认可的则应举证证明其主张的真实性或申请重新进行鉴定，但十三化建公司在一审法院指定的期限内没有提供相应的证据反驳，也没有在指定的期限内提出涉案工程造价鉴定申请或提出不申请鉴定的正当理由，因此，广东省高级人民法院认为"关于涉案工程造价问题……根据有关法律规定，十三化建公司应承担举证不能的法律后果"。

又如，在"梁某诉泰安市第一人民医院有限责任公司等建设工程施工合同纠纷案"中，尽管当事人自行委托泰安市物价局泰山分局只是价格的认证机构，并不具备工程造价审核鉴定的必要资质，但在法院开庭审理过程中组织双方对泰山区价格认证中心价格鉴证师于汝云进行了当庭质询，鉴定人回答了双方提出的问题，质询意见仍然坚持鉴定结论的意见。因此，法院同样将该价格认证报告视为自行委托鉴定，认为"根据原告提供的泰山区价格认证中心出具的《价格鉴证机构资质证》《证明》和其他相关证据可以证实，鉴定机构是合法的，泰安市第一人民医院、泰安市第一人民医院有限责任公司在泰山区辖区内，鉴定机构有鉴定资格，且鉴定内容是在鉴定机构的资质范围之内是合法的。因此，该鉴定结论书应作为本案的有效证据予以认定"。当然，最主要的理由仍在于异议当事人未申请重新鉴定。

3. 自行委托鉴定是在已有司法鉴定基础上因法院指示作出的

例如，在"浙江三恒建设工程有限公司与浙江远大科技开发有限公司（以下简称远大公司）建设工程承包合同纠纷再审案"中，金华中院认为"房屋鉴定所具有司法鉴定资格，其系受一审法院委托作出的鉴定结论。隆鼎公司对该鉴定结论虽有异议，但未提供足以反驳的相反证据和理由，故一审法院对该鉴定结论的证明力予以确认并无不当。而房屋加固公司作出的加固方案及费用预算报告是在前述鉴定结论的基础上作出的，该加固方案及费用预算报告虽系远大公司自行委托有关部门作出的，但远大公司是在向一审法院提出了司法鉴定申请而一审法院通知其限期自行提供加固及整改方案的情况下，委托房屋加固公司鉴定的"。

4. 自行委托鉴定意见系上级行政主管部门作出的权威结论

例如，在"安阳黄河高速公路有限公司（以下简称黄河公司）与豫新华通路桥集团有限公司（以下简称华通公司）建设工程施工合同纠纷案"中，初审法院曾认为"在华通公司不在场的情况下，自行委托检测，并自称依据检测结果将华通公司施工的全部梁板，以破碎的方式予以拆除，致使华通公司对其梁板质量是否全部存在质量问题、黄河公司是否完全以破碎方式将全部的梁板破碎拆除提出异议时，黄河公司不能提供充分的证据予以证实，且导致华通公司对其生产的全部梁板的质量问题申请鉴定时，失去鉴定条件。为此，黄河公司应当对因其违反法定程序，自行委托鉴定、销毁全部预制梁板承担责任"。但二审法院否定了一审法院的意见，认为"郑州市公路管理局质量检测中心对质量问题作出的《检测报告》，2006年4月2日阿深高速安阳段总监办向黄河公司发出的建议，以及2006年4月8日河南省交通厅公路管理局向黄河公司发出的《紧急通知》中均认定华通公司施工的本案工程质量存在问题，而且华通公司2006年4月15日、5月10日向黄河公司的回函中对质量问题也没有否认，并承诺退还预借的工程款项。上述事实和证据能够证明华通公司施工的本案工程存在质量问题"。

5. 自行委托的鉴定单位本身即具备司法鉴定资质

例如，在"新乡市华南协力公路桥梁工程处与中铁二局股份有限公司建设工程劳务分包合同纠纷案"中，尽管上诉人主张"被上诉人在一审提交的单方委托信阳同创造价咨询公司出具的《工程单价鉴定报告书》，请求法院按此鉴定报告支持其诉讼请求，上诉人对此提出了异议，认为该鉴定报告乃被上诉人自行申请行为，不是争议双方共同协商选择的，也不是法院指定的鉴定单位出具的，公平、公正性不能得到保证，不能做证据使用"。但由于信阳同创造价咨询公司有河南省建设厅颁发的工程造价咨询企业乙级资质证书和信阳市中级人民法院颁发的司法技术专业机构证书，其经营范围是工程预决算审计及造价编制、工程造价评估咨询、建设监理。终审法院认为"该鉴定报告虽是新乡工程处自行委托鉴定，但双方争议的工程款是合同外工程，对价款未约定，在双方对工程款协商无果的情况下，根据举证责任的分配，原审原告为支持其诉讼请求，在举证期间内单方委托相关单位进行鉴定，没有违反法律禁止性规定，该鉴定报告当庭提交并经法庭质证，程序合法，中铁二局公司并未申请重新鉴定，中铁二局公司亦无证据足以反驳鉴定报告。该报告的鉴定单位即信阳同创造价咨询公司有河南省建设厅颁发的乙级资质证书，具有鉴定资格，该工程单价的鉴定属其业务范围，故中铁二局公司上诉称该报告不应采纳等理由不能成立"。

6. 事先自行委托的鉴定意见与诉讼中的司法鉴定意见基本一致

例如，在"江苏无锡二建建设集团有限公司诉上海凯信生物科技有限公司建设工程施工合同纠纷案"中，上海凯信生物科技有限公司认为幕墙材料存在质量问题，自行委托上海市建筑材料及构件质量监督检验站出具《检验报告》，结论为："双钢化镀膜中空玻璃 5mm 蓝星灰镀膜 + 6A + 5mm 白玻，技术指标判定为不合格；双钢化镀膜中空玻璃 6mm 蓝星灰镀膜 + 9A + 6mm 白玻，技术指标判定为不合格。"就该鉴定意见，总包单位辩称"包括幕墙在内的整个工程为合格工程，已经进行竣工验收及备案，业主之后进行的所谓材料不合格的鉴定系单方行为，合法性、客观性、真实性均存在问题"。在之后的诉讼过程中，经法院委托，上海市建筑材料及构件质量监督检验站再次出具《鉴定检测报告》，再次确认了幕墙工程不合格的结论。因此，法院要求直接分包人常州华艺铝型材有限公司应于本判决生效之日起十日内支付反诉原告上海凯信生物科技有限公司幕墙工程质量赔偿费人民币 46 399 元及检测费人民币 11 000 元。

五、自行委托鉴定意见未被采信的主要缺陷

1. 自行委托鉴定的做法不符合合同约定

例如，在"中城建第六工程局集团有限公司（以下简称中城建公司）与海南省三亚质量技术监督局（以下简称三亚质监局）建设工程施工合同纠纷上诉案"中，初审法院认为"三亚质监局在收到中城建公司的工程结算报告后并未将该报告直接报送评审中心进行评审，而是自行委托一家鉴定公司对中城建公司的工程结算进行审核，再将审核的结果上报评审中心，其行为既违反了当事人的约定，也无法律法规依据，对该证据不应采纳"。随后，初审法院根据中城建公司的申请委托中介机构海南中恒信工程造价咨询有限公司对工程造价进行司法鉴定，而鉴定结论更加接近中城建公司自行结算的金额，故该法院对该质监局的自行鉴定结论未予采信。

2. 自行委托鉴定的依据与合同约定内容相悖

例如，在"桂平市大地房地产开发有限公司与南宁大地建筑工程公司建设工程施工合同纠纷上诉案"中，终审判决认为："对上诉人自行委托鉴定所作出《工程预（结）算审核结论书》，被上诉人有异议，并提供了 2004 年 4 月 19 日双方签订的《补充协议》进行反驳，该《补充协议》为有效协议，双方在该协议中约定了材料差价的调整，并作为工程结算依据，故本案争议的工程造价应按《补充协议》约定进行结算，而上诉人提供的《工程预（结）算审核结论

书》并没有按《补充协议》约定调整后的材料差价进行结算工程价款，可见鉴定结论与双方约定不符，明显依据不足，被上诉人所提供的证据足以推翻上诉人提供的鉴定结论，上诉人又未向法院申请重新鉴定，因此，上诉人主张工程造价的事实尚未得到证明，上诉人应承担举证不能的法律后果。上诉人关于被上诉人没有对《工程预（结）算审核结论书》提出过异议，也没有提出重新鉴定，该结论书有效的上诉理由不能成立，对其上诉请求应予驳回。"

又如，在"樊建设与开封市第三建筑工程公司、开封市立信房地产开发有限公司建设工程施工合同纠纷案"中，因樊建设自行委托开封市金戈工程造价咨询有限公司所作"决算书是根据定额按实作的决算，与当事人签订的补充条款约定相矛盾，不能作为计算工种款的依据，本院不予采用"。

3. 自行委托鉴定意见与其他证据相矛盾

例如，在"黑龙江双锅锅炉股份有限公司（以下简称双锅公司）与黑龙江恒事达建筑安装工程有限公司建设工程施工合同纠纷上诉案"中，黑龙江高院认为："双锅公司主张涉案工程的地基基础工程和主体结构存在质量问题，应负举证责任。双锅公司虽在原审法院提交鉴定申请，请求对涉案工程质量及损失数额进行鉴定。但在法院委托鉴定机构进行鉴定前，其又自行委托鉴定机构作出咨询意见，该咨询意见书以及其提交的一系列监理通知及现场照片均不足以证明涉案工程的地基基础工程和主体结构质量存在问题。"

4. 自行委托鉴定人未出庭接受质证

例如，在"山东正元建设工程有限责任公司（以下简称山东正元公司）等与北京恒基中创基础工程有限公司专利侵权纠纷上诉案"中，终审法院认为："原审判决的依据主要是北京华审金信会计师事务所有限责任公司制作的《审计报告》，该报告是恒基中创公司单方委托，两名鉴定人未出庭接受质证，也未向本院提交有效的资质证书原件。山东正元公司、北京聚力公司、天津在田公司对其身份及鉴定单位的主体资质又提出异议，故该报告不能作为认定案件赔偿数额的依据。"

5. 自行委托的鉴定人在接受质证时改变了原来的意见

例如，在"哈尔滨市天龙涂装实业有限公司（以下简称天龙公司）等与贺某某建设工程施工合同纠纷上诉案"中，建设单位自行委托黑龙江省建筑工程咨询中心出具龙建咨字（2003）第 56 号工程质量技术鉴定，结论表明："该工程混凝土结构工程、地面工程、门窗工程、屋面工程质量不合格，据此判定该工程质量不合格。"但在诉讼过程中经对鉴定人当庭质证，改称"该在建综合楼存在部分子分部、分项工程质量问题和缺陷，经过加固处理和返修后，可以满足结构安全和使用功能要求，完全符合国家及行业相关规范、标准中关于质量验收的规定"。因此，黑龙江高院认为："从鉴定机构出具的鉴定结论及说明看，争议工程质量存在问题，并未认定工程不合格，并就质量存在问题作出维修费为 51 227.86 元，故争议工程只能认定为质量存在问题，不能认定为工程质量不合格，天龙公司要求解除合同的请求不应支持，但金马公司应赔偿此维修费。"

6. 再审审查期间方才自行委托鉴定，已丧失了必要的时机

例如，在"马某某等与李某某建设工程施工合同纠纷申请再审案"中，广东省高院认为："马某某、戴某某主张涉案房屋存在质量问题，但马某某、戴某某在原一审举证期限内未能提供足够证据加以证明，也未在原一审举证期限内申请人民法院对房屋质量问题进行司法鉴定，故原审对马某某、戴某某要求李某某承担因房屋质量问题所造成的损失的诉请不予审理并无不当，本院予以维持。马某某、戴某某在向本院申请再审时虽然提供了其自行委托鉴定机构作出的房屋质量鉴定报告和损失评估报告，但原审对房屋质量问题未予审理，且指出马某某、戴某某可另循法律途径解决，本院不可能对此问题进行审理，马某某、戴某某可就房屋质量问题另行起诉解决。马某某、戴某某在重新起诉时应在举证期限内申请人民法院对房屋质量问题进行司法鉴定。"

论情事变更原则在建设工程施工合同中的适用[*]

郑立钧

一、引言

2008 年金融危机以来，人民币的不断升值，铁矿石价格谈判的极度艰难，国家宏观调控政策的频频出台，房地产行业的非理性发展，地震、海啸等自然灾害及一些社会突发性事件的频发，使整个中国乃至全球的社会情事越来越具有不确定性，而建筑业由于建设周期长，资金投入巨大，是介入上述社会情事最多、受其情事变动影响最为显著的行业之一。故就建设工程施工合同（以下简称施工合同）领域适用情事变更原则展开分析和研究，具有较大的现实意义，对促进建筑业的健康有序发展，维护社会的稳定，防止社会群体性事件的发生亦有积极的作用。

但施工合同中适用情事变更原则，在最高人民法院《关于适用〈中华人民共和国合同法〉若干问题的解释（二)》（以下简称《合同法司法解释二》）颁布之前就鲜有案例出现，虽然 2009 年《合同法司法解释二》颁布，通过司法解释的办法在司法实践中正式引入情事变更制度，但到现在为止主要还是停留在学理上、实践中运用得并不是很多，而在施工合同的司法实践中运用得更少。可以说，对这一原则法院的态度很明显就是慎用。《最高人民法院关于正确适用〈中华人民

---

* 本文获"第三届浙江律师论坛论文三等奖""2013 年度浙江省省直律师协会律师实务论文三等奖"。

共和国合同法〉若干问题的解释（二）服务党和国家的工作大局的通知》（2009年4月27日法〔2009〕165号）第二条规定：对于合同法司法解释二第二十六条规定，各级人民法院务必正确理解、慎重适用。如果根据案件的特殊情况，确需在个案中适用的，应当由高级人民法院审核。必要时应报请最高人民法院审核。

北京市高级人民法院关于印发《北京市高级人民法院关于商事审判应对金融危机的若干意见》的通知（京高法发〔2009〕373号）第二条第二款第（二）项强调：要正确理解和慎重适用最高人民法院《关于适用〈中华人民共和国合同法〉若干问题的解释（二）》第二十六条关于合同"情事变更原则"的规定，依法合理调整平衡合同双方的利益关系。虽然国际金融危机给彼此依存并密切关联的不同经济领域或者行业之间带来了方方面面的影响，但由此而产生的合同纠纷中的利益损失一般仍属于商业风险范围。因此，在个案中，要注意结合市场的具体情况，合理区分和甄别情事变更与商业风险。要依法严格把握情事变更原则的适用条件，严格审查当事人提出的"无法预见"的主张与不能实现合同目的之间的因果关系。特别是对于涉及市场属性活泼、长期以来价格波动较大的大宗商品标的物以及风险投资型金融产品标的物的合同，更要慎重适用情事变更原则。对于拟适用情事变更原则的相关案件，必须经受理法院审判委员会讨论并将处理意见及时向市高级法院提交书面报告，必要时由市高级法院向最高人民法院请示汇报。

最高人民法院民一庭庭长杜万华大法官在关于"情事变更制度在建筑施工合同中的运用"研讨会上讲道："情事变更究竟如何用，依然是一个值得关注的问题。最高法院在审判这样案子的时候，问题真的很大，坦率地说对于情事变更原则，作为制度来讲我还是有些担心的，随着我们后来的争论，这个制度最大的问题就是和商业风险非常难以划分，弄不好的话就会把合同毁掉，可以说执行不好就是合同的杀手。"

由此可见，情势变更原则关键还是在如何适用上。那么司法实践中究竟应怎么样来适用这一原则呢？

二、施工合同领域情事变更原则的适用

（一）当事人意思自治优先及其界限

合同法是私法，私法的基本精神是契约自由。情事变更原则是一种在当事

人自由约定之外对合同关系进行干预的措施，因此其适用不能违背当事人的自由约定。也就是说，如果当事人已经对有关情况的发生及其处理方法做了明确约定，就不能适用情事变更原则得出相反或不同的结论。包括如果合同中有约定免责条款和法定免责条款，那么前者优先于后者；合同双方就合同履行中所面临的风险事先作出的安排与约定，那么应该遵从双方的约定。如固定总价合同、固定单价合同中已经约定了一定的风险范围。

正如德国学者梅迪库斯认为：属于交易基础的东西，不可能是行为的内容。交易学说适用的前提乃是存在一个双重的规定漏洞。即当事人合同没有约定，法律也没有规定的情形。如果法律行为或者法律已经包含了某项规定，那么就不需要交易基础学说来填补漏洞了。[①] 因此就情事变更原则来讲，应当适用于合同没有约定，法律也没有规定的情形。

考察中国台湾地区的民法，若契约中已明文约定依物价指数调整工程款的，实务上常见请求的情形为，要求变动原约定之不予调整的指数，或要求就特定的个别材料增加工程款。[②]

对于前者台湾地区审判实务中的意见较为统一。如果当事人已就物价指数的变动设有物价指数调整条款，不得因物价上涨而引用情事变更原则。台湾地区高等法院 1989 年度重上字第 179 号民事判决认为，系争工程合约第四条第四款已明订："施工期间如物价发生变动时，应参照本合约所附估验计价按物价指数增减率调整工程费计算方式办理。"而本约所附之"依物价指数调整工程费计算方式"之中已对如何依台北市政府主计处之"台北市物价统计月报"所公布之台北市营造工程物价基本分类指数之总指数调整工程费由详细之规定。显见两造于签订合约当时已预见日后工料价格将有所变动，并纳入契约条款调整给付，此意民事诉讼法第三百九十七条第一项及前揭最高法院判决要旨所示，上诉人世仁公司绝无理由再依"情事变更"要求增加给付。

台湾地区"最高法院"1993 年度台上字第 1277 号民事判决认为：两造签

---

① ［德］迪特尔·梅迪库斯：《德国民法总论》，邵建东译，法律出版社 2000 年版，第 653 页。

② 台湾寰瀛法律事务所、古嘉谆、刘志鹏主编：《工程法律事务研析（三）》，元照出版社 2005 年 9 月第 2 版，第 269 页。

约时既就工期延长、无法如期开工，及不可归责于被上诉人事由之停工，约定有处理方式，就没有情事变更原则的适用余地了。

而对于后者，台湾地区民事审判实务中则有不同的见解。持否定见解的理由是，当事人既然于订约时已经将物调约款订在契约中，显然已考虑到物价变动因素，非属"不能预见"，且承揽人已获补偿，并无"显失公平"之情事，则不得再另行主张情事变更。判例有台湾地区"最高法院"1996 年度台上字第26 号民事判决；台湾地区高等法院 1989 年度重上字第 179 号民事判决等。①

持肯定见解的理由是，工程契约虽已约定物价指数调整约款，但物价指数无法反映个别项目的物价变动，当个别项目之物价变动超出当事人的预期范围时，即有情事变更原则的适用。判例有"最高院"1995 年度台上字第 1944 号民事判决。②

然而，上述意思自治应当有一个限度，即若以抽象的文字，排除一切可能发生的风险，是否就排除了情事变更原则的适用。……如果契约条款任意排除风险，可能被认定无效而无法排除情事变更原则的适用。③

在免责事由方面，法律允许当事人以约定排除法定免责事由的适用，但是，这种契约自由权不能被滥用，特别是在缔约双方经济地位极其不平等的情况下，强制往往免责约定排除承担风险的任何可能性，而将风险不合理地分配给弱者。④

（二）施工合同适用情事变更原则的构成要件分析

如何适用好这一原则，关键是对其构成要件的准确把握。根据我国《合同法司法解释二》第二十六条，分析如下。

1. 情事变更须发生于合同成立以后履行完毕以前

对此要件无论是大陆法系还是英美法系，亦无论我国的司法实务界还是理论界几无争议。

---

① 台湾寰瀛法律事务所、古嘉谆、刘志鹏主编：《工程法律事务研析（三）》，元照出版社 2005 年 9 月第 2 版，第 272－273 页。

② 同上，第 274－275 页。

③ 黄立：《台湾工程承揽契约中情事变更之使用问题》，载《工程上的民法问题研究——第一届海峡两岸工程法学研讨会实录与论文集》，施建辉等编，东南大学出版社 2010 年 4 月第 1 版，第 64 页。

④ 李永军：《合同法》，法律出版社 2004 年版，第 669 页。

只是在施工合同领域，根据《招标投标法》第三条及计委3号令的规定，对于住宅、国家投资项目等是必须经过招投标的，这样实务中就会经常出现"黑白合同"的情形，而关于两者的效力问题，在我国司法实务界争论已久，但按目前的通说及《合同法司法解释二》第二十一条，明确的是黑合同与白合同在工程价款结算条款上如果出现矛盾，则黑合同的价款结算条款无效，至于其他条款的效力，司法解释未作明确的解释，但似乎从该解释第二十一条可以推断出最高人民法院的态度：黑合同的其他条款其效力未必无效。

在此情形下，如在施工合同领域适用情事变更原则，则会出现以下情况：①如果白合同约定了固定总价不可调，而黑合同约定了可调价或者说固定总价但增加了一定的风险范围，如出现情事变更，按照《合同法司法解释二》是否就得适用白合同，而适用情事变更原则，还是直接适用黑合同对合同价款进行调整？②如果白合同约定了固定总价，随后出现了情事变更的情形，双方就此又另行签订了一份合同，约定了合同价款的调整方式，此种情形下是否应适用固定总价并按情事变更原则来调整；还是按后面另行签订的一份合同来履行？这里可能还涉及对后面这份合同是白合同的补充合同还是黑合同的性质认定问题。③如果白合同采用了 GF 文本通用条款第十三条第一款关于工期顺延的条款，但黑合同却约定了绝对工期，或者约定了较为苛刻的工期条款，之后发生情事变更，导致工期的大量延误及停窝工损失，此时应适用白合同还是黑合同？

另外，对于不属于招投标的项目，如果经过了招投标程序，此种情形下是否有黑白合同的问题，在目前的司法实务中也存在着争论。如江苏高院的意见是肯定按黑白合同问题来处理，而浙江高院的意见则刚好相反。那么在此情形下，如何适用情事变更也是一个有争议的话题。

2. 须有客观情况发生重大变更的事实

"所谓情事，系指法律关系成立当时，其基础或环境之一切情况而言。所谓变更，系指情况异动而言，例如和平情况变为战争情况而物价暴涨、灾害、暴动、经济危机等。"[①] 这些情事应具有客观性，在大陆法系国家，既可以是不可抗力，也可以是意外事件；而在英美法系国家，合同目的落空或者受挫的原

---

① 台湾寰瀛法律事务所、古嘉谆、刘志鹏主编：《工程法律事务研析（一）》，元照出版社 2005年 9 月第 2 版，第 171 页。

因中亦包括了不可抗力和意外事件。而我国的《合同法司法解释二》明确排除了不可抗力，则实属不妥，具体论述参见下文。

一般来说，在施工合同领域中，情事变更原则所指的"情事"主要有以下内容。

（1）施工遭遇建材价格大涨。在施工合同领域中，建材价格（主要是钢筋、混凝土、沙石等物资）飙涨是使用情事变更原则的"直接情事"，而这一情事的变更往往是由于汇率波动、贷款利率调整、变化的国际贸易政策、国际经济危机或金融危机、国际战争及局部地区的冲突、国家法令的制定和修改、宏观调控政策的变动等间接情事变动所致。

（2）自然灾害，如地震、洪水、台风等。

（3）社会异常事件，包括战争或者武装冲突、工人罢工、骚乱等。

（4）国家（政府）行为，如《中华人民共和国海商法》（以下简称《海商法》）第五十一条所列的"政府或者主管部门的行为、检疫限制或者司法扣押"可归入此类。此外，法律的颁布实施、政策的出台与贯彻落实（如地方政府在其权限范围内对投资力度及城市规划的调整）、司法机关对标的物采取的强制措施、国家征用等。[1]

上述（1）其实质是意外事件；而上述（2）、（3）、（4）则可纳入不可抗力的范畴，当然必须符合不可预见性、不可避免并不可克服性的要求。

此处对于"重大"论述，应归入第5个要件。

3. "客观情况的重大变化"是当事人在订立合同时无法预见的

对于此一要求，应当明确：预见的主体为因情事变更而遭受不利的一方当事人，预见的内容为情事变更的可能性，预见的时间为合同缔结之时，预见的标准应当为主观标准（即以遭受不利一方当事人的实际情况为准）。[2]

关于"无法预见"的问题，其实应当与商业风险、不可抗力、意外事件一起进行讨论。在此有一问题需要特别指出，福州铁路运输法院民事判决书（1999）福铁经初字第10号："本案南平市有关部门虽对洪灾有所预测，但被告举证证实预测水位与实际水位有较大的差距，说明了不可抗力的无法预见、

---

[1] 韩世远著：《履行障碍法的体系》，法律出版社2006年版，第39页。

[2] 韩世远著：《合同法总论》，法律出版社2004年版，第448－449页。

不可避免的客观性，该批货物损坏时由于不可抗力造成的，不可抗力是法律规定承运人可以免除赔偿责任的事由，故被告的主张应于支持。"[①] 由此可见，即使根据灾害预报推定当事人可以预见有关灾害的发生，如果实际发生的灾害比预报的程度更严重，当事人可以此为由推翻对可预见性的推定。[②] 也就是说，对"可预见和不可预见"应当辩证地来看待。

以此我们可以类推得出，虽然承包人以其常年工程承包的经验可以预见到建筑材料等的价格一般来讲在施工的周期中肯定会有涨落变动，但是如果实际发生的价格波动远远超过了承包人在订立合同时所预见的程度，承包人当然可以主张此种情况应属不可预见性的范畴。

4. 非不可抗力造成并且不属于商业风险

（1）情事变更与不可抗力。

1）理论上之辨析。情事变更原则与不可抗力免责制度，同属于合同履行障碍情形下，如何通过法律手段来公平合理地分配风险的一种技术性安排。有观点认为完全没有必要在我国法上构建情事变更原则，因为其可以被不可抗力所涵盖，容易引起理论上的混乱。但对于两者的不同，已为我国理论界及司法实务界所接受，这已经是不争的事实。

通说认为，不可抗力免责制度与情事变更原则的最大区别在于以下方面。

其一，《合同法》第一百一十七条中"不能履行"指全部不能履行、部分不能履行及一时不能履行，且指的是确实、真正的不能履行；未包括因不可抗力引起的履行极度困难、不现实，如若履行必然产生显失公平问题。故后者应是情事变更原则所适用的情形。

其二，不可抗力是法定的免责事由（《合同法》第一百一十七条），如果合同双方在合同中明确约定了哪些情形属于不可抗力，那么在合同履行的过程中，只要这些情况发生就必然构成不可抗力，进而产生全部或部分免责效力。如果在合同中没有做明确的约定，那么当双方对出现的情事究竟是不是不可抗力产生分歧时则可以交由法院来认定，如果法院最终认定属于不可抗力，那么自然

---

① 《南平市纸制品厂食品分厂诉福州铁路分局南平车务段货物运输合同纠纷案》，载于上海市高级人民法院编：《人民法院裁判文书选》（上海2000年卷），法律出版社2001年版，第296页。

② 韩世远：《履行障碍法的体系》，法律出版社2006年版，第38页。

产生免责的法律后果。因此在不可抗力免责制度中，法院的自由裁量权是非常狭小的。而情事变更原则则依赖于法院的自由裁量，而裁量的依据是公平原则和案件的实际情况。

由此我们看到，不可抗力免责制度不包括因不可抗力引起的履行极度困难、不现实，如若履行必然产生显失公平的情形。

此外，大陆法系中合同当事人承担违约责任的归责原则是过错责任，因不可抗力、意外事件、情事变更及债权人（另一方）过错的情形下可以免责。而我国合同法上，一般的法定免责事由仅为不可抗力（《合同法》第一百一十七条），除此之外，依严格责任原则，通常均要承担违约责任。① 英美法系国家，合同责任同为严格责任，但其通过合同受挫制度将不可抗力、意外事件等情事的变化扫地出门。故在我国意外事件不能免责，而这对于因意外事件遭受损失的一方当事人来说未免过于苛刻，实属不公。

以上呈现的问题，导致了我国合同履行中存在着权利保护的漏洞，极易引起双方合同利益上的失衡。在工程施工领域中，因意外事件导致施工方面临违约；因不可抗力引起的履行极度困难、不现实；在合同中没有约定，但依工程惯例应由发包方提供或完成的各项工作，发包方未提供或未完成等情况不乏少数。因此有必要通过情事变更原则来加以补救。

2）对《合同法司法解释二》排除不可抗力的疑义。《合同法司法解释二》第二十六条明确规定，情事变更必须适用于"非不可抗力"这个因素所造成的显失公平的情况。如果把此理解为不可抗力导致完全的和永久的不能履行时，那么按照我国《合同法》第九十四条第一项规定可以发生合同解除，似乎没有必要适用情事变更原则；但如果把此理解为因不可抗力导致履行十分困难、而不是完全的和永久的不能履行，那么，不可抗力的产生正好适用情事变更规则来解决，可是这个司法解释明文把它排除了。这样的规定显然是不妥当的，否则情事变更还适用于多大的领域就很值得怀疑。有观点认为，《合同法司法解释二》第二十六条所指的"不可抗力"其实就是不可抗力导致合同完全的和永久的不能履行这种情况。但笔者认为该司法解释在此处应当明确，否则易引起争议。

---

① 韩世远：《履行障碍法的体系》，法律出版社 2006 年版，第 50 页。

此外，在不可抗力上似乎还有值得探讨的问题，是否因不可抗力导致合同完全的或者永久的不能履行，就一定不能适用情事变更原则呢？2009 年最高人民法院公报的一个案例——成都鹏伟实业有限公司（以下简称鹏伟公司）与江西省永修县人民政府、永修县鄱阳湖采砂管理工作领导小组办公室（以下简称采矿办）采矿权纠纷案，其案情正好反映了因不可抗力导致采砂船不能在采砂区域作业，采砂提前结束，未能达到《采砂权出让合同》约定的合同目的。也就是说，正是因为不可抗力导致了合同从此完全不能履行。在此情形下，最高人民法院并没有适用《合同法》第九十四、一百一十七条解除合同，而是适用了情事变更原则对合同中的双方原已约定的采砂风险分配条款（"本合同约定的采区采砂权使用期限，是根据上级主管部门的批文当年度的有效可采期，实际可采期限以当年水位不能供采砂船只作业时为准"）进行了变更——最高人民法院认为："鹏伟公司要求采砂办退还部分合同价款，实际是要求对《采砂权出让合同》的部分条款进行变更，符合合同法和本院上述司法解释的规定，本院予以支持。"

在这个案例中，对鹏伟公司来讲，其无法通过适用不可抗力制度来保护自己的权益。原因就在于合同中已经对不可抗力产生的风险负担做了非常不合理的分配（鹏伟公司同意在合同中约定此条是由于政府及采砂办通过"中国投资在线"网站发布的公开拍卖《推介书》及《可行性报告》极力地向鹏伟公司宣传该区域不可能出现像本案中所发生的不可抗力以及丰厚投资前景，并且"实际可采期限以当年水位不能供采砂船只作业时为准"的这个条款只是为了应对省水利厅的检查）。如果严格地按照合同约定来看的话，至不可抗力情况出现时，双方的权利义务其实已经履行完毕了，因此不存在因不可抗力免责的问题，更谈不上解除合同了。但真正关键的问题是在此时（不可抗力发生时）双方权利义务履行完毕是当事人双方，特别是鹏伟公司在订立合同时所根本预想不到的，其结果必然导致采砂办取得全部合同收益，而鹏伟公司承担全部投资损失，对鹏伟公司而言是不公平的，有悖于合同法的基本原则。

由此，笔者认为《合同法司法解释二》完全没有必要在情事变更里面把不可抗力一脚踢开，两者的关系应该是异常紧密的，一句话概括：除了《合同法》第九十四、一百一十七条的规定外，情事变更原则的适用包括了因不可抗力导致合同不能履行或者履行十分困难的情形。

基于以上分析，笔者认为在工程实务中，当碰到因不可抗力、意外事件导致合同不能履行或履行十分困难的情况，而该情况又是承发包双方在订立施工合同时无法预料的，如果继续履行合同对于一方当事人明显不公平或者不能实现合同目的，可以通过适用情事变更原则来变更或解除合同。按此思考路径，情事变更原则理应成为工程索赔的一个重要法律武器。

（2）情事变更与商业风险。

商业风险与情事变更两者关系微妙，在实践中很多情况下往往很难区分。而对某一情事认定是情事变更还是商业风险，会产生截然不同的后果，因此对其的认定是目前最具争议性的一个问题。

所谓商业风险，是商品流通中普遍存在的经济现象。其形成是由于商业在再生产中的地位与社会经济活动的复杂性及不确定性因素的增多而引起的。商业风险具有客观性，但大都是可以通过市场调查与分析、评估，进行预测，采取相应的措施加以管理和控制，避免或减少的程度，取决于商业风险主体的认知程度。

商业风险与情事变更的主要区别表现在以下几个方面。

1）商业风险是由商品价值规律决定的一种正常风险，这点对所有商品经营者都是平等的；而情事变更则是由变幻莫测的各种社会因素，一般表现为大的社会变故，如物价突然上涨，它是一种具有偶发性、突然性因素的特殊风险，往往涉及个别或一部分商品经营者，而不是持续不断、普遍地涉及所有的商品经营者。如疯牛病、禽流感等情况的发生，直接涉及的只是此类农牧产品的经营者。

2）两者产生的原因具有质和量的不同。从商业风险到情事变更，价格变化有一个从量变到质变的过程，标准是看其是否超过由价值规律决定的度。

3）两者是否可以预见不同。商业风险是在当事人的预料范围之内的；而情事变更的发生是不能预见的。

4）是否与当事人主观认知有关不同。当事人对情事变更的发生是没有过错的，而商业风险则常有当事人主观认知错误的因素，如遵守价值规律的要求，忽视市场规律，不注意产品质量、因质次价高而无法收回资金等因素都可以表明当事人主观认知上存在着过错。

而以上 4 个方面应以是否可以预见为最关键的标识。

按照马克思的观点，商品的价格在一定的时期内是相对稳定的，尽管它会受供求关系的影响围绕价值上下波动，这是市场规律性的体现。在此波动范围内是正常的商业风险。但是如果商品价格（普通商品，而非投机品）波动完全违背了市场规律，那么这种价格的涨跌是不正常的风险，是当事人所不能预料的，其已经从正常的商业风险转化到了情事变更。一般来说，这种重大的变化主要是指社会环境或自然环境发生根本性变化，或违背市场规律的突变或巨变，或经济政策的重大调整（如汇率的政策性重大变化）。如果仅仅是原料、运费、劳动力等通常生产要素的价格变化或上涨，以及由此导致生产成本的上涨、企业的盈亏，则属于市场正常供求关系的反映，也是每个企业进行市场经营活动所必须面对的正常商业风险，原则上不应认为构成情事变更。[①]

情事变更是由无法预料的经济情事引发，这些经济情事又往往由社会的重大变故引起，因此，情事变更是不可预见的，它不决定于经济规律，而决定于变幻莫测、纷繁复杂的社会经济因素。就此意义而言，导致情事变更的风险是意外风险。[②]

下面我们以 2002—2010 年的钢材价格为例进行分析，见图 1。

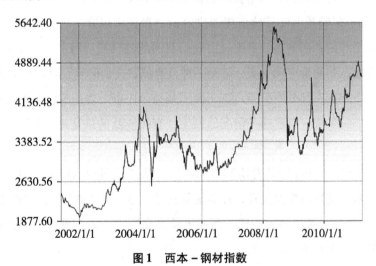

图 1　西本－钢材指数

注：资料取自 http：//www.96369.net/IndicesDiagram.aspx？indicesId＝65。

---

① 王利明：《民法疑难案例研究》，中国法律出版社 2010 年版，第 116 页。
② 张建军：《情事变更与商业风险的比较探讨》，载《甘肃政法学院学报》2004 年第 2 期。

从图 1 反映的钢材价格来看，其价格变动可以区分成两个阶段：第一个阶段是钢材价格围绕着 3000 元上下波动，最低点为 2000 元左右，最高点为 4000 元左右，这一阶段到 2007 年为止；第二个阶段是钢材价格围绕着 4000 元上下波动，最低点为 3000 元左右，最高点为 5600 元。图 1 中我们可以看到钢材价格从 2007 年的 3000 元一路飙升至 2008 年中期的 5600 元，价格涨幅达 90% 左右。而 2007 年至 2008 年这段时间正逢中国社会经济发生剧烈变动，始发于美国的金融危机开始影响我国，中国政府为了应对危机投入 4 万亿元的巨资以刺激中国的经济。国内人工价格不断攀升、国际铁矿石谈判失败、人民币国际升值压力倍增等因素综合作用导致了钢材价格出现了如此剧烈的变动。因此，笔者认为这种价格的变动已经不能正常反映市场的经济规律，是不正常的风险，因而是当事人所不能预料的。台湾地区"最高法院"2006 年度台上字第 917 号判决认为：买卖标的物之价额起伏涨跌，于自由经济市场乃属正常，如超出既往交易经验甚多，则可以认定为交易双方缔约当时所不能预料。①

当然这种剧烈变动构不构成情事变更，还要结合具体的个案，主要是承包商进行招投标报价的时间、合同签订的时间。因为任何承包商的报价都是基于其对以前工程报价（包括同行业其他承包商的报价）的参照，并在此基础上对未来工程施工期间人工、材料价格进行预期。根据图 1，在 2007 年的时候进行投标报价或者签订施工合同的承包商，假定工程工期刚好到 2008 年的五六月份结束（或者其工程中钢筋、水泥的大量使用期刚好是在这一段时间），那么根据其认知水平，特别是对一些民营企业的承包商而言，很难预料到此后钢材、水泥等建材价格的剧烈飙升。故在此情形下，笔者认为已构成情事变更。

5. 继续履行合同对于一方当事人明显不公平或者不能实现合同目的

我国司法解释在规定情事变更原则的时候吸收了大陆法系的情事变更原则和英美法系的合同目的落空制度。在我国法律体系中，因不可抗力导致合同目的不能实现适用《合同法》第九十四条，遭受不可抗力的一方可以解除合同；故仅在因意外事故导致不能实现合同目的场合方可适用情事变更原则。而在施工合同领域，因意外事故导致合同目的不能实现的情形并不多见，更多的是因

---

① 施建辉等编：《工程上的民法问题研究——第一届海峡两岸工程法学研讨会实录与论文集》，东南大学出版社 2010 年版，第 73 页。

情事变更而导致双方在履行合同时产生利益上的显失公平。故本文主要就此点展开论述。

所谓显失公平，系指在客观交易秩序上，任由原有法律效果发生，将有悖于诚信及平衡观念。[①]

情事变更的构成是对于"契约严守"原则的否定，唯应于例外场合予以承认，自然应当要求相应后果的严重程度，即维持原有合同效力（契约严守）在效果上显失公平或者有悖于诚实信用，比如仅仅因为价格的超常涨落，使一方当事人履行合同即遭受"经济废墟"或"生存毁灭"（德国判例创造的概念）的结果，而另一方当事人由此而获得巨额利益，显然不公，也有悖于诚实信用。[②]

显失公平，是在情事变更的情形下继续履行合同所产生的结果，在因情事变更导致物价涨落之情形下，判断是否显失公平关键点在于情事变更是否使义务出现重大变化导致所承担的义务与订立合同时的义务完全不同，而且这种不同往往会造成一方经济上崩溃或破产，而另一方利益没有丝毫的影响。也就是说商业风险的这个"量"要到什么程度才能转化为情事变更中显失公平的"质"，对于这一点我们可以通过分析本文前述引用的几个案例来进行量化分析。

（1）在武汉绕城与中铁二公司一案[③]中，最高人民法院驳回了一审法院的判决，理由有二：一是当事人在合同中对材料上涨已有约定；二是从本案案情看，经一审法院委托鉴定，两公司因材料价格上涨导致的差价损失幅度尚难达到情事变更原则所要消除的当事人之间权利义务显失平衡的严重程度。但是最高人民法院在判决书中并没有明确这一严重程度的标准。根据一审法院委托鉴定部门作出的鉴定结论以鄂交基〔2004〕314号文为依据，计算的工程材料差价为10 370 846.10元，而整个工程双方审定的结算价格为107 041 953元，故整个工程的材料差价占到了工程结算总价的9.7%。

（2）从武汉市煤气公司诉重庆检测仪表厂一案[④]，我们可以看出虽然生产

① 林诚二：《参照情事变更原则之再探讨》，《台湾本土法学杂志》第12期，第75页。

② 韩世远：《履行障碍法的体系》，法律出版社2006年版，第57页。

③ 该案例参考至：北大法律信息网 http://vip.chinalawinfo.com/case/displaycontent.asp？Gid = 117626258&Keyword = 武汉绕城公路建设指挥部与中铁十八局集团第二工程有限公司建设工程施工合同纠纷上诉案，2011年4月14日访问。

④ 最高人民法院应用法学研究所编：《人民法院案例选》总第6辑，人民法院出版社，第110页。

煤气表散件的主要原材料铝锭的价格，由签订合同时国家定价为每吨 4400 元至 4600 元，上调到每吨 16 000 元，涨幅达到了 250%，但铝外壳的价格只是由每套 23.085 元上调到 41 元，涨幅为 77.6%。另外本合同总价款为 4 011 000 元，如按原合同履行的话，重庆检测仪表厂承担因涨价所造成的损失为 100 多万元，占合同总价的 25%。

两个案例情形相同，但最高人民法院判决的结果却完全相反。笔者认为原因有如下几点。

（1）如果在合同中对价格的上涨不予调整有明确的约定，那么其适用情事变更的可能性是否要弱于在合同中没有明确约定的？是否前者有明确的预见性，而后者则没有。

（2）在判断因物价飞涨的情况下，是否应该有一个明确的量化标准。而不是最高人民法院根据自己的主观性来判断。如可以跟行业的平均利润和企业的利润作为参照，并且应区分不同的行业。同时还应当结合事变的原因。

2005—2006 年，因国家的税收政策的变化，特别是直接针对房地产市场的税收调控政策，上海出现了因营业税增加，一些房屋出卖人不愿以原约定价格出售房屋，引发纠纷；或是因房产公司未能按约定办好大产权证致使购房者逾期办理小产权证、多支付一倍办证契税而引发的契税索赔纠纷。于是在司法实践中就产生了是否因税收政策的变化而导致营业税、契税增加而使用情事变更原则的问题。上海法院的观点认为："如果要求在变化了的情事下履行契约，所履行的契约义务是否已经发生了根本变化，仅是费用或成本的上涨尚不足以构成义务的根本改变。英美国家的契约受挫制度中，成本的增加本身并不构成免责的理由，除非成本提高是由于不可预见的意外事件所致，这种意外事件实质性地改变了履行的性质。"[1]

在判断此种情况下是否使用情事变更原则，上海高院的观点是从增加的交易成本占销售利润的比例（出卖者角度）和新增的成本支出比例（购房者角度）来考量的。"以此结果来衡量，尚不至于发生一方利益的严重损害、另一方获利巨大的情况，应该说出卖者义务的履行不导致双方权利义务发生根本性的变化。"[2]

① 茆荣华、洪波：《宏观调控背景下房屋买卖纠纷若干法律问题辨析》，载《法学》2006 年第 9 期。
② 同上。

综上，笔者认为在建设工程施工领域中，判断这种"实质性的改变履行的性质，从根本上导致了双方权利义务的变化"可以承包人因情事变更增加的成本支出与其预期利润的比较为基点。即当人工、材料价格的上涨，使承包人的新增成本支出完全吞噬其预期利润时，可以作为适用情事变更原则的判断依据。而且这里预期利润应当以这个行业的平均利润值为准。

如工程项目因情事变更导致承包人成本上的亏损，则极易引发承包人拖欠工人工资，拖欠材料商货款的情况，从而引起社会的不稳定，导致群体事件的爆发。

以上是物价变动情况下，对现实公平问题的讨论，在非物价变动情况下，即在因不可抗力和意外事件导致合同履行困难（如工期延误、停窝工损失等），从而显失公平上，所存在的争议较少，对这一方面正如前文所述，目前援引情事变更原则来进行索赔的案例不是很多，意识不是很强烈。

（三）施工合同适用情事变更原则的法律效果

1. 实体法上的效果

（1）再交涉义务。所谓"再交涉义务"，是指如果由于情事的变更使合同履行变得格外困难，当事人应当进行磋商以改订合同或者解除合同。①

除了 PECL 规定"再交涉义务"外，2004 年《国际商事合同通则（三）》PICC 第 6.2.3 条对此也作了规定，此外我国"合同法"草案也曾尝试借鉴。

我国《合同法司法解释二》并没有规定"再交涉义务"，即在我国的司法实践中，并不承认这一义务的存在。但我国有学者认为在情事变更原则法理上应当肯定"再交涉义务"的存在。②

笔者认为在施工合同情事变更情形下引入这一"再交涉义务"并无必要，其原因如下：①在工程实务中，如果出现了情事变更的情况，那么遭受不利一方势必在将情事变更的诉请提交法院之前，与另一方展开磋商与谈判，这是毫无疑问的，尤其对于承包商来讲，凡是能与发包方友好协商，甚至在委曲求全的情况下达成协议的就绝不会前往法院递交自己的诉请。因此，"对于'再交

---

① 《欧洲合同法原则》（Principles of European Contract Law，PECL）第 6.111 条第 2 款。
② 韩世远：《履行障碍法的体系》，法律出版社 2006 年版，第 57 页。

涉义务'我们不应要求当事人一定要达成新的合同或者达到某一特定的结果，即不能够将它理解为一种'结果义务'，而只能够理解为'行为义务'，只要当事人符合诚信地再交涉了，即符合要求"。① 这样的理解显然没有丝毫的实际意义，设定"再交涉义务"也实在多此一举。②根据 PECL 第 6：111 条第 2 款的规定，"再交涉义务"的履行是在已经确认情事发生变更的情况下进行的，而确认情事变更的关键是区分商业风险，是否显失公平，因此这个时候法院作出裁判已是顺理成章，水到渠成。③在法院受理当事人的申请，确认是符合情事变更的要件后，再强制性地要求双方再交涉，重新谈判，这种做法出发点固然不错——最大限度地尊重当事人的意思自治，但实效基本没有。因为任何一个在情事变更情形下获利的当事人不在万不得已的时候是绝不会轻易放弃自己的既得利益，况且他还有合同的支持。因此法院在确认符合情事变更原则的要件后，根据公平原则和案件的实际情况进行裁判，更具现实性，相对来讲也更具说服力。

（2）变更或解除合同。因情事变更而导致不能实现合同目的的场合，当事人可以请求法院解除合同，但在施工合同领域，这一情形通常较为少见。一是由于施工合同所涉及的利益群体较多，除非万不得已，轻易解除合同对各方均没有好处，而且可能还会引发一些群体骚乱的事件；二是我国《合同法》第九十四条第一款规定了因不可抗力导致合同目的不能实现的，双方均有权解除合同。这一法定解除权的规定进一步削减了当事人因情事变更请求法院解除合同的领地。

因此，在施工合同领域更多的是当事人因情事变更而请求法院变更合同的情形。此中一个重要的问题是法院的变更以何为参照标准。笔者认为在物价变动场合，应以承包方增加的成本支出与其预期利润的比较为基点，综合考虑一方因情事变更所受损失，他方因情事变更所受利益，同时参照当地建设行政主管部门发布的工程价款的调整文件来进行认定。

2. 程序法上的效果

（1）请求权的主体。

在施工合同实务中，因情事变更而遭受不利益的一方往往是承包方，但也

---

① 韩世远：《履行障碍法的体系》，法律出版社 2006 年版，第 58 页。

不排除是发包方的可能，如因建材价格的急剧下跌等。故施工合同的双方当事人都有权成为情事变更请求权的主体。

（2）情事变更原则有无诉讼时效问题。

考察台湾地区民法，对此问题有肯定说和否定说两种。肯定说认为，情事变更原则的适用既然是增减或变更原有之给付，即以原有之给付为基础进行增减或变更，如果原有之给付即基础部分业已因消灭时效而不得再请求，那么也没有再依情事变更原则请求给付的余地了。也就是说，如果原有之给付即基础部分的时效没有消灭，则依情事变更原则请求给付的时效亦没有消灭。而否定说认为，以情事变更原则，请求增减给付或变更其他原有效果者，应提起形成之诉，由法院以判决形成法律之效果。既然性质上属于形成权而非请求权，则当然没有消灭时效的适用了。此观点有台湾地区"最高法院"1988 年度台上字第 2693 号民事判决，"最高法院"1989 年度台上字第 2555 号民事判决为证。①

笔者较为赞同上述否定说，而我国大陆学者亦有认为法院依当事人的请求作出的变更和接触合同的判决，其性质上应属于形成判决。实质上是由法院基于当事人的请求，以裁判变更基于原合同关系发生的权利义务，因而可以视为对原法律关系的一项形成性干预。②

三、结语

建设工程施工领域是一个发包人强势而承包商相对弱势的领域，情事变更原则在《合同法司法解释二》中的规定，给承包商在合同履行的过程中维护自身合法权益提供了一条难得的路径，但要走通这条路径，在当前的司法审判实践中无疑还有很多工作要做。希望本文的探讨能有益于此。

---

① 台湾寰瀛法律事务所、古嘉谆、刘志鹏主编：《工程法律事务研析（一）》元照出版社 2005 年 9 月第 2 版，第 185 页。
② 韩世远：《履行障碍法的体系》，法律出版社 2006 年版，第 61 页。

业主指定发包的规范与操作

曲笑飞

一、问题的提出

是否应将指定分包明确列为"违法发包"情形之一？是否应借鉴司法实践中的主流观点及操作惯例进一步明确规定指定分包的法律后果？在《建筑工程施工转包违法分包等违法行为认定查处管理办法（试行)》（建市〔2014〕118号，以下简称《施工违法行为管理办法》）的草拟、审定过程中，曾经是一个引发广泛争议的热点问题。

依照《施工违法行为管理办法》第四条的规定，所谓"违法发包"，是指建设单位将工程发包给不具有相应资质条件的单位或个人，或者肢解发包等违反法律法规规定的行为。该管理办法第五条中将"建设单位违反施工合同约定，通过各种形式要求承包单位选择其指定分包单位的"列为违法发包情形之一。但是，之前在中华全国律师协会建设工程与房地产专业委员会内部征求意见的《关于建设工程违法发包、转包、违法分包及借用资质等违法行为的认定办法》（讨论稿）中，对于指定分包有着不同的定义，按照其中第十一条第（七）项规定，"建设单位未经承包单位同意，违反施工合同关于工程分包范围的约定，通过各种形式强制指定承包单位选择分包单位的"，是违法分包的一种情形；另外，讨论稿第十二条中进一步规定，"发包人直接指定分包人分包专业工程造成建设工程质量缺陷的，应当承担过错责任，承包人对建设工程质量缺陷有过错的，应当承担相应的过错责任。有证据证明承包人分包工程是发包人在招标发包工程时就指定的，或者分包工程在承包人的承包范围内，而发包人未经承包人同意擅自指定分包的，为发包人擅自指定分包工程。发包人擅自指定分包工程，应当承担本办法规定的发包人违法发包的相应责任。"目前，尽管《施工违法行为管理办法》已由中华人民共和国住房和城乡建设部于2014年8月4日正式颁布，但"规则不会永远停留在纸面上"，可以预见，在现在及将来实施过程中，关于指定分包的定义、法律后果及责任等看似已经有了定论的问题，必定还会面临着语义的变迁、合法性评价的不确定、与其他类似行为之间边界的模糊等不可避免的挑战，而工程实践中层出不穷的新问题也会对既定的规则带来新的审视角度，因此，围绕着指定分包的各种争议仍会持续下去。

二、指定分包的由来

所谓指定分包商，1988年第四版FIDIC合同条件（红皮书）第五十九条对指定分包商的定义为："由业主或工程师指定、选定或批准的进行与合同中所列暂定金额有关的任何工程的施工或任何货物、材料、工程设备或服务的提供的所有专业人员、商人、零售商及其他人员，以及根据合同规定，在从事这些工作的实施或货物、材料、工程设备或服务的提供过程中的一切有关人员，均应视为承包商的雇佣的分包商。"[①] 结合中国工程实践可以认为，指定分包是指由业主和工程师挑选或指定的进行与项目实施、货物采购等工作有关的分包商，这种指定可以在招标文件中指定，或给出一些可供选择的分包商名单，总承包商要从这些名单中选择某些专业或某部分工作的分包商，也可以在项目开工后由业主或工程师指定分包商。[②]

通常认为，指定分包（nominated subcontract）是起源于英国的一项制度。[③]从广义上来讲，这一做法还包括材料或设备的指定供应（nominated supply），与这一制度相对应的就是指定分包商。英国JCT合同条件和FIDIC合同条件的新旧版都有关于指定分包商的定义和有关的合同程序。不同的工程合同可能对

---

① 国际咨询工程师联合会（FIDIC）：《土木工程施工合同条件应用指南》，航空工业出版社1991年版，第82页。

② 何伯森：《国际工程承包》，中国建筑工业出版社2007年第2版，第240页。

③ 宿辉，丁晓欣，何佰洲：《指定分包与我国法律制度适应性研究》，载《项目管理技术》2011年1月。

于指定分包商的规定会有所差别，同时在工程实际中也存在很多和指定分包比较类似的概念，需要注意区分。如英国 JCT 合同将指定分包商和指定供货商分别定义，并且将指定供货商与成本（prime cost）的定义结合起来，可能更加符合工程实践。FIDIC 合同将业主或工程师指定进行施工及提供货物、材料、设备或服务的分包商或供应商统称为指定分包商。① 一般来讲，对于大型复杂工程，承包商都要在工程师的同意下雇用分包商以分包出去一些工作。但对于工程中的一些属于特别专业的关键部位或永久设备，业主希望让一个有经验、有专长、自己熟悉和信赖的专业公司来承揽，以确保工程质量以及业主的其他特殊要求。基于这一原因，在国际工程中出现了指定分包商这一角色。② 指定分包商和承包商签订分包合同，在合同关系和管理关系中与一般分包商处于同等地位，承包商负责分包合同的管理与协调，业主只向承包商支付服务费用。指定分包商的工作内容属于合同中所列的暂定金额（类似于我国工程量清单规范中为"暂估价"）有关的部分工程的施工，货物、材料、工程设备的采购，设计，提供技术服务等。③

从工程管理实践看，指定分包的范围一般包括：①专业性较强的项目。对于一些专业性较强的项目，总包单位一般无法自行完成，业主可直接发包，选定承包商，比如智能化系统、配电工程、消防工程等；②直接影响建筑物使用功能、建筑风格和形象、建筑品质和水准的项目，比如二次装修；③一些特种设备的采购和安装工程，如电梯、空调系统等。指定分包作为业主的一项权利在国际市场上已经广泛存在，客观上看它的存在有其合理性，主要可以归结为以下几个方面：首先，业主可以强力控制分包工程的质量；其次，专业工程提前确定承包商，可以在深化设计阶段提高设计的质量，也可节约时间；再次，控制工程造价。业主通过直接选定分包商从而控制总造价；最后，更重要的可能在于，缩短招标的时间和周期、提高效率。④

由于指定分包具有"业主选择、承包商管理"的特征，使之与承包商分

---

① 牛永宏、于东温：《国际工程合同管理程序指南》，中国建筑工业出版社 2010 年版。

② 张水波、何伯森：《FIDIC 新版合同条件导读与解析》，中国建筑工业出版社 2003 年版。

③ 吴学伟、任宏：《指定分包在国内实施的法律空白》，载《工程经济》2010 年第 2 期。

④ I. N. Duncan wallance：Hudson's Building and Engineering Contracts, Sweet and Maxwell1994, P1305.

包、业主平行发包之间必然存在一些本质区别，主要包括以下方面：①对分包单位的选择权不同。指定分包的分包单位由业主选择，承包单位有反对权，承包商发包的分包单位由承包商选择，但是需要经过承包商的认可；而业主平行发包的分包单位由业主自主选择。②分包人的工作内容不同。指定分包的工作范围由业主决定，此部分往往不包括在承包商的工作范围内；承包商发包的工作内容为承包合同中承包商承担的承包工程的一部分；业主平行发包的工作内容与承包商的工作内容无关。③分包工作内容的工程款支付方式不同。指定分包的工程款支付应从暂列金额中支付；承包商发包的工程款支付从相应的工程量清单的工程额中扣除，由承包商进行支付；业主平行发包的工程款则由业主按照工程量清单中的工作内容进行支付。④违约责任的承担主体不同。在指定分包中，不是由于承包方原因引起的任何违约行为给业主或者第三方造成损害的，由指定分包商承担，同时业主需要对指定分包行为负责；承包商分包中承包商与分包商就分包工程对业主承担连带责任；在平行发包中，分包商就分包工程对业主承担责任。①

三、指定分包在中国法律体系中的定位

（一）明确的禁止性规定仅停留在行政规章层级上

2003 年 3 月 8 日由国家发展计划委员会、建设部、铁道部、交通部、信息产业部、水利部、民用航空总局联合发布的《工程建设项目施工招标投标办法》第六十六条规定："招标人不得直接指定分包人。"另外，原建设部于 2004 年 2 月 3 日发布的《房屋建筑和市政基础设施工程施工分包管理办法》的第七条规定："建设单位不得直接指定分包工程承包人。任何单位和个人不得对依法实施的分包活动进行干预。"但值得注意的是，该管理办法并没有对业主违反规定强行指定分包规定具体的处罚措施。

（二）现行法中并无明确的禁止性规定

《招标投标法》第二十条规定："招标文件不得要求或标明特定的生产供应者。"《建筑法》第二十五条规定："按照合同约定，建筑材料、建筑构配件和

---

① 杨明阳：《国际工程中的分包与指定分包》，载《建设监理》2011 年第 3 期。

设备由工程承包单位采购的，发包单位不得指定承包单位购入用于工程的建筑材料、建筑构配件和设备或者指定生产厂、供应商。"然而，指定分包供应的材料、设备，已经在招标文件中指明，并不属于承包商范围。因此，如果存在指定分包，指定分包的内容不属于由工程承包单位采购范围，属于事先在招标文件中明确的，并未违反《招标投标法》及《建筑法》的上述规定。

（三）司法解释变相认可了指定分包的法律效力

2004 年 9 月 29 日，由最高人民法院颁布实施的《最高人民法院关于审理建设工程施工合同纠纷案件使用法律问题的解释》第十二条规定："发包人具有下列情形之一，造成建设工程质量缺陷，应当承担过错责任：……（三）直接指定分包人分包专业工程。承包人有过错的，也应承担相应的过错责任。"此处，最高人民法院司法解释回避了指定分包合法与否的问题，但结合该司法解释的其他规定来看，指定分包并非导致建设工程分包合同或建设工程施工合同无效的法定理由之一。根据《合同法》第五十二条的规定，认定合同无效必须以全国人民代表大会及其常委会制定的法律和国务院规定的行政法规为依据，而不得以地方性法规、行政规章为依据。因此，在司法实践中司法机关对于指定分包合同判定无效的极为罕见，而只是要求发包人为此承担建设工程质量责任而已。

（四）《建设工程工程量清单计价规范》为指定分包预留了实施的空间

值得注意的是，2008 年 7 月 9 日由住房和城乡建设部发布的《建设工程工程量清单计价规范》（GB50500—2008）（以下简称"08 规范"）中，在"其他项目清单"中对于投标人部分设置有"暂估价"与"总承包服务费"两项。第 2.07 条中定义暂估价为"招标人在工程量清单中提供的用于支付必然发生但暂时不能确定价格的材料的单价以及专业工程的金额"，"暂估价"为新增术语，是在招标阶段预见肯定要发生，只是因为标准不明确或者需要由专业承包人完成，暂时又无法确定具体价格时采用的一种价格形式。采用这一种价格形式，既与国家发展改革委、财政部、建设部等九部委第 56 号令（《〈标准施工招标资格预审文件〉和〈标准施工招标文件〉试行规定》）发布的施工合同通用条款中的定义一致，同时又对施工招标阶段中一些无法确定价格的材料（设备）或专业工程分包提出了具有操作性的解决办法。

四、工程实践中指定分包的各种乱象

正是由于国内法律、法规对指定分包缺乏相应系统的规定，并且从建设部规章的层面是明令禁止指定分包，因此，对于指定分包情形下承包商应该享有什么权限以及与此相应的应承担多大责任，均无相关规定。因此，在中国建设工程实际运作中，指定分包几乎完全失去了其在 FIDIC 合同条件下应有的含义。中国业主们既要指定分包商，剥夺总包商分包选择权利，又要独揽指定分包管理权，剥夺总包商对指定分包商的管理权，最为明显的就是业主直接选择、直接支付，其实质是名为指定，实为另行发包。业主之所以热衷于此，其原因在于指定分包和另行发包情形下承包商与业主对分包工程质量及工期承担的责任存在巨大差异。如前文所述，指定分包情形下，承包商对指定分包工程承担总包商应承担的连带责任，如业主存在过错则承担过错责任；而另行发包情形下，承包商对另行发包工程不承担任何责任。结合笔者接触到工程实践的有限经验及相关的文献资料，我国指定分包所存在的问题主要体现在以下几个方面。

（一）合同签订主体混乱

在实践中，主要有 3 种情况：发包方与分包方签订合同；发包方、总承包商和指定分包商签订三方协议；承包商受业主的委托与指定分包商签订合同。签订主体混乱导致三方的权利、义务混乱，并且一旦出现问题容易出现相互指责与扯皮的现象，无法分清三方的责任。在这种情况下，最容易受到牺牲的就是承包商的权利，在缺少对承包商法律保护机制的规定下，由于发包人在建筑市场上的强势地位，很难实现在 FIDIC 合同中规定的对缺乏履约能力的指定分包商的反对的权利，被动地接受发包方指定的分包商，被"强迫进入一种不能保护自身权益的分包合同"。① 在我国发包方既要指定分包方，剥夺承包方选择分包方的权利，又要掌管对分包方的管理权，其实质是名为指定发包实为平行发包。

（二）总承包管理乏力

在实践中，总承包商拥有对施工现场的完全占有权，负责整个施工现场的

---

① 王曼：《论我国指定分包之法律规制——以 FIDIC 合同条件为视角》，载《法律经纬》2011年第 6 期。

管理与协调。由于指定分包商是由发包方指定的且关系错综复杂，实践中承包商权威缺失，经常出现管而不听的现象，承包方的管理难度加大，概括起来有七难：关系协调难、按时进场难、供货验收难、进度控制难、质量管理难、文明施工难、成品保护难①，在一些问题上指定分包商往往绕过承包商直接与业主进行沟通，使承包商位于被动尴尬的局面。

（三）工程款支付问题

在指定分包模式中，对指定分包商的工程款支付是最易引起纠纷的问题。指定分包合同与承包商发包合同相比，属于比较特殊、复杂的情形，其指定分包商的选择及价格是由业主掌握的，指定分包商虽然名义上是与承包商签订合同，但是与之有实际的权利义务关系却是业主，承包商实际上承担的工程管理公司的责任。常见的纠纷有总承包商的破产、业主延期支付、支付条款的变更、承包商的支付延期等，且出现的纠纷与工程款支付的方式联系较为紧密。对指定分包商的付款可以由业主直接支付或者由总承包商支付，在实际中大多总承包商在合同中约定"背靠背"（pay when paid）付款方式，但是这种付款方式带来了一定的法律风险。

（四）滋生腐败问题

业主选择指定分包模式本意是加强对建设项目的控制力与掌握主动权。业主在选择分包商时，可能优先考虑与自己有过长期合作并取得良好效果的分包商，但是在实践中由于某些建设方人员的专业素质还不高，廉政建设制度不完善，一些业主可能会打着指定分包的幌子，为了维护本系统、本单位甚至是个人的利益，限制招标而找关系户进行分包。由于分包方的命运掌握在业主的手中，分包方为了承揽到工程往往不择手段，这就包括贿赂一系列的腐败现象。

五、指定分包制度的适应性改造

由于指定分包行为在客观上有其自身的合理性，不宜不分情形一律禁止。

---

① 彭爱平：《甲指分包管理难上加难》，载《施工企业管理》2009 年第 9 期。

在《建筑法》《招标投标法》尚无明确禁止但行政规章明令禁止的情况下，可以考虑通过对指定分包进行恰当的适应性改造，以满足实践的合理需要。①

第一，《合同法》提供了比较充分的合法性来源。《合同法》第四百零二条规定："受托人以自己的名义，在委托人授权范围内与第三人订立合同，第三人在订立合同时知道受托人与委托人之间的代理关系的，该合同直接约束委托人和第三人，但有确切证据证明该合同只约束受托人和第三人的除外。"第四百零七条规定："受托人处理委托事务时，因不可归责于自己的事由受到损失的，可以向委托人要求赔偿损失。"笔者认为，不妨将指定分包看作业主委托承包商管理、承包商收取总包管理服务费的行为。

第二，探究合同当事人的真实意思表示。我国法律认定合同效力的一个重要标准，是合同是否违反了法律、行政法规的强制性规定。在上述所述规章、规范层面的障碍中，除在《招标投标法》中对指定供应有明确的禁止性规定外，对于指定分包商的做法并没有在法律层面上进行阐释，建筑法中关于发包人不得指定供应商的情形是建立在合同已经明确约定由承包人自行采购的基础上的。因此，在界定此类分包合同时就要探究合同当事人对工程进行指定分包时真实的意思表示了。如果发包人是为了将工程项目肢解发包或者为逃避法定招标而要求承包人接受其指定的分包人，则该指定分包行为应确定为"违法发包"；如果发包人利用了其在建筑市场中的优势地位强迫承包人与指定分包商订立分包合同，则需要分析该分包合同是否存有胁迫、显失公平等不能表达承包人真实意思的情形，以确定合同是否属于可变更或予以撤销的情况。所以，在规范的指定分包合同条件中，一般都应当加入业主及指定分包商关于免除总承包商责任的条款，而且总承包商对于指定分包商的选择还应具有提出反对的权利。②

第三，准确把握指定分包的时间节点。分析各类标准施工合同条件，实现

---

① 杨泽学、周显峰、叶万和：《我国工程总分包管理制度的若干缺陷及完善建议》，载《建筑经济》2007 年第 7 期。

② 例如，1999 年第 1 版 FIDIC5 施工合同条件就明确提出基于以下情形，承包商可以反对指定分包：有理由相信该分包商能力不足、资源不足或财力不足；①分包合同没有明确约定，如果该分包商一方渎职或误用材料，其将保障承包商不会因此而招致损失；②分包合同中没有明确约定，分包商向承包商保证，如果分包的工作出了问题，承包商将为之承担一切责任，以及没有履行此类责任的后果责任。

指定分包一般有 5 种途径：①在招标文件及其随后的合同文件中直接指定；②在招标文件中以基本成本项目的方式列出指定分包或指定供应项目；③通过业主咨询顾问开支有关暂定金额的指示；④通过发布变更令；⑤业主与承包人达成协议。那么，在我国目前法律体系中如果需要在招标阶段指定分包，则要么在招标文件中说明该指定是"推荐性"的而并非"强制性"的，要么允许投标人对该指定承包提出反对意见，否则将影响该招标条件乃至中标结果的有效性。如果在项目实施阶段通过下达变更命令或者签订补充协议的方式进行指定，则应说明该指定分包的工作范围不包含在承包范围内，或者同意给予承包人经济上的补偿，使得各方能够为实现项目目标而达成一致意见。

第四，正确处理指定分包的程序和计价。为体现承包人在指定分包工作中的权益，工程实践中在指定分包程序上往往是采取发包人与承包人联合招标的方式进行的。但是这种"共同招标"的组织存在操作性较差的缺陷。因为招标人和总承包中标人是不同的利益主体，具有狭义层面上相互对立的经济目标，因此对于达到强制招标规模的暂估价项目，不宜由业主与总承包人共同作为招标方，从评标方法和中标条件的角度，招标人更加倾向于选择质优的材料或实力较强的专业承包人；而总承包商在产品或专业资质能够满足项目要求的情况下，显然更加关注所提供产品或专业服务的价格因素。

六、总包单位在签订指定分包合同时的几个注意事项

（一）总包合同中应明确总承包人对业主指定分包的反对权

承包商要对指定分包商进行管理与协调，对指定分包工程的质量、工期等负责，所以当承包商有理由认为业主指定的分包商不足以完成所承包的工程时应当拒绝业主的指定。对指定分包的反对建议引入 FIDIC 中相关条款的规定。

（1）承包商有理由相信指定分包商能力不足、财力不足或资源不足。

（2）分包合同没有明确约定，如果因指定分包商的原因造成损失，其将保障承包商的利益。

（3）分包商未在分包合同中向承包商保证，如果分包工作出了问题，分包商将为之承担一切责任，以及没有履行此类责任的后果责任。

（二）总包合同中应明确界定业主指定分包的范围

在分包合同中，由于各分包工程工作范围不清晰而引发的争执是一种常见的情况。在大型工程项目中，往往有许多分包工程（可以是业主的平行分包或是承包商的分包），各个分包工程的界面要明确清晰，否则会出现各承包商之间互相推诿扯皮的现象，最终导致业主失去对项目的投资和进度的掌控。在指定分包中的工作范围的界定，一般来说，对于合同中的永久性工程，因为有相应的图纸、规范要求，一次比较容易界定。但是对于支持性和临时性的工作，一般不会在工程图纸中反映出来，甚至在清单中也很难反映，更多的是在工程量清单中的导言、规范或特殊条款中以语言形式来描述，因此容易被忽略或产生歧义。因此在签订承包合同时，业主与承包商应该仔细查看相关合同规定，结合工程实际，仔细分析，划清双方的责任。由于和承包商发包的情况不同，指定分包的工作范围需要在和业主签订合同之前界定清楚，所以承包商应在投标时就需要对指定分包的工作范围仔细研究，对于不清晰的地方应及时向业主澄清。通常，对于承包商承担的对指定分包的协调、管理及土建配合工作等责任，一般不会存在合同工作范围不清楚的情况，通常争议也不大。但对于承包商所提供的支持性工作和临时工程是最容易出现争议的部分，主要包括以下几方面。

（1）保险，承包商所提供的保险应涵盖指定分包商所执行的暂估价部分；指定分包商应自行处理自有设备险、工伤险等。

（2）现场大型施工设备的使用，如塔吊、货梯等应该由承包商提供并与指定分包商共同使用。

（3）搭设脚手架，这是很容易引起争议的部分，一般来说，承包商应该提供现场已有脚手架，而指定分包商的专用脚手架需要自行搭设；比如，玻璃幕墙以及机电，都需要在特定的地方和特定的时间搭设脚手架，如果承包商也需要为自己的工作范围提供脚手架，那么在其执行自己的工作范围的同时或者之后的一定合理的时间内，指定分包商可以使用这些已有的脚手架完成自己的工作；而对于电梯，承包商不需要在电梯井内实施任何工作，但电梯的分包工作必须要脚手架才能完成安装，类似这样的需求，就需要在承包商的投标过程中和指定分包合同签订的过程中予以澄清。

（4）临时用水、用电、照明，应由承包商负责在特定的地点提供二级电箱及供水阀门，如每个楼层，由指定分包商负责自行连接到自己的工作地点。

（5）办公室、卫生间及办公设备在承包合同或指定分包合同中进行规定，或者由承包商提供，或者由承包商提供场地由指定分包商自行搭设；办公设备应由指定分包商自行提供。

（6）仓库或者由承包商提供，或者由承包商提供场地由指定分包商自行搭设；但随后的仓库管理及看护应由指定分包商提供；对于指定分包的材料卸货承包商应提供协助，如塔吊及信号工，但是材料的堆场、运输、二次搬运等应由指定分包商负责。

（7）成品保护、最终清理应由指定分包商承担；垃圾清理，一般应由指定分包商将垃圾清理到工地内的指定地点，然后由承包商负责清理出场。

我们认为，对于指定分包中可能遇到的各种责任范围模糊的工作，在进行工作范围界定时，应该本着方便合理的原则来明确划分，即由成本最小的一方承担相应的工作。

（三）指定分包合同的签订要点

指定分包合同是承包商受业主的指示与指定分包商签订的合同，但是指定分包商是由业主选定的。由于业主选定的原因，决定了业主与指定分包商之间有着千丝万缕的联系。当业主与指定分包商谈判时，为了降低价格等原因经常可能在合同条款等细节问题上作出让步，而这种做法很可能造成与总承包合同规定的偏差，为了防止此类偏差转化为承包商的风险，承包商在签订指定分包合同之前有必要对一些细节问题进行澄清。常见的细节有保函格式、付款方式、保留金额度及期限、工程变更、技术方案、工期、误期赔偿等。

（1）保函格式指定分包商的保函格式必须与承包合同一致，其保函必须开具给承包商，有效期与主合同保函一致。

（2）付款方式、保留金额度及期限必须与主合同一致，且必须在收到业主对承包商的付款或者保留金后的一定合理期限内，承包商再支付给指定分包商。

（3）工程变更必须在得到业主的批复后，承包商再对指定分包商予以确认。

（4）技术方案必须符合承包商的施工要求。

（5）工期必须符合主合同的工期要求，如果指定分包合同不能满足主合同的开工及竣工要求，承包商在签约前必须得到业主的书面确认对主合同的工期延长。

（6）误期赔偿尽可能与主合同对等。

（四）指定分包商的工期及延误责任

通常在工程总承包合同中都会要求总承包商在接到中标通知书或开工后的一定时间内，提交项目的总进度计划，此进度计划是工程项目的基准计划，将作为业主跟踪承包商进度和承包商进行工期索赔的基础。指定分包的确定和其工作的实施过程中，对承包商的工期延误主要有业主的指定延误、指定分包商在实施工程中的延误两个方面。在基准计划的指定过程中，指定分包计划是一个主要的组成部分。首先，承包商要以里程碑的形式尽早地放入总计划中。其次，还要把指定分包商的具体工作细化，尤其是影响其他相关工作的工序详细地列入计划，并将逻辑关系理顺，同时为后续工作预留充分的时间。例如，屋面钢结构必须在完成之后，才能拆除塔吊，玻璃幕墙才能得到封闭；幕墙系统必须完成才能进行内装修和调试。这项工作细致又复杂，对计划人员的工程经验与索赔经验提出了很高的要求。进度计划人员必须对此应有全面而清楚的认识，在制订基准计划的时候对指定分包商的工期予以充分的考虑。在签订指定分包合同前，必须让指定分包商明确了解项目的进度情况，是否对指定分包商的工作有影响，比如，机电工程，是否已经按照要求预留了洞口及安装了套管，玻璃幕墙是否已经在混凝土中预埋了预埋件，所有这些都应该在签约时确定好，避免事后纠纷。

由于指定分包为业主指定，但是合同是由承包商签订，承包商要承担相应的责任，所以，总承包合同的规定与指定分包合同的规定必须对等，否则会给承包商带来意外的风险。在各种合同问题中，误期赔偿是一个比较重要的问题。在指定分包合同中为了实现合理承担风险，对误期赔偿的规定通常可以采用以下3种方法。

（1）在合同额较大的或者其可能与主合同一起误期的指定分包合同谈判中，尽量让指定分包商同意，如果由其单方面引起工期误期，那么其自身需要承担所有的主合同下业主对承包商的全额误期赔偿；如果工期延误是由多方面原因造成的，那么主合同下的误期补偿将由几方合理分担。

（2）若指定分包商不同意第一种方法，或者指定分包合同额较小，则应尽可能让业主同意，一旦由指定分包引起工程工期延误，业主的承包商的罚款额度不能超过承包商对指定分包商的误期赔偿额度。

（3）业主在承包合同中同意对于由指定分包引起的工期延误给予承包商工期延长。

第一种方法确保了承包商对承包合同的责任和义务的传递，第二种方法则由业主承担了部分指定分包商误期的风险，第三种方法则由业主完全承担了指定分包延误的风险。由于业主与承包商签订的合同中关于指定分包的规定比较粗略，所以在承包商与指定分包商签订合同时，就要特别注意，同时也应尽量使得分包合同的风险公平分配。此外，如果在一些关键条款上达不成一致意见，还可以成为承包商反对指定的理由，如关于误期赔偿的规定，就是指定分包合同中非常关键的一点。

（五）指定分包的付款

通常情况下，指定分包商的付款根据付款的流程、指定分包商履约保函的接收者可以分为以下 4 种情况。

第一种情况为业主将对指定分包商的付款支付给承包商，然后由承包商对指定分包商进行支付，指定分包商就指定分包工程向承包商提交履约保函，承包商向业主提交履约保函（包括指定分包工程）。这种付款方式，承包商可以很好地对指定分包商进行管理，承包商承担的风险较小，此种付款方式也是指定分包常规的付款流程。

第二种情况是付款方式，可以理解为可控的指定分包付款流程。在实际施工中，经常会出现不同的情况，如指定分包对总承包商不熟悉，因而对其不信任，可能会提出由业主直接付款，而业主为了确保分包能够不被拖延付款从而耽搁工程进度，也愿意采取这种付款方式。这种付款方式，无疑会降低承包商对指定分包的控制力度，但是承包商考虑到合作因素，可能也会同意这种付款方式，但是承包商应要求业主给指定分包的付款必须经过承包商的确认和同意，同时指定分包商的履约保函应该提交给承包商，以便确保其对指定分包商的控制。

第三种情况可称为存在风险的付款流程。这种情况下，指定分包的工程款由业主直接支付给指定分包商，并且不需要承包商的确认和同意，即便指定分包的履约保函是提交给承包商的，承包商对指定分包的控制力度也会很弱，执行过程中承包商的风险将会非常大，这种情况一般也不符合承包商与业主的总承包合同的规定。

第四种情况就是指定分包的履约保函是直接提交给业主的，并且付款不需要经过承包商的确认和同意，这种情况下，承包商完全失去了对指定分包商的控制力，其实质类似于业主的直接分包的方式，承包商是一定不能接受这样的指定分包付款流程的。

以上为在指定分包付款中常见的 4 种类型，承包商承担的风险随着其对指定分包商控制力的减弱而增加。指定分包商在第一种情况下要承担承包商拖延付款的情况，但是在发生承包商无故拖延指定分包商工程款的情况时，业主可以在下次付款周期时从承包商的工程款中扣除上期承包商拖延支付的工程款，直接支付给指定分包商。值得注意的是，此处所讨论的付款方式是针对付款的流程，不代表付款的先后时间，即在第一种付款方式下，所有的工程款都必须经承包商之手，但是不代表承包商可以以业主未支付为理由，拖欠指定分包商的工程款。从承包商的角度看似应该采用第一种付款方式对其最为有利，但是在实际使用中会遇到诸多障碍，给指定分包合同的付款管理带来不便。

在签订指定分包合同之前，必须将以上提到的注意事项、支持性工作内容澄清并得到三方的确认后，再签订正式的合同，而不能在承包商简单地收到业主的指令后就简单地与指定分包商确立合同关系后，再去谈判具体的合同条件，这种做法易引起合同争议，并导致签约的失败。指定分包合同谈判要以承包合同为基础，且在签约时必须让指定分包商明确地了解项目的进度情况。

七、结语

引入指定分包和指定供应的做法，根据我国现行的法律法规并结合国际上的习惯做法对指定分包进行恰当的重新定位，可以为实现业主的需求、满足实践的需要提供比较好的途径，从而能够在现行法律法规的框架下，以疏导为主堵漏为辅的方式规范发包行为，方可更好地维护发包、承包双方的利益。

建设工程代建模式中的工程款支付主体认定

——基于 15 个典型案例的分析

———

曲笑飞

所谓"代建模式",根据 2003 年 12 月 31 日国务院常务会议通过的《国务院投资体制改革方案》中的规定,是指"非经营性政府投资项目通过招标等方式,选择专业化的项目管理单位负责建设实施,严格控制项目建设、质量、工期,建成后移交给使用单位"的一种工程管理模式。实施代建制度的主要目的是以代建单位的管理代替行政管理,从而克服政府投资工程中管理机构臃肿、专业化程度低、腐败滋生、超概算、超规模、超工期等弊端。代建制从 21 世纪初开始在全国各地全面试点,虽然各地的具体做法不尽一致,但普遍均取得了良好的效果。

关于建设工程代建模式中的工程款支付主体,实践中因委托代建关系与建设工程承发包关系之间的纠缠,以及合同约定付款主体与实际付款主体之间的错位,造成司法中的认定规则难以统一,主要涉及以下几个问题。

(1)代建的"代"能否理解为代理的"代"?从而,依照《民法通则》第六十三条的规定,"代理人在代理权限内,以被代理人的名义实施民事法律行为。被代理人对代理人的代理行为,承担民事责任"?

(2)委托代建法律关系是否属于民事委托关系?从而,依照《合同法》第四百零二条的规定,"受托人以自己的名义,在委托人的授权范围内与第三人订立的合同,第三人在订立合同时知道受托人与委托人之间的代理关系的,该合同直接约束委托人和第三人"?

（3）委托代建作为政府投资体制改革中的一项具体制度，有其特殊的制度背景与运行机制，是否本不应视为民事法律关系来处理？

（4）对于一些名为"总承包"实为"代建"，或名为"代建"实系其他法律关系的情况，如何揭开面纱根据真实法律关系来认定付款主体？

为寻找上述问题的答案，我们先从案例数据的搜集与整理开始。

一、关于本文案例样本的来源及数据分析

通过"中国裁判文书网""无讼案例"等信息平台，对最高人民法院、全国各地中高院以及杭州地区各级法院审结的建设工程合同纠纷案件，以"代建" + "支付主体"作为关键词进行搜索，共得到345个判决结果。其中包括最高人民法院6个案例，高级人民法院84个案例，中级人民法院242个案例以及杭州地区基层法院13个案例。通过对该些案例的逐一筛选，剔除一、二审中的一审判决，法院归纳的争议焦点涉及"代建制"工程款支付主体问题的案例共15个，在总体研究样本中占比约4%。（见图1）

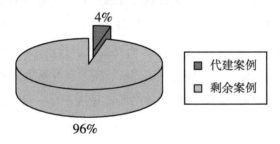

图1 代建案例所占比例

（一）涉诉主体

1. 原告：原告为承包人的案例11个，原告为实际施工人的案例4个。

2. 被告：以代建单位及业主（或使用人）为共同被告的案例8个，单独以代建单位为被告的案例4个，单独以业主（或使用人）为被告的案例3个。

3. 第三人：承包人为第三人的案例1个，代建单位为第三人的案例1个，业主为第三人的案例1个。（见图2）

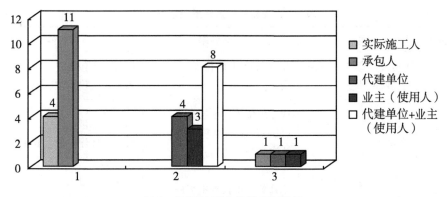

图2　不同涉诉主体的案例数量

（二）法院分布及责任承担认定

1. 法院分布情况

高级法院判决案例5个，中级人民法院判决案例7个，杭州地区基层法院判决案例3个。

2. 工程款支付责任的认定

认定业主与代建单位承担工程款支付连带责任的案例2个，认定代建单位单独承担工程款支付责任的案例7个（包含前述2个案例），认定业主单独承担责任的案例4个，认定业主（使用人）及代建单位均不承担责任的案例2个。（见图3）

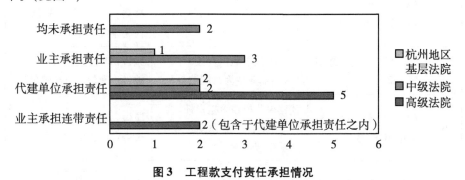

图3　工程款支付责任承担情况

以上数据可详见下表。

表1　工程款支付责任承担情况详表

序号	案号	审理结果	涉诉主体
1	（2014）粤高法民终字第18号	业主与代建单位承担连带责任	原告：承包人 被告：代建单位、业主
2	（2014）赣民一终字第85号	代建单位单独承担责任（法院认定为总包合同，未认定为委托代建）	原告：承包人 被告：代建单位、业主
3	（2014）苏民终字第00419号	代建单位单独承担责任	原告：承包人 被告：代建单位、业主
4	（2015）琼民再终字第1号	业主与代建单位承担连带责任	原告：实际施工人 被告：代建单位、业主 第三人：承包人
5	（2015）冀民一终字第240号	代建单位单独承担责任	原告：承包人 被告：业主 第三人：代建单位
6	（2013）黔南民终字第400号	业主单独承担责任	原告：承包人 被告：业主（使用人）
7	（2013）莆民终字第1502号	代建单位单独承担责任	原告：承包人 被告：代建单位
8	（2013）渝一中法民终字第03677号	业主在欠付工程款范围内单独承担责任，代建单位不承担责任	原告：实际施工人 被告：分包人、承包人、代建单位、业主
9	（2015）东民一终字第122号	代建单位不承担责任（未追加业主为共同被告）	原告：实际施工人 被告：承包人、代建单位
10	（2015）深中法房终字第1004号	代建单位单独承担责任（根据不告不理原则，业主不承担连带责任）	原告：承包人 被告：代建单位、业主
11	（2015）苏中民终字第01739号	使用人不承担责任（代建单位未被列为被告）	原告：实际施工人 被告：分包人、承包人、使用人
12	（2015）浙温民终字第2507号	业主单独承担责任	原告：承包人 被告：代建单位、业主

序号	案号	审理结果	涉诉主体
13	(2014) 杭上民初字第 90 号	业主单独承担责任	原告：承包人 被告：代建单位、业主
14	(2014) 杭余良民初字第 260 号	代建单位单独承担责任	原告：承包人 被告：代建单位
15	(2014) 杭西民初字第 1372 号	代建单位单独承担责任	原告：承包人 被告：代建单位 第三人：业主

二、在认定代建属于"民事委托代理关系"的前提下，工程款支付义务应由谁承担

（一）认定业主单独承担工程款支付义务的情况

裁判观点 1：施工合同中明确约定业主付款的，且施工中工程款亦由业主实际支付的，代建人不承担工程款支付义务。

在"杭州永通高速公路安全设施工程有限公司与杭州市城市基础设施开发总公司、杭州市西湖区道路综合整治指挥部建设工程施工合同纠纷案"① 中，委托代建合同由业主（委托人）与代建人双方签订，施工合同由代建人（发包人）与承包人签订，但约定工程款直接由业主（委托人）向承包人支付。承包人起诉要求业主与代建单位共同承担支付工程款义务。

法院认为，代建人与原告订立建设工程施工合同未超出委托人的授权范围，且施工合同明确约定合同价款由业主直接支付给原告，故原告在订立合同时应知道二被告之间存在代理关系；在工程施工过程中，业主直接支付工程款给原告，其应知晓原告系诉争工程的施工人。因此，代建人与原告订立建设工程施工合同直接约束业主和原告，涉案工程价款的付款主体应为业主。据此，判令业主单独承担支付工程款义务。

---

① 参见 (2014) 杭上民初字第 90 号民事判决书。

裁判观点2：虽然施工合同中约定工程款由代建人支付，但委托代建合同中约定工程款由业主支付，且施工中工程款亦由业主实际支付，则代建人不承担工程款支付义务。

在"深圳深港建设工程发展有限公司贵州分公司与黔南州人民医院（业主）、黔南州州级政府投资工程项目代建中心（代建人）建设工程合同纠纷案"① 中，委托代建合同明确约定建设资金由财政拨款和业主自筹资金组成，业主设置专项资金账户并负责监督和管理，工程款由业主对外支付，因延期拨付款项造成的相关损失则由业主承担责任。虽然施工合同中代建人作为发包人应承担工程款支付义务，但施工中每笔工程进度款均由业主最终审核后支付给承包人。

法院认为，代建人与业主之间系委托代理关系，且代建人已尽到其职责，故不承担本案的民事责任。

（二）认定代建人单独承担工程款支付义务的情况

裁判观点3：施工合同中虽约定业主承担工程款支付义务，但施工中工程款通过代建人专用账户实际支付的，代建人应承担工程款支付义务。

在"标力建设集团有限公司诉被告浙江五洲工程项目管理有限公司建设工程施工合同纠纷案"② 中，浙江省发展和改革委员会作为委托人与浙江五洲工程项目管理有限公司（代建人）、第三人浙江省环境监测中心（使用人）签订一份《浙江省政府投资项目委托代建合同》，约定委托人委托被告全过程代建案涉工程。施工合同则由原告（承包人）与被告（发包人）、第三人（使用人）共同签订，虽然关于工程款最终承担主体约定为使用人，但关于工程款支付流程约定为由承包人提出支付申请，经代建人和使用人审核后，报浙江省财政厅批准后拨付至代建人设立的专用账户，再由发包人拨付至承包人账户。承包人起诉要求代建人与使用人共同承担工程款支付义务。

代建人抗辩称，涉案工程系委托代建工程，被告与第三人（使用人）之间属于委托代理关系，被告在委托范围内所实施的行为的民事法律责任应由第三人（使用人）承担，故被告不应承担支付工程款义务。

---

① 参见（2013）黔南民终字第400号民事判决书。
② 参见（2014）杭西民初字第1372号民事判决书。

法院认为，代建合同的委托人并非使用人，而是浙江省发展和改革委员会，虽然涉案《建设施工合同》在签订时原告已明知被告系受托人，但合同内容中各方面的合同义务承担均为被告，从未体现委托人的相关权利与义务。工程款的实际支付过程中委托人亦未参与工程款的审核与实际支付，故该合同应认定为仅约束受托人与承包人，并不直接约束委托人即浙江省发展和改革委员会。根据合同专用条款关于工程款支付流程的约定及工程款的实际支付情况，代建单位作为发包人实际履行了支付工程款项的义务。使用人虽系涉案《建设工程施工合同》的一方主体，但其并非工程发包人。合同虽约定使用人系承担合同款支付的一方，但该约定并未明确第三人系工程款的直接支付主体，且在工程款的实际支付流程中，第三人仅参与工程费用审核，从未直接支付款项。故承包人要求使用人承担连带付款责任，依据不足。据此，判决代建人单独承担工程款支付义务。

裁判观点 4：代建人未能证明承包人在签订合同时知道其与业主之间的委托关系，且代建人在合同履行过程中未向承包方披露过委托人，承包人选择单独起诉代建人的，代建人应单独承担工程款支付义务。

在"靖江华东城市建设有限公司与江苏宏景集团有限公司、靖江市第一高级中学建设工程施工合同纠纷案"① 中，委托代建合同由靖江华东城市建设有限公司与靖江市教育局（委托人）签订，施工合同则由代建人作为发包人与承包人江苏宏景集团有限公司签订，但承包人表示对委托代建协议并不知晓，庭审中也不认可靖江市教育局与代建人之间的委托关系，并坚持要求代建人作为发包人承担责任，同时要求使用人靖江市第一高级中学作为工程的实际建设者承担连带责任。

法院认为，代建人虽提供了与委托人的委托建设协议，但没有证据证明承包人在订立合同时知道其与委托人之间的委托代建关系，以及其在履行合同过程中曾向承包人披露过委托人的情况。故案涉施工合同直接约束承包人与代建单位，由代建单位依约承担工程款给付责任。使用单位并非本案建设工程法律关系的主体，承包人以使用人是工程的实际建设者且已参与到相关事务中为由主张其承担连带责任于法无据。依照《合同法》第四百零三条之规定，"受托

---

① 参见（2014）苏民终字第 00419 号民事判决书。

人以自己的名义与第三人订立合同时，第三人不知道受托人与委托人之间的代理关系的……受托人因委托人的原因对第三人不履行义务，受托人应当向第三人披露委托人，第三人因此可以选择受托人或者委托人作为相对人主张其权利，但第三人不得变更选定的相对人……"判决代建人单独承担工程款支付义务。

类似判决，另见"莆田市妈祖城开发建设有限公司与福建省莆田市闽辉建筑工程有限公司、莆田第一中学建设工程施工合同纠纷案"①。

三、名为"总承包"实为"代建"的，工程款支付义务应由谁承担

裁判观点5：政府投资项目中的代建制不属于"民事委托代理关系"，业主应与代建人共同承担支付工程款的连带责任。

在"深圳华昱投资开发（集团）有限公司（以下简称华昱公司）与联建建设工程有限公司（以下简称联建公司）、深圳市交通运输委员会龙岗交通运输局（以下简称龙岗交通局）建设工程施工合同纠纷案"② 中，龙岗交通局代表龙岗区人民政府作为深圳市龙岗区第二通道连接段特区内市政道路项目的建设单位，与华昱公司签订《工程总承包合同》，约定项目建设资金来源为深圳市人民政府拨款，并由龙岗区人民政府委托龙岗交通局实行项目专项建设资金的调拨；项目全部工程款的支付，均需以市政府拨款及时到位为前提等内容。龙岗交通局出具《授权委托书》授权华昱公司就深平快速路特区内连接段工程的第一标段等多项工程与联建公司签订数份工程施工合同。承包人起诉要求业主与代建人对工程款支付承担连带责任。

一审法院认为，在华昱公司与联建公司签订的施工合同及相关补充协议中，代建人华昱公司处于发包人的地位，上述协议均明确约定由华昱公司向承包人支付工程价款。龙岗交通局、华昱公司及联建公司于2004年8月20日签订的《补充协议》亦已明确约定华昱公司代为管理工程建设工作并向承包人支付工程款，虽然约定由承包人直接向业主开具工程款发票，但仅是为了方便施工管理和工程结算，在该《补充协议》中并未免除代建人向承包人支付工程款的合同义务。尽管施工合同中约定龙岗交通局为华昱公司的付款承担担保责任，但

---

① 参见（2013）莆民终字第1502号民事判决书。
② 参见（2014）粤高法民终字第18号民事判决书。

龙岗交通局并非施工合同的当事人，施工合同的约定对龙岗交通局不产生法律拘束力，且龙岗交通局未另行出具表示承担付款担保责任的相关文书，联建公司要求龙岗交通局就欠付工程款的给付承担连带责任的诉讼请求，缺乏合同和法律依据。据此，一审判决代建人单独承担工程款支付义务。

二审法院另查明，龙岗交通局与华昱公司签订《总承包协议》约定：龙岗交通局代表龙岗区人民政府作为项目的建设单位，委托华昱公司实行工程总承包，按照工程费总包干、向政府"交钥匙"的模式，承担本项目的建设管理工作。华昱公司负责进行施工招标，选择施工单位、签订施工合同，负责项目全部工程质量，承担工期延误的责任等。《建筑法》规定，施工总承包合同的重要特征之一是建筑工程主体结构的施工必须由总承包单位自行完成，但华昱公司仅对涉案项目进行管理，并不参与工程的施工，与典型的施工总承包合同明显不同。根据《深圳市政府投资公路建设项目代建管理办法（试行）》的规定，该市由政府投资的公路建设项目应当实行代建制。涉案工程由深圳市龙岗区人民政府投资建设，属于上述办法规定的必须实行委托代建的范围，且《总承包协议》的目的是龙岗交通局委托华昱公司对涉案工程项目进行管理，亦与上述法律规定的代建制吻合。因此，应将《总承包协议》的性质界定为委托代建合同。

二审法院进而认为，龙岗交通局和华昱公司签订的《总承包协议》虽为委托代建合同，但与《合同法》规定的委托合同有重大区别。国家推行代建制目的是使代建单位作为项目建设期法人，全权负责项目建设全过程的组织管理，控制项目投资规模、风险。涉案工程属于行政强制规定必须进行委托代建的工程，龙岗交通局作为委托人不能决定是否进行委托施工，也不能依据《合同法》委托合同的规定随时解除合同，此类合同带有明显的行政管理色彩。根据《总承包协议》对代建单位职责的约定，表明其实际为该建设项目的项目法人，应独立对外承担法律责任。华昱公司依据《合同法》关于委托合同的规定，认为其作为代建单位与联建公司签订的施工合同，应直接约束龙岗交通局与联建公司，华昱公司无须承担支付工程款的义务，与《总承包协议》约定的华昱公司作为建设项目法人的义务不符，且有违国家出台非经营性政府投资项目中推行代建制的目的。而且，在实际招标过程中，龙岗交通局作为招标人确定施工单位联建公司，然后授权华昱公司与中标单位联建公司签订施工合同，三方签订有《补充协议》亦明确华昱公司代龙岗交通局向承包人支付工程款的行为视为龙岗交通局直接付款，联建公司直接向龙岗交通局开具工程款发票。上述事实表明，龙岗交通局以发包人的身份参与了涉案工程的招标，履行了华昱公司作为项目法人应承担的部分责任。据此，判决业主与代建人应就涉案工程款的支付承担连带责任。

四、名为"代建"实为"垫资承包"的，工程款支付义务由谁承担

裁判观点6：委托代建合同中约定代建人自行垫资施工完毕后业主以支付代建费的方式付清工程款，施工合同中约定代建人支付工程款的，业主不承担工程款支付义务。

在"平泉县综合职业技术教育中心与承德市三普建筑安装工程有限责任公司及平泉席奥房地产开发有限公司建筑工程施工合同纠纷案"① 中，被告平泉县综合职业技术教育中心（业主）与第三人平泉席奥房地产开发有限公司（代建人）根据河北省平泉县人民政府办公会议纪要的决定签订了委托代建协议，约定由代建人以"平泉县职教中心基建筹建处"的名义对外签订施工合同，业主负责项目投资，代建人负责项目垫资建设并收取代建费的形式进行合作。施工合同由原告承德市三普建筑安装工程有限责任公司与代建人以发包人的名义签订，约定发包人（代建人）履行本合同所约定的全部义务。施工中，业主共支付给代建人工程款3000万元，其中大部分由代建人转付给承包人。承包人起诉要求业主承担工程款支付义务，法院追加代建人为诉讼第三人。

一审法院认为，委托代建即为委托代理，应受民法调整和制约。本案代建人的民事法律行为在委托人授权范围内，且没有证据显示其超越代理权限范围的民事行为，因此，代建人行使民事权利所产生的民事法律的权利和义务，应由委托人承担。"平泉县职教中心基建筹建处"是以委托人名义成立的不具有法人资格的临时机构，对外不能承担民事权利和义务，为此产生的法律后果，全部应由委托人即平泉县综合职业技术教育中心承担。

二审法院认为，根据业主和代建人签订的《委托代建协议》，涉案项目由代建人垫资完成，承包人的工程款应由代建人负责结算和支付。实际履行过程中，

---

① 参见（2015）冀民一终字第240号民事判决书。

业主按照《委托代建协议》约定向代建人支付垫资款和代建费，代建人将工程款转付给承包人。因此，《委托代建协议》并非民事委托代理关系，代建人以"平泉县职教中心基建筹建处"名义与承包人签订施工合同，是其对《委托代建协议》所约定义务的具体履行，并不能改变《施工合同》中对工程款支付方式的约定，因此代建人应当对承包人主张的工程欠款承担给付义务。鉴于业主与代建人、承包人三方共同签订《补充协议》就工程款的支付进行了约定，且其在二审中亦同意在工程款欠付范围内承担给付责任，故对于承包人主张的工程款在业主已付3000万元之外部分可由业主直接支付，其余欠款应由代建人支付。

五、结语

本文通过对相关案例的收集和分析，发现各地法院对"代建制"委托代建合同的委托性质认定不一，大部分地区法院对《委托代建合同》的性质均认定为民事委托关系，并在此前提下适用《中华人民共和国民法通则》（以下简称《民法通则》）或《合同法》的规定来认定工程款支付主体。但广东高院持不同见解，在"深圳华昱投资开发（集团）有限公司与联建建设工程有限公司、深圳市交通运输委员会龙岗交通运输局建设工程施工合同纠纷案"中，广东高院明确指出《委托代建合同》与《合同法》规定的委托合同有重大区别，国家在非经营性政府投资项目中推行代建制，目的是使代建单位作为项目建设期法人，全权负责项目建设全过程的组织管理，通过专业化项目管理形式达到有效规范政府和部门的行为，控制项目投资规模、风险。作为行政强制规定必须进行委托代建的工程，政府（委托方）不能决定是否进行委托施工，也不能依据《合同法》委托合同的规定随时解除合同，此类合同带有明显的行政管理色彩。若简单地依据《合同法》关于委托合同的规定，认为代建单位与施工单位签订的施工合同，应直接约定政府（业主）与施工单位，代建单位无须承担支付工程款的义务，则有违国家出台非经营性政府投资项目中推行代建制的目的。笔者对此见解持赞同立场，委托代建不宜简单地理解为民事委托代理关系，广东高院的裁判观点值得引起重视。

承包人承诺放弃优先受偿权的效力

曲笑飞

一、问题的提出

实践中，建设单位为筹措资金，往往将在建工程抵押至银行贷款，而银行为了预防可能发生的风险，通常会要求建筑施工企业出具承诺函放弃优先受偿权。如果建设单位无力偿还银行贷款，又拖欠建筑施工企业工程款时就发生了抵押权与优先受偿权的冲突。对此问题，《最高人民法院关于建设工程价款优先受偿权问题的批复》（以下简称《批复》）已经做了解答，即人民法院在审理房地产纠纷案件和办理执行案件中，应当依照《合同法》第二百八十六条的规定，认定建设工程承包人的优先受偿权优于抵押权和其他债权。但在司法实践中，承包人的优先受偿权是否可以放弃却颇具争议。一个典型的案例是这样的：

2011 年 6 月 8 日，甲公司作为承包方与乙公司签订建设工程施工合同。同年 2 月 1 日，乙公司欲以在建工程为抵押向丙银行申请贷款，甲公司向丙银行出具了承诺书，承诺在工程款范围内放弃建设工程价款优先受偿权（以下简称优先受偿权）。之后乙公司获得贷款，并办理了在建工程的抵押登记。工程竣工验收后，因工程款纠纷，甲公司诉至法院，要求乙公司支付工程余款，并在其承建工程范围内享有优先受偿权。第三人丙银行认为甲公司已经承诺放弃优先受偿权，其不应再享有该权利。[①]

---

① "常山县住宅建筑有限公司与浙江华叶铜业有限公司建设工程施工合同纠纷上诉案"，参见浙江省衢州市中级人民法院（2014）浙衢民终字第 50 号民事判决书。

那么，甲公司承诺放弃优先受偿权是否有效？

二、效力肯定说的主要理由

在上述典型案例中，法院最终认定甲公司自愿放弃优先受偿权应为有效。其主要理由在判决书中比较简略，法院认为："……甲公司作为企业法人，能够以自己的意思独立进行民事活动取得权利并承担相应义务，应对自身的民事行为承担相应的法律责任。建设工程价款优先受偿权系财产性权利，甲公司在出具给丙银行的承诺书中表示放弃该项权利，其行为并不违反法律强制性规定，甲公司理应受该承诺约束。故在其承诺放弃优先受偿权的范围内不得优先于丙银行的抵押权。"该案主审法官之后发表在《人民法院报》"法官说法"栏目中的专题文章中，理由详述如下。

（1）优先受偿权属于私权，当事人可以自由处分。优先受偿权是指当不同性质民事权利发生冲突时，某种权利依据法律规定，优先于其他民事权利实现的民事权利。虽然关于该项权利的性质在学理上存在着法定抵押权说、留置权说、优先权说等观点，但不管何种观点，不可否认的是优先受偿权属于民事权利。民事权利的行使由权利人的意思决定，任何人和任何组织不得干涉。意思自治原则赋予民事主体充分的意志自主和自由，有利于充分调动民事主体的积极性、主动性和创造性，保障民事主体经济利益充分实现。建筑施工企业放弃优先受偿权系对自身权利的处分，符合意思自治原则。

（2）建筑施工企业放弃优先受偿权之后又主张放弃无效的，有违诚实信用原则。合同当事人应当恪守诺言，履行义务，谨慎维护对方的利益，满足对方的正当期待。银行基于建筑施工企业自愿放弃优先受偿权而向发包人出借款项，在银行于在建工程之上设立抵押权发放贷款后，如果认为建筑施工企业自愿放弃优先受偿权的行为无效，则对银行可能产生不利影响，不仅违背诚实信用原则，而且不利于交易的安全，体现为过多地干涉平等民事主体的交易行为。处理民事案件应贯彻诚实信用原则，特别是在法律没有明确规定时，更应以诚实信用为判断标准，以事实为依据来调整各方当事人的权利义务关系，以达到平等、充分地保护各方当事人利益的目的。

（3）《批复》第四条规定，建设工程承包人行使优先受偿权的期限为 6 个月，自建设工程竣工之日或者建设工程合同约定的竣工之日起计算。因此，虽然 6 个月期限的规定是为了督促建筑施工企业及时行使权利，但如果建筑施工企业超过 6 个月未行使优先受偿权的，优先受偿权丧失。从上述规定可以看出，优先受偿权并没有绝对的排他性。《物权法》第一百七十七条第（三）项规定，债权人放弃担保物权的，担保物权消灭。既然担保物权可以因债权人的放弃而归于消灭，则优先受偿权因建筑施工企业的放弃而归于消灭并无不妥。且建筑施工企业放弃的仅仅是针对抵押权的优先受偿权，并未放弃自身的债权。

（4）主张优先受偿权不能放弃的观点认为建筑施工企业的放弃行为直接影响到工人工资的发放、材料商货款的回笼等。笔者认为该理由不能成立。上述款项的支付，受到《中华人民共和国劳动法》（以下简称《劳动法》）、《中华人民共和国劳动合同法》（以下简称《劳动合同法》）、《合同法》等法律保护，自有其救济途径，将其完全归于优先受偿权的实现，过分地夸大了该权利的效应，也弱化了其他法律对民事权利的救济。[1]

另外值得注意的是，当前司法实践中，肯定承包人承诺放弃优先受偿权效力的判决并不止上述一例。[2] 广东省高级人民法院《关于审理建设工程施工合同纠纷案件若干问题的指导意见》第十五条规定："承包人在转让工程款债权前与发包人约定排除优先受偿权的，该约定对承包人以外的实际施工人不具有约束力。"虽然该规定的适用前提为"承包人转让工程款债权前主动放弃优先受偿权"，与本文拟讨论问题的背景"业主为获取银行贷款要求承包人被动放弃优先受偿权"不太切合，但如果从该意见文义上做反对解释，似乎可以得出"承包人只要获得施工企业的工人和劳动者同意，即可放弃优先受偿权"的逆否命题。因此，业界有人认为该意见可归属于"有条件认可放弃优先受偿权效力"的司法观点。[3]

---

① 浙江省衢州市中级人民法院王勇：《承包人可以放弃建设工程价款优先受偿权》，载《人民法院报》2014 年 7 月 3 日第 7 版。

② 参见"重庆市某建筑工程公司与重庆某某房地产开发有限公司建设工程施工合同纠纷"，一审：重庆市铜梁县人民法院（2011）铜法民再初字第 00004 号民事判决书，二审：重庆市第一中级人民法院（2011）渝一中法民终字第 06643 号民事判决。

③ 林鲁海、郏煜超、袁晓波、洪玉霞：《放弃"建设工程价款优先受偿权"的效力》，载《中国律师》2015 年 2 月，第 72-74 页。但宿辉律师认为，无法直接从该意见文意中推出此结论。

三、效力否定说的主要理由

早在十几年前，南开大学何红锋教授即已明确提出"优先受偿权不得被无条件放弃"的观点，其理由主要包括：①放弃优先受偿权有违立法目的。《合同法》第二百八十六条的立法目的之一就在通过设立优先受偿权进一步确立"劳动报酬绝对优先"的观念，以有效保护劳动者获得劳动报酬的权利，从而维护社会的稳定。②放弃优先受偿权有违诚实信用原则。放弃优先受偿权表面上看虽不违法，但其实质在于规避法律，以合法行为掩盖非法目的。③放弃优先受偿权是对意思自治和自由原则的滥用。当前的建筑市场上，建筑承发包交易中"发包人市场"状况日益显现，发包人占有绝对主导的地位，因此，双方的地位形式上虽是平等的，但由于经济地位的差异事实上构成一方对另一方的强制，合同的内容并不能体现真正的平等。④放弃优先受偿权有违公平和正义原则。如果允许承包方事先放弃优先受偿权，发包方就极有可能在合同签订阶段利用自己的优势地位强迫承包方违心地放弃优先受偿权，这样就使发包方的权益得不到有效的保障，从而造成发承包关系中实质正义的落空。①

几年前，宿辉律师从权利变动形式入手，分析了放弃优先受偿权的效力，认为建设工程价款优先受偿权应为专属于承包人的权力（似应为"权利"，笔者注），既不得随主合同债权一并转让，亦不能由承包人的债权人代位行使，因此，承包人被迫放弃建设工程价款优先受偿权的约定应可以撤销。为保障工程价款优先受偿权的法律效果，宿辉律师提出应当要求承包人在转让因施工合同所形成债权时进行公示。具体的公示方法为召开工程项目参建人员会议，范围包括专业承包单位、劳务分包单位、材料和设备供应单位及劳务工人代表。会议应由承包人充分说明债权转让的原因、数额和范围，如果参建各单位或人员在会议召开后规定的时间内（如 28 天）能够提供充分的证据表明承包人尚拖欠其分包工程款或劳动报酬，且未能就该笔款项与分包单位或个人达成其他还款协议的，承包人即不得转让该债权，承包人自行转让债权的，权利人可以

---

① 何红锋、张璐、马俊达：《建设工程款优先受偿权放弃的效力探讨》，载《建筑经济》2005年 6 月总第 272 期，第 61 - 63 页。

向人民法院或仲裁机构申请撤销其转让行为。[1]

2015年年初，林鲁海律师发表在《中国律师》上的一篇题为"放弃'建设工程价款优先受偿权'的效力"的文章再次唤起了业界对该问题的高度关注。除立法目的、建筑市场环境与格局等前人已经提及的理由外，林鲁海律师提出了一个"优先受偿权具有诉权的属性，至少不得预先放弃"的新观点。林律师认为，既然司法实践已经肯定了"违约金调整请求权是具有公法性质的请求司法保护的权利，当事人约定放弃对法院没有拘束力"，那么，优先受偿权类似于一种法定的诉权，同前述违约金调整请求权一样，具有请求司法保护的公法性质，该司法救济的方式不可预先放弃，只有在行使条件具备后才可以放弃。从这个角度而言，承包人至少在向法院或仲裁委请求主张"优先受偿权"之后，才可以在诉讼或者仲裁程序中放弃"优先受偿权"，而不得预先放弃。[2]

四、国外立法例的考察

从域外法来看，美国、瑞士等国对承包商预先放弃建设工程价款优先受偿权之效力持否定态度，更侧重保护承包商的利益。

《瑞士民法典》第八百三十七条规定：

（1）下列债权，可请求设定法定抵押权：

①出卖人对出卖土地的债权；

②共同继承人及其他共同权利人，因分割而对原属于共同所有的土地的债权；

③为在土地上的建筑或其他工程提供材料及劳务或单纯提供劳务的职工或承包人，对该土地的债权；土地所有人为债务人，或承包人为债务人的，亦同。

（2）权利人不得预先抛弃前款的法定抵押权。[3]

在美国的普通法上，各州法律都规定有为不动产的建造或修缮提供劳务或材料的总承包商、分包商、施工者、修理者以及材料设备供应者等，当业主不

---

① 宿辉、田林：《基于工程价款优先受偿权制度的权利变动研究》，载《建筑经济》2010年6月总第332期，第54-56页。

② 林鲁海、郦煜超、袁晓波、洪玉霞：《放弃"建设工程价款优先受偿权"的效力》，载《中国律师》2015年2月，第72-74页。

③ 《瑞士民法典》，殷生根、王燕译，中国政法大学出版社1999年版，第237页。

支付到期劳动报酬或材料费、修缮费用时，通过法定程序，申请对业主之财产强制执行取消赎回权（强制拍卖），使其债权得以实现，防止业主不当获得附加于其不动产之上的利益。该制度在美国法上被称为"Me - chanic's Lien"，我国学者大多将其译为技工留置权或施工留置权。在 1933 年的 Mascioni v. I. B. Miller, Inc. 案件中，法院判决认可了附条件支付条款对技工留置权放弃之效力，认为没有任何理由来否定双方当事人根据自身意愿达成的协议，契约自由的价值不应被打破。然而，在 1995 年的 West-Fair Elec. Contractors v. Aetna Cas. & Surety Co. 案中，纽约州法院开创性地推翻了 Mascioni v. I. B. Miller, Inc. 案之先例。上诉法院全体一致否定了间接放弃技工留置权之附条件支付条款的效力，认为该条款无限期地推迟了由立法机关授予分包商的技工留置权，对技工留置权的间接放弃或剥夺有违纽约州的制定法，故而违背纽约州的公共政策，不应被认可。随后，加利福尼亚州法院的 William R. Clarke Corp. v. Safeco Ins. Co. 判决亦支持了 West-Fair 案的判决，并进一步指出只有在报酬已支付或提供其他支付保证的前提下，分包商对技工留置权的放弃才应予以认可。[①]

依台湾地区法通说，承揽人建设工程抵押权乃法定担保物权性质的财产权，其本质属性为财产权。针对财产权这一民事权利，当事人享有自由处分的权利，故在原则上法律并无理由对承揽人的放弃行为加以干预。但若从契约条款、交易习惯及其他综合事项加以判断，认为承揽人放弃建设工程抵押权条款有失公平，仍可认定此放弃条款无效。[②] 此外，谢在全大法官还认为，当承揽人之抵押权涉及他人利益时，承揽人不得任意抛弃。如当保证人与定做人订立合同，保证人就承揽人履行承揽合同负保证责任，承揽人的抵押权与保证人的利益相关，故承揽人不得因自己的单独行为而有损保证人的利益。[③]

五、符合社会正义的法律解释

笔者在律师执业过程中，多次就本文问题与司法实务部门、金融机构相关

---

① West-Fair Elec. v. Aetna Cas. & Sur. Co. , 87 N. Y. 2d 148, 157, 661 N. E. 2d 967, 970 (1995). 转引自陈广华、王逸萍：《建设工程价款优先受偿权预先放弃之效力研究》，载《西部法学评论》2015 年第 4 期，第 46－53 页。

② 谢在全：《承揽人抵押权之研究》，载《月旦法学杂志》2001 年第 69 期。

③ 谢哲胜：《承揽人法定抵押权的抛弃》，载《月旦法学教室》2007 年第 61 期。

人士交流意见，听到最多的一种意见是这样的：建设单位的自有资金往往捉襟见肘，获取银行贷款的目的本在于向承包人支付其应得的工程价款，若不认可承包人承诺放弃优先受偿权的效力，则银行必不愿意向建设单位发放贷款，最终仍会损害承包人的利益。逻辑上，似乎确实存在这样一种"鸡生蛋，蛋生鸡"的循环悖论，但事实上，银行是否应当发放贷款，主要应依据建设单位的资本、信用及开发项目的营利能力等因素来进行综合判决，承包人建设工程价款优先受偿权的有无，应非决定性之因素。① 另一种意见认为，承包人建设工程价款优先受偿权不以登记为成立要件，欠缺公示性，且银行贷款前总会要求建设单位出具工程款支付证明，但因该支付证明的真实性难以辨别，为减损风险起见干脆要求承包人承诺放弃优先受偿权，也是无奈之举。然而，一方面，优先受偿权既为法定权利，则银行应事先明知该权利存在，本已在风险因素之内，并不因欠缺公示性影响银行的判断；另一方面，银行凭其专业能力及信用调查应当可以预估欠付工程款的数额，从而斟酌考虑是否发放贷款或发放贷款的数额，故并无遭受难以预测的损害之虞。此外，银行还可通过运用利息、加强各种监管措施、利用发包人存入银行账户中的建设工程价款等手段来降低自身风险。②

从基本权利角度来看，建设工程价款优先受偿权是对建筑工人生存权的保障。财产是生存权实现的物质保障，"劳动—报酬—维持生存"为人们自我实现生存的定式。③ 建筑工人通过出卖劳动力获得财产，报酬为其出卖血汗之对价，凝结于所修建的不动产工程之上，不能随意被剥夺。以费用性担保物权换取融资性担保物权的做法，将建筑工人的生存利益置于银行的经营利益之下，有违保障生存权的基本人权要求。两者利益孰轻孰重，显而易见。从制度价值来看，否定承包人预先放弃建设工程价款优先受偿权的效力是社会正义、实质公平价值理念的体现。

从目的解释来看，《合同法》第二百八十六条旨在补救承包人的不利地位，

---

① 类似理由，可参见王泽鉴：《民法常说与判例研究》（第一册），中国政法大学2005年1月修订版，第471—472页。

② 张巍：《建设工程承包人优先受偿权之功能研究》，载《北大法律评论》2005年第7期。

③ 徐显明：《生存权论》，载《中国社会科学》1992年第5期。

保护建筑工人的劳动报酬，维护社会的安定。倘若承包人放弃建设工程价款优先受偿权且无其他保证工资支付的措施，无论被迫与否，承包人与建筑工人的薪酬都将无法得到保障。由是观之，银行的不利境地较之建筑工人，相去甚远。故基于社会正义的理念，应对优势方银行和劣势方建筑工人间的利益进行差别化调整，以实质平等取代形式平等，以矫正正义实现双方利益的均衡保护。因此，以无效为原则，以担保工人工资支付为例外的效力认定准则有利于实现《合同法》第二百八十六条的立法初衷。

六、结论

对建设工程价款优先受偿权预先放弃效力的探讨，原则性否定建设工程价款优先受偿权预先放弃效力，并以有效担保为例外的补充，是衡平契约自由和公共利益的结果，旨在促进《合同法》第二百八十六条立法目的的实现。基于此，在考察我国社会现状，并借鉴域外立法经验的基础上，为明确我国建设工程价款优先权预先放弃之效力，建议最高法院作出如下司法解释："承包方做出预先放弃依《合同法》第二百八十六条规定享有的优先受偿权的承诺原则上无效，但发包人提供充分有效担保的除外。"

'02

房地产篇

商品房赠送面积所涉法律困境及实例解析[*]

朱春苗

商品房地上总建筑面积为建设用地面积与土地容积率之积数,而在国有土地出让时,相应的建设用地面积及容积率等经济技术指标已然明确。在既有容积率指标的约束下,通过何种方式最大限度地实现利润,同时保持乃至增加商品房的市场竞争力是出卖人需要解决的一大难题。循着该思路,实践中出卖人利用商品房建筑设计规范的漏洞,通过商品房改造方式实现"赠送面积"、提高房屋得房率,从而增加房屋使用面积已成为现房地产市场中的常见方式。但由于商品房改造行为并未办理合法审批手续,已实质违反了行政规划管理规定,并在一定程度上可能危及房屋的使用安全,实际履行中又缺乏规范的履约控制措施,导致因商品房改造而引起的法律纠纷层出不穷且纷繁复杂。

一、赠送面积改造之常见方式

《建筑工程建筑面积计算规范》(GB/T 50353—2013)、《房产测量规范》(GB/T 17986.1—2000)从国家层面详细规定了建筑面积的计算方式和测量规则,《商品房销售面积计算及公用建筑面积分摊规则(试行)》(建房〔1995〕517 号)明确了商品房套内建筑面积与公摊建筑面积的计算规则。各省、市根据实际情况就建筑面积、容积率的计算问题也都有细致规定,如浙江省《建筑工程建筑面积计算和竣工综合测量技术规程》(DB33/T 1152—2018)在国家规

---

* 本文获"第四届杭州律师论坛二等奖"。

范的基础上进一步规定了建筑面积的计算规则，并较之前的规定更加详细和严格。现房地产市场中，出卖人通过改造方式拓展面积，主要就是通过对相关建筑面积计算规则的利用或规避来实现的。

(一) 凸(飘)窗

出卖人利用关于飘窗的面积计算规则，通过控制飘窗的窗台高度、进深、窗台至上方结构底板的高度等手段①，从而使飘窗面积不计入建筑面积。该种方式其实应属合理利用规则的范畴，但部分出卖人会将飘窗设计为用砖块砌起来的"假飘窗"，买受人可以直接拆除使用，这部分就属于房地产市场上真正的"赠送面积"。当然，也存在出卖人原设计建造的实为混凝土浇筑的"真飘窗"，但部分买受人擅自进行拆除以拓展使用面积，这就容易给房屋的质量和防水等带来重大隐患。

(二) 阳台

建筑主体结构外的阳台，即悬挑阳台，因其仅计算1/2的建筑面积②，故出卖人常将阳台设计为悬挑阳台，后期再统一施工封闭，作为赠送面积的改造方式之一。还有的出卖人为使阳台面积不计入建筑面积，将其设计为通高阳台、错层阳台等，再通过施工改造，将楼板浇筑或者是设置阳台顶棚，从而将其转化为套内实际可使用面积。

(三) 设备平台

设备平台原设计功能是供空调室外机、热水机组等设备搁置、检修使用的，根据所涉商品房户型的建筑面积不同可设计至3平方米或5平方米，并且该部分是不计算建筑面积的。③ 故出卖人一般会做足所能设计的最大面积限度，后期通过将设备平台包入房间从而增加房屋的使用面积。

(四) 天井

由于建筑天井属于室外开放空间，并不计算建筑面积，一般出卖人在设计之初即将该部分预留，将其作为室外的通高天井，但施工时会先完成后期改造

---

① 参见《建筑工程建筑面积计算规范》(GB/T 50353—2013) 第3.3.27款规定。
② 参见《建筑工程建筑面积计算规范》(GB/T 50353—2013) 第3.0.21款规定。
③ 如《杭州市建筑工程容积率计算规则》(杭规发〔2016〕31号) 第二条第五款规定。

所需承重的结构梁，交付后就只要再将楼板浇筑，同时将外墙封闭就可以全部作为套内面积使用。

（五）套内通高空间

许多跃层的户型设计时，往往会在客厅、起居厅预留大量的通高空间，这类通高空间根据以往规定，只计算一层的建筑面积，在后期使用过程中，可通过浇筑楼板的方式获得二层建筑面积。

除了前述方式外，实践中还存在通过改造入户花园、花池等方式实现赠送面积，随着商品房户型设计的进步及政府部门对房地产开发合规性控制的提高，许多赠送面积改造方式如上述的设计建筑天井、套内通高空间等已较难实现。

二、案例的引出

"法律人从事的工作在于将抽象的法律适用于具体个案，涉及法律的解释、漏洞的补充或法律续造等法学方法等问题。"并依王泽鉴教授所言，"学习法律的最佳方法是，先读一本简明的教科书，期能通盘初步了解该法律的体系结构和基本概念。其后再以实例作为出发点，研读各家教科书、专题研究、论文及判例评释等，作成解题的报告。"① 故笔者试以案例为引子，并就案例所涉之法律问题做一初步探讨。

（一）实例研习

A 开发商开发建造了花园小区楼盘，并以"赠送面积 56 平方米""超高得房率"等为宣传卖点，B 买受人看过样板房和宣传资料后与 A 开发商签订了《商品房买卖合同（预售）》，购买了花园小区楼盘 701 室跃层精装房屋。在签约当日，B 买受人又与 A 开发商签订了《委托改造协议》，约定由 A 开发商先行接收毛坯房屋并对房屋进行改造，主要施工内容为浇筑楼板、封闭阳台。在约定的精装交付日期，A 开发商将花园小区楼盘 701 室房屋交付给 B 买受人。

B 买受人接收房屋后，发现实际赠送面积为 30 平方米，远小于宣传的赠送面积，同时浇筑的楼板质量也不符合住宅设计规范要求。且由于房屋改造并未办理审批手续，导致 A 开发商未能办理房屋初始登记，已严重超过了商品房买卖合同约定的办证期限。

---

① 王泽鉴：《民法思维：请求权基础理论体系》，北京大学出版社 2009 年版，第 14 页。

（二）法律思辨

由上述案例引申出了如下法律问题。

（1）因房屋的实际赠送面积远小于 A 开发商宣传的赠送面积，B 买受人能否以欺诈为由要求撤销商品房买卖合同，或是要求 A 开发商赔偿损失。

（2）B 买受人能否要求 A 开发商将房屋恢复原状。

（3）因房屋改造后浇筑的楼板质量不符合住宅设计规范要求，B 买受人能否主张修复房屋及赔偿损失。

（4）假设：如在签约当日，B 买受人根据 A 开发商的指定，另行与 C 施工单位签订了《委托改造协议》，约定由 C 施工单位负责接收毛坯房屋，并对房屋进行改造。在该种情形下，B 买受人能否直接向 A 开发商主张修复或赔偿责任。

（5）就房屋逾期办证事宜，B 买受人能否要求 A 开发商承担逾期办证违约责任。

三、赠送面积所涉法律问题解析

（一）以欺诈为由主张撤销合同或赔偿损失

就赠送面积事宜，出卖人一般会在楼书、户型图等宣传资料中用虚线等方式标明"赠送面积""拓展面积"等，但在实际履行过程中，可能会由于各种原因，包括政府部门的检查拆违、改造施工存在技术障碍等导致原约定的赠送面积未能兑现。该种情况必然会导致买受人的心理预期落空，从而引发出卖人与买受人的纠纷。实践中买受人以欺诈为由提起诉讼，要求撤销合同或赔偿损失的案例屡见不鲜，且往往容易引发群体诉讼。

关于撤销合同及赔偿损失之诉请，在实践中较难获得法院支持，主要理由有：①购房属重大事项，买受人在购房前就房屋情况等应予以充分了解，且就赠送面积，买受人应明知属于违建所得，买受人并非基于错误认识而购买房屋，故出卖人不构成欺诈。该判决理由较为常见，如唐某、姚某与杭州华某双元房地产有限公司商品房预售合同纠纷案件①，陆某与浙江建某发展房地产开发有

---

① 参见（2015）浙杭民终字第 3685 号民事判决书。

限公司商品房销售合同纠纷案件①等。②楼书、宣传册等宣传资料中关于赠送面积的约定应属于要约邀请，且双方在商品房买卖合同中已明确约定了房屋面积及户型附图，出卖人交付的房屋符合合同约定的，不构成欺诈。如任某、孙某等与杭州景某置业有限公司房屋买卖合同纠纷案件②，虽就出卖人宣传赠送面积的行为已被相关行政部门依法认定为发布虚假广告，但法院仍认定宣传资料为要约邀请，应以合同为准。③即便宣传资料构成要约，但因双方在商品房买卖合同中已重新约定了房屋面积，应当视为合同双方对房屋面积约定的一致变更，故应以商品房买卖合同为准。如赵某与长兴德某置业有限公司商品房销售合同纠纷案件③中，一审法院即认定，出卖人在销售宣传中以明确具体的方式向不特定消费者承诺赠送阳台及得房率近100%，应视为要约；但双方签订的商品房买卖合同是对出卖人前期宣传中的赠送阳台及得房率近100%这一约定的实质性变更，双方关于案涉房屋的相关权利义务应以正式签订的商品房买卖合同为准。

结合本文第二部分所述之案例，笔者认为，B买受人如以欺诈为由诉请撤销合同的，不应予以支持。主要理由如前述案例中法院的认定内容，买受人并非是基于错误认识而购买房屋，出卖人不构成欺诈。因买受人即便对商品房买卖合同的具体法律条款不做仔细研读，但在购房前必然会对商品房的户型、面积、房屋总价、房屋单价、小区容积率等问题进行充分了解，这亦是买受人应尽到的注意义务。就出卖人在户型图等宣传资料中标注的拓展面积或赠送面积，实践中买受人一般都会予以注意，出卖人也会予以相应提示，买受人实际应知晓该赠送面积的性质及获取途径，不存在因出卖人的宣传而发生错误认识的问题，故对该诉请不应予以支持。

但如B买受人因房屋改造后实际赠送面积小于宣传内容而要求A开发商承担赔偿责任的，则笔者认为应据实分析，根据具体情况确定是否赔偿及赔偿数额。虽买受人实际知晓赠送面积之性质，但出卖人更是有明晰的认识，且其就该赠送面积作出了相应的承诺，其有能力预见或把控该改造行为能否实现。如

---

① 参见（2015）浙民申字第2344号民事裁定书。

② 参见（2017）浙0110民初8494号民事判决书。

③ 参见一审判决书：（2015）湖长民初字第675号；二审判决书：（2015）浙湖民终字第464号。

出卖人所宣传的赠送面积具体明确，应将其视为要约而作为合同的一部分，虽因违反规划审批内容而可能被认定为无效，但笔者认为，如未能实现原约定的赠送面积，确导致买受人的利益受到损害的，双方皆存有过错，在此情形下，不能仅由买受人一方承担全部责任，出卖人应当予以适当赔偿。

（二）恢复原状所涉法律问题

买受人收房后，如又要求出卖人按照规划审批的图纸将赠送面积拆除、恢复原状的诉请，是否应当支持的问题，实践中存有争议。解决该问题，需要首先予以明晰的是出卖人与买受人之间就赠送面积的约定以及委托改造协议的效力问题。笔者认为，该等约定应当认定为无效。

首先，通过改造方式获得规划外的建筑面积的行为，违反了法律关于行政规划管理的强制性规定，该施工行为未获得相关行政部门审批，并取得建设工程规划许可证件，应当认定为无效。其次，改造赠送面积的行为，实质上提高了小区容积率，严重挤压了公共空间，减少了小区公共资源的人均占有量，部分改造行为还将直接侵占业主公共部分，损害小区全体业主的共同利益。再次，根据国土资源部《关于严格落实房地产用地调控政策促进土地市场健康发展有关问题的通知》① 及《国有建设用地使用权出让地价评估技术规范》② 等相关规定，调整容积率的需按照市场楼面地价核定并补缴土地出让金，出卖人通过赠送面积的方式规避该规定，将对国家财政收入造成消极影响。最后，就改造而成的赠送面积部分，因无法计入产权登记面积，无论是出卖人作为一手房出卖抑或买受人作为二手房转让，都不会将其计入房屋价款中，该部分建筑面积实际存在并在市场上流转，但却无须缴纳任何税费，与国家税收管理制度相悖。

司法实践中，法院多是以违反规划或损害全体业主利益为由作为认定为合同无效的依据，如在陆某与浙江建某发展房地产开发有限公司商品房销售合同

---

① 原国土资源部《关于严格落实房地产用地调控政策促进土地市场健康发展有关问题的通知》第四点明确："坚决制止擅自调整容积率行为。经依法批准调整容积率的，市、县国土资源主管部门应当按照批准调整时的土地市场楼面地价核定应补缴的土地出让价款。"

② 《国有建设用地使用权出让地价评估技术规范》6.4 款规定："调整容积率补缴地价。调整容积率的，需补缴地价款等于楼面地价乘以新增建筑面积，楼面地价按新容积率规划条件下估价期日的楼面地价确定。"

纠纷案件①中，一审法院即认定，由于双方补充协议约定封闭的室外空间位于房屋的通风井，而在通风井上搭建房屋不符合设计要求，也没有取得建设工程规划许可，故该补充协议应属无效。倪某、章某与浙江玉海房地产开发有限公司房屋买卖合同纠纷案件②中，法院明确阐明，即使倪某、章某主张的玉海公司将302室走廊上方二层延伸的空间赠送给其的事实成立，该赠送部分空间当属业主共有部分，玉海公司将业主共有部分作为赠送面积交由个别业主使用的行为，亦难以得到本院的支持。

由此，明确合同效力问题后，就恢复原状之诉请的认定自为水到渠成。实践中亦有法院认定，改造行为系双方一致意思表示，故对该恢复原状之诉请予以驳回，如潘某与温州居士达房地产开发有限公司商品房预售合同纠纷案件。③ 但笔者认为，该判决未能正确认定该赠送面积约定的性质应为无效，故自始没有法律约束力，我国合同法所规定的无效合同的基本法律后果即为恢复原状④，使当事人双方之间的关系恢复到合同订立以前的状态，并且赠送面积部分本身即为超出规划审批范围的违章建筑，因此，就当事人要求恢复原状的诉请应当予以支持。

结合本文第二部分所述之案例，笔者认为，B买受人与A开发商之间关于赠送面积的约定以及双方所签署之委托改造协议，根据法律规定应当认定为无效，就此情形下，B买受人有权要求A开发商拆除赠送面积改造部分，并按照规划审批内容将房屋恢复原状。

（三）赠送面积质量瑕疵之救济途径

商品房赠送面积一般是在房屋毛坯建成通过验收后，采取或封闭、或浇筑等方式，另行施工改造完成。实践中，许多商品房的赠送面积存在质量瑕疵问

---

① 参见（2015）浙杭民终字第419号民事判决书。
② 参见（2017）浙01民终4692号民事判决书。
③ 参见（2016）浙03民终1919号民事判决书。
④ 崔建远：《关于恢复原状、返还财产的辨析》，载《当代法学》，2015年1月，第19卷第1期（总第109期）。其相关论述："由于《合同法》第58条关于合同无效、被撤销时后果的规定，是将返还财产、折价补偿和赔偿损失并称……在一经'返还财产'便可达到使当事人双方之间的关系回复到未订立合同时的状态的情况下，恢复原状就表现为'返还财产'，于此场合，从结果的角度观察，恢复原状和返还财产具有同一性。在'返还财产'后再予以'赔偿损失'才能达到使当事人双方之间的关系回复到未订立合同时的状态的情况下，从结果的角度观察，恢复原状包括'返还财产'和'赔偿损失'。"

题，如楼板质量不合格、存在渗漏水问题等。根据城乡规划法之规定，未取得建设工程规划许可证件或者违反建设工程规划许可证件规定进行建设或建造的建筑物、构筑物和其他附着物属于违章建筑的范畴。故商品房赠送面积部分实际应系违章建筑，而就违章建筑存在质量瑕疵的情况下，买受人能否要求出卖人予以修复或赔偿损失，值得探究。

实践中亦存在不同的意见和处理方式。第一种意见认为，违章建筑未按照法律规定办理合法建设手续，违反了规划要求，不应予以保护，且如通过法院判决方式准许修复的，则有利用法院民事判决使违章建筑"合法化"之嫌。宁波夏某机械有限公司与欧某建设工程合同纠纷案件①中，法院即直接认定，本案所涉车间，至今未办理审批手续，应认定为违章建筑，不受法律保护，原告就该违法建筑要求被告修复或者赔偿损失，本院不予支持。第二种意见认为，在未经行政机关认定为违章建筑并作出拆除决定前，应支持违章建筑人关于修复及赔偿损失的请求。如浙江好某印刷包装有限公司与衢州蓝某钢结构有限公司建设工程施工合同纠纷案件②中，法院支持原告诉请之理由即为，讼争工程因未办理建设工程规划许可证，属违章建筑，但违章建筑如何处理（强制拆除或者补办手续而转为合法建筑等）应由行政机关作出决定，故在行政机关尚未作出处理前，原告主张的内容属合理损失，故法院予以认定。

笔者倾向于上述第二种意见。首先，因违章建筑的认定属于行政判断权，法院不宜直接认定。违章建筑认定为违反建筑方面的公法性规范更符合违章建筑的本来含义，也符合我国的司法实践；只有先行通过行政机关进行认定和处理，人民法院仅能对其进行监督，而不能取代行政机关对于违章建筑的认定和处理。③ 并且，在特定情形下，违章建筑也可能通过补办手续等方式转化为合法建筑。其次，如违章建筑的质量确存在瑕疵，从而存在威胁违章建筑人或者公共安全的危险时，从维护更高层次的社会利益来说，也应支持违章建筑人就违章建筑进行修复的主张。

参见（2012）甬奉民三初字第953号民事判决书。
② 参见（2012）衢民重字第5号民事判决书。
③ 最高人民法院民事审判第一庭编著：《最高人民法院物权法司法解释（一）理解与适用》，人民法院出版社2016年版，第246页。

因此，结合本文第二部分所述之案例，笔者认为，B 买受人有权要求 A 开发商对赠送面积部分存在的质量瑕疵进行修复，修复期间产生的损失，B 买受人有权要求 A 开发商予以赔偿。当然，如在此之前，国家有权行政机关已将赠送面积部分认定为违章建筑并限期拆除的，则修复行为自然也失去意义，不应再予以支持。

（四）涉第三方情形下责任主体的认定

就委托改造协议的签订，实践中更为常见的一种方式为，由买受人与出卖人指定的第三方施工单位签订改造协议，约定由第三方施工单位代买受人接收毛坯房屋，并对房屋进行改造。在该种情形下，如改造部分存在质量问题，买受人能否直接要求出卖人承担相应责任，有待探讨。

《江苏省高级人民法院关于审理房地产合同纠纷案件若干问题的解答》（征求意见稿）第二十九条规定："出卖人与买受人签订商品房买卖合同时，指定买受人与第三人另行签订装修合同的，对于装修质量问题，合同有约定的按约定，没有约定或约定不明的，买受人依据《合同法》第四百零二条规定，请求出卖人承担委托人责任的，应予支持。"笔者认为，虽江苏省高级人民所设条款针对的是出卖人指定第三人签订装修合同的情形，但与本文所讨论的指定第三方施工单位改造问题实为异曲同工，而该条款中规定的，按照《合同法》第四百零二条所设立的隐名代理法律规则进行处理的方式殊值赞同。

首先，实践中买受人是根据出卖人的承诺从而确信有可改造空间，并在特定情形下，该等承诺可构成要约，视为商品房买卖合同之一部分，即如抛开合同效力问题，出卖人原应按照约定予以兑现，属于出卖人合同义务范畴。其次，在隐名代理的情况下，代理人虽然没有明确使用被代理人的名义，但法律仍然允许该行为直接对被代理人发生法律效果，其理由就在于，代理人代为签订的合同订立时，相对人已经知悉行为人并非自己的交易对手，但其仍然愿意与之签订合同，从而接受合同效力将由行为人背后的被代理人承担的事实。[①] 买受人签订委托改造协议时，通常是根据出卖人的指定，基本上无"讨价还价"之

---

① 尹飞：《论隐名代理的构成与效力》，载《法律科学（西北政法大学学报）》，2011 年第 3 期。

余地，且对于普通买受人来说，甚至不关心具体的第三方施工单位的信息，其内心确是将出卖人作为合同相对方。再次，许多情况下所谓的第三方施工单位也确是"徒具虚名"，并不实际履行协议，还有些所谓的第三方施工单位是出卖人另行设立的子公司或与出卖人存在千丝万缕的关联等。最后，通常情形下，一旦买受人与出卖人产生纠纷，往往是牵涉商品房买卖合同的各个方面，在诉讼中统一解决也更符合经济原则。

综上，在未明确约定的情况下，考虑适用《合同法》第四百零二条所规定之隐名代理制度解决买受人与出卖人之间就赠送面积改造问题产生的纠纷，不失为解决该问题的一种思路。结合本文第二部分所述之案例，笔者认为，在 B 买受人接受 A 开发商之指定，另行与 C 施工单位签订委托改造协议的情形下，B 买受人应有权依《合同法》第四百零二条之规定直接向 A 开发商主张权利，要求其承担修复及赔偿损失。

（五）逾期办证违约责任问题

根据《不动产登记暂行条例实施细则》第三十五条之规定，申请国有建设用地使用权及房屋所有权首次登记的，需要提交"建设工程符合规划的材料"。并且《不动产登记暂行条例》第十九条、第二十二条规定，房屋等建筑物、构筑物所有权首次登记的，不动产登记机构可以对申请登记的不动产进行实地查看，如有违反法律、行政法规规定的，不动产登记机构应当不予登记。因此，房屋建设符合规划条件应是办理房屋初始登记的必要条件，否则，即存在着无法办理房屋初始登记的法律风险。如出卖人超过商品房买卖合同约定的期限而仍未能完成房屋初始登记的，笔者认为出卖人应按照其过错程度向买受人支付适当的逾期办证违约金。

一般在买受人签订的委托改造协议中皆会约定，如由于改造行为导致无法办理房屋产权证的，应由买受人承担全部责任，且不得以此为由向出卖人主张逾期办证违约金。但如前已述及，该等委托改造协议应当认定为无效，相应地合同中约定的该等条款自无法律约束力，且该等条款将全部风险转嫁于买受人，有免除出卖人责任、加重买受人责任、排除买受人主要权利的嫌疑，故买受人的权利不应受该等条款之约束。但就此是否意味着买受人即可要求出卖人按照商品房买卖合同之约定承担支付逾期办证违约金？笔者认为，该问题亦有待商权。最高人民法院《关于审理商品房买卖合同纠纷案件适用法律若干问题的解释》第十八条所限定的，买受人未在规定期限内取得房屋权属证书而出卖人应当承担违约责任的前提条件是"由于出卖人的原因"，如非因出卖人原因所造成的，出卖人自无承担违约责任的基础。委托改造协议虽为无效，但确是买受人与出卖人的一致意思表示，买受人对改造行为、赠送面积的法律性质亦是有着明确认识，故买受人就未能按期办理房屋权属证书亦存在着一定程度的过错。

由此，结合本文第二部分所述之案例，笔者认为在双方皆存在过错的情况下，B 买受人有权要求 A 开发商支付逾期办证违约金，但具体的数额还应结合实际情况，根据双方的过错程度，由法院综合认定。

四、结语

在政府部门的测量规定日趋严格、执法力度不断强化的背景下，无论是对出卖人还是买受人而言，通过改造增加房屋使用面积的方式存在的固有风险日益凸显。从出卖人角度，由此引致的各项法律风险包括虚假宣传的行政处罚风险、逾期办证的民事违约风险及购房者主张欺诈撤销的群诉风险等逐步增加，且如遇房地产市场转冷的情势下，买受人定会以各种理由包括改造行为违反行政规划、逾期办证超过规定期限等要求撤销或解除合同，让出卖人疲于应对。而对买受人而言，由于赠送面积部分超出建设规划审批的范围，在购房之初即无法体现在商品房买卖合同中，更无法办理产权登记，一旦发生纠纷，购房者往往仅能依靠宣传资料作为证据，再加上购房合同中对购房者权利的种种限制与约束，购房者的维权之路可谓道阻且长。因此，就赠送面积改造事宜，出卖人和买受人都应审慎对之，以合规的方式开发建设商品房应是对双方合法权益最佳的保障方式。

认定商品房宣传资料效力的实证分析

——基于浙江法院 111 个判决的考察[*]

王　钦　徐　琼　黄　博^{**}

一、引言

发放商品房宣传资料是开发商推销商品房的一种重要方式，当购房者认为实际交付的房屋与宣传资料不符时，双方容易引发矛盾以致争讼，而争议焦点主要在于未载入商品房买卖合同的宣传资料内容能否被视为合同内容。

对宣传资料内容效力的规定，主要体现在《合同法》第十五条和《最高人民法院关于审理商品房买卖合同纠纷案件适用法律若干问题的解释》（下称《解释》）第三条。但是因对上述条款的理解不一致，在司法实践中对该条的适用范围存在诸多的争议，各地法院裁判亦有差别。

从广义上讲，宣传资料属于商业广告的一种类型。《合同法》第十五条明确规定宣传资料原则上属于要约邀请，但宣传资料的内容如符合要约规定，视为要约。[①] 笔者通过分析《解释》第三条整理出，未载入商品房买

---

　　* 本文获"第七届浙江律师论坛二等奖""第十五届华东律师论坛三等奖"。

　　** 徐琼，建纬杭州律师事务所合伙人律师，法国马赛三大（保罗·塞尚大学）法学硕士。黄博，建纬杭州律师事务所律师，浙江工商大学法学学士。

　　① 参见《中华人民共和国合同法》第十五条。

卖合同的宣传资料内容，如要被认定为合同内容，必须同时符合以下四个条件：①商品房及相关设施处于开发规划范围之中；②说明和允诺是具体确定的；③对商品房买卖合同的订立有重大影响；④对房屋价格的确定有重大影响。[①]

通过上述分析，笔者认为裁判差别主要源于对宣传资料内容是否具体确定，对商品房买卖合同的订立及房屋价格的确定是否有重大影响均没有可量化的、明确的标准。因此笔者试通过对相关公开的裁判文书进行梳理，探究司法机关对宣传资料效力认定的裁判思路和处理态度。

二、对相关裁判文书的研究

(一) 裁判文书的研究方法

考虑到裁判文书的权威性和稳定性，本文检索裁判文书的范围为浙江省内有关商品房宣传资料效力认定的二审和再审判决或裁定。笔者在"中国裁判文书网""浙江法院公开网""无讼案例"上搜集相关裁判文书，初步收集到相关裁判文书182份。经过笔者筛选，排除了71份争议焦点与宣传资料的效力问题无关的裁判文书。其后笔者对111份裁判文书逐份进行摘选和概括，最终形成"浙江法院对宣传资料的效力认定表"。(注：最后检索时间为2017年5月26日17：00)

需要说明的几点如下：①囿于部分判决和裁定不在网上公布，本文选取的判决和裁定不能涵盖浙江省法院有关商品房宣传资料效力认定的所有案件。②囿于调解书不在网上公布，故下表无法包括调解结案的案件。③鉴于部分案件为集体诉讼案件，由于案情较为类似，裁判结果也均为一致，故笔者将该类集体诉讼判决总结成为一个裁判要旨，统计分析时作为一个计数单位进行分析。

---

① 参见《最高人民法院关于审理商品房买卖合同纠纷案件适用法律若干问题的解释》第三条。

表1 浙江法院对宣传资料的效力认定表

序号	案例名称	广告及宣传资料的内容	裁判法院	裁判要旨
1	乔某华等与杭州保某房地产开发有限公司商品房预售合同纠纷①	1. "举步尽享从幼儿园、小学到中学的一站式教育资源,其中浙师大附小丁蕙小学已签约入驻,其余院校计划于2015、2016年建成。" 2. "X就在地铁3号线旁(规划),同协路、秋石高架、水上巴士多重路网皆咫尺之距,武林门、钱江新城、西湖等主城核心转瞬即达。" 3. "本形象广告内容仅供参考,所有内容一律以买卖合同约定的版本为准,市政配套规划最终以政府规划审批为准。"	杭州中院	1. 市政配套设施并不在保某公司开发规划范围内。 2. 除宣传彩页外被告并没有辅助以明确的公建指标的说明。关于学校和地铁的介绍不符合要约的两个构成要件,即内容具体确定和表明经原告同意,被告即受该意思表示的约束。 3. 宣传彩页及原被告签署的《浙江省商品房买卖合同》和《合同补充协议》均明确宣传资料为要约邀请,市政配套设施不属于合同内容。原告在签署合同时应当知晓上述内容及法律后果
2	卢某彪等与杭州云某置业有限公司商品房预售合同纠纷②	1. 对房屋及相关设施的陈述主要提了英国皇家园林景观、中央水景、喷泉等,其他内容则是对楼盘整体环境的介绍。 2. 游泳池只有楼书中的图片	杭州中院	1. 游泳池只有图片,没有明确具体的文字表述,难以认定为"具体确定的说明和允诺"。 2. 交付时的主要变化是中央水景调整为园林,该变化对合同的订立及房屋价格确定的影响并不属于重大的范畴。 3. 楼书和《补充协议书》中明确:"广告、楼书、沙盘及其他宣传资料属于要约邀请,不作为合同的组成部分
3	丁某梁等与杭州三某房地产有限公司商品房销售合同纠纷③	在楼书及住宅产品说明书中宣传将在小区内建造网球场	杭州中院	构成要约

---

① 详见杭州市中级人民法院(2015)浙杭民终字第3501～3517号判决书。
② 详见杭州市中级人民法院(2015)浙杭民终字第1190、1189、1313、967、966、944号判决书。
③ 详见杭州市中级人民法院(2013)浙杭民终字第3265、3261号判决书。

序号	案例名称	广告及宣传资料的内容	裁判法院	裁判要旨
4	卞张某某等与杭州万某置业有限公司①	1. 卫浴空间可做成由洗浴、洁面化妆、如厕三个独立功能空间组成的卫浴；玄关柜可做成高低错落 13 层放置空间，可摆放不同种类的鞋子约 40 双。 2. "本手册为要约邀请，买卖双方的权利义务以合同为准。"	杭州中院	1. 原告未能提供证据证明宣传资料对合同的订立以及房屋价格的确定有重大影响。法院根据现有证据，结合现场查看情况和生活经验，亦无法认定该要件已具备。 2. 宣传资料中明确：本手册为要约邀请，买卖双方的权利义务以合同为准
5	周某、周某为与被上诉人杭州某某文化村开发有限公司②	1. "本宣传册系对不特定人的要约邀请，买卖双方的权利义务以商品房买卖合同约定为准。" 2. 教堂"预计 2009 年年末投入使用"，青少年活动中心"预计 2009 年开放"，"将引进"体育中心、"白鹭郡南规划有商业中心与幼儿园"等内容	杭州中院	1. 宣传资料中明确：本手册为要约邀请，买卖双方的权利义务以合同为准。 2. 宣传资料表述的是"预计""计划"，没有明确具体交付时间。因此宣传资料中对基督教堂、体育中心、青少年活动中心、幼儿园的说明或允诺不能视为具体确定
6	费某琴等与桐庐五某房地产开发有限公司合同纠纷③	《宣传画册》的画面反映有湖景公园，有平台水景	杭州中院	湖景公园、水景的大小均没有文字或数字标注，不符合司法解释之"具体确定"的条件
7	汪某仙与休某投资管理（杭州）有限公司商品房预售合同纠纷④	1. "36.8% 绿化率""冲浪沙滩""海尚会馆""海尚会馆"和"沙滩由菲律宾景观建筑师设计"等。 2. "本案正在完善中，具体以政府部门最终审定文本图则为准，所有图片和文字不构成要约。"	杭州中院	宣传资料中明确表示上述图片与文字不构成要约。作为购房人，对于未在书面合同中明确约定，而仅在宣传资料中予以说明的，对其是否订立商品房买卖合同以及影响房屋价格的说明与允诺应尽充分的谨慎注意义务

---

① 详见杭州市中级人民法院（2010）浙杭民终字第 26、663 号判决书。
② 详见杭州市中级人民法院（2010）浙杭民终字第 568 号判决书。
③ 详见杭州市中级人民法院（2014）浙杭民终字第 1181 号判决书。
④ 详见杭州市中级人民法院（2013）浙杭民终字第 655 号判决书。

序号	案例名称	广告及宣传资料的内容	裁判法院	裁判要旨
8	卢某华与桐某市国创置业有限公司商品房预售合同纠纷①	1. "国际新能源市场总占地约96亩，总建筑面积约15万平方米，共分两期，其中一期为太阳能馆，二期规划有光伏馆、风能馆、生物质能馆、综合馆、低碳酒店、会议中心、能源博物馆等。" 2. "国际新能源市场一期——太阳能馆，目前招商100%完成。"	嘉兴中院（省高院驳回购房者的再审申请）	1. 宣传资料描述已经超出开发规划范围，相关宣传内容亦非针对案涉商品房本身或相关设施。 2. 该宣传资料仅概括称国际新能源市场分两期，却无具体的开发建设时间、方位、结构、面积等，不符合"说明和允诺应具体确定"的条件。 3. 卢某华既无证据证明其系因相信宣传资料内容从而签订商品房买卖合同，亦无证据证明该宣传内容对其购房价格的确定有重大影响
9	周某等与海宁某地产有限公司商品房预售合同纠纷②	开发商印制的《××产品价值读本》载明："立面选用全干挂石材。"	嘉兴中院	构成要约
10	杨某与吉某置地集团有限公司商品房预售合同纠纷③	开发商在媒体刊登的"城南小学（规划中）的学区房源"	嘉兴中院	该宣传所涉的学校并非案涉商品房开发规划范围内的房屋及相关设施，故不能认定为要约
11	顾某、顾佳某与浙江厚某房地产开发有限公司商品房预售合同纠纷④	"首创 Outlets 品牌购物、嘉年华游乐、影视娱乐中心三位一体的商业模式"，集旅游、购物、娱乐、休闲为一体的大型综合商业主题街区，并拥有 Outlets、酒吧、KTV 会所、影视城、五星级酒店、嘉年华游乐园等众多现代业态	嘉兴中院	1. 五星级酒店、影视城、国际嘉年华游乐园等经营项目只是对将来要发生情况的渲染，并非开发商注册经营范围内的事项，不能认定为开发商的开发规划。 2. 没有明确具体的建成标准或投入运营的时间。 3. 原告也未能举证证明上述宣传对其商品房买卖合同的订立及房屋价格的确定有重大影响

---

① 详见嘉兴市中级人民法院（2015）浙嘉民终字第256号判决书。
② 详见嘉兴市中级人民法院（2016）浙04民终875、876号判决书。
③ 详见嘉兴市中级人民法院（2015）浙嘉民终字第992号判决书。
④ 详见嘉兴市中级人民法院（2012）浙嘉民终字第367号判决书。

序号	案例名称	广告及宣传资料的内容	裁判法院	裁判要旨
12	刘某利等与宁波保某置业有限公司商品房预售合同纠纷①	1. 宣传视频及宣传册中有："保利城超级8套配套"，包含"一站式购物广场、风情商业街、3D图书馆、五星酒店、8厅影院、乡村音乐会馆、艺术博物馆、拍卖厅"；"西面紧贴活水清溪，河滨游步道和亲水平台与生活亲密互动，临河而居……" 2. "本印刷品所载图文均为宣传所需，仅供参考。双方权利义务以最终所签订的商品房买卖合同及政府批文为准"字样	宁波中院	1. 宣传册及宣传视频中载明的保利城八大商业配套、小区西面河道及河道绿化均不在开发规划范围内。 2. 宣传视频及宣传册中的描述均非具体、确定。 3. 原告未能举证证明被告交付的园林景观设计价值降低或对其所购房屋的价值产生重大影响。 4. 补充协议已明确排除了宣传册、宣传视频的广告内容作为合同条款，且相关条款亦已通过加粗、加黑处理提醒原告注意
13	方某燚等与宁波某港置业有限公司商品房预售合同纠纷②	1. "三室二厅二卫有独立餐厅带转角落地窗"，小区内的十六项设施有"人造沙滩、沙坑、溢水景墙、观景水池"。 2. "所示图片与文字均为示意性质，仅供参考，不构成合同附件，具体内容均以政府有关部门审批为准，解释权归开发商所有。"	宁波中院	1. 被告发放的宣传资料均注明了"所示图片与文字均为示意性质，仅供参考，不构成合同附件，具体内容均以政府有关部门审批为准，解释权归开发商所有"。 2. 原告不能证明对商品房买卖合同的订立以及房屋价格的确定产生了重大影响
14	姚某、干某燕与宁波中某房地产开发有限公司商品房预售合同纠纷③	广告资料中有"英国著名豪宅海德堡的增值已是物业销售时的60余倍""中江浅水湾的德系精工雕琢为物业增值已经铺垫上了厚重的红地毯"的宣传	宁波中院	1. 上述宣传非被上诉人"就商品房开发规划范围内的房屋及相关设施所作的说明和允诺"。 2. 也不"具体确定"，故难以被认定为系被上诉人发出的要约

---

① 详见宁波市中级人民法院（2015）浙甬民二终字第724~728、730~732号判决书。
② 详见宁波市中级人民法院（2010）浙甬民二终字第550、551、592~595号判决书。
③ 详见宁波市中级人民法院（2015）浙甬民二终字第574号判决书。

续表

序号	案例名称	广告及宣传资料的内容	裁判法院	裁判要旨
15	钱某宇等与宁波金某房地产开发有限公司商品房预售合同纠纷①	广告中有关规划总面积约5000平方米，布置近1/3占地面积的绿地等内容	宁波中院	该表述用了"约""近"等字样，该说明和允诺并不具体确定。
16	朱某伟与温州市中梁华某置业有限公司商品房预售合同纠纷②	1. 宣传资料中称"南湖塘河公园2014年6月30日竣工、2013年8月1日国宾大道正式通车""2014年开通，轻轨S1线问鼎温州""北大、北师大附属学校意向入驻南湖""超大规模泳池""24K纯金镶嵌超星级会所"等。 2. 注明广告内容仅供参考，不构成合同要约，最终以实际交付或政府批文为准	温州中院	1. 周边公园、路网属于商品房规划范围外的市政配套设施，不属被告开发建设范围。 2. 广告宣传资料载明"北大、北师大附属学校考察南湖国际新城后，意向入驻南湖"，首先表明仅仅是达成入驻意向，其次入驻地点并未指向涉案商品房所处的南滨锦园，故该项宣传内容不够明确具体。"超大游泳池、五星级会所"均无明确具体的衡量标准，该项宣传内容不足以构成合同要约
17	潘某雷与温州居士某房地产开发有限公司商品房预售合同纠纷(构成要约)③	宣传资料中醒目地标明涉案房屋的"子爵89公馆三室两厅两卫（优化后）""户型优化图""户型原始图""优化后可利用面积约24平方米"等内容	温州中院	1. 宣传资料标明了涉案商品房面积优化前后效果图之间的差异，展示了涉案房屋的一个重要卖点是赠送优化面积，该事实对涉案商品房买卖合同的订立有重大影响。 2. 从宣传资料的内容可以看出，该优化面积所做的说明和允诺具体明确

① 详见宁波市中级人民法院（2008）甬民二（一）终第36号判决书。
② 详见温州市中级人民法院（2015）浙温民终字第1330号判决书。
③ 详见温州市中级人民法院（2016）浙03民终1919号判决书。

序号	案例名称	广告及宣传资料的内容	裁判法院	裁判要旨
18	王某泽与华某置地森某实业（温州）有限公司商品房预售合同纠纷①	销售广告和宣传资料有关于超五星级酒店和国际商务公寓项目的宣传内容	温州中院	1. 超五星级酒店和国际商务公寓项目不在涉案商品房开发规划范围内。 2.《商品房买卖合同》附件约定："出卖人的广告、楼书、沙盘、示范单位及其他宣传资料仅作为潜在购房在选择、参观楼盘的参考，属于要约邀请。"
19	朱某木等与德清德某置业有限公司商品房销售合同纠纷②	"以喷泉水景为中心的入口景观广场作为社区门户"等文字介绍，附喷泉水景的楼盘鸟瞰效果图	湖州中院	1. 喷泉水景并非为满足买受人购房的特定心理需求或者购房目的，一般而言，是否建有喷泉水景并不会影响到买受人购房与否的决策。 2. 原告并未提供证据证明喷泉水景对案涉商品房合同的订立及房屋的价格的确有重大影响
20	何某妹等与浙江中某房地产开发有限公司商品房销售合同纠纷（构成要约）③	"约 2000 平方米的浪漫中庭花园，绵绵水景犹如一串湛蓝的玉带，嵌入社区之中"等内容	台州中院	广告载明有约 2000 平方米的中庭花园，且附有效果图，这属于对商品房环境性质量的陈述，已构成具体确定的说明和允诺
21	张某菁与绍兴中某置业有限公司商品房销售合同纠纷④	广告承诺赠送价值人民币 4 万元的空调和 2 万元的露台，或折价人民币 6 万元的诉请	绍兴中院	该允诺并未明确空调的型号、露台的面积等可将标的物特定化的内容，内容并不具体确定

---

① 详见温州市中级人民法院（2015）浙温民终字第 477 号判决书。

② 详见湖州市中级人民法院（2015）浙湖民终字第 332、335、457~459 号判决书。

③ 详见台州市中级人民法院（2013）浙台民终字第 714~730、734~737、739、741~765 号判决书。

④ 详见绍兴市中级人民法院（2015）浙绍民终字第 1876、1871、1872、1873 号判决书。

（二）案例情况概述

这111个案例的基本状况如下：

从分布地区上看，杭州市有30个，嘉兴市有6个，宁波市有16个，温州市有3个，湖州市有5个，台州市有47个（大部分为集体诉讼），绍兴市有4个，可以说有相当广泛的地域代表性。

从分布年份上看，这111个案例的审理时间在2009年与2016年之间，可借以观察到近8年来浙江各地法院对商品房宣传资料的认定态度的区别以及总体的倾向性。

从认定构成要约的裁判要旨中分析，认定构成要约的裁判要旨共有4个，分别为第3、9、17、20号，裁判法院分别为杭州中院、嘉兴中院、温州中院和台州中院，裁判年度分别为：2013年、2016年、2016年和2013年。说明浙江省存在认定商品房宣传资料构成要约的判决，且审理时间在2013—2016年，属于较近的年份。

上述21个裁判要旨中，仅4个裁判要旨认定宣传资料构成要约，所占比例约为19%；相比之下，有17个裁判要旨认定宣传资料不构成要约，所占比例约为81%。依据上述数据，笔者制作了图1。

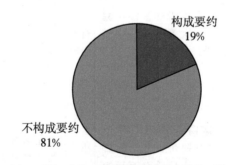

图1　浙江法院对宣传资料的效力认定对比

从图1可以明显地看出，浙江省各地法院对宣传资料的效力认定问题，总体上还持一个谨慎的态度，除非特别具体明确的宣传描述，一般是不支持构成要约的。从法律逻辑上来讲，这样的结果是可以理解的。商品房宣传资料本身定性为要约邀请，被视为要约仅仅作为一个例外而存在，因此实践中法院不会轻易作出这种认定。

三、对法院考量依据和援用情况统计分析

从上文我们已知，浙江省各地法院对宣传资料的效力认定问题，总体上还持一个谨慎的态度，一般是不支持构成要约的。清楚了这样一个基本态度后，在认定商品房宣传资料的效力这个问题上，法院一般从哪几个方面考量仍是一个悬而未决的问题。沿着上述思路，笔者通过分析上述表格总结出，法院一般从以下 5 个方面来考量在具体案情中如何认定商品房宣传资料的效力。

（一）是否针对开发规划范围内的房屋及相关设施

首先明确宣传资料对开发范围外的房屋及相关设施所做的说明和允诺不属于《解释》第三条中可以认定构成要约的情形。

（二）是否具体确定

"具体确定"要求说明和允诺不是抽象、笼统的，且不存在有不同解释的可能。

（三）对合同订立及房屋价格确定是否有重大影响

由于语言本身的模糊性及理解的不一致，对"订立合同及房屋价款的确定有重大影响"没有一个比较明确的标准，因此，在实践中该点的认定大多依据法官的自由裁量。

（四）遵循举证责任的规则

购房者对宣传资料是否满足上述构成要件负有举证责任。如果购房者不能证明宣传资料满足上述构成要件，则应承担举证不能的不利后果。

（五）是否排除自身构成要约

很多开发商不仅在楼盘的宣传资料中明确图片与文字不构成要约，还会在购房合同和补充协议中约定宣传资料仅作为参考，属于要约邀请。这样的做法在不少裁判文书中亦有相关体现，部分法院引用该类做法作为排除宣传资料构成要约的依据之一。

基于现实中法院的主流态度，认为在证据不充分的条件下，商品房宣传资料难以构成要约。那法院究竟是从哪些方面来否定宣传资料构成要约的呢？笔者顺着上述思路，先筛选出法院认定不构成要约的裁判要旨，然后从各裁判要

旨中统计出上述各个考量依据被援用的次数，并计算其在总援用次数中的比例。最后形成图表如下。

表2 司法考量依据的援用情况（认定不构成要约）

序号	司法考量依据	援用次数	援用比例/%
1	针对开发规划范围外的说明和允诺	8	20
2	不具体确定	11	27.5
3	难以认定对合同订立及房屋价格确定有重大影响	7	17.5
4	举证责任的规则	6	15
5	明确排除自身构成要约	8	20
总计		40	100

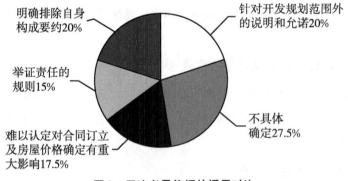

图2 司法考量依据的援用对比

在认定宣传资料不构成要约的考量依据中，被援用次数最多的首先是"宣传资料不具体确定"。其次为"宣传资料是针对开发规划范围外的说明和允诺"和"宣传资料明确排除自身构成要约"。上述两个考量依据被援用次数相同，同位列第二。"难以认定宣传资料对合同订立及房屋价格确定有重大影响"位列第三。最少被援用的是"遵循举证责任的规则"。五种司法考量依据被援用的次数和比例都较为均衡。

四、对如何认定宣传资料的效力之思考

接下来笔者将逐一论述各个司法考量依据，并结合21个裁判思路的共性和个性，试图总结出浙江各地对各个司法考量依据的认定思路和处理态度。

（一）如何认定说明和允诺构成"具体明确"

对于如何认定说明和允诺构成"具体明确"，最高人民法院民一庭编著的《商品房买卖合同司法解释问答》中指出，审查商品房销售广告中的说明和允诺是否具体、确定，要审查其说明是否有清楚明白的具体内容和事项，允诺是否有明确的标准和肯定的含义，要注意结合具体的事实加以认定。[①] 笔者根据上述判例的汇总分析，发现浙江各地法院在裁判思路上有以下共识。

（1）宣传资料如果表述没有具体到可以衡量的标准，一般难以认定为"具体明确"；如例16中，温州中院认为宣传资料描述的"超大游泳池、五星级会所"均无明确具体的衡量标准，故该项宣传内容不足以构成合同要约。

（2）宣传资料中如果无具体的建设面积、时间、方位、结构、型号等数字标注或文字描述，一般难以认定为"具体明确"；如例8中，嘉兴中院认为宣传资料仅概括称国际新能源市场分两期，无具体的开发建设时间、方位、结构、面积等，不符合"说明和允诺应具体确定"的条件。

（3）宣传资料如采用"约""近""预计"等表述，一般难以认定为"具体明确"；如例15中，宁波中院认为宣传资料用了"约""近"等字样，该说明和允诺并不具体确定。

总体来说，说明和允诺是否"具体确定"更多地属于个案判断的问题。从上述三点对裁判共识的总结中，可以看出大多数浙江法院对"具体明确"的标准是要求较高的，只有笼统模糊的描述很难获得法院对认定宣传资料构成要约的支持。如"繁华枢纽""贵族品质""轻奢风格"等模糊、不明确的描述性语言，只能被视为要约邀请；对开发规划范围内的层高、容积率、绿地面积（绿化率）等作出了详细描述，如"×平方米花园""×米层高"则很有可能被认定为"具体明确"。

（二）排除宣传资料构成要约条款的效力

上述案例中，有的开发商在宣传资料中明确其中的图片和文字不构成要约，有的开发商在《商品房买卖合同》和《补充协议》中明确宣传资料为要约邀

[①] 最高人民法院民事审判第一庭：《商品房买卖合同司法解释问答》，法律出版社出版2003年版，第28页。

请，试图借此排除宣传资料构成要约的适用。笔者通过研读上述判决发现，在21个裁判要旨中，8个裁判要旨支持在宣传资料中排除构成要约的效力，且都在判决书中引述这一事实作为其裁判依据。这样的处理说明这样的条款是具有实际效果的，且得到法院的支持。

此外，有的购房者试图主张该类条款构成格式条款，从而请求法院判定该类条款无效，但并未获得法院的支持。如例12中，法院认为，相关合同条款并不存在免除自己责任、加重对方责任或排除对方主要权利之情形，相关条款亦已通过加粗、加黑处理提醒原告注意，故对购房者认为相关条款系无效的格式条款的主张，不予支持。综上，开发商在宣传资料和购房合同中排除宣传资料构成要约条款，能得到部分法院的支持。

（三）对合同订立及房屋价格确定是否有重大影响的认定

因为不同的购房者有不同的价值观念，如有人青睐的是房屋户型好，有人中意的是交通便利，有人看重小区周围的教育资源等，因此很难根据日常生活经验推定出某一项"说明和允诺"对特定买受人的影响力。所以对如何认定"订立商品房买卖合同及商品房价款的确定有重大影响"没有一个比较明确的标准，只能由法官根据具体的事实和证据进行分析后自由裁量。因此，浙江各地法院要求购房者提供充分的证明，除非特别明确的情形，大部分法院难以认定某项因素对合同订立及房屋价格确定具有重大影响。如例19中，法院认为，喷泉水景并非为满足买受人购房的特定心理需求或者购房目的，一般而言，是否建有喷泉水景并不会影响到买受人购房与否的决策。

（四）对是否属于"开发规划范围内的房屋及相关设施"的认定

解决该问题的关键是如何理解"开发规划范围"和"相关设施"。"开发规划范围"可以各地规划局批准的规划设计图纸为准。至于"相关设施"，应当包括基础设施和相关配套设施，前者包括供暖、供电、供水、小区内景观和道路、停车场等。后者则包括商品房规划范围内的配套设施，如商业、服务业、医疗、教育和公共交通等配套设施。[1]

上述案例中，许多商品房宣传资料有涉及对商品房周围设施及环境的宣传，

---

① 最高人民法院民事审判第一庭：《商品房买卖合同司法解释问答》，法律出版社出版2003年版，第30—31页。

而这些设施有部分是在商品房开发规划范围外的，如地铁、学校、医院等。浙江各地法院的裁判思路均较为谨慎，严格按照《解释》的规定，对广告中宣传的不在商品房开发规划范围内的房屋及相关设施只能认定为要约邀请，无法视为商品房合同内容。

综上所述，我们可以看出浙江各地法院对商品房宣传资料是否构成要约问题，总体上持一个谨慎严格的态度，除非常具体明确的宣传描述外，一般是不支持构成要约的。法院的裁判思路大致是，首先让购房者对宣传资料符合《解释》第三条的构成条件承担证明责任，再查看宣传资料及商品房买卖合同（包括补充协议）有无明确排除宣传资料构成要约的文字说明，一般在无上述文字说明且宣传资料符合《解释》第三条的四个条件，才可能认定宣传资料构成要约。

"附赠花园"衍生的权利冲突及物权规则探析*

陈 沸 朱春苗

　　根据 2007 年 10 月 1 日施行的《物权法》第七十三条规定,建筑区划内的绿地属于业主共有,但属于城镇公共绿地或者明示属于个人的除外。即住宅小区内的绿地,除法律规定的特定情形外,应属全体业主共有。但在商品房销售过程中,为提高首层房屋溢价率,弥补首层房屋实际存在的湿度大、采光差等缺陷,许多房地产开发企业(以下统称为出卖人)采取"买一赠一"的销售方式,即业主购买首层房屋,出卖人附赠与物业毗邻花园之使用权。由此,首层房屋有了"附赠花园"的加持,其销售价格亦是扶摇直上,部分小区更是产生了首层房屋价格远高于小区房屋均价的情形。但由于各种因素叠加作用,在合同实际履行过程中,"附赠花园"销售模式导致的后果是,相关各方争执不断。如何在现行法律框架下,妥善处理各方矛盾与冲突、厘清各方当事人之间的权利义务,是实务中亟待解决的重要问题。

一、附赠花园凸显绿地率指标虚化之困境

　　绿地率是指居住区用地范围内各类绿地面积的总和占居住区用地面积的比率;居住区内绿地应包括公共绿地、宅旁绿地、公共服务设施所属绿地和道路

---

　　* 本文获"第七届浙江律师论坛三等奖""第三届杭州律师论坛一等奖"。

绿地。① 绿地率是反映居住区内可绿化的土地比率，它为搞好环境设计、提高环境质量创造了物质条件，为此属于必要指标。② 《住宅建筑规范》（GB 50368—2005）第4.4条规定，新区的绿地率不应低于30%；公共绿地总指标不应少于1平方米/人。《杭州市城市绿化管理条例实施细则》第五条规定，居住区人均公共绿地面积应符合以下标准：居住区级不低于1.5平方米；小区级不低于1平方米；组团级不低于0.5平方米。但实际上由于严格执行绿地率指标对出卖人而言，属于增加成本而无法直接产生经济效益的行为，故往往易导致绿地率指标趋于虚化。而出卖人通过附赠花园的形式允诺首层业主可对公共绿地单独享有使用权，实际上损害了其他业主的合法权益，若剔除附赠花园部分绿地面积，其他业主可享有的人均公共绿地面积及整个小区的绿地率实际上都无法达到法律规定之标准。但实践中，出卖人通常是将允诺首层业主单独使用的绿地面积依然计入小区绿地率，并可通过有关行政部门的竣工验收，而现行法律法规并未对该种情况下绿地率的计算规则进行相应的规范，且出卖人往往又是通过制定统一的合同条款的方式使其他业主放弃公共绿地使用权，在这种情况下，业主以绿地率未达标为由主张权利恐难实现。实际上，笔者经检索中国裁判文书网，也暂未检索到业主以此为由主张损害赔偿的案例。

二、专有使用权③与物权规则之衔接

（一）私赠花园与立法意旨的背离

出卖人未经全体业主同意，擅自采用赠送花园的销售方式，在纯排屋或别墅社区中，因各业主都可享有毗邻花园的专有使用权，各业主之间存在着一致默契，就各毗邻花园的权利占有、使用、维护等问题一般不易产生冲突。但现

---

① 《城市居住区规划设计规范》（GB 50180—93）（2016年版）第二条。

② 《城市居住区规划设计规范》（GB 50180—93）（2016年版）第十一条。

③ 参见最高人民法院民事审判第一庭编著：《最高人民法院建筑物区分所有权、物业服务司法解释理解与适用》，人民法院出版社2009年出版，第77页。相关论述："……以前我们在起草楼顶平台的归属问题时，有一稿曾经用了'专有使用权'这一概念……但在征求意见中，专家学者们几乎异口同声地对'专有使用权'这一用语表示不同意，其理由是，根据物权法定原则，物权的种类是法定的，《物权法》没有'专有使用权'的规定，其他法律也没有专有使用权的规定，司法解释不能创设新的物权类型，因此，建议删去这一用语。我们认为，这一意见是正确的……基于此，我们后来删去了'专有使用权'的表述。"本文为行文方便，暂使用"专有使用权"这一表述。

在更多的小区是出卖人为了满足项目规划的容积率要求，同时获得房屋的高溢价率，往往采取拉高拍低的"高低配"方式建设项目，如高层＋洋房、高层＋排屋等，此时，洋房或排屋一楼"私有花园"对小区绿化率和公共空间的严重侵占，为业主间的利益冲突与矛盾埋下了伏笔。

我国《物权法》第七十三条规定，建筑区划内的绿地，属于业主共有，但属于城镇公共绿地或者明示属于个人的除外。也即住宅小区内的绿地原则上应属全体业主共有，全体业主皆享有使用权。故出卖人未经其他业主同意与首层业主单独约定附赠一楼花园，将会损害其他业主的"经济和生态权利"[1]，在其他业主持有异议的情形下，实际上无法履行，其他业主有权要求开放花园，进入花园休憩、娱乐，共同行使对小区花园及绿地的使用、管理等权利。

（二）私赠他人之物与无权处分

小区公共绿地属全体业主共有，出卖人未经业主同意擅自向首层业主赠送毗邻花园专有使用权的行为，其效力颇有争议。第一种观点认为：该行为侵害了其他业主的合法权益，系损害社会公共利益之行为，应属无效。第二种观点认为：该行为系出卖人之无权处分行为，需经全体业主或业主大会追认方为有效，若不予追认或拒绝追认的，则该行为归于无效。第三种观点认为：该行为系出卖人之无权处分行为，合同有效，出卖人无法履行的，应承担违约责任。

笔者倾向于第三种意见。首先，出卖人未经其他业主同意擅自将全体业主共有之花园使用权赠予单个业主，确已损害小区其他业主的合法权益，但能否就此归入"损害社会公共利益"的范围，从而适用《合同法》第五十二条第（四）项之规定径直认定其无效？笔者认为该观点殊值商榷，存在不恰当扩张法律适用范围、动辄以损害公共利益为由否认合同效力之嫌。其次，认定无效不利于保护买受人即首层业主之权益。在合同无效的情形下，业主仅能根据《合同法》第四十二条之规定追究出卖人之缔约过失责任，而无法直接适用违约责任的规定，依据通说，信赖利益以恢复买受人订约之前状态为目的，其赔偿范围一般以不超过履行利益为限，故将该约定认定为无效，实际上等于放纵出卖人的该不当行为，不利于保护首层业主的合法权益。再次，根据我国《物

---

[1] 杨振峥：《小区绿地专有制度研究》，载《辽宁科技大学学报》2011年34卷第2期。

权法》第十五条之规定所确立的处分行为与负担行为相区分的原则，无权处分人处分他人之物，合同约定系负担行为应为有效。至于《合同法》第五十一条所述之"无处分权的人处分他人财产"，应将其理解为仅对"处分行为"而言，负担行为不包括在内，更为契合①。最后，根据《最高人民法院关于审理买卖合同纠纷案件适用法律问题的解释》第三条"当事人一方以出卖人在缔约时对标的物没有所有权或者处分权为由主张合同无效的，人民法院不予支持"之规定，最高人民法院力图遵循《物权法》第十五条规定之精神，理顺负担行为与处分行为之间的联系，使负担行为之效力归于《合同法》调整范围，而处分行为之效力适用《物权法》的规制，此规定应系最高人民法院对无权处分行为效力的明确表态，即在无权处分情形下，合同实为有效，真正效力未定的应为处分行为的效力及物权变动的结果。综上，笔者认为，出卖人私赠花园之行为，应系无权处分，该约定有效，出卖人不能履行的，应承担违约责任。

（三）业主专有使用权之适用条件

如前所述，出卖人将毗邻花园赠予首层业主的行为，应属有效，而出卖人能否实际履行该约定，使首层业主可自由行使其专有使用权，从而实现其排他使用毗邻花园的目的则需审查该约定是否已满足一定之条件。笔者认为，业主可对毗邻花园享有专有使用权的，应包含两种情形：经规划确定可专属使用或经全体业主同意。前者毗邻花园使用权应为首层业主单独所有；而后者毗邻花园使用权应仍为全体业主共有，首层业主仅是根据全体业主之共同意思表示而享有专有使用权。

第一种情形：经规划确定可专属使用。笔者认为，根据《最高人民法院关于审理建筑物区分所有权纠纷案件具体应用法律若干问题的解释》第二条②之规定，应认定花园、绿地亦是可包括在"露台等"之范围内。在此情形下，首先，该花园在规划上应专属于特定房屋，这里的规划，是指与规划有关的所有文件，而不仅仅是规划图，如经规划行政主管部门批准的施工首层图就明确表

---

① 王泽鉴：《民法学说与判例研究》（第四册），北京大学出版社2009年版，第102页。
② 《最高人民法院关于审理建筑物区分所有权纠纷案件具体应用法律若干问题的解释》第二条第二款规定：规划上专属于特定房屋，且建设单位销售时已经根据规划列入该特定房屋买卖合同中的露台等，应当认定为《物权法》第六章所称专有部分的组成部分。

示了小区的首层房屋是否有专门附属于该房屋的绿地，绿地面积有多大。① 其次，出卖人应在商品房买卖合同中将首层业主享有毗邻花园单独使用权之事实予以明确，并在附图上划定花园的面积及界线。最后，根据《物权法》第七十三条之规定，出卖人还应通过公示、沙盘模型、广告、合同、划定花园界线等方式"明示属于个人"，使小区其他业主可知悉该花园的权利归属状态。

第二种情形：经全体业主同意。在实践中，花园部分经规划审批为"专属于特定房屋"的情形较少，且花园部分亦很难取得产权登记，业主难以通过不动产权登记证书等公示其专用使用权之存在。故大部分小区花园或绿地是属于全体业主所共有的。在此情形下，首层业主欲实现对毗邻花园之专有使用权，应通过合同约定或管理规约、业主大会决议等形式取得全体业主之同意。管理规约或业主大会基于绿地使用管理、维护的需要，对事实上只能由特定业主使用的绿地设定为该特定业主享有专有使用权，一则可以减少全体业主对该绿地的养护成本，二则可以充分利用该绿地。②

在该条件下业主专有使用权的取得，首先，相应花园部分设计应已经过规划部门的审批。该规划审批应仅是指，相应花园部分设计已经规划审批确定作为绿地之用途；其次，该附赠花园由首层业主享有专有使用权应经全体业主同意。实践中，一般是出卖人在商品房买卖合同中列入附赠花园专有使用权条款，由业主签字确认，或是由全体业主召开业主大会等形式决定花园使用权之归属与利用。因小区业主作为公共绿地的共同所有人，根据《物权法》之规定，有权决定公共绿地的使用、维护等各项事宜。在施某跃与蔡某健、浙江萧山农村合作银行物权保护纠纷案③中，浙江高级人民法院即认定："法律允许全体业主通过业主大会决议、管理规约等形式对共有部分的用途作出改变或对共有部分进行处分，本案中，蔡某健提交的'萧山商城花园业主大会决议'显示，商城花园小区已通过业主大会决议的形式同意保留诉争绿地上的景观，在此情形下，

---

① 最高人民法院民事审判第一庭编著：《最高人民法院建筑物区分所有权、物业服务司法解释理解与适用》，人民法院出版社 2009 年版，第 56 页。

② 高圣平：《建筑区划内绿地的权利归属研究——兼评〈建筑物区分所有权司法解释（征求意见稿）〉第 3 条第 1 款》，载《政治与法律》2009 年第 2 期。

③ 案号：（2015）浙民提字第 76 号。

施某跃关于拆除诉争绿地上的假山、水池、水井、石栅栏，恢复绿地的诉讼请求不符合全体业主之共同意思表示，本院难以支持。"

（四）"授权条款"的效力之争

在实践中，出卖人一般是通过制定统一的合同条款，如"买受人明确知悉并同意一楼物业毗邻花园部分由其他业主专属使用，买受人对该花园由其他业主专有使用之事实无异议，且其后亦不得通过任何方式主张上述权利"，并将其列入购房合同中，要求业主在购房时统一签字确认上述条款。但不少业主由于种种原因，在合同签订尤其是房屋交付后，会对毗邻花园使用权之归属提出异议，并由此产生与出卖人、首层业主之间的种种纠纷屡见报端，进而引发人们对出卖人制定的前述"授权条款"效力的争议。

质疑该条款效力的主要理由是，该"授权条款"系出卖人为重复使用而预先拟定，并在合同订立时未与买受人协商的格式条款。根据我国《合同法》第四十条之规定，提供格式条款一方免除其责任、加重对方责任、排除对方主要权利的，该条款无效。笔者认为，能否认定为格式条款应从以下两方面认定：第一，应审查出卖人是否已经以合理方式提请业主注意前述授权条款的存在并已明确理解其含义；第二，结合各住宅小区的具体情况分析该条款是否存在明显的权利义务分配失衡之情况，如在极端情况下可能出现的因附赠花园而导致小区内可供业主公共活动之绿地几近于无或非常少，此时，应认定为对业主权利的严重剥夺及侵害，从而判定为无效条款。否则，应认定该条款属于业主之真实意思表示而为有效。在柯某静与宁波世贸新某置业有限公司商品房预售合同纠纷案[1]中，浙江省高级人民法院即认定，涉案绿地虽为业主共有的绿地，但涉案7号地块上的房屋均为别墅，涉案地块上的房屋《商品房买卖合同》为格式文本，其附件八第二十四条对绿地均作出相同约定，可视为全体业主对绿地使用达成的公约，业主包括柯某静对相邻绿地的独立使用有实现可能。在该案例中，法院即对上述"授权条款"之效力予以认可，并将其视同为"全体业主对绿地使用达成的公约"。

---

[1] 案号：(2016) 浙民申 143 号。

三、业主擅自改建花园、搭建围墙所涉之法律问题

在业主实际使用出卖人附赠之花园的过程中，基于各业主的实际使用需求，出现了部分业主私自改造花园的情况，如铲除草皮、铺设地砖或硬化地面等，更有甚者在花园里种植菜蔬、畜养家畜，完全改变了原花园所承载的观赏及美化环境的功能。另外，部分业主为增强花园的私密性，明确各自所占有的"领地"范围，采取了擅自加设围墙或栅栏的界线划分方式，还有些业主砌起了高高的实心砖墙，俨然将原属公共绿地的花园部分设置成了专属的私有城堡。

（一）公法层面：侵害城市规划许可法律制度

笔者认为，业主擅自改造花园的行为侵害了城市规划许可法律制度，扰乱了城市规划的管理秩序，属违法行为，业主应依法自行拆除上述违法建筑或构筑物并将花园恢复原状。《中华人民共和国城乡规划法》第四十条第一款规定："在城市、镇规划区内进行建筑物、构筑物、道路、管线和其他工程建设的，建设单位或者个人应当向城市、县人民政府城乡规划主管部门或者省、自治区、直辖市人民政府确定的镇人民政府申请办理建设工程规划许可证。"第六十四条规定："未取得建设工程规划许可证或者未按照建设工程规划许可证的规定进行建设的，由县级以上地方人民政府城乡规划主管部门责令停止建设；尚可采取改正措施消除对规划实施的影响的，限期改正，处建设工程造价百分之五以上百分之十以下的罚款；无法采取改正措施消除影响的，限期拆除，不能拆除的，没收实物或者违法收入，可以并处建设工程造价百分之十以下的罚款。"故业主未办理规划许可手续而擅自改造花园的，其建设行为应属违法，根据上述法律规定，业主应负有拆除违法建筑或构筑物、恢复原状的义务。在郭某、楼某霞与杭州市西湖区城市管理行政执法局规划行政处罚纠纷①案件中，法院亦是循着这一思路，从而认定郭某、楼某霞未取得建设工程规划许可证而在房屋南侧空地上搭建木地板，并设置木质围栏的行为违反了《中华人民共和国城乡规划法》第六十四条之规定，杭州市西湖区城市管理行政执法局作出的责令郭某、楼某霞自行拆除违法建（构）筑物，恢复原状的行政处罚决定事实清

---

① 案号：（2015）浙杭行终字第110号。

楚、证据确凿，适用法律正确，故而驳回了原告郭某、楼某霞要求撤销行政处罚的诉讼请求。

（二）私法层面：背离业主公约与物业管理规定

即便是根据全体业主授权或同意，首层业主对毗邻花园可享有专有使用权，但业主在行使该权利时，亦不是无限制的，相反，其权利的行使应受到小区内部业主制定的业主公约及物业管理制度的约束。在实践中，无论是出卖人赠予业主使用权的合同条款还是业主公约及小区物业管理规定，一般都会对业主的专有使用权的行使范围进行约定，业主不得随意破坏、改造花园，或是业主应保证其花园应与整个小区的环境绿化、园林设计相协调等，业主违反上述义务的，应当承担恢复原状等法律责任。在《最高人民法院公报》2007 年第 9 期刊登的"青岛中南物业管理有限公司南京分公司诉徐某太、陆某侠物业管理合同纠纷案"中，法院在裁判文书说理部分即明确指出，即使徐某太、陆某侠对于该庭院绿地具有独占使用权，鉴于该庭院绿地是小区绿地的组成部分，根据物权的公益性原则，徐某太、陆某侠在使用该庭院绿地时亦应遵守业主公约、物业管理服务协议关于小区绿地的管理规定，不得擅自破坏该庭院绿地，损害小区其他业主的合法权利。故此法院最终判决业主自行拆除在房屋南阳台外庭院绿地内改建的水泥地、鱼池、花台，恢复庭院绿地原状。

四、管理规约或业主大会能否收回公共绿地使用权

如前所述，就小区内公共绿地，首层业主可经全体业主同意而取得花园专有使用权，但在实际履行过程中，因首层业主对附赠花园进行不正当使用等问题，业主间争议频发。此时，全体业主能否再通过管理规约或业主大会之决定而收回花园使用权，恢复为由全体业主共同使用？

笔者认为，专有使用权系经全体业主（包括管理规约或业主大会）同意或授权而取得，其性质应系"共有人之间依约定由部分共有人或他人占有共有物的特定部分而使用的权利，此种约定属于共有物分管契约"[1]。既属契约，在符

---

[1] 高圣平：《建筑区划内绿地的权利归属研究——兼评〈建筑物区分所有权司法解释（征求意见稿）〉第 3 条第 1 款》，载《政治与法律》2009 年第 2 期。

合规定的条件下根据各共有权人一致之意思表示应可变更或终止。首层业主既然可通过全体业主同意的方式而取得花园专有使用权，且该权利的取得一般是无偿的、长期的，若其他业主无法通过其他任何途径恢复绿地之共同使用权，那该专有使用权将变为实质上的"所有权"，与《物权法》相悖。小区管理规约是业主自治的成果及体现，系全体业主对小区管理事宜之一致意思表示，对业主具有法律约束力。且根据《物业管理条例》第十七条第一款规定，管理规约应当对有关物业的使用、维护、管理，业主的共同利益，业主应当履行的义务，违反管理规约应当承担的责任等事项依法作出约定。因此，管理规约有权对共有物及共有事务的管理进行规定，并约束全体业主，而管理规约则一般是由业主召开业主大会的方式进行制定和修改的。根据我国《物权法》第七十六条规定，对于制定和修改建筑物及其附属设施的管理规约、有关共有和共同管理权利的其他重大事项等，应当经专有部分占建筑物总面积过半数且占总人数过半数的业主同意。故笔者认为符合上述《物权法》规定之程序及条件，所作变更公共绿地使用、管理权限之决定应为有效。

五、出卖人未能履行"附赠花园"约定时的法律责任

出卖人与业主订立合同后，应按照合同约定履行义务，在出卖人无法按照合同约定向首层业主交付花园或无法交付符合合同约定条件的花园的情况下，首层业主应有权要求出卖人承担违约责任，其中有争议的问题是业主能否主张撤销或解除合同。笔者认为，当业主购买一楼房屋的前提是基于附赠花园的存在，且该花园对该房屋价格的确定具有重大影响，出卖人未能完全履行交付花园义务的，业主可根据案件具体情况主张撤销或解除购房合同。如在帅某武、王某萍与浙江圣某房地产开发有限公司商品房销售合同纠纷案[1]中，法院即认定尽管案涉房屋的花园产权属业主共有，但对案涉房屋而言具有独立的使用价值，应当视作双方房屋交易的一部分；案涉楼盘系高端住宅，消费者对房屋品质要求相对较高，而门前独立使用的花园大小以及形状足以影响消费者的购房决定。该案中，人行出入口的面积足有 20 平方米，不仅使案涉房屋的花园分成

---

[1] 案号：（2015）浙杭民终字第 2569 号。

东西两块，且形状也变成了不规则形，法院由此认定案涉房屋东南角是否存在20平方米的人行出入口会对帅某武、王某萍的购房决定产生重要影响，而圣某公司在销售房屋时并未明确告知帅某武、王某萍在花园中存在人行出入口，且无证据证明帅某武、王某萍在买房时应当知道上述事实，故法院认定构成重大误解，从而撤销双方签订的购房合同。

六、结语

庭院既是房屋的物质空间，也是人们的精神空间，"宅中有园、园中有屋、屋中有院、院中有树"寄托了人们对于美好生活的追求和向往，但"美好"背后隐藏的法律风险亦不可忽视。对此，笔者建议，完善立法，从规范附赠花园情境下绿地率的计算规则、界定专有使用权适用范围与条件、明确全体业主授权条款之效力等方面细化法律法规，同时倡导各方当事人增强法律意识，遵守法律规则，如出卖人与业主在购房之初即应充分明确附赠花园使用权之性质，并在合同中划定花园使用与管理的四至范围及法律界限等，且业主在实际使用过程中，亦应遵守法律法规及业主公约、物业管理制度等规定，合理使用公共绿地，共同营造美丽、生态、文明、和谐的小区环境。

预购商品房抵押权预告登记相关实务问题研究[*]

徐 琼 王 钦 周 丰[**]

一、导言

　　商业模式创新是推动社会发展的重要力量。商品房预售作为一种创新模式，在房地产领域实现了将来物、期待权的流通。内地目前的预售制，源于香港的"楼花预售"，被认为是"中国人第五大发明"。[①] 我国成文法层面的确认以1994年《中华人民共和国城市房地产管理法》（以下简称《城市房地产管理法》）为标志。房地产开发周期长、准入门槛高、前期资金不足的现象较为普遍。将未来利益变现，反哺当下建设，是预售制度产生的动因。它肩负着增加商品房供给、活跃房地产市场的使命。预售制仅仅松绑了房地产开发资金的取得方式，而资金最终取决于消费者的购买能力。后者是前者的必要条件。1997年，建设部颁布施行了《城市房地产抵押管理办法》："购房人在支付首期规定的房价款后，由贷款银行代其支付其余的购房款，将所购商品房抵押给贷款银行作为偿还贷款履行担保"，即实践中常说的"按揭"。此后，我国的房贷业务总额从1998年的426亿元飞速增长为2011年的10.46万亿元。[②] 国家统计局数据显示，2017年1—4月，房地产开发企业到位资金47 221亿元，其中个人按

　　* 本文获"第七届浙江律师论坛三等奖"。
　　** 周丰，建纬杭州律师事务所律师，华东政法大学法律硕士。
　　① 雷兴虎、蔡科云：《中国商品房预售制度的存与废——兼谈我国房地产法律制度的完善》，载《法学评论》2008年第1期（总第147期）。
　　② 余蓉：《论预购商品房抵押权预告登记的效力》，载《江苏警官学院学报》2012年第2期。

揭贷款 7662 亿元，同比增长 14.5%。商品房预售给开发商提供了建设资金，而按揭制度则为消费者补充了置业资本，兼顾供给和需求两端。

我国内地按揭制度源自香港，却与后者有着极大的不同，有学者甚至认为按揭被引入内地，与其说是制度的引入，倒不如说是称谓的引入。① 申言之，香港继承英美法系按揭概念，虽有本土化改造，但本质上仍要求债务人将对预购商品房享有的权益，即对预购商品房所有权的期待权，转移给银行。具体而言，香港要求按揭人将按揭财产以信托的形式交银行持有，并将有关业权文件交银行存放。② 此时，银行是名义上的所有人。在按揭人违约时，按揭权人享有出售或取得占有按揭财产的权利。③ 但在内地版"按揭"中，购房者向银行办理按揭时，并不将其对预购商品房所有权项下的期待权转移给银行，而为银行创造了新的期待权：设立正式抵押的期待权。这样的"异化"解决了一些问题，也产生了许多新问题。于香港版按揭中，购房者断供的后果是失去对预购商品房的回赎权，银行得以预购商品房折价、拍卖、变卖所得价款清偿。而在内地版按揭中，由于预抵押登记未转化为正式抵押登记，银行是否享有优先受偿权或存疑问。本文即针对此疑问展开论述。

二、预购商品房能否设立抵押

以预购商品房进行抵押贷款是时代发展的产物，成文法在应对时代背景变化的过程中适时作出了调整。

编号	时间	规范性文件	规　　定	是否可以抵押
1	1994	《中华人民共和国城市房地产管理法》	第四十八条　房地产抵押，应当凭土地使用权证书、房屋所有权证书办理	×
2	1995	《中华人民共和国担保法》	第三十四条第（六）项　依法可以抵押的其他财产	?

① 蒋万来：《评我国房地产业界对"按揭"的曲解》，载《法学》2004 年第 6 期。
② 周小明：《信托制度比较研究》，法律出版社 1996 年版，第 13 页。
③ 关于英美法、香港法上按揭制度的介绍，详见路晓晖：《预售商品房按揭法律问题研究》[D]，复旦大学 2009 年，第 9 - 12 页。

编号	时间	规范性文件	规 定	是否可以抵押
3	1997	《城市房地产抵押管理办法》	第三条　本办法所称预购商品房贷款抵押，是指购房人在支付首期规定的房价款后，由贷款银行代其支付其余的购房款，将所购商品房抵押给贷款银行作为偿还贷款履行担保的行为	√
4	2000	最高人民法院关于适用《中华人民共和国担保法》若干问题的解释	第四十七条　以依法获准尚未建造的或者正在建造中的房屋或者其他建筑物抵押的，当事人办理了抵押物登记，人民法院可以认定抵押有效	√
5	2007	《中华人民共和国物权法》	第一百八十条　债务人或者第三人有权处分的下列财产可以抵押：……（五）正在建造的建筑物、船舶、航空器；……（七）法律、行政法规未禁止抵押的其他财产	√
6	2008	《房屋登记办法》	第六十七条　有下列情形之一的，当事人可以申请预告登记： …… （二）以预购商品房设定抵押 ……	√
7	2016	《不动产登记暂行条例实施细则》（国土资源部令 63 号）	第七十八条　申请预购商品房抵押登记，应当提交下列材料：……	√

　　对于预购商品房抵押，我国法律及司法解释所持有的立场是逐渐开放、包容的。但需要指出的是，购房者与开发商签订预售合同后，购房者仅拥有请求开发商于约定时间交房的权利。在房屋竣工并办理所有权证（"小产证"）之前，购房者并不拥有所有权，不能将不动产本身进行抵押。① 易言之，按揭期间，买方向银行呈递的抵押标的并非物权，而是某种权益。有观点认为，购房者抵押的是自身对未来房屋享有所有权的乐观预期，是期待权。虽然，在我国

----

　　① 《最高人民法院关于贯彻执行〈中华人民共和国民法通则〉若干问题的意见（试行）》第一百一十三条规定，以自己不享有所有权或者经营权的财产作抵押，应当认定抵押无效。

较严格的物权法定原则下，期待权法理上能否设立抵押，在学术界存在不同观点，但实践中以预购商品房进行抵押是可行的。

1997 年 6 月 1 日施行的建设部《城市房地产抵押管理办法》对预购商品房的抵押仅需在"抵押合同上作记载"（2001 年修订本保留了该规定），①虽是对经济活动中实际需求的灵活应对，但也反映出具体抵押登记规则的缺位。

2007 年的《物权法》备受期待，对我国物权界定与保护居功至伟。在众多成就或创新中，预告登记制度占了一席之地。弱小的请求权在实现之前，存在极大的不确定性。在吃下预告登记这棵"菠菜"后，它对之后发生的不动产处分行为拥有对抗能力。在抵押合同上的记载、他项权利证书之间，预告登记增设了具有物权对抗效力的中间状态。这既有利于购房者获得银行贷款，也对金融风险的防范大有裨益。事实胜于雄辩，自 2007 年以来，各地房屋登记机构相继开展了预告登记业务，而大量的预告登记集中于预购商品房抵押预告登记这一单一类型。②究其本源，这仍是对债权请求权的强化，并未完成向物权的进化。经预告登记的债权请求权具有一定的物权效力，但预告登记不包含支配利益，不能和物权相提并论。

2016 年 5 月 30 日，原国土资源部印发《不动产登记操作规范（试行）》，对预购商品房抵押权预告登记的申请材料作出明确规定：除预告登记所需的一般材料外，还需提供不动产登记证明、不动产抵押合同以及主债权合同。鉴于此时购房者尚无所有权，前述不动产登记证明应指预购商品房的预告登记证明。基于同等原因，预抵押登记后，权利人仅能获得"预告登记证"，载明权利人、义务人、债权数额以及业务种类为预购商品房抵押权预告登记，而非"他项权证"。抵押的房地产在抵押期间竣工后，当事人须在抵押人领取房地产权属证书后，重新办理房地产抵押登记。权利人在拥有他项权利证书之前，预抵押登记证明的效力如何？是否视为抵押权已设立？抵押权人是否可就抵押物优先受偿？

---

① 《城市房地产抵押管理办法》（2001 年修订本）第三十四条第二款：以预售商品房或者在建工程抵押的，登记机关应当在抵押合同上作记载。抵押的房地产在抵押期间竣工的，当事人应当在抵押人领取房地产权属证书后，重新办理房地产抵押登记。

② 陈亚菁：《预告登记的实践适用及法律效力》，载《中国房地产》2013 年第 5 期。

三、抵押权预告登记是否设立现实的抵押权

《物权法》第五条确立"物权法定"基本原则。我国不动产抵押采用"登记要件主义",预抵押登记并不设立正式抵押权。认为抵押权设立的观点,可能是几组概念边界模糊所致。具体分析如下。

(一) 预告登记 vs 本登记

我国 1995 年的《中华人民共和国担保法》(以下简称《担保法》)第四十一条规定,当事人以本法第四十二条规定的财产抵押的,应当办理抵押物登记。抵押合同自登记之日起生效。[①]《物权法》第九条确立了不动产物权变动遵循"登记生效主义"的基本原则。抵押权因登记行为而设立。"不登记、无抵押"应该是明确的。预抵押登记的"登记"二字却有混淆视听之嫌。有观点即据此认为,抵押房产已办理预抵押登记,且银行已收到相关登记手续,保证责任应予免除。[②] 笔者认为,《担保法》和《物权法》所要求的登记应为本登记,而不包括预告登记。本登记以现实存在的不动产物权为登记对象,而预告登记的对象则是将来发生的不动产物权变动。《不动产登记暂行条例实施细则》第七十八条第二款规定,预购商品房办理房屋所有权登记后,当事人应当申请将预购商品房抵押预告登记转为商品房抵押权首次登记。可见,当购房者获得房屋所有权证、具备办理抵押条件后,应当为银行设立抵押权首次登记。此时的登记方为本登记,自本登记行为成就时,抵押权始设立。从《物权法》就不动产登记的体系规定及用语表述方式看,除非明确为"预告登记",否则"登记"一词一般均指本登记。[③]

(二) 预抵押登记 vs 在建建筑物抵押登记

有观点认为,在建建筑物抵押权依《物权法》第一百八十七条之规定自办理抵押登记时设立,预购商品房在本质上等同于在建建筑物,其抵押权亦应自

---

① 该规定因有混淆抵押合同效力与物权变动效力之嫌,后被《物权法》第十五条修正:"当事人之间订立有关设立、变更、转让和消灭不动产物权的合同,除法律另有规定或者合同另有约定外,自合同成立时生效;未办理物权登记的,不影响合同效力。"

② 参见(2016)黔 01 民终 165 号。

③ 司伟:《预购商品房抵押权预告登记权利保护的法律基础与路径选择》,载《人民司法·案例》2016 年第 14 期。

预抵押登记之时设立。① 该观点除了同样混淆了预告登记与本登记（在建工程依《房屋登记办法》《不动产登记暂行条例实施细则》进行本登记）之外，还忽略了预购商品房和在建建筑物之间的本质差别。不动产登记制度之所以赋予在建建筑物以正式抵押登记而将预购商品房排除在外②，是因为合法建造的建筑物，在合法建造事实行为成就时即可原始取得所有权。登记并非取得所有权的必要条件，仅为后手交易之便。它是预购商品房买受人取得所有权的前提。另外，预抵押登记与在建建筑物抵押登记的法律意义大相径庭。两者在抵押人、抵押客体、担保对象等方面存在区别。③ 因此，前者须在购房者获得房屋所有权证书的情形下，方能办理正式抵押登记。

（三）其他

如前所述，从规范层面加以考量，抵押权并非预抵押登记应有之义。在实际操作中，即使认可抵押权设立，也可能名过其实。预购商品房尚未建成，购房者未持有所有权证，即使认定银行具有优先受偿权，其也难以就所谓的抵押物优先受偿。从形式上承认抵押权而无抵押权的实际利益，仅起到隔靴搔痒的功效。

认定预抵押登记并未设立正式抵押权，不仅是规范、实践层面上的"不能为之"，或许也暗含裁判者的"有意为之"。《最高人民法院公报》2014 年第9 期刊载了"中国光大银行股份有限公司上海青浦支行与上海东某房地产有限公司、陈某琦保证合同纠纷上诉案"。在该案例中，法院认为预告登记并未使银行获得现实的抵押权。上海市第二中级人民法院将该案例评选为精品案例，并在评选理由中认为，在虚假房屋预售套取银行贷款的情况下，银行债权将得不到抵押权保障，这会倒逼银行在发放此类贷款时，审慎审核商品房预售的真实性，防止贷款被套取，进而保障国家房地产金融政策的贯彻落实和金融秩序的维护。④判决，不仅是对具体权利、义务的分配，还诉说了司法者更高的价值关切。

---

① 如（2016）浙 01 民终 922 号民事判决书认为，"正在建造中的房屋即预售房屋可以作为抵押物，且以预售房屋抵押的，只要办理了预告登记，该抵押即为有效抵押，并依法享有优先受偿权"。
② 《不动产登记暂行条例实施细则》第七十五条："当事人申请在建建筑物抵押权首次登记时，抵押财产不包括已经办理预告登记的预购商品房和已经办理预售备案的商品房。"
③ 参见（2016）粤 06 民终 7042 号。
④ 参见 http：//www.shezfy.com/view/jpa/detail.html？id=303，2017 年 6 月 28 日最后访问。

四、是否有优先受偿权

法律有许多基本原则，债权平等是其中之一。原则背后紧跟着例外。优先受偿权是对债权平等的突破。原则的设立是基于效率的考量。"原则"是实践中正面经验的总结，是被刻意培养的思维惯性。面对价值选择时，遵从惯性可省却纠结与争执。"例外"则增加社会甄别与思考的成本，须审慎处之。

在前文的讨论当中，有观点以及司法案例认为，预抵押登记时抵押权已经设立。不论这种观点是否正确，据此前提推导出银行享有优先受偿权，也能自圆其说。吊诡之处在于，在认定抵押权未设立的基础上，是否还能承认优先受偿权？

（一）肯定优先受偿权

司法实践中认为预抵押登记未设立抵押权而具有优先受偿权，主要理由有三个方面。因所涉按揭流程、断供至诉的情况较常见，本文略去案情简介，仅摘裁判要旨如下，以管窥各地法院审判思路。

1. 公示公信说：（2016）粤 20 民终 410 号

裁判要旨：涉案房地产虽未办理正式抵押登记，但经过抵押预告登记，可以向社会公开，使第三人了解和知悉此权利设立和变动情况，具有公示性，可以产生对抗第三人的效力。因此，当债务人不履行上述债务时，银行有权以该财产折价或者以拍卖、变卖该财产所得的价款优先受偿。

该审判思路包含两个观点：（1）抵押权预告登记，应视为第三人对预购商品房上设有权利负担的情形已知悉，由此产生对抗第三人的效力；（2）前述"对抗效力"进一步解读为预抵押登记权利人的优先受偿权。登记是对利益的宣示。预抵押登记的对抗效力，体现在请求权的保全。申言之，预抵押登记权利人，请求义务人办理正式抵押的权利，不因后者的物权处分行为而消灭。这是对《物权法》第二十条的直接理解与运用。至于该公示公信力何以推导出优先受偿权，在类似裁判文书的说理中存在断层。

2. 过错说①：（2015）浙民申字第 809 号

裁判要旨：尽管涉案房产抵押仅办理了抵押权预告登记，并不直接产生设定物权的效力，但是杭州联合银行蒋村支行对预告登记无法转为正式抵押登记并无过错，一、二审判决赋予抵押权人对抵押物享有优先受偿权，并无不当。

涉及守约方、违约方的责任分配时，过错理论不失为一个顺手的工具。预告登记权利人不因义务人的过错而使权利受损、义务人不因其过错而获益。该观点符合生活常理，亦契合法律塑造的价值观。然而，此间存在的"相对性"易被忽略：过错理论仅能分配守约方与违约方之间的责任。优先受偿权，是抵押权人得就标的物的交换价值优先于普通债权人以及其他后顺位权利人而实现其债权②，涉及债权人之间的利益分配。易言之，在购房者、银行这对法律关系中，购房者的其他债权人作为第三人，同样不得因购房者的过错而使权利受损。否则，其他债权人为购房者的过错而买单，将违背责任自负原则。过错理论或许并不契合优先受偿权的应用。

3. 利益平衡说：（2016）浙 10 民终 1597 号

裁判要旨：银行无法登记为抵押权人的原因在于债务人下落不明，银行并无过错。在此情形下，如不赋予银行对涉讼房产享有优先受偿权，将债务人的违约结果转为由守约方承担，有违合同诚信、公平原则，不符合《物权法》立法旨意。赋予银行对商品房处置价款优先受偿权，有利于平衡保护各方当事人利益，保障交易的安全和稳定。

该裁判思路所涉过错理论，在前文中已做分析，不再赘述。法院以诚实信用、公平的基本原则，结合个案具体情形进行利益分配，是自由裁量权的体现。但是，向原则求助是规则缺位的无奈之举。从维护交易安全和稳定出发，仍无法回避优先受偿权法定的追问。

综上，肯定优先受偿权的审判思路存在某种程度上的断层，其理由与依据仍显薄弱。

我们进一步对《物权法》第二十条进行假设分析，若未经预告登记权利人

---

① 林秀荣、陈光卓：《抵押权预告登记权利人无过错时有权对商品房优先受偿》，载《人民司法·案例》2016 年第 14 期。

② 申卫星：《民法学》，北京大学出版社 2013 年版，第 312 页。

同意，对预购商品房的处分将无法发生物权效力；其他普通债权人直接提起对预抵押商品房处分的确认没有法律依据，通过债权生效判决启动对预购商品房的司法处置并对执行款参与分配，我们认为司法处置预购商品房时应尊重《物权法》第二十条赋予预抵押权人的权利，那么普通债权人通过对预抵押商品房的处分来得到债权清偿的当然性是存在疑问的。

一般地，预抵押权人往往根据合同约定提起对预购商品房进行拍卖、变卖并对所得价款享有优先受偿权的诉讼请求，若法院响应预抵押权人的拍卖、变卖预购商品房之诉请，应视为法院对预抵押权人同意对预抵押商品房处分的确认，若不同时响应其对拍卖、变卖所得价款享有优先受偿权的诉请，则有失公平；故法院赋予预抵押权人对拍卖、变卖所得价款的优先受偿权，既解决了直接司法处置与《物权法》第二十条的冲突，也解决了普通债权人的部分债权清偿问题，存在正当性基础。

（二）否定优先受偿权

司法实践对于预抵押登记优先受偿权的看法存在较大分歧。最高人民法院对此观点较为明确，除在 2014 年以公报案例的形式表明立场外，2015 年还以裁定书的形式直接表示"在建房屋抵押预告登记并不产生债务人不履行债务时从拍卖在建房屋的价款中优先受偿的法律后果，而只是对将来建成房屋所做的一种事先约束，以约束债务人以将来建成房屋作为抵押标的物"。[1] 许多法院也都遵循了这一严格的物权法定审理思路。《担保法》第三十三条、《物权法》第一百七十条确立了担保物权的优先受偿权。抵押权的设立，是优先受偿权的权利来源。优先受偿权具有法定性。[2] 实践中亦有法院认定权利人对于预抵押登记不能转化为抵押登记不存在过错，但是因优先受偿权的法定性，权利人无法直接获得。[3] 在失去权利来源时，是否能以公平原则、维护交易安全等理由，以司法自由裁量赋予优先受偿权存在疑问。

在倾向于肯定优先受偿权的浙江地区，近年来也发出了不同的声音。杭州市中院在（2016）浙01民终1415号民事判决书中认为，银行与购房者就案涉

---

① 参见（2015）民申字第766号。
② 解志国：《民法上优先受偿权的几个问题》，载《法商研究》1997年第5期（总第61期）。
③ 参见（2016）皖02民终893号、（2016）粤06民终7042号。

房屋仅办理了预购商品房抵押权预告登记，并未办理抵押权登记手续，依法不产生抵押权设立的法律效力，银行对该房屋不享有优先受偿权。否定说，在司法审判中渐居主流地位。

除前述规范与司法实践层面之外，银行对于抵押权未设立这一结果，在订立合同之时已有所预期。银行提供的按揭贷款格式合同中，一般约定开发商承担的连带保证责任是从合同签订之日起至合同项下房产办理完毕，房屋所有权证书及房屋他项权证并交于银行之日止。有的甚至会注明不包括预登记。[①] 银行订立合同时预见并防范风险。银行和开发商均在明知"预购商品房"不能设立抵押权的前提下，介入商品房预售交易：银行之所以愿意接受预抵押登记，是为了将来取得预购人的现房抵押权；开发商之所以愿意提供连带责任保证，则是因为这种现房抵押权将来能为其解套，这是符合业界的认知的。[②]

否定优先受偿权的审判思路，坚持物权法定原则，因抵押权尚未设立、银行不享有优先受偿权。鉴于否定说立法依据明确、论证逻辑清晰，最高人民法院和全国大多数法院都遵循这一思路。然而，否定说也并未解决所有问题。从某种程度而言，对各方主体的权利保护，尤其是对承担连带保证责任的开发商来说，在法律程序的末端——执行阶段，往往成了最终"受害者"。若银行根据预抵押登记不能享有优先受偿权，在其向正式抵押转化的过程中又存在种种不确定风险，立法强行区分期房抵押与现房抵押的意义在哪里？即使将立法假设为"任性的、存在缺陷的"，那么银行也会在实践中将仅为空头支票的预告登记证弃如敝屣。风险具有传导性，在银行不能获得优先受偿权，仅作为普通债权人参与房屋拍卖款的分配后仍无法获得完全清偿时，其将转而向开发商主张保证责任。虽然开发商往往仅承担阶段性保证责任至他项权证办出时止，但在某些极端情形下，购房者恶意拖延办理产权证，开发商将无法从保证责任的桎梏中脱身。于此，开发商将成为风险的最终承担者。对其而言，不尽公平也难获救济。浙江部分法院的审判思路，是否可视为对该疑问的回应？首先，根据2016年3月1日施行的《最高人民法院关于适用〈中华人民共和国物权法〉若干问题的解释（一）》第四条要求"转移不动产所有权，设定建设用地使用

---

① 参见（2016）浙01民终3959号。

② 常鹏翱：《预购商品房抵押预告登记的法律效力》，载《法律科学》2016年第6期。

权、地役权、抵押权等其他物权"的行为须经预告登记的权利人同意，否则不发生物权效力。预抵押登记期间，虽然正式抵押权尚未设立，但未经银行同意，购房者无法转让预购商品房，亦无法在其上设立其他物权。购房者的权利因预抵押登记而停滞。在此期间，并不会有其他债权参与预抵押物的利益分配，银行拥有唯一的期待利益。唯转为正式抵押，该期待利益方可落地。《物权法》及其解释，将预购商品房可期待的优先受偿权唯一赋予了预抵押登记权利人，且因该登记的公示力，购房者其他潜在债权人并不期待从预抵押物上在银行之前获得清偿（事实上，根据前述《物权法》解释，未经银行同意，预购商品房无法进行任何物权处分，其他债权人自然无法获得任何程度的清偿）。据此认为，经司法解释释明后的《物权法》第二十条，可以作为银行优先受偿权的法定依据。其次，《浙江省高级人民法院民事审判第二庭关于商事审判若干疑难问题解答》浙法民二〔2010〕15 号问答 26 中表示，购房者断供时，银行对抵押期房主张优先受偿权的，应等期房变现后办理正式的房屋抵押登记，再以抵押房屋折价或者以拍卖、变卖房屋所得的价款优先受偿。易言之，除《物权法》及其解释能为优先受偿权肯定说提供一些佐证之外，抵押权本身也可成为优先受偿权的正当性基础。鉴于前述，预抵押登记本身因本登记的缺失，未设立正式抵押权。但具体到个案中，开发商完成竣工验收备案，预购商品房事实上已经从"花"结成了"果"。后续大产证、小产证、他项权证的办理仅是程序事宜，不存在客观障碍。唯程序履行过程中，各参与主体"主观配合"仍为不确定因素。倘若预抵押登记人自身不存在过错，因其他主体过错而妨碍正式抵押的设立，并不构成优先受偿权的阻却事由。浙江法院从法理上认可"应等期房变现后办理正式的房屋抵押登记"再优先受偿；从实践操作上认为不存在客观障碍，通过司法强制手段将房屋所有权从开发商处转至购房者处，再将预抵押登记转化为正式抵押登记，仅拖延了纠纷解决周期、增加了各方成本，故直接认定银行享有优先受偿权系基于未来抵押权，而非现时抵押权。唯此种未来抵押权的成立已不存在客观障碍。

综上所述，基于物权法定原则，抵押权未设立时，银行无优先受偿权是基本立场。但法院依个案情形，在得出抵押权设立不存在客观障碍的判断后，赋予银行优先受偿权，不会侵害到其他债权人的预期，无悖于债权平等原则。

五、各方风险分析及应对

本文虽对实践中出现的优先受偿权肯定说提出了自己的论证，但从最高人民法院观点和其他各地实践来看，否定说仍是主流观点。基于此，参与各方尽量规避不确定性风险，仍有必要。

（一）预抵押登记权利人

1. 要求购房者配合进行抵押登记

1995 年《担保法》规定，应当办理抵押物登记的，抵押合同自登记之日起生效。然《物权法》第十五条对此作出修正，将抵押合同效力与抵押权之设立分而视之。因此，即使预抵押登记人未获得正式抵押权，抵押合同仍为有效。银行有权依据抵押合同要求购房者配合办理抵押登记（若购房者不配合，银行可根据法院生效判决申请强制执行），且开发商为尽早逃离保证责任的束缚亦会积极配合。另外，预告登记虽不能设立正式抵押，但对以将来发生不动产物权变动为目的的请求权具有保全效力。实践中，银行一审阶段未办理正式抵押被法院驳回优先受偿的诉请，在二审阶段办理了正式抵押后，仍可获得二审法院的支持。[①]

2. 追究购房者违约责任

《不动产登记暂行条例实施细则》第七十八条第二款规定，预购商品房办理房屋所有权登记后，当事人应当申请将预购商品房抵押预告登记转为商品房抵押权首次登记。因此，购房者获得所有权证书乃不动产得以进行抵押登记的必要条件。在特殊情形中，购房者因种种原因未能获得不动产所有权证书，不具备办理抵押登记的条件，银行则难以寻求《物权法》和《担保法》的救济，只能将目光转向《合同法》。具体而言：①若因开发商未能办出"大产证"、妨碍购房者获得"小产证"，继而传导到银行难以进行抵押登记，银行只能通过解除合同或者请求替代履行的损害赔偿，其设立抵押权的请求权从而转化为损害赔偿请求权。预告登记虽能保障抵押权设立请求权，但权利人仍应意识到抵押权有不能设立之风险。②若因购房者的原因未能办出所有权证书从而阻碍抵

---

① 参见（2016）粤 05 民终 706 号、（2016）苏 03 民终 5241 号。

押权的设立，则可参照《合同法》第四十五条"当事人为自己的利益不正当地阻止条件成就的，视为条件已成就"。法院可依职权追加开发商为第三人，判决开发商协助进行所有权登记，并判决在所有权证办出后，预抵押登记人可持该判决单方办理抵押权登记，从而实现抵押权。[①]

3. 要求开发商承担保证责任

按揭贷款合同往往要求在银行获得他项权利证书之前，开发商承担阶段性保证责任。既然银行未获得抵押权，无法就房屋享有优先受偿权，则开发商仍受制于保证责任。银行可要求开发商承担保证责任。

4. 优先受偿权救济

尽管大多数案例显示，预抵押登记阶段，抵押权并未设立，权利人并不享有优先受偿权。但部分案例仍根据预抵押登记权利人"是否具有过错"而加以区分，认为银行对预告登记无法转为正式登记并无过错，赋予其对抵押物享有优先受偿权并无不当。[②] 因此，银行应具备风险防范意识，在设立抵押条件成就时，积极敦促开发商协助购房者办理抵押登记。

（二）开发商

1. 事先的风险防范

防患宜于未然，开发商在与银行、购房者签订相关合同时即应做好风险隔离措施。例如，在签订《按揭贷款合作协议》中应设置因银行原因未能及时办理抵押登记的免责条款，在《商品房买卖合同》中约定因购房者的原因逾期办理所有权证时的违约责任等。另外，有的法院认为，阶段性保证的设立初衷在于降低因正式产权登记未完备导致的债权清偿风险，促使开发商及时完成项目开发建设、积极协助办理产权登记手续。若开发商已完成涉案房屋的开发建设，并已完成产权初始登记，不存在怠于建设、办理产权过户等情形，应当认定其阶段性保证责任已经免除。[③] 综上，对于开发商而言，除了关注工程建设本身、完成初始登记之外，还需对购房者断供风险进行把控，在符合办理房屋所有权登记的情况下，积极敦促购房者办理，并积极通知、协助银行办理正式抵押登

---

① 司伟：《预购商品房抵押权预告登记权利保护的法律基础与路径选择》，载《人民司法·案例》2016 年第 14 期。

② 参见前述"抵押权未设立，特定情况下仍享有优先受偿权"之案例。

③ 参见（2016）浙民申 1180 号民事裁定书。

记。在这一过程当中，应规范文书的送达和签收，在出现纠纷时，可作为己方积极履行义务的佐证。

2. 协助银行主张优先受偿权

正如前述，优先权否定说虽为主流，但在司法实践中，银行主张优先受偿权之请求仍有可能获得法院的支持。因此，从风险防范的角度看，开发商在诉讼过程中协助银行主张优先受偿权，亦有可能获得成功，从而免除自身的保证责任。

3. 行使合同解除权

当银行不能主张或实现优先受偿权、开发商承担保证责任时，在房屋市场价格上涨较多时，开发商应积极解除与购房者之间的买卖合同，收回房屋实现溢价，以减少损失。

地下车位权属问题刍论*

徐 琼 王 钦 周 丰

一、问题的提出

城市，让生活更美好。车如流水马如龙是城市生活的真实写照。截至 2016 年 11 月 30 日，杭州市小客车保有量为 209 万辆①。公众对车位的需求日盛，矛盾因此多发。对于准购房者，存在一个有趣的分类：刚需。在某种程度上，车位似乎也成了刚需。车位有地上、地下之分，本文主要就地下车位所有权问题展开论述。笔者以"地下车位"为关键词进行互联网检索，对"买了那么多年的小区地下停车位，产权属于谁？""地下车位到底能不能买/卖？"之类问题的回答莫衷一是。问题表象纷繁，但究其根本，症结在于权属的不确定性。②

我们相信，所有的需求都期待回应。本文将从产权保护、提高资源利用效率的角度出发，结合实务案例，对地下车位的立法现状、司法裁判尺度进行分析并提出拙见，以期为问题的解决提供一种可能的思路。

---

* 本文获"第三届杭州律师论坛优秀奖"。

① 参见杭州市小客车总量调控管理信息系统：http://xkctk.hzcb.gov.cn/xwzz/，2017 年 5 月 15 日最后访问。

② 因关于地上车位使用权、收益权的争议较小，若未特别说明，本文涉及权属、产权概念时，特指地下车位所有权。

二、地下车位权属现状的成因分析

（一）立法现状

"一兔走街，百人追之，分未定也；积兔满市，过而不顾，非不欲兔，分定不可争也"，《慎子》中记载的这一故事，正契合我们今天所遇到的问题。笔者认为，地下车位之所以纷争不止，其根本原因在于法律未对所有权归属作出明晰界定。市场主体无所适从，纷乱由生。律者，所以定分止争也。"暧昧"的规则，成了各方追逐的"兔子"。

1. 国家层面立法

1997 年施行并于 2001 年、2011 年分别修订的《城市地下空间开发利用管理规定》的稳定立场是，"地下工程应本着'谁投资、谁所有、谁受益、谁维护'的原则，允许建设单位对其投资开发建设的地下工程自营或依法进行转让、租赁"（第二十五条）。但是，"平战结合的地下工程，平时由建设或使用单位进行管理，并应保证战时能迅速提供有关部门和单位使用"（第二十九条）。可见，一般地下工程，建设单位因投资建造行为得享所有权。平战结合地下工程，投资建造者享有受限制的所有权，即自始负担有关部门的战时优先使用权。

车位纠纷的上位案由为建筑物区分所有权纠纷，本质上是物权问题，应受《物权法》规制。《物权法》第三十条表明，合法建造的事实行为成就，是物权设立的来源之一。这是物权的一般归属原则。《物权法》第七十四条①遵循民事法律的基本原则，对车位进行了特别阐释，表明了尊重当事人意思自治的立场，但似乎并未明确地下车位所有权的归属。第一百四十二条之规定或许能给我们一些启发："建设用地使用权人建造的建筑物、构筑物及其附属设施的所有权属于建设用地使用权人，但有相反证据证明的除外。"据此，地下车位所有权应归属相应的建设用地使用权人。然而，建设用地使用权可在地表、地上或地下分别设立。配套车位在土地出让阶段有两种方式：

---

① 《物权法》第七十四条：建筑区划内，规划用于停放汽车的车位、车库应当首先满足业主的需要。建筑区划内，规划用于停放汽车的车位、车库的归属，由当事人通过出售、附赠或者出租等方式约定。占用业主共有的道路或者其他场地用于停放汽车的车位，属于业主共有。

①土地出让合同中允许建造地下车位但不计入容积率。此时地下车位单独计算建筑面积，不分摊地表土地使用权。地下车位权利系车位所有权与地下土地使用权的集合；②相应地，地下车位计入容积率时，其权利系车位所有权与地表土地使用权的集合。① 因此，当国家没有依据要求建设单位单独缴纳地下车位部分建设用地使用权出让金时，建设单位所建造的地下车位所有权应属建设单位所有。

地下车位的特殊性在于"人防"与"非人防"之别。前者须受《中华人民共和国人民防空法》（以下简称《人民防空法》）相关法律法规的约束。"安全"在马斯洛需求层次中占据基础地位。人防工程是国家对这种需求的积极回应。重视人防工程得到国家意志的确认，但相对稳定的国际大环境以及社会对持续和平的预期，使得人防工程引入社会资本进行投资、建设并允许平时使用成为一种可能的操作模式（即"平战结合"）。资本，需要激励。《人民防空法》确立了"谁投资，谁收益"的基本原则。② 然而，除了明确使用权、收益权之外，《人民防空法》并未对完整的所有权归属表达立场。但人防部门实际上从国有土地使用权出让阶段就已介入。人防工程的报建、验收、平时使用证的管理更需要取得人防部门的认可。人防车位的行政色彩相对浓郁。

2. 地方层面立法

对于人防车位权属，各地方政策口径不一。多地省市的《人民防空法实施办法》，承继了《人民防空法》的用语，仅表明"谁投资，谁收益"的立场，回避了所有权的归属。③ 小心探索、持续观望是一种较为普遍的应对。但是，许多地区逐渐尝试从地方性法规、地方政府规章层面进行有益探索，以回应实践中遇到的问题。

（1）明确不得转让。

江苏、安徽均在省物业管理条例中明令禁止将人防车位出售、附赠，并限

---

① 陈亚菁：《城市配套地下车库（位）登记探析》，载《中国房地产》2017 年 01 期。

② 《人民防空法》第五条第二款：国家鼓励、支持企业事业组织、社会团体和个人，通过多种途径，投资进行人民防空工程建设；人民防空工程平时由投资者使用管理，收益归投资者所有。

③ 见《江苏省实施〈中华人民共和国人民防空法〉办法》第二条第三款、《北京市人民防空条例》第十五条、《上海市民防条例》第三十三条第二款。

定了最高 3 年的租赁期限。① 前述规定将人防工程认定为国防资产，法律虽未直言其归属国家，但确实限制了普通市场主体的想象空间。北京遵循类似的思维路径，禁止人防车位的买卖。北京市民防局在对外咨询解答时表示，虽然北京市现行法规未规定地下人防产权归国家所有，但人防车位仅可用于租赁，而不得买卖。②"租赁模式"将产生新的问题。实践中往往采取长期租赁的方式，且租赁期限超出了 20 年，突破了《合同法》第二百一十四条最高租赁期限。以京、苏、皖为代表的规范，对《人民防空法》的解读是谨慎、保守的。

（2）允许转让、登记。

上海对《人民防空法》进行了不一样的解读。《上海市防空条例》虽继承了《人民防空法》沉默的传统，但上海市政府在《上海市民防工程建设和使用管理办法》中明确表示：投资者可以取得民防工程的所有权并进行登记。③《上海市不动产登记技术规定》进一步对办理结建民防工程不动产登记进行了专门、细致的安排。大概因车位须首先满足业主的需求，也无法单独转让，故其采取的登记模式为在不动产权证附记中，将车位信息列于房屋信息条目之下。上海模式并非孤例。广州同样对人防车位的销售、产权登记持开放态度。④

江苏、上海的不同做法，透露出两地不同的思维路径。当法律未明确所有权，仅表述为"谁投资，谁收益"时，我们应该做何种解读？有两种可能：①既然法律只明确赋予了投资者使用、收益的权利，对所有权归属有意保持沉默，应认为国家（以法律这一国家意志的集中体现）保留了完整的所有权。②法律没有明文禁止投资者享有所有权，应认定其容忍、默许市场主体可以取得所有权。前者是"法无授权不可为"，后者是"法无禁止即自由"，泾渭分明。笔者窃以

---

① 《江苏省物业管理条例》第六十六条第二款：物业管理区域内依法配建的人民防空工程平时用作停车位的，应当向全体业主开放，出租的租赁期限不得超过三年，不得将停车位出售、附赠。《安徽省物业管理条例》第八十六条：物业管理区域内依法配建的人民防空工程平时用作停车位的，应当向全体业主开放，建设单位不得将停车位出售、附赠；出租的，租赁期限不得超过三年。

② 详见北京防空防灾信息网：http://www.bjrf.gov.cn/juzhangxinxiang-1-1.htm，2017 年 5 月 23 日最后访问。

③ 《上海市民防工程建设和使用管理办法》（2015 年修订）第二十条（所有权）：民防工程的投资者可以按照房地产管理的有关规定取得民防工程的所有权。民防工程的所有权登记，按照本市房地产登记的有关规定执行。

④ 《广州市房地产开发项目车位和车库租售管理规定》第九条第二句：人防工程中车位、车库的房地产权证，需注明相关使用注意事项。

为，法律保留原则是行政法中为公权力定制的笼子，困不住意思自治这只狮子。民事领域更宜用第二种思路。

（3）处于转型期。

相较在"江苏的黑、上海的白"，人防车位在浙江大多数地区虽然无法进行产权登记，但主管部门也未表现得十分严厉。需要特别说明的是，宁波市建委、人防办于2004年联合发布的《关于规范"结建"防空地下室管理的通知》（甬人防办通〔2004〕29号）态度较为明确：禁止人防工程产权或使用权的转让，并限定每次出租最长不得超过3年。① 该规定与江苏的较为接近。

根据《人民防空工程平时开发利用管理办法》，人民防空主管部门须对《人民防空工程平时使用证》实行审验，严禁无证使用人防工程或转让平时使用证。而2016年12月30日《浙江省人民防空办公室关于人民防空工程平时使用和维护管理登记有关事项的批复》（浙人防函〔2016〕65号）则表示，"人防工程平时使用证制度"的实施依据已经修改，尚在有效期内的《人民防空工程平时使用证》可依法撤回，改为办理平时使用和维护登记手续。具体而言，建设单位在人防工程竣工验收备案完成后、投入使用前，向人防部门提交《浙江省防空地下室管理办法》第十七条所列材料。随后，由建设单位和人民防空主管部门以人防工程使用和维护管理责任书的形式明确双方的权利、义务以及违约责任。平时使用证制度与登记制度存在如下区别：首先，由审查批准制转为备案登记制。平时使用证的发放须经人防主管部门对使用单位备案资料"审查"合格，而办理登记手续虽也需要提交资料，但从条文看，人防主管部门并无对资料进行实质审查的权利或义务。其次，责任承担方式不同。在备案登记制中，建设单位与人防部门签署的《人民防空工程使用和维护管理责任书》中，涵盖违约责任内容，是使用单位承担责任的私法依据。平时使用证制度因缺乏相关协议，一旦使用单位违规使用人防工程，将以行政处罚的形式承担责任。其间行政色彩逐渐弱化，民事属性得到彰显。我们可以预见，假以时日，对地下车位产权登记的积极探索是可以期待的。

---

① 《关于规范"结建"防空地下室管理的通知》第一条：人防工程是国防战备设施，"结建"防空地下室是人防工程的重要组成部分，任何单位或个人不得出售产权或使用权。在目前产权界定尚不明晰的情况下，"结建"防空地下室只允许临时出租，但租期每次最长不得超过三年。并依法做好维护管理工作。

（二） 实践标准不一

规则确立的意义在于引导"预期"。前述国家层面立法的缺位，地方立法的冲突促使市场主体产生了不同的预期，而且相互冲突。除此之外，司法亦未确立统一的裁判标准。

1. 关于非人防车位所有权

在《物权法》实施之前、房地登记职能分离前，因为缺乏此类建筑物相应的登记规则，对于配套车位的权利归属一般都不予登记。[①] 地下工程权属可参照 1997 年施行的《城市地下空间开发利用管理规定》"谁投资、谁所有、谁受益、谁维护"的原则确定。

（1） 意思自治。

《物权法》第七十四条表明了尊重意思自治的立场。法院将审查订立买卖合同时，双方是否对车位权属有明确约定，若有，则从其约定。如台州市中级人民法院认为，非人防车位的所有权由合同约定属于出卖人所有并无不妥。[②]南京市玄武区人民法院持相同观点：开发商与业主的商品房买卖契约中关于地下车位权属的约定合法有效，对双方均具有法定约束力，地下车位权属的认定应根据双方的约定处理。[③]

（2） 成本审视。

若开发商在给商品房定价时已将地下车位成本纳入建设成本、将车位面积纳入销售面积，在开发商与业主对车位权属缺少明确约定的情况下，我们可以合理推定，开发商建设车位所付出的努力已经获得必要的回报。此时，业主享有所有权，反之亦然。杭州市中级人民法院认为，"若开发商没有承诺无偿给业主提供地下车库，且没有把地下车库面积计入公摊面积，则投资兴建该类地下车位的开发商对此享有专有使用权，业主也就无法要求开发商无偿交付使用"。[④] 浙江省高级人民法院认为，若业委会没有证据证明开发商将争议的车位

---

① 陈亚菁：《城市配套地下车库（位）登记探析》，载《中国房地产》2017 年 01 期。

② 详见汪某法与浙江苏泊尔房地产开发有限公司商品房预售合同纠纷二审民事判决书 ［(2016) 浙 10 民终 455 号］。

③ 详见南京市天山汇景园住宅小区业主委员会与南京宏顺房地产开发有限公司车位、车库纠纷一审民事判决书 ［(2013) 玄民初字第 2309 号］。

④ 详见钱某锋与浙江亿城置业有限公司财产损害赔偿纠纷二审民事判决书 ［(2015) 浙杭民终字第 1097 号］。

面积纳入业主公摊成本，则应当允许开发商出售该部分车位。① 需要指出的是，《商品房买卖合同》《分层分户建筑面积计算书》等都可作为成本审视的依据。且根据《房产测量规范》B3.1，独立使用的地下室、车棚、车库，为多幢楼房服务的警卫室，管理用房，作为人防工程的地下室都不计入共有建筑面积。

（3）价值位阶。

温州市中级人民法院二审认为，意思自治优于成本审视，开发商是否将地下车位的建设成本纳入商品房价格中，不影响双方约定的合法性。因此，在双方对地下车位权属有明确约定且不违反现行法律法规的基础上，一审法院不准许业主对商品房建筑面积建设成本进行审计，并无不当。② 从是否计入成本、纳入公摊面积角度切入，是在买卖双方无约定时的"不得已而为之"，仅系相对公平、合理的推定。但双方明确约定权属时，则应认为双方对于该部分利益已自主进行了分配，前者具有更优位的价值。在该约定没有违反法律法规的前提下，意思自治没有给公权力的介入留有余地。

2. 关于人防车位所有权

（1）国家所有论。

一种观点认为，人防车位属于国防资产，因而所有权归于国家。台州市中级人民法院在系列案件中认为，人防车位属于国家所有，投资者仅享有非战时使用、收益的权利。③ 这一实务案例与江苏、安徽等省物业管理条例表达的思路一致，循着法律保留的路径行进。

（2）投资者所有论。

现行法律法规未禁止投资者享有所有权，投资者因其建设行为享有人防车位所有权。如前所述，《上海市民防工程建设和使用管理办法》中明确表示：投资者可以取得民防工程的所有权并进行登记。因此，在上海，开发商有可能

---

① 详见德清县武康镇锦绣豪园小区业主委员会与德信地产集团有限公司车位纠纷再审复查与审判监督民事裁定书［（2016）浙民申 238 号］。

② 详见许某琴、陈某荣与乐清时代房地产开发有限公司房屋买卖合同纠纷二审民事判决书［（2014）浙温民终字第 1893 号］。

③ 详见汪某法与浙江苏泊尔房地产开发有限公司商品房预售合同纠纷二审民事判决书［（2016）浙 10 民终 455 号］。

获得人防车位所有权，并可进行初始登记。① 有意思的是，尽管 2013 年 5 月 1 日起施行的《江苏省物业管理条例》明确规定，物业管理区域内依法配建的人民防空工程平时用作停车位的，应当向全体业主开放，出租的租赁期限不得超过三年，不得将停车位出售、附赠。但盐城市中级人民法院仍表达了自己的观点。一审法院（盐城市亭湖区人民法院）将本案争议焦点归纳为"法律是否禁止属于人民防空工程的地下车位使用权的转让"，并认为地方性法规、行政规章不得作为合同无效的依据［《最高人民法院关于适用〈中华人民共和国合同法〉若干问题的解释（一）》第四条］。另外，《人民防空法》《物权法》《物业管理条例》《合同法》均未将人防工程明确界定为国防资产并禁止使用权买卖。该转让协议无《合同法》规定的无效、撤销、变更事由，应认为合法有效。盐城中院在肯定一审认定的基础上，进一步从土地使用权、建筑物所有权、人民防空法相关规定是否影响物权权属三个角度分析，认定开发商自合法建造的事实行为成就之时设立物权。《人民防空法》未规定人防工程权属，与《物权法》规定不存在冲突，不会影响案涉人防地下车位的权利性质及归属认定。②

（3）所有权搁置论。

这种观点未明确所有权，仅认定使用、收益权归属。我国是成文法国家，司法行为严格受立法的拘束。因此不难理解，实践中法院秉承了人民防空法的立场。苏州中级人民法院认为，人防车位有其特殊性，其所占面积属于人民防空工程，目前尚无相关法律、法规对人防车位的所有权作出界定，但依据《人民防空法》第五条的规定，开发商作为人防车位的投资建造者，对人防车位享有使用权及收益权。③

但是，需要强调的是，无论对于人防车位的权属界定存在怎样的差异，建设单位作为投资者，拥有使用、收益的权利是法定的。在目前人防车位所有权尚不明晰的情势下，搁置争议事项，充分保障已经达成共识的投资者使用、收益权，在一定程度上也可达到减少纠纷、平抑诉讼的目的。

---

① 详见姚某某与置业公司车库纠纷一案二审民事判决书［（2010）沪一中民二（民）终字第 3623 号］。

② 详见柏某海、汪某玲与盐城市力拓房地产开发有限公司车位纠纷二审民事判决书［（2014）盐民终字第 01318 号］。

③ 详见苏州天地源房地产开发有限公司与苏州市国邦物业管理有限公司、苏州工业园区橄榄湾小区业主委员会物权保护纠纷二审民事判决书［（2015）苏中民终字第 00690 号］。

三、结论与提示

(一) 结论

地下车位问题本质上是"经济意义上的产权和法律意义上的产权相互分离，经济意义上的产权没有被正式的法律制度承认和赋权"。[①] 地下车位所有权不明增加了不确定性，从而增加了交易成本（买卖双方在价格之外的博弈与争议解决等）。明确地下车位权属有利于减少交易费用、提高交易效率。

非人防车位问题较为单纯，主要涉及投资者与购房者之间的利益分配，是相对纯粹的市场行为。车位产生于开发商的建造行为，其享有初始所有权，是可以接受的。至于所有权是否随着商品房的销售而转移，应遵循《物权法》第七十四条"约定优先"原则。若双方未明确约定，则开发商依其建造之事实行为享有产权。唯建造成本已纳入商品房价格、车位面积纳入公摊的情况下，业主方可推定获得所有权。但是，无论花落何处，施行、完善产权登记，都是规范市场行为、维护交易安全的必要措施。

关于人防车位，笔者认为，可与非人防车位同等审视。为免争议，买卖合同、产权证中应增加特别的声明与约束。名不正，则言不顺。各地应尊重产权的私权属性，遵从"法无禁止即自由"的原则，为其正名。具体而言，建设单位得因合法建造行为而对地下车位享有所有权。作为对价，其负有维护、管理人防工程的义务，并须接受人民防空主管部门的监督。开发商销售人防车位时，须载明标的车位的人防属性，如"本车位位于人防工程范围内，按照国家规定，平时使用不得影响人民防空工程的防空效能，战时或紧急状态下由政府统一调配使用"。在交易完成后，车位所有权及其项上负担的义务随之转移给业主。但是，个体业主受能力、精力所限，是否能完全承担、切实履行人防工程管理、维护义务存在疑问。即使前述疑问的答案是肯定的，"一车位、一管理、一维护"的成本也过于高昂。对于业主、人防要求而言，都非最优选项。笔者认为，人防工程日常管理、维护义务可由物业单位集中代为履行。相应地，物业单位也有权利因其管理维护行为而获得车位管理费的溢价补偿。

[①] 刘灿、韩文龙：《小产权房的出路何在——基于产权经济学的分析视角》，载《当代财经》2013 年第 2 期。

（二）风险提示

作为法律从业者，对应然的分析和个人见解，只要尊重法律真意、遵守国家政策，可以畅所欲言。其目的在于抛砖引玉、集思广益。但我们对实然的风险却不能避而不谈，以免读者误解。通过前述法律条文的梳理、案例的分析，笔者认为在目前法律环境下，市场参与主体应特别注意以下几点，尽可能地减少风险。

1. 遵循惯例

目前，非人防车位在部分地区尚无法登记、更遑论明确人防车位所有权。因此，实务中往往采用"使用权转让"的操作模式。《人民防空法》明确投资者享有使用、收益的权利。使用权作为所有权的下位概念，在不违反法律、行政法规强制性规定的基础上，可以单独转让。问题在于，使用权转让的定性较为模糊，存在争议。当使用权转让被视为租赁时，须受《合同法》第二百一十四条最长租赁期限的审视。地下车位使用权一般不得对外（非业主）转让，受让主体主要是业主，因此约定的期限也往往同商品房项下建设用地使用权期限一致。为规避最长租赁期限的约束，有的地方在与业主签订20年的使用权转让协议的同时约定赠送一定年限，甚至赠送的年限超越租赁年限本身。

2. 明确约定

从前述案例分析中，可以看出我国立法、司法十分珍视当事人意思自治的基本原则。当纠纷产生时，优先将当事人交易发生时真实的意思表示作为裁判依据。因此，买卖双方应在签订《商品房买卖合同》《地下车位使用权转让合同》时对车位状况、权属进行明确规定。具体而言，若是非人防车位，应明确地下车位（库）的成本是否摊入房价、面积是否摊入房屋销售面积。

无论采取何种操作模式，在允许地下车位产权登记的地区（如上海、广州等）应及时进行登记，以免出现争议。在尚未实施登记的地区，可根据当地实际情况、国家政策法规动向，分阶段探索建立非人防、人防车位产权登记规则。唯以此方式厘清权利边界，市场主体才能知所行止。

网签下商品房买卖合同新实务问题研究

——以杭州市区操作为例*

王 钦 徐 琼

引言——杭州市商品房买卖合同网签合同流程简介

购房者付完定金并在规定签约时间，至开发商处现场签署正式购房合同。若开发商将正式合同网上确认提交至房管局网站，房管局就会自动登记合同号及对应的二维码，并备案为该套房屋已售与购房者；但是如果前述合同一旦打印出来，购房者未在纸质合同上签字或签字主体不全，就会涉及合同是否成立的争议，需要双方共同到房管局提交退房申请，甚至需法院、仲裁委出具有效解除合同的文书方能办理退房手续，流程复杂，若购房者由于某些原因不签字又不愿意配合办理退房手续的，事情就会僵持不下，产生争议。

一、问题一："草签"合同的效力及定性

因为考虑到避免前述风险，很多开发商便在房管局签约程序之外加了一个"草签"（操作俗语，不影响法律定性）合同这一环节，在签约过程中，在购房者支付房款前，先给购房者看"草签"合同，"草签"合同的条款内容和正式合同条款内容完全一致。在购房者签字确认后，在网上确认提交房管网站备案，将备案合同打印出来后双方签章。其实，"草签"合同也有法律风险。

案例简介：2014 年 5 月 23 日，在购房者乙充分了解房屋情况、按揭贷款条

---

* 本文获"第六届浙江律师论坛三等奖"。

件及杭州市地方购房政策后，与开发商甲签订《定金合同》预订案涉房屋，约定单价与总价，并于当日支付了定金 3 万元。2014 年 5 月 30 日，乙按享受全部优惠后的价格与甲签订合同填列单，并按合同填列单约定支付首期余款；2014 年 6 月 25 日，双方正式"草签"《浙江省商品房买卖合同》一份，但甲将确认的合同文本提交网上备案并打印出来让乙签字时（该文本除有合同备案编号及二维码之外，其他内容与乙草签合同文本一致），乙以是否能办理出银行按揭贷款尚不明确为由，不予签字，等明确后再签字，后银行拒贷，乙拒绝签字，并以双方未签订合同为由要求返还全部款项。

该案例中，甲提供"草签"合同版本是要约邀请还是要约？乙方签字是要约还是承诺？因乙方签字在前，甲方盖章在后，乙可否主张其签字为要约，可否撤回？再假设甲方一直未盖章，是否"反悔"意思早于甲盖章，即可撤回要约？"草签"合同仅为预约？

我们认为根据《合同法》第十四条规定，要约是希望和他人订立合同的意思表示，该意思表示应当符合下列规定：①内容具体确定；②表明经受要约人承诺，要约人即受该意思表示约束。第十九条第（二）项规定：受要约人有理由认为要约是不可撤销的，并已经为履行合同做了准备工作的，要约不可撤销。我们认为："草签"文本除没有合同备案编号及二维码之外，其他内容均与网上提交备案并打印的合同文本一致，符合要约"内容具体确定"的要件，"草签"合同之目的在于乙对合同文本的确认，以便甲提交网上备案并打印文本签字，故甲提交网上备案并打印文本、向乙开具不动产发票的行为可印证"经受要约人承诺，要约人即受该意思表示约束"，且"受要约人已经为履行合同做了准备工作"，故合同版本由甲提供的行为应为要约，乙在甲提供的合同文本上签字确定，即为承诺，双方合同在乙签字的那一刻便成立并生效。

即使"草签"合同成立并生效，是否仅为预约？根据网签《浙江省商品房买卖合同》（甲打印出来乙方未签字的合同文本）"本合同自双方签订之日起生效"条款规定，但该合同文本打印出来后乙并未签字，是否本约尚未成立？本案中，甲方在"草签"协议上进行了盖章确认，根据《最高院关于审理商品房买卖合同纠纷案件适用法律若干问题的解释》第五条规定，"商品房的认购、订购、预订等协议具备《商品房销售管理办法》第十六条规定的商品房买卖合同的主要内容，并且出卖人已经按照约定收受购房款的，该协议应当认定为商品房买卖合同"，即认购、订购等协议具备如上条件后就可认定为商品房买卖合同，而甲乙双方均已签订的这份合同约定的内容不仅具备《商品房销售管理办法》第十六条规定的商品房买卖合同的主要内容，出卖人已经按照约定收受购房首付款的，该协议应当认定为商品房买卖合同本约，即打印合同文本未签章并不影响双方之间本约已成立生效的事实。

二、问题二：仅夫妻一方签字的合同效力如何

案例简介：夫妻双方网签合同均显名（查询备案合同时显示夫妻双方为购房人），仅一方在"买受人"处签字，另一方未签字；事后，购房者根据网签《浙江省商品房买卖合同》关于"本合同自双方签订之日起生效"规定，以购房者一方尚未完成签字，双方未对合同条款协商一致为由要求返还所支付的全部购房款。

实务中还存在其他相近情形：夫妻仅一方在"委托代理人"处签字，另一方未签字；夫妻一方在"买受人"处签好夫妻双方名字，另一方未实际签字，但代签字一方未注明代签，无《委托书》，事后未签字方否认签字的真实性，并要求做笔迹鉴定；一方在"买受人"处签好夫妻双方的名字，未实际签字一方用括号特别注明代签，无《委托书》。我们认为，这些情形虽与案例情形不同，均可视为夫妻一方签字的情形，那么根据网签《浙江省商品房买卖合同》"本合同自双方签订之日起生效"条款规定，若开发商在前述情形合同上盖章确认，是否可视同双方已经签订呢？

部分开发商在补充协议里特别约定"一人签字有效"条款是否构成对生效条款的补充？我们认为，不构成，若前述未签订的生效问题未解决，主合同、补充协议仍存在效力问题，自然也难谈对夫妻双方的合同约束力。

具体分析如下。

（一）夫妻一方签字的行为能否构成家事代理

"日常家事的范围，依各夫妻共同生活的情事及因行为的目的而有所不同，因而由外部正确判断，甚为困难。然如依内部情事而定其范围，不仅有害于第三人，而且亦碍于夫妻共同生活，故应就家事的规模及其外部的生活式样，以

定其范围①"。根据《最高人民法院关于适用〈中华人民共和国婚姻法〉若干问题的解释（一）》第十七条之规定"婚姻法第十七条关于'夫或妻对夫妻共同所有的财产，有平等的处理权'的规定，应当理解为：（一）夫或妻在处理夫妻共同财产上的权利是平等的。因日常生活需要而处理夫妻共同财产的，任何一方均有权做决定。（二）夫或妻非因日常生活需要对夫妻共同财产做重要处理决定，夫妻双方应当平等协商，取得一致意见。他人有理由相信其为夫妻双方共同意思表示的，另一方不得以不同意或不知道为由对抗善意第三人"，故若所购房屋为住房的，不管是刚需第一套还是改善性住房，均属于夫妻日常生活需要，虽为一人签订合同，我们认为其与夫妻另一方构成家事代理，一方签字代表对另一方有效，合同成立。

若所购房屋为商铺的，我们认为需借助其他证据来证实"他人有理由相信其为夫妻双方共同意思表示的"，不能构成家事代理。

（二）夫妻一方签字的行为能否构成表见代理

"（夫妻）其生活状态的外表，虽与其收入的现实不符，第三人应就此外观而受保护，即就类推适用表见代理的规定"② "为了协调被代理人与相对人之间的利益冲突，除了上述两个条件外，还需要依据权利外观责任的一般要求，并参酌比较法上的意见，在《合同法》第四十九条规定附件另外两个条件：条件之一是：代理人客观上享有代理权这一信赖事实构成，必须与被代理人的行为有关……条件之二是：相对人对信赖事实构成的信赖须是合理的"③。我们再梳理一下有助于成立表见代理的其他关联事实点。

1. 夫妻双方是否参与签订《定金合同》

若夫妻双方事实参与定金合同签订并履行交付定金义务，接收开具载有夫妻双方名字的定金收据无异议的，可作为夫妻双方共同购房意思的事实证据。若无证据证实夫妻双方事实参与，以夫妻共有财产支付定金的行为可以视为参与。

2. 若夫妻一方向开发商提供了结婚证复印件或对夫妻关系的如实披露，签

---

① 余延满：《亲属法原论》，法律出版社 2007 年版，第 251 页。
② 同上。
③ 朱广新：《合同法总则（第二版）》，中国人民大学出版社 2012 版，第 206 页。

订《浙江省商品房买卖合同》，按合同约定支付首付款并收取不动产发票，既构成表见代理的外观，也以其行为更加强化了表见代理的外观，开发商有理由相信夫妻一方购买房屋签订买卖合同的行为系夫妻双方共同意思表示。

但是，换个角度思考，若开发商允许夫妻一方签字的行为是否构成善意及对缺失另一方的签字有无过错，若存在，是否应自担责任？既然合同上显名为夫妻双方，有经验的开发商应明知仅夫妻一方签字的行为是与合同上主体列明不一致的，应不构成善意，并有过错，则"在相对方有过错的场合，不论该种过错是故意还是过失，无表见代理适用之余地[①]"。

（三）夫妻未签字的另一方行为能否构成视为同意

根据《民法通则》第六十六条第一款第三句"本人知道他人以本人名义实施民事行为而不作否认表示的，视为同意"[②]，我们注意到，在限购政策存在时，夫妻一方购房也需提供家庭的已有房屋情况，实际上是看家庭的购房资格及对应的按揭贷款比例；在限购政策取消时，若购房者采用银行按揭方式支付尾款的，开发商和银行会对购房者家庭已购房还贷情况及家庭的信用进行调查或要求披露，故当购房者在签订合同前的准备行为，加之共同财产支付定金、共同名义收据的接收等行为，夫妻未签字的另一方未做否认表示的，应视为同意其后商品房买卖合同。

（四）网签合同签订及注销需夫妻共同意思表示，能否弱化签订时夫妻共
　　　 同意思表示形式——共同签字上的瑕疵

买卖合同系通过网签系统签订并备案公示的，通过调查《预售合同备案信息查询记录》显示，购房人为夫妻双方，夫妻双方已经取得了准物权的公示效力，夫妻未签字的另一方毕竟是因夫妻签字一方签约购买事实而获取权益；如果注销合同备案登记，也需要夫妻与开发商共同至房管部门才能办理合同备案的注销手续，即网签合同注销需夫妻共同意思表示，即使是申请法院强制执行

---

① 刘言浩：《法院审理合同案件观点集成》（上册），中国法制出版社 2013 年版。（注：援引处表述并非直接针对本案所涉的商品房买卖合同案件）

② 《民法通则》第六十六条第一款，没有代理权、超越代理权或者代理权终止后的行为，只有经过被代理人的追认，被代理人才承担民事责任。未经追认的行为，由行为人承担民事责任。本人知道他人以本人名义实施民事行为而不作否认表示的，视为同意。

生效判决，若判决少了夫妻中的一方，即便判决解除合同并协助办理备案合同注销手续后，也会因主体缺位而使得执行难度增加。

（五）其他直接认定合同成立的意见

根据《合同法》第三十六、三十七条规定，当事人一方已经履行主要义务，对方接受的，该合同成立。另根据《最高人民法院关于适用〈中华人民共和国合同法〉若干问题的解释（二）》第一条之规定："当事人对合同是否成立存在争议，人民法院能够确定当事人名称或者姓名、标的和数量的，一般应当认定合同成立。但法律另有规定或者当事人另有约定的除外。"

三、问题三：夫妻关系变化对合同的影响

如前所述，结合限购政策与银行按揭贷款要求，夫妻的购房资格及银行信用其实是绑定在一起的，在《商品房买卖合同》签订前后夫妻关系发生变化均可能对《商品房买卖合同》的实际履行或解除产生直接影响。

案例： 乙与甲签订了定金合同和买卖合同，虽签约前披露了婚姻关系，但仅以夫妻一方显名购买，后在买卖合同履行过程中，双方协商解除合同。在办理网签合同注销手续时，房管部门要求未显名的夫妻一方（利害关系人）办理同意注销手续，而此时乙已与其丈夫离婚，要求其丈夫再来配合事实上有难度。

其他情形： 乙与甲签订了买卖合同后与丙办理了结婚登记，在办理银行按揭贷款手续过程中，因丙的银行信用问题导致银行按揭贷款审核不通过，甲以逾期付款为由要求乙承担违约责任。

（一）前述房管部门行政要求是否合理

我们认为，若购房者仅以夫妻一方显名购买的情况下，应视为夫妻已认可一方显名并行使合同的全部权利（当然包括解除的权利），未显名一方均予以认可，房管部门行政要求已经超过必要行政的限度。

若房管部门行政要求显名一方提供未显名一方签字确认的包括该房屋在内的《离婚财产分割协议》，以尽到对已知利害关系人的合法权益保护义务，是否合理适度？我们认为，该要求并不合理，因房管部门无法核实《离婚财产分割协议》的真实性，若再追加以公证确认的要求来增加协议效力，恐更加引人非议，而实务中本就可以规避房管部门的该项行政要求，如法院强制

执行即可免除房管部门的顾忌，故不如直接以显名人出具不可撤销承诺书的方式更为实际。

（二）银行的信用绑定式拒贷是否成为购房者解除合同的理由

根据《最高人民法院关于审理商品房买卖合同纠纷案件适用法律若干问题的解释》第二十三条："……因不可归责于当事人双方的事由未能订立商品房担保贷款合同并导致商品房买卖合同不能继续履行的，当事人可以请求解除合同，出卖人应当将收受的购房款本金及其利息或者定金返还买受人"，银行将购房者签约后夫妻另一方的信用绑定并予以拒贷情形，是否购房者可主张解除合同？

我们认为，一般合同里，开发商都会有"未因开发商原因办理出按揭贷款的，购房者应一次性支付购房尾款"的约定，应以该约定优先；若合同未有明确约定的，购房者配偶的原因应还属于可归责于购房者一方的理由，不应解除合同。

执行异议之诉中不动产物权期待权问题探究[*]

项　平[**]

执行异议之诉与传统的诉讼相比，具有一定的特殊性，其在形式上体现为是否排除强制执行行为的纠纷，实质为案外人与被执行人对执行标的的权属纠纷和案外人对执行标的所享有权益与申请执行人在生效裁判文书等执行依据项下请求权的优先效力纠纷。[①] 期待权的概念最早源自德国，是指取得特定权利部分要件的主体所享有的，得因法律规定或当事人约定的其他要件的实现而取得特定权利的受法律保护的地位。[②] 在执行异议之诉中，案外人常以对执行标的物享有物权期待权为由，向法院请求排除对该标的物的执行，并确认其对该执行标的物享有的实体权利。在此类案件中，一方面，《物权法》明确规定了我国采用物权登记生效主义，虽然买受人与出卖人签订了《房屋买卖合同》，且履行了大部分的合同义务，但在办理过户登记之前，买受人仍未取得房屋的所有权，法律亦不认可其具有所有权人的身份，买受人享有的仅是要求出卖人履行办理过户登记的合同债权；另一方面，我国法律虽然没有关于物权期待权的明确规定，但在一些法律、行政法规的条文中，可以解读出对物权期待权的保护。物权期待权是一种特殊的权利，虽然实质上仍然属于债权请求权的范畴，

---

   [*] 本文获"第四届杭州律师论坛优秀奖"。

  [**] 项平，建纬杭州律师事务所实习律师，西南政法大学法学硕士。

   [①] 沈德咏主编：《最高人民法院民事诉讼法司法解释理解与适用》，人民法院出版社2015年版，第814页。

   [②] 王轶：《物权期待权初探》，载《法律科学》1996年第4期。

但法律赋予了其部分物权的特性，使得物权期待权得以突破债权的范畴。在满足法律规定的条件下，物权期待权可以对抗其他债权及优先权并排除法院的执行。

一、商品房消费者的物权期待权

(一) 符合条件的商品房消费者的物权期待权优先于工程价款优先受偿权

我国对于不动产物权期待权的保护，最早体现于2002年《最高人民法院关于建设工程价款优先受偿权问题的批复》（以下简称《批复》），其中第二条规定"消费者交付购买商品房的全部或者大部分款项后，承包人就该商品房享有的工程价款优先受偿权不得对抗买受人"。该条规定是为了解决承包人的建设工程价款优先受偿权与消费者就商品享有的物权期待权的冲突问题。建设工程价款优先受偿权源自《合同法》第二百八十六条的规定，是指建设工程承包人催告后发包人仍未支付工程款的，承包人可以就该工程折价或拍卖的价款优先受偿的权利。该条是考虑到承包人将劳动及其他成本物化在建筑物中，因此赋予了承包人的工程价款债权优先于抵押权以及其他债权以优先效力。关于建设工程价款优先受偿权的性质，在理论界和司法实践中颇有争议，如梁慧星教授认为是法定抵押权[1]，最高人民法院王毓莹法官认为是法定优先权[2]，限于篇幅，本文在此不做论述。这里的"消费者"如何理解？在《重庆市高级人民法院关于对〈最高人民法院关于建设工程价款优先受偿权问题的批复〉应如何理解的意见》做了详细表述："首先，购房消费者中消费者的含义应与《消费者权益保护法》中的'消费者'含义相同，即购房者购房是为生活消费需要而不是为经营需要。其次，购房消费者已交付全部或大部分购房款（超过50%），且能支付尾款。第三，购房消费者在购买商品房过程中无恶意损害抵押人利益的行为。"因此，承包人的建设工程价款优先受偿权不能对抗已支付全部或大部分购房款的商品房买受人享有的物权期待权。

---

[1] 《江苏省高级人民法院建设工程施工合同案件审理指南》第五条第（九）项，2010年1月1日实施。

[2] 王毓莹：《房屋买受人提起执行异议之诉如何处理》，载于"法盏"微信公众号，5月11日。

（二）商品房消费者物权期待权的成立条件

【案例1】姜某元与迟某军、延吉市延某房地产开发有限公司、刘某发执行异议之诉案

【法院观点】作为法院查封涉案房屋之前就已经办理预售合同备案登记并支付了全部房款的购房者，只要没有证据证明存在其与被执行人之间恶意串通、逃避执行的事实，其即拥有了对涉案房屋的强制执行予以阻却的事由，这种阻却事由的基础来源于对购房者取得涉案房屋期待权的保护和对执行债权人债权的实现之间的考量。虽然《最高人民法院关于人民法院民事执行中查封、扣押、冻结财产的规定》第十七条对于人民法院不得查封的情形做了限定，但基于该规定的原理和精神，特别是在《中华人民共和国物权法》尚未实施、不存在预告登记制度的情形下，应当认为，当时的商品房预售合同备案登记往往具有较强的对外公示效力，在我国登记生效为不动产物权变动的原则下，此类公示效力可以成为对购房者期待权的一种保护。因此，出于对善意购房者给予优先保护的一种考量，二审法院作出停止对涉案房屋强制执行的判决并不违反法律规定。①

《最高人民法院关于人民法院办理执行异议和复议案件若干问题的规定》（以下简称《执行异议复议规定》）第二十九条的规定系脱胎于《批复》第二条的规定，进一步明确了商品房消费者的物权期待权保护的具体条件。具体包括三个条件：第一，在人民法院查封之前已签订合法有效的书面买卖合同。这里需要注意的是，签订合同的时间需要是在人民法院查封之前，如果是在法院查封之后签订合同，一方面双方当事人涉嫌串通妨碍执行，另一方面，查封具有一定的公示效力，买受人在房屋被查封的情况下仍然与被执行人签订合同，未尽合理注意义务。第二，所购商品房系用于居住且买受人名下无其他用于居住的房屋。这里需要注意两点，一是买受人所购房屋是否用于居住，要看商品房在房产行政部门登记的房屋用途，但在执行异议之诉中，不能仅以此来判断，还应考虑房屋的实际使用情况；二是买受人名下无其他用于居住的房屋，一般是指买受人在被执行房屋所在地长期居住并且名下没有其他用于居住的房屋，

---

① 参见（2015）民申字第661号民事裁定书。

这样规定是为了保护房屋买受人最基本的生存权。对于"名下"该如何理解？笔者认为不宜仅认定为买受人名下，还应当考虑实行夫妻共同财产制的配偶和未成年子女名下是否有其他用于居住的房屋。对于"唯一住房"的认定，法院不能做机械认定，还应考虑买受人家庭成员的人均居住面积。第三，已支付的价款超过合同约定总价款的50%。《批复》中规定的是"全部或大部分"，本规定基于对消费者的权利保护，将标准明确为超过50%即可。在买受人采用按揭方式支付购房款的情况下，虽然买受人仅支付了一部分价款（可能未超过50%），但在银行贷款转入开发商账户时起，应当认定买受人支付了全部价款。

二、不动产一般买受人的物权期待权

（一）不动产一般买受人物权期待权的成立条件

【案例2】哈尔滨市乾景某房地产经纪有限公司与绥化市北林区信某小额贷款有限责任公司案外人执行异议之诉案

【法院观点】案外人如以物权期待权为由排除执行的效力，需同时具备四个要件：一是和被执行人即登记名义人，签订以变动执行标的物所有权为目的的合同；二是买受人已经履行买卖合同的支付全部价款义务；三是案外人对执行标的物的物权期待权已经以一定的方式对外公示；四是物权没有变更登记的原因不可归责于案外人。本案中乾景某公司虽与被执行人森某公司签订了合法有效的房屋买卖合同，并履行了合同项下支付全部价款的义务，同时涉案房屋物权没有变更登记的原因在于森某公司而非乾景某公司，但乾景某公司对涉案9套房屋并没有实际占有，涉案房屋至今尚未竣工交付，因此其不满足案外人对执行标的物的物权期待权已经以一定的方式对外公示的要件，也就无法以物权期待权为由排除执行的效力。①

2005年1月1日施行的《最高人民法院关于人民法院民事执行中查封、扣押、冻结财产的规定》（以下简称《查封规定》）第十七条规定："被执行人将其所有的需要办理过户登记的财产出卖给第三人，第三人已经支付部分或者全部价款并实际占有该财产，但尚未办理产权过户登记手续的，人民法院可以查

---

① 参见（2016）最高法民申1078号民事裁定书。

封、扣押、冻结；第三人已经支付全部价款并实际占有，但未办理过户登记手续的，如果第三人对此没有过错，人民法院不得查封、扣押、冻结。"该规定第一次明确了符合条件的买受人享有的物权期待权，可以对抗法院的执行行为。依据该规定，已经支付了全部价款并实际占有的，对未办理过户登记没有过错的买受人所享有的物权期待权，可以对抗法院的查封、扣押、冻结等保全措施。

《执行异议复议规定》第二十八条则脱胎于上述《查封规定》第十七条，对于不动产一般买受人的物权期待权进行更为具体的规定，但与之又有所区别。第一，在人民法院查封之前已签订合法有效的书面买卖合同。《城市房地产管理法》第四十一条规定："房地产转让，应当签订书面转让合同，合同中应当载明土地使用权取得的方式。"第二，在人民法院查封前已合法占有该不动产。占有具有一定的公示效力，虽然占有不动产不能推定所有权的归属，但是不动产的占有在一定程度上展示了占有人对不动产所有的权利外观。买受人物权期待权之所以要保护，就是因为买受人已经为取得物权履行了一定义务并以一定方式对外进行了公示，尽管这种公示的方式较之法定的登记公示方式在效力上较弱。[1] 但法院是否需要对占有的"合法性"问题进行审查，仍值得考虑。第三，已支付全部价款，或者已按照合同约定支付部分价款且将剩余价款按照人民法院的要求交付执行。实践中，房屋买卖多采用分期付款的方式，若买受人能在法院指定的期限内将剩余价款交付执行，则相当于变相全款支付，这是出于保护善意买受人和保护申请执行人债权的平衡。第四，非因买受人自身原因未办理过户登记。即要求在未办理过户登记这一事实是属于买受人意志以外的因素造成的，买受人对此没有主观过错。

(二)《执行异议复议规定》第二十八条、二十九条的适用与衔接

【案例3】成某与陶某明、青岛市崂山旅游度假村开发建设总公司、中国农业银行股份有限公司青岛崂山支行案外人执行异议之诉案

【法院观点】现买受人已将剩余购房款26.3万元转入青岛市中级人民法院账户交付执行，原判决认定买受人对涉案房屋享有的物权期待权优于申请执行

---

① 刘贵祥、范向阳：《〈关于人民法院办理执行异议和复议案件若干问题的规定〉的理解与适用》，载《人民司法》2015年第11期，第33页。

人的普通债权，足以排除强制执行，并无不当。申请执行人申请再审提交新的证据用以证明买受人名下有多处房产，但因本案不适用《执行异议复议规定》第二十九条规定，其所提交的证据不足以证明原判决认定的主要事实或者裁判结果错误。①

《执行异议复议规定》第二十八条和二十九条两个条文的适用均要求申请执行的债权为金钱债权，均要求在人民法院查封不动产前签订合法有效的书面买卖合同。不同的是，第二十九条要求执行标的指向的是房地产开发企业名下的商品房，对应的买受人是"消费者"，其所保护的是商品房消费者的物权期待权，因此二手房的购买者的物权期待权并不在二十九条的保护范围之内。而第二十八条保护的是不动产一般买受人的物权期待权。基于保护商品房消费者的居住生存权的考虑，第二十九条的适用标准要更为宽松。但是当商品房消费者所主张的物权期待权不符合第二十九条的条件时，如果其能满足第二十八条的规定，依然能够达到排除执行的效果。"《执行异议复议规定》第二十八条适用于金钱债权执行，买受人对登记在被执行人名下的不动产提出异议的情形，而第二十九条则适用于金钱债权执行中，买受人对登记在被执行的房地产开发企业名下的商品房提出异议的情形。上述两条文虽然适用于不同的情形，但是如果被执行人为房地产开发企业，且被执行的不动产为登记于其名下的商品房，同时符合了'登记在被执行人名下的不动产'与'登记在被执行的房地产开发企业名下的商品房'两种情形，则《执行异议复议规定》第二十八条与第二十九条适用上产生竞合，并非能够适用第二十九条就自然排斥适用第二十八条。"②"本院认为，该司法解释的两个条款并非以被执行人是否系房地产开发企业作为区分标准，第二十八条系普适性条款，对于所有类型的被执行人均可适用，而第二十九条是专门针对房地产开发企业的被执行人而规定的特别条款。房地产开发企业作为被执行人的案件中，既可以适用特别条款也可以适用普通条款。"③

---

① 参见（2017）最高法民申 4654 号裁定书。
② 参见（2016）最高法民申 254 号民事裁定书。
③ 参见（2016）最高法民申 2736 号民事裁定书。

三、预告登记权利人的物权期待权

预告登记权利人的物权期待权来源于《物权法》第二十条的规定，即"当事人签订买卖房屋或者其他不动产物权的协议，为保障将来实现物权，按照约定可以向登记机构申请预告登记。预告登记后，未经预告登记的权利人同意，处分该不动产的，不发生物权效力。预告登记后，债权消灭或者自能够进行不动产登记之日起三个月内未申请登记的，预告登记失效。"预告登记制度的目的是促使以不动产物权变动为内容的债权请求权能够实现，实际上是物权期待权的一种保全制度，使登记物权人处分物权的行为对预告登记的权利人不发生效力。①《执行异议复议规定》第三十条规定："金钱债权执行中，对被查封的办理了受让物权预告登记的不动产，受让人提出停止处分异议的，人民法院应予支持；符合物权登记条件，受让人提出排除执行异议的，应予支持。"这里需要注意的是，即使在权利人办理了预告登记的情况下，不动产仍可以被查封，只是基于预告登记的物权效果，该不动产并不能被处分（包括登记权利人即出卖人的主动处分和法院执行的被动处分），因此受让人只能提出停止处分异议。查封本身并不会导致预告登记的失效，但基于查封的公示性，查封之后的预告登记并不产生物权期待权。预告登记所登记的并非是现实的所有权，而是将来发生物权变动的请求权，该请求权仍属于债权请求权的范畴，但是具有一定的物权排他性效力。只有在符合了物权登记条件时，预告登记才产生排除执行的效果。但是对于何为"物权登记条件"，《物权法》等相关法律中并未予以明确。

四、被拆迁人对补偿安置房的物权期待权

【案例4】中国农业银行股份有限公司长春春城支行与李某军、长春市桂某商厦借款合同纠纷案

【法院观点】所谓优先权，是指立法者为特定的目的，出于立法政策考虑，通过法律直接给予特定债权人以优先于其他债权人，甚至担保物权而受偿的权

---

① 刘贵祥、范向阳：《〈关于人民法院办理执行异议和复议案件若干问题的规定〉的理解与适用》，载《人民司法》2015 年第 11 期，第 33 页。

利。这种优先受偿权是基于法律的直接规定，而非当事人的约定。目前我国相关法律对不同主体依据不同法律关系均主张争议房屋相关权利的，在通常情况下保护的先后顺序是被拆迁人请求优先取得补偿安置房屋的权利，优先于已交付全部或大部分房款的拆迁人以外的买受人，而前述买受人优先于建设工程价款优先受偿权，建设工程价款优先受偿权又优先于抵押权和其他债权。因此银行的抵押权不及于被拆迁人的回迁房屋部分。①

《最高人民法院关于审理商品房买卖合同纠纷案件适用法律若干问题的解释》第七条规定了被拆迁人对补偿安置房的物权期待权的保护，即"拆迁人与被拆迁人按照所有权调换形式订立拆迁补偿安置协议，明确约定拆迁人以位置、用途特定的房屋对被拆迁人予以补偿安置，如果拆迁人将该补偿安置房屋另行出卖给第三人，被拆迁人请求优先取得补偿安置房屋的，应予支持"。这里应当注意的是，拆迁人与被拆迁人签订的拆迁补偿安置协议约定的拆迁补偿方式为"所有权调换"，指的是被拆迁人用属于自己的房屋包括自建或自购的产权房屋与拆迁人开发的拆迁安置房屋进行产权调换，并对房屋的市场差价一并补偿的安置方式。

补偿安置协议的性质为互易合同，实质是被拆迁人以对原有房屋所享有的所有权同拆迁人对安置房屋享有的所有权的置换。拆迁人根据《最高人民法院关于审理商品房买卖合同纠纷案件适用法律若干问题的解释》第七条所享有的拆迁安置优先权，实质上是对其已被拆迁房屋所有权保护的一种延伸。② 基于此，被拆迁人对补偿安置房屋的物权期待权本质上已经相当于准物权，具有排他和对世性，因此，其不仅可以对抗金钱债权，即使第三方已经占有拆迁安置房屋并办理了物权登记，被拆迁人享有的拆迁安置优先权或物权期待权仍然可以对抗第三人。

五、以物抵债不产生物权期待权

以物抵债协议，在我国《合同法》中未明确予以规定，通常是指当事人为了保证将来到期债权能够实现或为了清偿已到期债务，债权人和债务人约定以

---

① 参见（2016）吉民再 11 号民事裁定书。
② 参见（2015）甘民二终字第 74 号民事判决书。

他种给付代替原定给付的协议。在司法实践中常见的做法是，当事人基于其他债权债务关系的存在，签订房屋买卖合同，以担保原债务的履行或实际消灭原债权债务关系。那么在这种以物抵债关系中的债权人对该房屋是否享有物权期待权，能否依据《执行异议复议规定》第二十八条请求法院排除对房屋的执行？

【案例5】孙宝某与葫芦岛市中业房地产开发有限公司、葫芦岛恒某混凝土搅拌有限公司案外人执行异议之诉案

【法院观点】本院认为，以物抵债协议首先以消灭金钱债务为目的，而物的交付仅为以物抵债的实际履行方式，此即与《最高人民法院关于人民法院民事执行中查封、扣押、冻结财产的规定》所规定的基于买卖而产生物权期待权具有基础性的区别。因而，基于以物抵债而拟受让不动产的受让人，在完成不动产法定登记之前，该以物抵债协议并不足以形成优先于一般债权的利益，不能据此产生针对交易不动产的物权期待权。就本案而言，恒某公司依据其与中业公司之间签订的抵债协议而产生的权利仍未超过债权之维度，并无任何物权化之属性。①

【案例6】魏某与青岛海宜某投资控股有限公司、青岛中海盛某置业投资有限公司案外人执行异议之诉案

【法院观点】案外人执行异议之诉的目的是通过诉讼阻却、排除人民法院对执行标的的强制执行。案涉房屋买卖合同的订立系基于魏某与中海盛某置业之间的工程款抵账行为，案涉合同性质实质上是以物抵债协议，该协议的目的在于消灭魏某对中海盛某置业的债权而非单纯的房屋买卖。本案双方当事人之间的以物抵债协议，不能体现双方买卖房屋的真实意思表示，只是债务人履行债务的变通方式，不必然地引起房屋权属的变动。且讼争房屋并未完成权属登记的变更手续，债权人只有债权请求权，而非物权。本案中魏某寻求救济途径不当，以物抵债协议约定的交付房产，是以消灭金钱债务为目的的债的履行方式，在完成房屋变更登记之前，以房抵债协议并不形成优于其他债权的利益，且破坏了债权平等受偿的原则，损害了其他与中海盛某置业之间存有债权债务关系的当事人的合法权利救济途径，故不能认定依据以房抵债协议而产生的物

---

① 参见（2016）最高法民申 3620 号民事裁定书。

权期待权及物权本身，该合同的订立并不能阻却有其他合法权利的第三人基于生效法律文书申请强制执行。[①]

从上面两个判决可以看出，最高人民法院的观点是认为以物抵债协议只是履行债务的一种方式，双方并未存在物权变动的真实意思表示，因此以物抵债中债权人享有的仅仅是请求债务人按照以物抵债协议的约定履行合同的债权请求权，且该权利并不具备物权属性，因而不能产生物权期待权。但值得注意的一点是，如法院依据当事人之间在执行和解程序中形成的以物抵债协议作出了以物抵债裁定，该裁定能够直接产生物权变动的效力。权利人基于该以物抵债裁定取得了房屋的所有权，因此权利人得以请求法院排除对该房屋的执行[②]。也有学者认为，抵债之物的所有权不因判决、裁决送达当事人处时而转移，只有办理完毕抵债之物的所有权过户登记（不动产场合）或完成交付（动产场合）时才发生转移。[③]但是在 2018 年 3 月 1 日施行的《最高人民法院关于执行和解若干问题的规定》第六条规定了人民法院不得依据当事人达成以物抵债执行和解协议作出以物抵债裁定。

结语

物权期待权在我国法律中没有明确的规定，在司法实践中，尤其是执行异议之诉案件的办理中，物权期待权的认定仍存在很大的问题和争议。目前对于物权期待权的规定，还仅限于《批复》第二条、《查封规定》的第十七条以及《执行异议复议规定》第二十八、二十九、三十条，律师在办理涉及物权期待权的执行异议案件中，要注意区分不同条文的规定对应的不同情况。特别要注意的是《执行异议复议规定》是针对执行程序所做的规定，因而大多以形式审查为主要的审查方式，故该规定第二十八、二十九条的审查标准仅适用于作为执行程序中的执行异议中。而执行异议之诉作为诉讼程序，不能机械地适用《执行异议复议规定》第二十八、二十九条规定，办理此类案件，还应结合案件的具体情况，综合考虑对物权和对当事人居住生存权的保护。

---

① 参见（2017）最高法民终 354 号民事判决书。
② 最高人民法院人保投资控股有限公司河北资产管理部与河北省外贸资产经营有限公司、河北省进出口贸易公司申请执行人执行异议之诉案［（2016）最高法民申 3192 号］持此观点。
③ 崔建远：《以物抵债的理论与实践》，载《河北法学》2012 年 3 月刊，第 28 页。

快递承运致买卖合同标的物损失的风险负担刍论[*]

郭青青^{**}　徐　琼

一、引言

作为传统而核心的市民社会财产动态流转模式，买卖合同在现代社会越发显现出茁壮的生命力。异地交易或同城买卖的数量激增，均需更发达的货运网络配套保障，以实现买卖标的物由卖方向买方的转移。快递运输①以其便捷、高效的优势，已经成为买卖合同当事人托运交易标的物的普遍运输方式。

如此频繁的运输活动，亦使大量快递承运致买卖合同标的物损失②的事件进入公众视野。当下国内快递企业提供的格式合同中均包含赔偿责任限制条款③及申明价值条款④。实践中，许多托运人为了降低成本，常不进行保价。此时

---

　* 本文获"第四届浙江律师论坛一等奖""2014年度律师实务理论研讨会二等奖"。

　** 郭青青，原建纬杭州律师事务所律师，西南政法大学法学博士。

　① 这里指快递服务合同，是快递企业与寄件人为保障快件顺利送达收件人而签订的一种货物运输合同。

　② 参考《中华人民共和国邮政法》（2012修正）第四十五条关于邮件损失的定义，包含邮件丢失、损毁或者内件短少的情形。结合交通运输部发布的《快递市场管理办法》（2013）第二十条的规定，此处的"损失"指在快递服务过程中，快件（邮件）发生延误、丢失、损毁和内件不符的，经营快递业务的企业依法予以赔偿的情形。

　③ "赔偿责任限制条款"是指在货物未保价的情况下，承运人对整个运输过程中货物或与货物有关的灭失或损害，在一定限额内进行赔偿。

　④ "申明价值条款"是指承运人与托运人之间共同确定的以托运人对货物申明价值为基础，托运人除缴纳运输费用外，再按照规定缴纳一定的保值附加费。一旦由于承运人的责任发生货物损失，承运人将按照实际损失给予托运人以保价额度以内的赔偿。

发生货物损失，其责任承担涉及买卖合同及运输合同两个合同，包含三方权利义务主体，即买卖合同中的卖方（通常作为快递运输合同中的托运人）、买卖合同中的买方（通常作为快递运输合同中的收货人），以及与托运人签订运输合同的快递承运人。对运输过程中造成的货物损失，三方就赔偿及损失负担问题极易发生争议。

该问题的解决可分解为以下两个层次。

围绕着限额赔偿条款是否合理，效力如何，是否可排除其适用，保价运输①该存该废。本文第一部分旨在解决承运人对托运人及收货人组成的利益结合体应承担的赔偿责任范围。

在解决第一个问题后，本文第二部分着重探讨买卖合同中的风险负担，即由卖方抑或买方来承担未受赔偿部分的损失，及确定该项风险负担应当遵循的原则。

二、快递承运人损害赔偿责任透析

众多有关快递服务赔偿责任的纠纷，围绕快递运输合同中普遍存在的"保价条款"展开。在司法实践中，对该类条款的效力认定及排除适用的条件素有争议。2012年修正的《中华人民共和国邮政法》（以下简称《邮政法》）专章规定了"快递业务"，2013年交通运输部又颁布了《快递市场管理办法》，进一步完善了快递行业的相关法律制度，但是，这些法律规章仍然未能给出有关快递服务赔偿责任的清晰解决方案。

（一）"保价条款"正当性证成

1. 赔偿结构之二元格局

国家邮政局发布的于2008年1月1日起执行的《〈快递服务〉邮政行业标准》，及该局2018年与国家工商行政管理总局共同发布的《关于印发〈国内快递服务合同〉示范文本的通知》均明确，合同双方可以约定赔偿标准。那么，如何优化承运人赔偿责任的结构设置？

快递行业具有固有的风险。该风险导致的承运物毁损、灭失的价值往往远

---

① "保价运输"是承运人与托运人之间共同确认以托运人对货物声明价值为基础的一种特殊的运输方式。以该种方式运输的货物，托运人除缴纳运输费用外，须按照规定缴纳保值附加费。此后若因承运人的责任造成货物损失，承运人将按照实际损失给予保价额度以内的赔偿。

高于承运人收取的对应运费。如果要求承运人全额承担货物受损的金额，可能出现快递公司通过大幅提高运费的形式将成本转嫁到托运人群体，由此增加消费者的经济负担。此外，从对损失的可预见性来看，在托运人未申报货物价值的情况下，承运人在订立合同时难以明确货物的实际价值，如果让其承担无法预见的巨额损失，可能给承运人带来过重负担甚至"灭顶之灾"，不利于快递业的整体发展。因此，出于平衡风险，有利于快递业整体良性发展的考虑，有必要限定承运人的赔偿责任。

或许有人顾虑对承运人的该种责任减免会引发其更多的违约行为。其实，即使受到限额赔偿的"庇护"，承运人对单笔货物损失承担的赔偿金额，也将高于收取的运费数倍，换言之，不但无利可图且需额外赔偿。将赔偿限额制度法定化、常态化，是承运人赔偿责任制度设计中的"第一层次"。

由于赔偿限额与运输物实际价值间可能存在差额，故单一的限额赔偿制度不能满足托运人的赔偿要求。因此，保价运输作为限额赔偿制度的补充应运而生，我们称之为赔偿限额制度设计中的"第二层次"。

审视快递运单保价条款中涵摄的"限额赔偿"与"按申报价值赔偿"双轨赔偿模式，前者用于没有申明或保价的一般货物，指承运人对运输过程中造成的货物损失（包括延误、丢失、损毁和内件不符）按照实际损失进行赔偿，但最高不超过法律规定的赔偿限额；后者用于申明或保价的货物。如果只设置前者，寻求更全面保障的托运人之利益难以满足；如果只设置后者，则可能因承运人违约行为与赔偿责任的割裂，导致其违约行为的激增，客观上造成强制托运人为承运人本应承担的赔偿责任代为买单的结果。因此，该二元赔偿结构的并行，可以实现承运人和托运人在风险分担上的相对公平。

2. 保价机理之舶来属性

"限额赔偿"及"保价运输"已在国内快递行业普遍推行，尽管备受苛责，但该做法并非为快递企业首创。

（1）历史的寻根与远证。

在罗马帝国建立后的第六世纪，根据罗马法令，海上承运人被认定为承运货物的"保险人"。该项罗马法的背后的推理是，承运人应当承担对货物灭失或损毁的全部损失。① 这符合托运人朴素的思维，承运人负有将托运货物安全、完好、快捷地送到指定地点并妥善交付给收货人的义务。

到了 19 世纪早期，为了降低作为"准保险人"对货物毁损、灭失的风险，承运人开始利用运单制定免责条款降低自身责任，该做法趋势愈演愈烈。至 19 世纪末期，提单中包含了大量减免承运人责任的条款，造成了承运人与货主的利益失衡及尖锐对立。

1882 年，国际法协会在利物浦举行会议，起草了一项针对运单的自愿性适用的文件。该文件对没有更高申明价值的情况下，每个包裹对应的赔偿限额设定为 100 英镑。该文件对后来"海牙规则"的制定产生了一定影响。

1924 年，26 个国家和地区签署了《对有关提单的若干法律规则的国际公约的统一》（俗称"海牙规则"）。海牙规则的适用受到了广大托运人的欢迎，因为该规则中增加了承运人的赔偿责任。该条约依旧沿袭了设定承运人赔偿责任限额的商业惯例，将每个包裹或习惯运费单位对应的赔偿限额确定为 500 美元。

在低运费高风险的不变规律下，承运人赔偿限额制度与保价运输方式由此而生。②

（2）现实的探寻与近证。

随着交通运输业的发展，航运业承运人限额赔偿制度又被国内《铁路法》《民用航空法》《汽车货物运输规则》《海商法》等借鉴，运用于铁路运输③、航空运输④、公路运输⑤、水路运输领域⑥，由此形成了普遍意义上的承运人"赔偿限额制度"。同时，这些法律亦规定了托运人可选用"申明价值条款"以获得更高额度的赔偿。

根据 2007 年 9 月 12 日发布的《〈快递服务〉邮政行业标准》，国家邮政局作为快递服务行业主管部门，将保价运输作为快件风险防范的手段之一明确写

---

① Samuel Robert Mandelbaum, "International Ocean Shipping and Risk Allocation for Cargo Loss, Damage And Delay: A U.S. Approach To Cogsa, Hague-Visby, Hamburg And The Multimodal Rules," Journal of Transnational Law & Policy, 5 J. Transnat'l L. &Pol'y 1, Fall, 1995. , p. 7.

② 任英、王渭：《发挥保价运输提升运输服务质量》，载《综合运输》2008 年第 4 期，第 68 页。

③ 详见《中华人民共和国铁路法》（1991.5.1 实施）第十七条。

④ 详见《中华人民共和国民用航空法》（1996.3.1 实施）第一百二十九条。

⑤ 详见《汽车货物运输规则》（2000.1.1 实施）第八十三条。

⑥ 详见《中华人民共和国海商法》（1993.7.1 实施）第五十六条。

入监管规定。2012 年 2 月 27 日，国家邮政局与商务部联合发布的《关于促进快递服务与网络零售协同发展的指导意见》，再次鼓励快递企业提供和开发保价快件服务。2013 年 3 月 1 日起实施的《快递市场管理办法》，再次重申了"快递企业建议寄件人对贵重物品购买保价或者保险服务"的要求。

依循上述轨迹，我们看到现行立法承认并支持将"保价服务"植入快递格式合同的安排。

（二）"保价条款"本土化反思

1. 世界领衔快递企业所采纳"保价条款"

从国际范围来看，采纳限额赔偿制度亦是世界快递行业的通行做法。世界快递巨头，联邦（FDX）、联合包裹（UPS）、敦豪（DHL）公司都在快递条款中详细规定了限额赔偿责任。

在采纳限额赔偿条款的前提下，由于货物实际价值与承运人提供赔偿限额间往往存在差值，为了弥补风险发生时，承运人为托运人提供的风险安排路径主要有两条：一是购买运输保险；二是采用"申明价值条款"并有相应附加费，或曰保价运输。

审查各大快递公司各自拟定的运输服务条款，联邦快递公司在《FDX 国内运输服务关于申明价值的说明》中，将责任范围限额与申报货载价值及附加费的支付，依次划分为不同的款项。[①] 联合包裹快递公司在《UPS 航空货运合同条款》中，也在责任范围限制的条目下，单独辟出关于保价运输及保价费用支付的款项。[②] 在赔偿责任条款设计的结构上，联邦快递及联合包裹快递公司均采纳了"限制赔偿—申明价值条款"的结构，即将两者做了严格的区分，先陈述赔偿限额，后陈述保价运输。

根据敦豪快递公司发布的《DHL 快递运输条款》[③]，第六条规定了该公司

---

① See FedEx, Note on Declared Value for Carriage for FedEx Domestic Services, http://cndxp. apac. fedex. com/toolsforshipping/dvfc_en. html. (Last accessed May 3, 2014).

② See UPS, Ups Air Freight Terms and Conditions of Contract ("Terms") for Ups Air Freight Services in The United States, Canada, and International, Effective December 30, 2013.

③ See DHL Legal, DHL EXPRESS Terms and Conditions of Carriage, Effective September 10, 2010, http://www. dhl. com/content/dam/downloads/g0/express/shipping/terms _ condiitions/international/terms _ conditions_of_carriage. pdf. (Last accessed May 3, 2014).

的限额赔偿责任。与上述两家公司采纳第二项风险安排路径存在不同的是，根据该条款第八条，敦豪公司可以代客户投保运输保险，但自身并不提供保价运输服务。换言之，敦豪快递公司为托运人提供的风险安排采纳了第一条路径。

综观上述三大公司对赔偿责任的条款安排，从文本上反映"因存赔偿限额，故生保价运输之需"的逻辑基础。首先，具体的"限额赔偿条款"无一例外地出现于世界领衔快递企业的服务条款中，但为弥补限额赔偿而创设的"申明价值条款"，却不是每个公司于赔偿责任安排中的必选项。其次，在提供"保价运输"增值服务的快递企业中，从"申明价值条款"的涵盖范围看，系指国外版本的"保价条款"。

2. 国内快递企业所采纳的"保价条款"

对国内 5 家市场份额较高的快递企业所采"保价条款"进行分析，[①] 唯有顺丰速运采纳了类似国外快递企业的做法，即将"限额赔偿"前置，与"申明价值"清晰区分为不同条款。其余几家采纳的"保价条款"，形式上通常采纳"申明价值及保价费率前置、限额赔偿责任后置甚至模糊化省略"的方式，将两者杂糅于一个条款中。

实际上，无论是从制度溯源还是逻辑推衍的角度，保价运输均是针对限额赔偿制度的补充。失去了"限额责任"的依托，保价运输无异于无源之水、无本之木。

我们建议：首先，改变国内对舶来的"保价条款"不适当改造的现状，将"保价条款"的含义限定为"申明价值及附加费率支付"的层面，其次，应当将"限额赔偿条款"与"申明价值条款"做清晰区分，并且，在两者的陈述顺序上，"限额赔偿条款"应当前置。这不是对条款陈述顺位的咬文嚼字，而是厘清限额赔偿与保价运输关系后的"返璞归真"。

（三）保价条款的效力认定与排除适用

在司法实践中，法院对保价条款效力的认定并不统一，审判结果大相径庭。本文表 1 收入的 10 则保价运输赔偿案例中，法院判定保价条款有效或无效的各有 5 例。

---

① 此处所指 5 家快递企业系指天天快递、申通快递、圆通速递、德邦物流、顺丰速运。

应当明确，托运人托运货物所填写的快递单背面一般印有委托快递服务协议，该协议条款由承运人为与不特定对象交易时重复使用而预先拟定印制，属于格式条款。我们认为，对承运人制定的保价条款效力之判断，应当从分析影响该条款效力的因素入手。

《合同法》第三十九条第一款、第四十条及第五十三条的规定，我们整理了影响承运人赔偿限额格式条款效力的因素（见图2）。

因素一是格式条款中规定的承运人致损货物时的主观状态。

实践中，许多货物损失的情况可归因于快递公司的故意、重大过失。基于上文分析，该情况下快递公司无法得到"限额赔偿"的庇护，而应按照货物实际损失赔偿。然而，托运人选择保价的初衷往往是虑及该类情形的风险。如在快递单中明确，无论保价与否，承运人此时均应承担全额的赔偿责任，许多托运人或许就不再会选择保价运输服务。因此，快递公司往往倾向在保价条款中模糊甚至略过关于因素一的规定。

因素二是审查提供条款的承运人在该条款设置中是否存在免除己方责任，加重对方责任，排除对方主要权利的内容。

因素三是承运人作为格式条款提供方是否采取合理方式提请对方注意该条款。

根据《最高人民法院关于适用〈中华人民共和国合同法〉若干问题的解释（二）》第六条规定，提供格式条款的一方对格式条款中免除或者限制其责任的内容，在合同订立时采用足以引起对方注意的文字、符号、字体等特别标识，并按照对方的要求对该格式条款予以说明的，人民法院应当认定符合《合同法》第三十九条所称"采取合理的方式"。实践中，承运人用不同于其他条款的字号、字体、颜色，将保价条款突出显示，就可以认为承运人已经尽到提示注意的义务。

图2得出的结论是，该三项因素中的B情形兼具时，才构成有效的承运人"赔偿限额条款"。依照图2归纳的三项因素综合考察，其实当下主流快递公司保价条款内容的妥当性，均存在修改和完善的空间。

运用上述结论，我们反观表1中收录的10则案例，抽象出该类案件司法处理乱象后较为统一的审判思路。各法院作出不同判断的关键原因，是各种承运人提供的限额格式条款之形式与内容的迥异，导致符合或不符合表1中的各项有效因素，从而得出相应条款有效或无效的不同结论。

考察世界航运史，针对承运人在运单中加入更多免责或减责条款的做法，美国联邦法院在19世纪末期作出的裁定中认为，如果损失由承运人的疏忽所致，其不能援引免责条款限制自身的责任。美国1893年颁布的《哈特法案》，同样将涉及承运人装载、堆放、投递等过程过失致托运物损毁的免责条款宣布为无效条款。综观国内法，《邮政法》第四十七条第三款规定，邮政企业因故意或者重大过失造成给据邮件损失，或者未履行前款规定义务的，无权援用本条第一款的规定限制赔偿责任。《中华人民共和国海商法》第五十九条的规定，经证明，货物的灭失、损坏或者迟延交付是由于承运人的故意或者明知可能造成损失而轻率地作为或者不作为造成的，承运人不得援用本法第五十六条或者第五十七条限制赔偿责任的规定。《中华人民共和国民用航空法》第一百三十三条也规定，经证明，航空运输中的损失是由于承运人的受雇人、代理人的故意或者明知可能造成损失而轻率地作为或者不作为造成的，不适用赔偿责任限制的规定。此外，《中华人民共和国铁路法》中也有类似规定。现行立法就快递业"保价条款"排除适用的情形属真空状态，但是上述邮政、海运、空运、铁路运输方面的规定，无疑具有借鉴意义。

因此，保价条款有效并不意味着其在个案中适用。当承运人存在故意或重大过失出现的行为，法官可以排除这种条款的适用，即不论托运人是否选择保价运输，可以根据货物的实际损失要求承运人赔偿。否则，会间接鼓励承运人的消极怠惰行为，使其降低其注意义务，放纵风险的发生。

（四）损害赔偿范围确定之思路探析

《邮政法》第四十七条对邮政普遍服务业务范围内的邮件损失赔偿标准作出了规定，其中涉及未保价给据邮件损失的，其赔偿损失限额为所收取资费的三倍。结合该法第四十五条第二款及第五十九条的规定，快件的损失赔偿不适用上述邮政法关于损害赔偿的特殊规定，而适用有关民事法律的规定。

从寄件人与快递公司约定的权利义务内容来看，快递服务合同与货物运输合同最相类似。[①] 结合《合同法》第三百一十一条就货运合同中承运人赔偿责任的规定，及第三百一十二条确定货损赔偿数额的方法，将快递企业应当承担的赔偿数额进行分类讨论：

（1）对于购买保价的快件，应当按照保价金额赔偿。

（2）对未购买保价的快件，进一步审查"限额赔偿条款"的有效性。（依照图2确定的三项因素逐一筛查）

A 如"限额赔偿条款"有效，且不存在因托运人故意、重大过失导致货物损毁的排除适用情形，则依限额条款进行赔偿。

B 如"限额赔偿条款"有效，但存在因托运人故意、重大过失导致货物损毁的排除适用情形，则"限额赔偿条款"无法适用，承运人应按货物的实际损失承担赔偿责任。

C 如"限额赔偿条款"无效，承运人应按货物的实际损失承担赔偿责任。

（3）对未购买保价的快件，双方未对赔偿事项进行约定的（即不存在"限额赔偿条款"），承运人应按货物的实际损失承担赔偿责任。

三、买卖双方就赔偿差额之风险负担

在上述承运货物系买卖合同标的物的情况下，货物实际受损与承运人赔偿差额部分应由买卖合同中的买方抑或卖方承担？该项风险负担的确定应当遵循何种原则？现有法律对该问题进行了粗线条的框架梳理，但并未对"非因托运人要求引起的货物交付地变更"及"承运人货交物业等保管"等具体细化情形下，风险负担在买卖合同双方间的分配给出明确答案。

（一）买卖合同风险负担的一般规定

现行《合同法》第一百四十二条对买卖合同标的物的风险负担的规定为："标的物毁损、灭失的风险，在标的物交付之前由出卖人承担，交付之后由买受人承担，但法律另有规定或者当事人另有约定的除外。"可见，买卖合同标的物交付地点的确定对其风险负担的明确至关重要。

根据《合同法》第一百四十二的规定，参见图3，$J_{约地}$作为买卖合同双方约

[①] 高翼飞：《快递公司对丢失的未保价贵重货物的赔偿责任》，载《人民司法》2013年第4期，第77页。

定的交付地点，实际上也是买卖标的物风险转移的临界点。在买卖标的物抵达 $J_{约地}$ 之前（即图3中"区间一"），标的物毁损、灭失的风险由卖方承担，在买卖标的物到达 $J_{约地}$ 并经买方验收之后（即图3中"区间二"），标的物毁损、灭失的风险原则上由买方承担。

（二）特殊情形下买卖双方之风险承载

1. 托运人不知悉情形下的变更收货地址的情形

在采用书面形式订立的买卖合同中，当事人通常对标的物约定了明确的交付地点。为结合图3便于分析，我们将该地标识为 $J_{约地}$，它是买卖标的物风险转移的临界点。

为实现买卖标的物在约定地点的交付，作为运输合同托运人的卖方，一般会按 $J_{约地}$ 的地点填写快递单中的收货地 $S_{约地}$。从运输合同层面考察买方（收货人）在 $S_{约地}$ 的验货行为，可得 $S_{约地}$ 与 $J_{约地}$ 同一时的便利为：若买方于 $S_{约地}$ 发现货物受损的情形，可径直推断该风险发生于图3中的"区间一"。援引上述"'区间一'内风险由卖方承担"的结论，可由该验货行为确定风险负担的归属方。

但是，实践中存在托运人不知悉，实际收货地变更至 $S_{实地}$ 的情形。这主要可归结为三种情形：①收货人要求，承运人同意；②承运人要求，收货人同意；③承运人单方通知，收货人未口头应允但行为前往。运输合同层面实际收货地的变更，无法影响买卖合同中双方就交付地点的原始约定，因此，买卖双方间的风险负担依旧按照原"区间一"及"区间二"进行划分。此时，若买方于 $S_{实地}$ 验货，发现运输物存在损失的情况，难以确定该风险发生于"区间一"或"区间二"，进而难以确定该项风险的归属主体。

为解决该问题，我们建议进一步区分 $S_{约地}$ 与 $S_{实地}$ 之间的距离。第一种情况，$S_{实地}$ 对 $S_{约地}$ 并无实质性变更。譬如在快递包裹密集的高校，为提高货物取件效率并提高安全性，承运人通常会在校内设固定服务点，收货人应承运人之通知前往领取货物。此时，尽管运单上的收货地址具体为该校区内某场所，实际收货地都将变更至该固定取货点。此时"区间二"趋向于零，我们倾向模糊化 $J_{实地}$ 与 $J_{约地}$ 的微小位移。换言之，可将图3中的"区间二"并入"区间一"，把 $J_{约地}$ 标识的买卖标的物风险转移临界点迁移至 $J_{实地}$。由此我们可以推论，但凡收货人在 $S_{实地}$ 发现货物损失，均应由卖方承担风险。第二种情况，是指 $S_{实地}$ 对

$S_{约地}$构成实质变更的。此时，因$J_{实地}$与$J_{约地}$相隔较远，"区间二"显著存在，该区间内发生的风险应由买方承担。

以淘宝交易实例验证上述结论。若买方未经与卖方合意变更收货地至$J_{实地}$，新增"区间二"的货物在途时间，无疑提高了货物于运输途中受损、灭失的概率。此时若苛求卖方一并承担新增运输风险，有悖于其订立合同之初对于风险的估计。应当注意到，货物交付地的确定，亦是买卖双方订立合同时重点考虑的一项因素。

2. 物业保管承运物的情形

在快递企业派送包裹实践中，常常出现承运人将货物交存小区物业、门卫等场所暂时保管的现象。结合图3，我们将承运人货交物业保管时称为"X时点"，将买方从物业取到货物时称为"Y时点"，相应货物在物业、门卫等场所滞留的时间即"X时点至Y时点"的物业保管期间。

该种保管运输货物的行为应当做何种定性？解决了该问题，"X时点至Y时点"的风险负担也将迎刃而解。我们认为，对该保管行为的定性，有两种较为可行的解释。

第一种是作为买方（收货人）的代收人。物业作为买方的代收人，于X时点代收货物的行为，类同于买方本人签收的情况。因此，从X时点开始发生的风险，应由买方承担。

第二种是作为卖方交付义务的履行辅助人。物业作为卖方履行交货义务的履行辅助人，其保管行为宜构成卖方交付义务的必要构成，该项义务延续至买方从物业取到货物的Y时点始结束，因此，"X时点至Y时点"间的物业保管期间内一旦发生风险，应当由卖方承担。

实践中，收货人于Y时点前往物业领取货物，不同于前往邻近快递固定收发点领取货物的情形。他往往并不需要在物流运单上签收，因为需要签收的物流运单，早已在X时点由物业"代为签收"。基于这样的实践操作，承运人实际上采纳了第一种解释，即将物业的保管行为定性为"替买方代收"。作为运输合同中的义务人，如此便可使己方尽早从义务的枷锁中"抽身而出"。

但是我们认为，应当区分引起物业保管行为的不同原因，对该行为作出不同定性。物业保管物流包裹通常可以归结为两种原因，一种是收货人无法于约定收货地点本人签收，经与承运人协商，委托其先行存放于物业或门卫。另一种则是承运人为提高派送效率,批量地将一定区域内的货物卸载至小区物业或门卫,通知收货人前来领取。

在第一种情况下,变更收货地点是由于收货人的原因所致,其与承运人合意将货物转交物业保管,即可视为该货物已进入收货人可控范围。此时,将物业保管货物的角色定位为"买方代收人",并由买方承担物业保管期间可能产生的风险是合理的。第二种情况下,承运人基于提高派送效率等初衷,批量化甚至常态化地将一定区域内的货物转交相应物业保管,再行单方通知收货人前往领取。通过这样的操作,承运人减免了——派送货物的过程,其额外享受的劳务减免的福利,应当由一定义务承担来予以平衡。因此,收货人于 Y 时点从物业处取到货物并验收完毕,承运人的运输义务才算履行完毕。事实上,物业于 X 时点接受货物,没有义务也无能力替收货人对货物进行验收,如果此时径直将 X 时点确认为卖方完成买卖标的物交付的时间点,等于剥夺了买方之后于 Y 时点验货的权利。那么,买方即使于 Y 时点发现货物损毁,也难以举证该损毁发生于应由卖方承担风险的 X 时点之前。针对承运人批量化委托物业保管包裹的情况,剥夺买方亲自验货的权利明显不妥。因此,在第二种情况下,将物业于保管期间的角色定位为"买方义务的履行辅助人",从而由卖方承担风险的方案,更为合理。

四、立法反思与制度回应

(一)"保价条款"之正名定分

在现行法律中确认并规范快递行业适用的"保价条款",应当是化解应用实践及司法审判中对"保价条款"误读之最为权威的途径。然检索现行法律、行政法规,仅有《邮政法》(2012 年修正)第四十七、四十八条共 5 处涉及"保价"事项,且仅针对邮政普遍服务,明示排除对快递运输损害赔偿的适用。而国家邮政局于 2007 年发布的《〈快递服务〉邮政行业标准》、交通运输部于 2013 年颁布的《快递市场管理办法》、某些省级邮政条例[①]中虽然确认并鼓励在快递行业适用"保价条款",但均因其属于部门规章、部门规范性文件、地方法规而存在法规级别较低,难以达到拨开围绕"保价条款"定性的重重迷雾,进而有正本清源的效果。

---

① 如《江苏省邮政条例》(2013 年修订)第三十四条。

我们建议，将来修订邮政法时，在独辟的"快递服务"章节中，明确可以设置援用作为运输业商业习惯的"保价条款"，或者在规制保价运输活动的针对性单行法中明确"保价条款"的合法性地位。

（二）"保价条款"之审判调试

针对实践中各级各地法院对"保价条款"作出的效力不一的裁判，为维护司法权威，增强其预测性，我们建议，对属于司法审判操作范畴的"保价条款"效力判定，可以以司法解释的形式明确影响"保价条款"的效力因素，正如上文所做的"三项构成要素剖析"，同时明确将承运人主观故意或重大过失造成货损的情形剔除出"限额赔偿的保护伞"。此外，由最高人民法院发布相关典型的指导性案例，亦不失为一种替代性解决方案。

（三）"利他合同"之制度引进

根据现行《合同法》的规定，即使在买卖双方对交付地点未做约定或约定不明的情况下，仍可依照法律规定确定"拟制的交付地点"，该交付地点的确定对明确买卖合同标的物的风险转移至关重要。据此，法律在买卖合同标的物损毁之风险负担的制度预设上，似乎"天衣无缝"。实践中，托运人通常会将买卖合同中双方明确约定的货物交付地点填写为物流运单上的收货地址，这种情况下，即使发生承运货物的损毁，确定买卖合同标的物损毁的风险负担较为容易。但是，在物流派送货物阶段，常常存在因承运人或收货人要求变更收货地址并经对方许可的情况，或承运人单方通知变更收货地址致收货人不得不亲自前往提货的情况，将托运人与承运人在物流运单上确定的收货地址"模糊化"。类似情形是否可视为对快递运输合同收货地址之变更？这类由承运人及收货方达成合意后或由单方擅自实际变更收货地址的情况，往往基于托运人不知悉、不可控的情形，那么作为运输合同的收货方是否享有变更收货地址的权限？其权限基础是什么？如果可以，由于变更后的收货地址不再等同于买卖合同中约定的原交付地点，该项收货地址的变更是否可进一步影响买卖合同中交付地点的变动，进而导致买卖合同风险负担临界点的变动？该问题的实质是，是否能够基于运输合同中收货人及承运人的意思表示，变动买卖合同中对合同双方风险负担至关重要的临界点：买卖标的物交付地点。

收货人与托运人不同的运输合同，在大陆法系国家民法中属于典型的"利他合同"。我国《合同法》上是否承认利他合同，对此学界看法不完全一致。根据我国《合同法》第六十四条的规定，早期有学者认为该条确立了合同履行中，债务人向第三人履行债务的规则，属于利他合同。[①] 反对的观点则认为，"表面观之，我国合同法的规定与前述'由第三人给付之契约'及'向第三人给付之契约'完全相同，但仔细检查有关理论和其他国家及地区的立法例，即可发现，我国合同法的规定与之存在天壤之别"。

我们认为，根据《合同法》第六十四条的规定，合同当事人并未使第三人享有独立的请求权，因此，该条确立的制度确不属于严格意义上的利他合同。正因为其始终未被立法确立，因此理论界对运输合同中收货人的权利范围仍有争议。实践中发生的诸多物流承运致买卖合同标的物损毁事件，仍存在卖方与买方就风险负担存在分歧的纠纷。

在立法给"利他合同"颁发"准生证"之前，实践中不同主体对运输合同是否具有利他合同性质的理解与操作并不统一，从而可能导致收货人行使变更收货地权利后，货物遭受损毁的风险负担主体不确定，买方、卖方及承运人间的风险负担极易处于争议状态。因此，我们建议，我国今后的民事立法确有必要借鉴大陆法系各国关于"利他合同"的成果，特别是在运输合同中，对第三人利益合同作出一般性的规定，并细化收货人作为利益第三人具体享有的权利及界限。

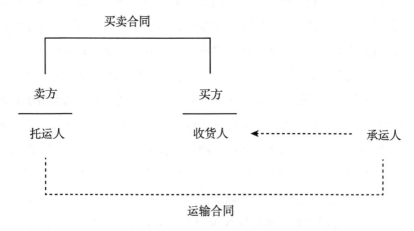

图1　快递承运致买卖合同标的物损失涉及的法律关系及主体

---

① 冉昊：《论涉他合同》，载《法学论坛》1999 年第 4 期，第 38 页。

FACT 1　　格式条款中规定的承运人致损货物时的主观状态

　　　　　　A　　承运人因故意、重大过失造成承运物损毁、灭失
　　　　　　　　　→格式条款无效（依据《中华人民共和国合同法》第五十三条）
　　　　　　B　　承运人无过错（如意外事故）或因一般过错造成
　　　　　　　　　承运物损毁

FACT 2　　审查提供条款的承运人在该条款设置中是否存在免除
　　　　　　己方责任，加重对方责任，排除对方主要权利的内容

　　　　　　A　　存在
　　　　　　　　　→格式条款无效（依据《中华人民共和国合同法》第四十条）
　　　　　　B　　不存在

FACT 3　　承运人作为格式条款提供方是否采取合理方式提请对
　　　　　　方注意该条款

　　　　　　A　　未采取合理方式
　　　　　　　　　→格式条款无效（依据《中华人民共和国合同法》第三十九条）
　　　　　　B　　采取合理方式

　　结论　　FACT 1 B　+　FACT 2 B　+　FACT 3 B

全部满足

该赔偿限额格式条款有效，
承运人有权援引该条款限制自身的赔偿责任

图2　影响承运人赔偿限额格式条款效力的因素分析

表 1　司法案例中对赔偿限额格式条款的效力判定

案号	格式条款内容	对格式条款效力的认定	审判则要	观点提炼
(2013) 西民初字第 13119 号	在托寄物收派过程中，如因本公司的疏忽导致出现任何损毁、遗失或被盗情况，以托运费不超过三倍赔偿，赔偿金额不超过 500 元。如发件人认为给予赔偿的规定不足以补偿损失，则应对货物价值作出特别声明并自行投保	无效	承运人未提示寄件人关于赔偿限制的相关合同条款，不能适用该条款	存在 fact3A → 格式条款无效
(2012) 东二法民二初字第 1214 号	因被告过错造成快件损毁、灭失的，由被告赔偿；对未保险物品，赔偿的标准最高不得超出实收运费的 5 倍	无效	承运人未采取合理的方式提请寄件人注意限额赔偿的格式条款，且该条款限定了被告的赔偿金额，减轻了被告的责任，排除了原告的主要权利，属于无效条款	存在 fact2A + fact3A → 格式条款无效
(2012) 郑民四终字第 1500 号	详情单正面用红色字体载明："请阅读背面协议，使用本单即表示接受协议内容，未保价的快件按资费的 5 倍赔偿。贵重物品务必保价。"	有效	寄件人与承运人素有业务往来，且详情单上载明的索赔条款承运人采用了的字体与其他条款在外观上明显不一致，使得托运人足以引起注意该条款，应视为承运人履行了提醒义务	存在 fact3B → 格式条款有效
(2010) 二中民终字第 00523 号	本公司在服务过程中造成快件延误、毁损、灭失的，应承担赔偿责任。双方没有约定赔偿标准的，可按照相关法律规定执行。既无约定也无相关法律规定的，服从快递服务标准规定。(其实该条是照搬援引了国家邮政局、国家工商行政管理总局关于印发《国内快递服务合同》示范文本的通知)另根据天天快递公司内部企业规定该情形予以赔偿 200 元	无效	一、二审法院均认为，该快递单系邮政速递行业广泛使用的一种格式合同，"寄件人签名"处下方写有"填写本单前，务请阅读背面快递服务协议！您的签名意味着您理解并接受协议内容"，但寄件人并未在"寄件人签名"栏中签名，故承运人运单背面的格式条款因未能提请华寄件人注意而对寄件人不产生约束力	存在 fact3A → 格式条款无效

案号	格式条款内容	对格式条款效力的认定	审判则要	观点提炼
（2009）沪二中民四（商）终字第623号	承运人提供的快递单寄件人签名处使用深色粗体字印刷："填写本单前请阅读背面说明条款，您的签名意味着您已阅读并接受约定"。该提单背面第十条写明"因 APEX 的过错造成快件延误、损毁、灭失的，由 APEX 承担赔偿责任。赔偿标准为：对未保价物品，资料类按实收运费的二倍进行赔偿；包裹类按实际损失的价值进行赔偿，但最高不超过实收运费的五倍。"	一审认定：有效二审认定：无效	一审法院认为：该格式条款未免除被上诉人因重大过失所应承担的损害赔偿责任。且承运人在寄件人签名处就背面的格式条款约定及其法律后果以深色粗体字进行了提示和说明，上诉人在提单寄件人签名处签名应视为其已阅读并接受提单背面的格式条款，该条款有效。二审法院认为：虽然承运人已在运单正面深色粗体字栏内签名表示阅读并接受背面说明条款的约定，但背面的条款密密麻麻，其中该条限制赔偿责任的条款并没有用突出的字体显示，混杂于其他条款当中，不易辨别。根据此情况，本院认为尚不足以表明被上诉人已特别针对该限制赔偿责任条款采取合理的方式尽到提示和说明义务	一审：存在 fact1B + fact3B → 格式条款有效二审：存在 fact3A → 格式条款无效
（2009）一中民终字第5125号	快递单中的背书条款明确写明："发件人可自愿选择对快件是否要求保价，如未保价发生快件丢失，本公司将按照首重1公斤100元，续重1公斤最高30元给予赔偿。"	一审认定：无效二审认定：有效	一审法院认为：承运人虽然在快件运单下方事先印制了重要提示，提请寄件人阅读运单背面的契约条款，但承运人并未在寄件人填写快件运单、交运货物时，提醒其注意重要提示并阅读快件运单背后的限制赔偿格式条款，告知寄件人相应选择带来的后果。故该院认为承运人未履行提示、说明义务。该条款无效。二审法院认为：承运人已经在运单正面印制有较突出的提示内容，且寄件人与承运人有较长期的快递业务关系，有时间也有条件知晓快件运单条款的内容，可以认定承运人已经以合理的方式提醒了维诺尔公司注意上述格式条款	一审：存在 fact3A → 格式条款无效二审：存在 fact3B → 格式条款有效

续表

案号	格式条款内容	对格式条款效力的认定	审判则要	观点提炼
（2009）浙杭商终字第540号	该份判决书中未涉及	二审认定：有效	二审法院认为：该格式条款并未免除或限制寄件人承运人的责任，加重寄件人的责任，或排除寄件人的主要权利，且快递详情单中对限额赔偿条款以特殊标记予以注明，故应当认定该格式条款有效	二审：存在 fact2B + fact3B → 格式条款有效
（2008）深宝法民二初字第3394号	《货运单》"寄件人签名"处上方注明"填写本单前请阅读背面说明条款，您的签名意味着您已阅读并接受约定"。货运单背面第12条规定："APE 某对托运无保价货品的损害赔偿支付按实际损失赔偿，但最高赔偿金额不超过 100 元人民币或同等金额。如货品实际价值高于 100 元人民币时，托运人可向 APE 某申明价值并投保，APE 某将根据所申明价值收取 1% 的保价费。货品是否保价由托运方自愿选择……"	无效	被告将第 12 条与其他 14 条运输合约条款同时以小字在货运单背面书写且未加任何形式的特殊标志，未起到合理的提示作用。因此，货运单背面第 12 条内容无效	存在 fact3A → 格式条款无效
（2006）长民二（商）初字第811号	该托运单正面的左侧以红字分别写明"填写本单前，务请阅读背面使用须知！您的签名即视同已接受背书协议条款。"该托运单背面运送服务条款中第六条写明："购买保险纯属自愿。本公司可以代办货运保险。货件移交本公司后在运输过程中造成丢失，客户有购买保险的，按保险公司规定赔偿；没有购买保险的，国内快件：（按）运费的 3 倍最高不超过人民币 200 元……"	有效	在原告、被告双方长期业务往来过程中，原告反复使用由被告所提供的格式托运单办理物品托运手续，且被告在所涉托运单正面显著位置对背面条款作了特别提示，应认定被告对格式条款已经履行了必要的告知和说明义务。承运人未通过该格式条款恶意免除其责任、加重对方责任、排除对方主要权利义务，因此该格式条款应当认定为有效	存在 fact2B + fact3B → 格式条款有效
（2004）沪二中民四（商）终字第216号	快递详情单背面印有赔偿条款：对任何物品（包括此快速运单项下的所有文件或包裹）的丢失或损坏，本公司的责任限于下列较低者：1. 500 元人民币，2. 丢失损失的文件或包裹的实际价值（不包括商业用途对发货人的特殊价值）	有效	基于双方当事人之间存在长期快递业务往来关系，且在其他快递业务中也向寄件人提供了相同的格式合同文本的情况，可以认定寄件人对该格式合同条款中的限制责任条款是明知的	存在 fact3B → 格式条款有效

本图表收录案例来源于"北大法宝"数据库

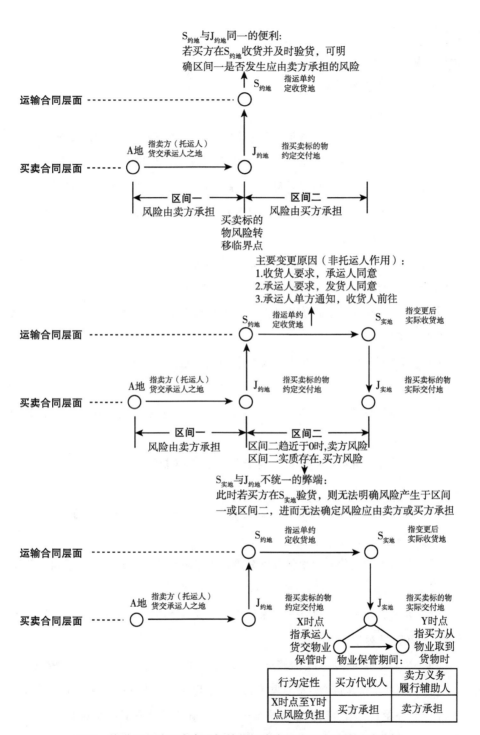

图3 快递承运致买卖合同标的物损失在买卖双方面的风险分担

参考文献

一、中文类参考文献

（一）著作类

[1] 王泽鉴. 民法债编总论（第一册）[M]. 北京：三民书局，1993.

[2] 高富平. 民法学 [M]. 北京：法律出版社，2005.

[3] 王利明. 合同法研究 [M]. 北京：中国人民大学出版社，2002.

[4] 苏号朋. 格式合同条款研究 [M]. 北京：中国人民大学出版，2004.

（二）论文类

[1] 刘琳. 格式条款的判断与可预见性规则的适用——确定货物运输合同损害赔偿范围路径探析 [J]. 法治论丛，2009（6）.

[2] 罗懿，徐飞. 未保价快递发生货损承运人赔偿责任探析 [J]. 人民法院报，2009（6）.

[3] 杨立新. 确定快递服务丢失货物赔偿责任的三个问题 [J]. 中国审判，2010（12）.

[4] 柳华，任英. 从契约经济学角度认识保价运输 [J]. 铁道货运，2010（2）.

[5] 齐艳铭，姬晓红. 保价运输若干法律问题初探 [J]. 铁道货运，2004（5）.

[6] 高翼飞. 快递公司对丢失的未保价贵重货物的赔偿责任 [J]. 人民司法，2013（4）.

[7] 郑云龙. 运输合同中保价条款的效力与适用条件 [J]. 经济视角，2013（9）.

[8] 陈昶，罗懿. 运输合同中保价条款的效力及其排除适用的条件 [J]. 人民司法，2008（24）.

[9] 佟琼. 运输法理论与经济分析 [D]，北方交通大学博士论文，1998（5）.

[10] 张兵. 快递保价运输合理性之法律分析 [J]，法制与社会，2014（6）.

[11] 齐艳铭. 对垄断条款的质询——铁路保价运输保护措施解析 [J]. 中国储运，2005（5）.

［12］苏顺虎．铁路保价运输 20 年［J］．铁道运输与经济，2011（1）．

［13］任英，王渭．发挥保价运输提升运输服务质量［J］．综合运输，2008（4）．

［14］周文池．我国快递服务合同格式条款研究［D］．南昌大学硕士论文，2013．

［15］尹文燕．快递服务中损害赔偿的法律问题研究［D］．大连海事大学硕士论文，2013．

（三）其他类

［1］广东省佛山市中级人民法院．曾乾坤与南海市南庄欧贝克陶瓷有限公司买卖合同纠纷上诉案．北大法律信息网．http：//zjbar. chinalawinfo. com/newlaw2002/slc/SLC. asp？Db = fnl&Gid = 117517643［2014 － 02 － 07］．

［2］四川省成都市中级人民法院．成都市柳新养殖有限责任公司与张玲买卖合同纠纷上诉案．北大法律信息网．http：//zjbar. chinalawinfo. com/newlaw2002/slc/SLC. asp？Db = fnl&Gid = 117517643［2014 －02 －07］．

［3］北京市西城区人民法院．北京次神科技有限公司诉北京传志快递服务有限公司运输合同纠纷案．北大法律信息网．http：//zjbar. chinalawinfo. com/NewLaw2002/SLC/SLC. asp？Db = fnl&Gid = 119561628#key［2014 － 02 － 12］．

［4］广东省东莞市第二人民法院．程某某诉北京某某快递有限责任公司运输合同纠纷案．北大法律信息网．http：//zjbar. chinalawinfo. com/NewLaw2002/SLC/SLC. asp？Db = fnl&Gid = 119201415［2014 － 02 － 12］．

［5］河南省郑州市中级人民法院．上诉人郑州欣兴彩虹商贸有限公司与被上诉人郑州中诚速递服务有限公司、被上诉人上海希伊艾斯快递有限公司运输合同纠纷案．北大法律信息网．http：//zjbar. chinalawinfo. com/NewLaw2002/SLC/SLC. asp？Db = fnl&Gid = 118917415#key［2014 － 02 － 12］．

［6］北京市第二中级人民法院．北京天天快递服务有限公司与北京华强伟业服装服饰有限公司公路货物运输合同纠纷上诉案．北大法律信息网．http：//zjbar. chinalawinfo. com/NewLaw2002/SLC/SLC. asp？Db = fnl&Gid = 117657648#key［2014 － 02 － 12］．

［7］上海市第二中级人民法院．上海翠景商贸有限公司与上海全一快递有限公司

航空货物运输合同纠纷上诉案．北大法律信息网．http：//zjbar. chinalawinfo. com/NewLaw2002/SLC/SLC. asp？Db＝fnl&Gid＝117635337#key［2014－02－12］．

［8］北京市第一中级人民法院．北京千喜鸽快递有限公司与北京维诺尔计算机网络技术有限公司运输合同纠纷上诉案．北大法律信息网．http：//zjbar. chinalawinfo. com/NewLaw2002/SLC/SLC. asp？Db＝fnl&Gid＝117619261#key［2014－02－12］．

［9］浙江省杭州市中级人民法院．杭州千一快递服务有限公司与建德市威龙家电有限公司公路运输合同纠纷上诉案．北大法律信息网．http：//zjbar. chinalawinfo. com/NewLaw2002/SLC/SLC. asp？Db＝fnl&Gid＝117726703#key［2014－02－12］．

［10］深圳市宝安区人民法院．深圳市茂某电子有限公司诉深圳全某某快递有限公司货物运输合同纠纷案．北大法律信息网．http：//zjbar. chinalawinfo. com/NewLaw2002/SLC/SLC. asp？Db＝fnl&Gid＝117690119#key［2014－02－12］．

［11］上海市长宁区人民法院．南京智恒科技有限公司诉上海奇速快递有限公司货物运输合同案．北大法律信息网．http：//zjbar. chinalawinfo. com/NewLaw2002/SLC/SLC. asp？Db＝fnl&Gid＝117671750#key［2014－02－12］．

［12］上海市第二中级人民法院．上海英恒电子有限公司与上海飞杨快递服务有限公司运输合同纠纷上诉案．北大法律信息网．http：//zjbar. chinalawinfo. com/NewLaw2002/SLC/SLC. asp？Db＝fnl&Gid＝117485036#key［2014－02－12］．

二、外文类参考文献

［1］H. Edwin Anderson III and Jason P. Waguespack, "Assessing the Customary Freight Unit：A Cogsa Quagmire", University of San Francisco Maritime Law Journal, 9 U. S. F. Mar. L. J. 173, Fall 1996. , pp. 174－176.

［2］Michael F. Sturley, "Modernizing and Reforming U. S. Maritime Law：The Impact of the Rotterdam Rules in the United States", Texas International Law Journal, 44 Tex. Int'l L. J. 427, Spring 2009. , pp. 429－447.

［3］Samuel Robert Mandelbaum, "International Ocean Shipping and Risk Allocation for Cargo Loss, Damage And Delay：A U. S. Approach To Cogsa, Hague-Visby, Hamburg And The Multimodal Rules", Journal of Transnational Law & Policy, 5 J. Transnat'l L. & Pol'y 1, Fall, 1995. , pp. 21－24.

［4］ Mary L. Moreland, "Cogsa Section 1304 (5):' Fair Opportunity ' Update", Tulane Maritime Law Journal, 20 Tul. Mar. L. J. 423, Summer 1996. , pp. 424 – 425.

［5］ Trevor R. Jefferies, "Cogsa or Hague-Visby: Cargo Damages in International Shipments", Houston Journal of International Law, 18 Hous. J. Int'l L. 767, Spring 1996 . , pp. 768 – 769.

［6］ Trevor R. Jefferies, "Limiting Liability for Human Error: Is American Jurisprudence Steering U. S. Ship-Owners Into The Rocks?", University of San Francisco Maritime Law Journal, 7 U. S. F. Mar. L. J. 271 , Spring 1995 . , pp. 272 – 283.

阻遏委托方"跳单行为"之路径新探

——以救济中介方"报酬请求权"为切入点*

郭青青　徐　琼

最高人民法院于 2011 年 12 月 20 日发布指导案例 1 号"上海中原物业顾问有限公司诉陶某华居间合同纠纷案",仍无法将围绕"跳单行为"认定及"反跳单条款"效力的探讨尘埃落定。① 致力于解决"跳单"问题中存在的分歧,进而梳理阻遏委托方"跳单行为"的救济路径,尚需明确以下问题。

首先,反思"跳单行为"概念的提出,缘起对中介方"报酬请求权"的捍卫。

其次,"反跳单条款"的创设初衷,为"跳单行为"侵害利益之预防及救济功能,其调整对象应一一对应"跳单行为"的各种表现形式。

最后,阻遏委托方"跳单行为"的路径实非唯一。除了常见的"反跳单条款",基于合同本身权利义务配置推演的"委托人义务"亦可作为原生、有效的救济方式。

　＊ 本文获"2014 年度律师实务理论研讨会优秀奖"。

　① 周江洪:《〈上海中原物业顾问有限公司诉陶德华居间合同纠纷案〉评释》,载《浙江社会科学》2013 年第 1 期,第 81 页;汤文平:《从"跳单"违约到居间报酬——"指导案例 1 号"评释》,载《法学家》2012 年第 6 期,第 109 页;邵文龙:《房地产买卖中"跳单"行为的司法认定及责任承担》,载《人民司法》第 2012 年第 2 期,第 21 – 22 页;应仕海:《房屋居间合同案件审理的若干法律问题研究》,载《广西政法管理干部学院学报》2010 年第 6 期,第 111 – 113 页;隋彭生:《居间合同委托人的任意解除权及"跳单"——以最高人民法院〈指导案例 1 号〉为例》,载《江淮论坛》2012 年第 4 期,第 113 – 114 页。

一、应予阻遏的委托方"跳单行为"

现行《合同法》就居间合同的立法规制，考虑到了防止居间人的道德风险问题，却忽视了委托人的机会主义倾向。[①] 立法认为，在委托人与中介方的交易模式中，常见以公司形态出现的中介方凭借更强的经济实力及订约地位，属于强者。但是，在二手房买卖的居间合同履行过程中，委托人如何利用缔约信息难以被外人察觉，再加上委托人给付义务的附条件性，委托人反而掌握主动权，导致了现实中大量的"跳单"现象存在。中介方付出了服务，却因客观导致的交易未成就或人为造成的"跳单行为"无法收取任何对价。从这个角度看，中介方才是"相对的弱者"。

（一）阻遏初衷：救济中介方之"报酬请求权"

居间合同是居间人向委托人报告订立合同的机会或者提供订立合同的媒介服务，委托人支付报酬的合同。居间之形态分报告居间与媒介居间，前者仅以报告订约机会为已足，后者须斡旋契约使之订立。[②] 实践中，居间合同纠纷的诉争焦点往往围绕着居间人的报酬请求权展开。

居间合同的有偿性决定了在居间合同中，委托人的主要义务是支付报酬。[③] 根据《合同法》第四百二十六条的规定，居间人促成合同成立后，委托人应当按照约定支付报酬。然居间人之报酬请求权系于一定之条件（契约之成立）[④]，在居间合同目的未成就前仅属一种期待性质的利益。此外，根据我国《合同法》第四百一十条规定，委托合同的当事人有任意解除权。居间合同是一种特殊的委托合同，其委托人得参照适用委托合同关于任意解除权的规定。[⑤] 常见委托人

[①] 税兵：《居间合同中的双边道德风险——以"跳单"现象为例》，载《法学》2011年第11期，第88页。

[②] 邱聪智：《新订债法各论（中）》，中国人民大学出版社2006年版，第228页。

[③] 张翼杰：《债权法理论与实训》，经济科学出版社2012年版，第291页。

[④] 黄立：《民法债编各论（下）》，中国政法大学出版社2003年版，第561页。

[⑤] 隋彭生：《居间合同委托人的任意解除权及"跳单"——以最高人民法院〈指导案例1号〉为例》，载《江淮论坛》2012年第4期，第111页。

利用任意中止居间契约作为规避其报酬义务的手段。① 因此，居间合同委托人一方的给付义务的履行具有不确定性。

台湾地区"最高法院"1969 年台上字第 2929 号"判例"对是否应予救济中介方的"报酬请求权"态度鲜明："媒介居间人固以契约因其媒介而成立时为限，始得请求报酬。但委托人为避免报酬之支付，故意拒绝订立该媒介就绪之契约，而且由自己与相对人订立同一内容之契约者，依诚实信用原则，仍应支付报酬。又委托人虽得随时中止居间契约，然契约之中止，究不应加以使居间人丧失报酬请求权为目的而为之，否则仍应支付报酬。"该裁判要旨亦受学者支持，"如委托人为避免报酬支付，故意拒绝订立契约，待其后再由委托人与相对人订约者，本乎诚信原则，仍宜解为居间人得请求报酬。"② "乙委托某甲房屋中介公司代为出售房屋，甲则介绍丙买主看房子，乙为节省佣金支出，遂中止其与甲之契约，再与丙直接订立买卖契约。实务见解认为依诚实信用原则，委托人仍应支付报酬。"③

对委托人以恶意逃避支付佣金为目的的不正当交易行为，我们赞同应予救济中介方的"报酬请求权"。

(二) 阻遏范围："跳单行为"之表现形式

"跳单"现象源于居间实务，若能准确把握，自能更好地破解实务疑难、引导实务发展。④ 为规制实践中诸多损害中介方"报酬请求权"的行为，首先需要对该类行为进行界定，此系"跳单行为"概念创设的前提。

现行立法未就"跳单"现象进行精准阐释，学者对"跳单"的定义各不相同。第一类观点主张，撇开居间人而另行委托他人的，即构成"跳单"。⑤ 这种观点对"跳单"的定义，涵盖了委托人经合法途径获取与中介方提供的"同一性"信息，并转由自身或经其他中介方居间签订买卖合同的情形。

更多学者赞同第二类观点，即"跳单"是指委托人与中介方订立居间合同

---

① 黄茂荣：《债法各论》，中国政法大学出版社 2004 年版，第 198 页。

② 邱聪智：《新订债法各论（中）》，中国人民大学出版社 2006 年版，第 236 页。

③ 林诚二：《民法债编各论（中）》，中国人民大学出版社 2007 年版，第 220 页。

④ 汤文平：《从"跳单"违约到居间报酬——"指导案例 1 号"评释》，载《法学家》2012 年第 6 期，第 108 页。

⑤ 隋彭生：《居间合同委托人的任意解除权及"跳单"——以最高人民法院〈指导案例 1 号〉为例》，载《江淮论坛》2012 年第 4 期，第 115 页。

后，就中介方报告的房屋私下与交易对方达成买卖协议或另行委托他人提供居间服务的行为。① 该种观点强调"委托方转由自身或经其他中介方居间签合同的信息来源自原中介方"，委托方实行该行为旨在"逃避或减少佣金"。② 最高人民法院认为，"跳单"行为就是买方利用中介公司提供的房源信息却绕开该中介公司与卖方签订房屋买卖合同的行为③，亦可归属该类观点。

就"跳单"行为的含义，我们赞同为主流倡导并经最高人民法院权威确认的第二类观点，该含义下的"跳单"行为可拆分为两类情形：第一类情形指代委托人利用从中介方获取的信息，又私下与相对方直接达成买卖合同（以下简称 A1 情形）；第二类情形指代委托人利用从中介方获取的信息，又私下另行委托第三方提供居间服务，继而与相对方达成买卖合同（以下简称 A2 情形）。这两类情形下，委托人均违背诚信及合同约定，规避应当支付给中介方的服务费，对中介方"报酬请求权"构成侵害，应纳入"跳单行为"规制范畴。

实践中，居间合同中常见对中介方享有"独家居间权"进行约定。此时，委托方违反"专任委托契约"（以下简称 A3 情形)④，是否可纳入"跳单行为"？这涉及是否应允许中介方拥有"独家居间权"的探讨。召入多名居间人是委托人基于一般居间法"本质的基础思想"自然保留的自由。委托人根据居间合同法定范式，保留了大量的决定自由和缔约自由，其中主要包括是否缔结本约的自由、自己直接与意向人缔约的自由、召入其他居间人的自由、随时撤销委托的自由。⑤ 并且，由于委托人享有法定的任意解除权，"不得委托其他居间人"的约定并无拘束力的，委托人仍可委托其他居间人来完成事务。⑥

---

① 汤文平：《从"跳单"违约到居间报酬——"指导案例 1 号"评释》，载《法学家》2012 年第 6 期，第 109 页。

② 邵文龙：《房地产买卖中'跳单'行为的司法认定及责任承担》，载《人民司法》2012 年第 2 期，第 21 页；税兵：《居间合同中的双边道德风险——以"跳单"现象为例》，载《法学》2011 年第 11 期，第 90 页；应仕海：《房屋居间合同案件审理的若干法律问题研究》，载《广西政法管理干部学院学报》2010 年第 6 期，第 112 页。

③ 参见：《最高人民法院关于发布第一批指导性案例的通知》指导案例 1 号。

④ 所谓独家委托又被称为专任委托契约，即委托人就该同样之事务负有在一定期间内不得再委托其他居间人之义务。参见黄立：《民法债编各论（下）》，中国政法大学出版社 2003 年版，第 562 页。

⑤ 汤文平：《从"跳单"违约到居间报酬——"指导案例 1 号"评释》，载《法学家》2012 年第 6 期，第 109 – 110 页。

⑥ 隋彭生：《居间合同委托人的任意解除权及"跳单"——以最高人民法院〈指导案例 1 号〉为例》，载《江淮论坛》2012 年第 4 期，第 114 页。

因此我们主张，"跳单行为"只应涵盖 A1 及 A2 两种情形。委托人对"独家居间权"的违反不应归属于"跳单行为"。换言之，A3 情形不属于应受管制的"跳单行为"。

二、"跳单行为"下中介方"报酬请求权"的救济路径

现实中大量存在此类"跳单行为"，无疑是对房产中介行业的严苛打击，应当允许其进行救济。那么，应当如何救济？

（一）路径一：设置"反跳单条款"

在阻遏委托方"跳单行为"的路径设计上，于居间合同中引入"反跳单条款"系常见做法。实践中，居间人带客户看房时，常常要求签署《看房确认书》，一来证明缔结了居间合同，二来借格式条款带入禁止"跳单"条款①，防止委托人"跳单"的不诚信行为，保护自身拥有的信息资源和维持自己付出的居间劳务。

1. 反跳单条款的调整对象

应当利用"反跳单条款"对"相对弱势"的中介方进行多大范围的救济？换言之，哪些情形可以作为"反跳单条款"规制的对象？

就"反跳单条款"的效力判定与"跳单"行为的认定，许多学者采取先论证前者，再推导后者的顺序。② 实际上，从逻辑上考察，"跳单行为"与"反跳单条款"之间的关系，就像由前者作为自变量，映射至后者作为应变量的函数。基于事先预防及事后救济可能被"跳单行为"破坏的房产中介方利益之目的，由双方当事人在居间合同中设置"反跳单条款"，即确定了"跳单行为"的含义才可能进行对"反跳单条款"的分析。换言之，"反跳单条款"的规制对象应与"跳单行为"的种类保持一致。

---

① 汤文平：《从"跳单"违约到居间报酬——"指导案例 1 号"评释》，载《法学家》2012 年第 6 期，第 109 页。

② 张英周：《"独家委托条款"的效力与恶意"跳单"行为的认定》，载《人民法院报》2011 年 11 月 2 日，第 007 版；邵文龙：《房地产买卖中"跳单"行为的司法认定及责任承担》，载《人民司法》2012 年第 2 期，第 21–22 页；应仕海：《房屋居间合同案件审理的若干法律问题研究》，载《广西政法管理干部学院学报》2010 年第 6 期，第 110–114 页；张宁：《房屋买卖居间合同中规避"跳单"条款的效力和"跳单"行为的认定》，载《法律适用》2010 年第 8 期，第 68–70 页。

考察"反跳单条款"的规范对象，可从诸多实践范本中进行提炼。就选取的 10 则案例中涉及的"反跳单条款"进行考察（见表 1）①，其中 1～5 号案例涉及 A1 或 A2 情形，而 6～10 号案例，中介方均强势地限制委托人通过其他途径就目标房产进行交易。由此看来，涵盖 A3 情形（指代委托人违反中介方享有的"独家居间权"，另自行或通过其他房产中介方签署房屋买卖合同的情况）的"反跳单条款"，系实践中中介方提供格式条款之常态。

经上文论证，"跳单行为"仅包含 A1、A2 情形，那么实践中将"独家居间权"（指代 A3 情形）纳入"反跳单条款"调整范围的做法，无疑挑战了对"跳单行为"的"通常定义"。是否有必要将混入"跳单行为"的 A3 情形剔除出去？

对"专属委任条款"，有学者认为，其不仅排除了多数委任之机会，也排除了本人作为之权利。委托人并不负有因居间人报告订约机会或媒介而去订立契约之义务，委托人本身仍然可以致力于契约之缔结，甚至可以再借助其他居间人之帮助。② 如果某中介公司以有限的付出来永久限制买方的选择权，双方的利益是明显失衡的。③

出于契约自由的考虑，是否可以拥有这项权利，本应交由合同当事人自行决定。在法律适用中，也不乏类似排他性权利授予的情形。譬如，专利权人于特定期间及区域内赋予特定人以专利独占或排他使用权。但是，该例与准许房产中介方拥有"独家居间权"仍有区别。前一种情形中，授予者享有设定该权利的自由，而后一种情形中，授予者（即居间合同的委托方）对"独家居间权"的授予是出于签署中介方提供格式合同的被迫同意。

应当考虑到这种极大的可能性：一旦中介方该类"独家居间权"在"反跳单条款"中被确认为有效，它将成为中介行业通行的"商业惯例"，从而导致委托方只能选择一家中介机构的结果。而委托人将房屋买卖事宜委以中介机构，很大程度上是考虑到其提供的广大信息平台可更快更安全地促成交易。现实中，出于此原因，委托人大多会将求购或出售二手房产的信息委托多家房产中介公司挂牌。而"独家居间权"的确认，直接限制委托人的交易机会及可能，将导致中

---

① 本表收入的 10 则案例均来源于"北大法宝"数据库。

② 黄立：《民法债编各论（下）》，中国政法大学出版社 2003 年版，第 562 页。

③ 最高人民法院案例指导工作办公室：《指导案例 1 号〈上海中原物业顾问有限公司诉陶德华居间合同纠纷案〉的理解与参照》，载《人民司法》2012 年第 7 期，第 32 页。

介公司的权利膨胀，不但有可能阻碍委托人交易达成的效率，也可能因其提供实际上并不尽职却又难以被证明的中介服务，使委托人的利益遭受极大损害。

综上，我们认为，实质的"反跳单条款"的调整对象，只限于 A1 或 A2 情形。

2. 反跳单条款的效力判定原则

自最高人民法院于 1 号指导案例中提出"房屋买卖居间合同中关于禁止买方利用中介公司提供的房源信息却绕开该中介公司与卖方签订房屋买卖合同的约定合法有效"的观点，主张"反跳单条款"应采"无效说"的观点逐渐遁迹，然主流仍在"有效说"及"折中说"间摇摆不定。

"折中说"认为，应根据约定的具体内容来认定其效力，不可一概而论。[①] "有效说"则认为，房屋买卖居间合同中常有的禁止"跳单"格式条款，其本意是为防止买方利用中介公司提供的房源信息却"跳"过中介公司购买房屋，从而使中介公司无法得到应得的佣金，应认定有效。[②] "跳单"条款旨在保护中介公司作为居间人依法应当享有的权益，防止当事人利用已获得的服务进行私下交易的背信行为，其虽为格式条款，但并不存在免除一方责任、加重对方责任、排除对方主要权利的情形，故应认定为有效。[③]

我们主张，对"反跳单条款"的效力判定，应当严格依照条款本身的含义进行。基于保护中介方权利而确定的"跳单行为"存在 A1、A2 两种情形，为规制该"跳单行为"的"反跳单条款"，只应针对这两种情形设置。此时，"反跳单条款"反映了其设立初衷，即为救济"跳单行为"对房产中介方应得利益之侵害，其条款效力当属有效。但是，该类格式条款在现实中有被中介方滥用之虞。有些中介方扩大限制范围，以此限制当事人自由选择权并获利，"反跳单条款"成房产中介的敛财工具。[④] 这样将调整对象扩展至 A3 情形或其他情形的"反跳单条款"不在少数（详见表 1 中 6～10 号案例），此时冠以"反跳单

---

① 最高人民法院案例指导工作办公室：《指导案例 1 号〈上海中原物业顾问有限公司诉陶德华居间合同纠纷案〉的理解与参照》，载《人民司法》2012 年第 7 期，第 32 页。

② 周江洪：《上海中原物业顾问有限公司诉陶德华居间合同纠纷案评释》，载《浙江社会科学》2013 年第 1 期，第 80 页。

③ 张宁：《房屋买卖居间合同中规避"跳单"条款的效力和"跳单"行为的认定》，载《法律适用》2010 年第 8 期，第 69 页。

④ 黄洁：《防跳单条款成房产中介敛财工具》，载《法制日报》2012 年 10 月 23 日，第 005 版。

条款"之名的格式条款，行攫取委托方合法利益之实，并非真正意义上的"反跳单条款"，其条款效力自然不应被确认为有效。

审查表 1 收录的 10 则案例，1~5 号案例中的"反跳单条款"，包含了 A1 或 A2 情形，法院均作出了确认其条款效力的裁定。而 6~10 号案例，除 10 号案例判决书中未对"反跳单条款"的效力作出明确判定，其他 4 则案例均认定案中所涉条款无效。于是，拨开貌似的"乱象"的面纱之后，是数份判决背后不自觉的统一性：有效的"反跳单条款"，原则上只限于 A1、A2 情形，其他的情形即使冠名以"反跳单条款"，也只属于有名无实而无法被认定为有效。

（二）路径二：委托人基于合同义务的必要延伸

对居间合同中双方的义务进行分析如下：

	承担的主要义务	
委托方	对中介方进行居间行为的授权委托（已确定）	中介方促成交易后支付报酬（附条件，暂未确定）
中介方	根据委托方的委托促成交易（已确定）	

除特殊约定外，房屋买卖居间合同自双方签署时即成立生效。与一般合同不同的是，该项生效并不使双方当事人负担合同项下的所有权利义务。其中，委托方支付报酬的义务，即应以中介方成功促成房屋买卖交易为条件。

有的观点认为，居间合同属附生效条件的合同，可适用关于条件拟制成就的规则。委托人可以随时中止居间合同，但不能以使居间人丧失报酬请求权为目的，否则依《合同法》第四十五条第二款之规定，认为条件已成立，委托人仍负给付居间报酬得义务。[1] 居间契约特别之处在于，委托人之给付义务乃附停止条件，条件为"所期待"之契约因居间人之报告或媒介而成就。[2]

参酌台湾地区的"司法判例"，1969 年度台上字第 2929 号"判例"，该"判例"要旨认为，媒介之契约的缔结之于居间报酬相当于停止条件。因此，委任人如为避免报酬之支付，而拒绝准备完成之契约的订立者，依诚实信用原则，仍应支付报酬。该院于 1995 年度台上字第 2925 号民事判决又认为："媒介

---

① 丁俊海：《债权法教程》，对外经济贸易大学出版社 2011 年版，第 351 页。
② 黄立：《民法债编各论（下）》，中国政法大学出版社 2003 年版，第 562 页。

居间人固以契约因其媒介而成立时为限，始得请求报酬。但媒介居间人倘已媒介就绪，而委托人故意拒绝订约，依诚信原则，仍应支付报酬。"[1]

我们认为，"跳单行为"的发生前提为已经生效的居间合同，其阻止的对象并非"附生效条件合同的条件"，而是委托方需要向中介方承担的支付报酬的义务，它与上述"当事人不正当阻止附生效条件合同的条件成就"存在区别。因此，居间合同并非附停止条件（生效条件）的合同，委托人给付的义务，也不是附停止条件（生效条件）的义务。[2] 然而，上述关于条件拟制成就的规则，仍具有借鉴价值。委托方的"跳单行为"一旦被确认，为"委托人为自己的利益不正当地阻止支付报酬"条件的成就，可视为支付报酬的条件已经成就。基于合同本身对委托人的义务配置，中介方即可要求委托方依约支付报酬。

三、两条救济路径之独立存在价值

无论是通过在居间合同中设置事前预防、事后救济"跳单行为"的"反跳单条款"，抑或凭借事后救济"跳单行为"侵害利益的"路径二"，都能发挥阻遏委托方"跳单行为"的效果。然而，两者仍具有独立存在的价值。

"反跳单条款"作为回复中介方因"跳单行为"受损利益的一种有效方式，颇受推崇。在中介市场发达的今天，没有中介方会弃用有利己方的"反跳单条款"。对各式各样的"反跳单条款"进行提炼，一般可抽象为两个要点：①禁止某类"跳单行为"发生；②如若发生该类"跳单行为"，委托人应当承担何种违约责任。"要点一"重在强调委托方支付报酬的义务，系委托方基于诚信履行合同义务的自然延伸。在当下对"跳单行为"的认定尚存争议的背景下，这种条款意义上的宣誓及强调，无疑是必要的。"要点二"则是对"跳单行为"引致违约责任的明确。委托人构成"跳单行为"时，即可按照协议约定承担明确量化的违约责任。

直接在居间合同中设置"反跳单条款"，保护中介方依法应当享有的权益，防止委托方利用已获得的服务进行私下交易的背信行为，显然是预防、抑制"跳单行为"发生，回正、补救中介方于"跳单"法律现象中"遭窃利益"更

---

① 黄茂荣：《债法各论》，中国政法大学出版社 2004 年版，第 198 页。

② 隋彭生：《居间合同委托人的任意解除权及"跳单"——以最高人民法院〈指导案例 1 号〉为例》，载《江淮论坛》2012 年第 4 期，第 14 页。

为经济有效的方式。但是，实践中法院认定"反跳单条款"无效，可能导致"反跳单条款"的实质缺位。此时，无须担心委托人发生的"跳单行为"得不到惩治。"原生态且常被遗忘"的"救济路径一"显现出其独立价值。即中介方仍可依照"路径一"向委托方主张报酬，即使该报酬数额通常低于"反跳单条款"有效情况下确定的"违约金数额"。该项"不利益"亦是提供格式条款的中介方应当承担的，因为"反跳单条款"是作为预防并恢复被委托人掠夺的合法利益的防御工具，而不是非法攫取委托人利益的进攻工具。由于中介方在制定该格式条款时，期望通过设定扩大的"反跳单条款"堵塞委托人的选择渠道，达到垄断性的中介效果，那么当委托人切实发生"跳单行为"时，用该项"低于违约金数额的报酬"之不利益，作为制定该名曰"反跳单条款"、实则掠夺性的格式条款的代价，实属公平。

四、结语

"跳单行为"系居间合同中介方"报酬请求权"受侵害情境下提出的概念。若将"跳单行为"作扩大解释，则可能使房产中介机构假借"反跳单条款"之名，行攫取委托人正当利益之实。本文对"跳单行为"表现方式及"反跳单条款"调整对象的分类，或难以全面覆盖不断发展实践之所有细枝末节，但梗概了当下的常见情形。其中，A1、A2 情形涵摄的精髓，即委托人"利用中介方提供的信息、机会"而跳过该中介方，进而擅自或通过其他中介方与房屋买卖相对方订立合同的，应被确认为"跳单行为"，规范该类行为的格式条款为有效的"反跳单条款"。除此之外的情形不应被认定为"跳单行为"，冠以"反跳单条款"之名对该类情形进行调整的格式条款，也不应被确认有效。

委托人构成"跳单行为"时，居间人享有的报酬请求权，固然可来自合同约定的"反跳单条款"，但根据对居间合同双方的权利义务分析，因委托人的"跳单"行为系对其诚信履行合同义务之违反，居间人的该项报酬请求权，同样可以天然的溯源自委托方的履约义务。进一步说，即使"反跳单条款"缺位，中介方仍有权要求发生"跳单行为"的委托方依约支付报酬。该项结论对司法实践具有启示意义，对中介方更是一项福音：当法院认定"反跳单条款"无效而致救济"路径一"被堵塞时，中介方仍有权依据合同本身向发生"跳单行为"的委托方要求依约支付报酬。

表 1 "反跳单条款" 案例

案号	"跳单条款" 内容及抽象	跳单条款的效力	涉诉争议行为	案涉行为是否构成"跳单"行为	
1. 重庆市万州区西浩房地产经纪有限公司诉代某居间合同纠纷案重庆市万州区人民法院（2013）万法民初字第04531号	《看房确认书》，约定：2. 甲方确保为首次了解到以下房屋信息，承诺不通过非乙方途径直接或间接与以下房屋业主联系，成交，承诺不将以下房屋信息提供给第三方（指甲方之亲属、朋友、同事、成交、授权人、代理人等）与房屋业主联系。如甲方违反此条约定，则须向乙方按相关房屋售价3%或单月租金之双倍金额，委托人需向西浩公司支付违约金。	该格式条款本意是为防止买方利用居间人提供的房源信息却"跳"过居间人购买房屋，从而使得应居间人无法得到应得的佣金。该约定并不存在免除一方责任、加重对方责任、排除对方主要权利的情形，应认定有效	委托方通过第三方中介公司购买了案涉物业	否。衡量买方是否"跳单"违约的关键，是看买方是否利用了该居间人提供的房源信息、机会等条件，而是通过其他众可以获知的正当途径获得同一房源信息，则买方有权选择报价低、服务好的居间人促成房屋买卖合同成立，而不构成"跳单"违约。本案中，委托人分别通过不同的中介公司了解到同一房源的信息，通过不同居间人提供的服务进行对比衡量，确定通过非原告的其他案外中介公司促成了房屋买卖合同成立，且其自由选择中介公司并已向促成房屋买卖合同成立并实际履行的居间人支付了相应的居间费用，并不存在被告通过恶意利用规避居间人而规避报酬情形	肯定反跳单条款效力。委托人不构成跳单行为，居间人不享有报酬请求权

案号	"跳单条款"内容及抽象	跳单条款的效力	涉诉争议行为	案涉行为是否构成"跳单"行为	
2. 指导案例1号：上海中原物业顾问有限公司诉陶德华居间合同纠纷案/上海市第二中级人民法院（2009）沪二中民二（民）终字第1508号	该《确认书》第2.4条约定，陶德华在验看过该房地产后六个月内，陶德华或其委托人、代理人、承办人等，利用中原公司提供的信息、机会等条件但未通过中原公司而与第三方达成买卖交易的，陶德华应按照与第三方成交价的1%，向中原公司支付违约金。委托人需向中介公司支付违约金具有A1或A2情形，支付违约金	第2.4条的约定，属于房屋买卖居间合同中常有的约款，其本意是为防止买卖居间方利用中介公司提供的房源信息却"跳单"过第三方购买该房屋，从而使中介公司无法达到应得的佣金，该约定并不存在免除一方责任、加重对方责任、排除对方主要权利的情形，应认定有效	委托方通过第三方中介公司购买了案涉物业	否。如果买方并未利用该中介公司提供的信息、机会等条件，而是通过其他正当途径获得同一房源信息，则买方有权选择报价低、服务好的中介公司促成房屋买卖合同成立，而不构成"跳单"违约	肯定反跳单条款效力。委托人不构成跳单行为，居间人不享有报酬请求权
3. 上海甲房地产经纪事务所与乙等房地产经纪事务所居间合同纠纷案/上海市第一中级人民法院（2013）沪一中民二（民）终字第1790号	意向书第五条载明，协议签订后，丙、丁与乙私自成交或以其他方式逃避其应向甲事务所支付佣金义务的，丙、丁与乙应向甲事务所支付违约金，违约金为本次交易中甲事务所应收的总佣金额。委托人应向中介事务所支付违约金具有A1或A2情形，支付违约金	上述条款是针对买卖双方"跳单行为"而作出的相应规定，该条款认为，本院《解除协议》（认定有效）不因《解除协议》（认定有效）而失效，如果买卖双方自私以其他方式逃避交纳佣金义务的行为存在，则买卖双方应向甲事务所支付相当于佣金总额的违约金	买卖双方作为委托方，先行通过《解除协议》终止与居间方的居间合同，继而假手第三方中介协助办理房屋买卖合同。A2情形	是。委托人的行为构成"跳单"	肯定反跳单条款效力。委托人构成跳单行为，居间人享有报酬请求权

续表

案号	"跳单条款"内容及抽象	跳单条款的效力	涉诉争议行为	案涉行为是否构成"跳单"行为	
4. 上海某某房地产经纪事务所诉詹某某居间合同纠纷案/上海市普陀区人民法院/（2013）普民四（民）初字第1439号	《看房确认书》，其中约定：经验看房地产，本人已获得相关交易信息，现本人承诺，本人或本人的代理人等与该房地产出卖或出租方不得自行或通过第三方买卖或成交或出租方完成房地产买卖或成交价的1%或自愿按房地产一方买卖或成交价的成租赁月租金的35%向该房地产一方支付赔偿金等内容。具有A1或A2情形，委托人应向中介公司支付赔偿金	该约定虽为格式条款，但并不存在免除一方责任、加重对方责任、排除对方主要权利的情形，应为有效	委托人跳开中介方私下卖方与案涉房产。A1情形	是。委托人跳开中介与卖方下成交的行为，存在恶意的故意，系恶意跳单，应承担相应的违约责任	肯定反跳单条款效力。委托人成跳单行为，居间人享有报酬请求权。
5. 南京我爱我家房屋租赁置换有限公司诉赵某居间合同纠纷案/江苏省南京市栖霞区人民法院/（2011）栖霞民初字第89号	《看房确认书》约定：本人及本人配偶、直系亲属如与我爱我家公司介绍之卖方成交，或将所看我爱我家公司居间信息告知第三人所促成行为，如有任何规避行为，本人愿意按总房款的1.2%支付我爱我家公司代理费，并按总房款2%承担违约责任。具有A1或A2情形，委托人需向中介公司支付代理费及违约金	有效	看房后未通过中介公司，直接与案涉房屋原业主达成交易。A1情形	是。委托人在我爱我家公司按看房确认单的约定履行了提供房源信息并履行其看房的义务，即就同一房源与我爱我家公司后，未通过我爱我家公司，就同一房屋与原房主达成交易，该行为构成"跳单"	

续表

案号	"跳单条款"内容及抽象	跳单条款的效力	涉诉争议行为	案涉行为是否构成"跳单"行为	
6. 东莞市东佳房地产代理有限公司与陈某怀等居间合同纠纷上诉案/广东省东莞市中级人民法院/（2013）东中法民二终字第857号	《委托代理合同（求盘）》第四条规定，委托方在签订协议后一年内直接或通过第三人与东佳公司介绍的业主促成了此次交易，仍需向东佳公司支付中介服务费。视为东佳公司已促成了中介交易。具有A3情形，委托人仍需向东佳公司支付中介费	该格式条款内容明显排除委托人自主选择提供服务者的权利，对方主要权利的情形，根据《中华人民共和国合同法》第四十条的规定，本院认定该条款属于无效条款	委托方通过第三方中介公司购买了案涉物业	否。并没有证据证明案涉物业业主只通过东佳公司一家中介公司挂牌出售案涉物业。委托人可通过获得公众可知的正当途径获得相关信息，并有权自主选择其他中介公司促成房屋买卖合同成立。因此，不足以证明委托人存在利用东佳公司提供的信息，机会等条件私下完成了与案涉物业主之间的房地产买卖的私下交易行为	否定反跳单条款效力。委托人不构成"跳单"行为'，居间人没有报酬请求权。
7. 重庆某某房地产经纪有限公司诉罗某某居间合同纠纷案/重庆市北碚区人民法院/（2012）碚法民初字第04888号	《委托协议书》（客户）约定：委托人承诺与上述物业主业主联系，并同意即使与上述物业最后是由委托人之亲属、朋友、授权人、代理人及所在单位之同事购人，委托人仍须支付服务佣金。若委托人违反承诺，在看房后六个月内支付成交的，视为该中介公司代理成功，委托人同意支付代理费及违约金1万元。扩大的A3情形，扩展至委托人的亲属、朋友及单位同事）	该格式条款造成中介和看房人之间权利义务的失衡，应认定为无效条款	委托方通过第三方中介公司购买了案涉物业	否。原告中介公司获取的案涉房屋出售信息是售房人在网络上公开的，原告既未事先取得该套房屋的专卖权，原告中介义和看人看该房后，也未获得售房人对其中介的追认，因此，原告对涉于案涉房屋及有中介权，无权根据《委托协议书》的约定限制被告的选择权	
8. 许某仙与熊某娟等居间合同纠纷上诉案/浙江省杭州市中级人民法院/（2010）浙杭民再终字第20号	确认书载明："承诺本人或本人家庭任何方式购买本套房屋，均视作通过杭州某新房产公司中介成功，并愿意支付中介费"。具有A3情形，委托人需向中介公司支付中介费	该内容在居间合同成立的前提下，与《中华人民共和国合同法》第四百二十六条关于居间报酬支付的规定不符，加重了委托人的责任，应属无效	委托方通过第三方中介公司购买了案涉物业	否。中介方原告并无证据证明本案涉及房屋的出售信息为其独有，也无证据证明委托人通过第三方中介人与房产原业主直接签订买卖合同的行为利用了从原告处获取的信息，该行为不构成"跳单"	

续表

案号	"跳单条款"内容及抽象	跳单条款的效力	涉诉争议行为	案涉行为是否构成"跳单"行为	
9. 上海某房地产置换有限公司某分公司与周某居间合同纠纷上诉案/上海市第二中级人民法院(2011)沪二中民二(民)终字第1102号	看房确认书中约定:"被告私下或通过第三方与该业主成交,则须按照房屋成交总价的2%支付原告违约金。"具有A3情形,委托人需向中介公司支付违约金	该条款限制了被告合作出由其他更有利的房源但房间进行房地产中介公司的选择,损害了被告的利益,因而该约定在此情形下当属无效	委托方通过第三方中介公司购买了案涉物业	否。系争房屋原业主同时也委托了案外人出售房屋,现委托人通过案外中介方与房屋原业主签订了房屋买卖合同,其并无与业主私下串通避原告的恶意,也没有通过第三方规避原告,而是行使了其应有的选择权	否定反跳单条款效力。
10. 上海德佑房地产经纪有限公司与席某居间合同纠纷案/上海市第二中级人民法院(2011)沪二中民二(民)终字第1209号	《物业需求看房证明单》,该单载明:席某私下或通过其他第三方和德佑公司曾介绍过的出售方签订买卖合同,席某应支付全额佣金办费(承办费为成交价的1%)。具有A3情形,委托人需向中介公司支付全额办费	判决书中未涉及	委托方与出售方在价格上确实未能通过德佑公司的居间而达成一致,且在德佑公司进行居间的过程中,存在找人冒充客户看房以达到砍价目的的行为,从而使委托方丧失了对其的基本信任,导致之后,委托方委托了居间,委托方另行委托其他中介供媒介服务而签订房屋买卖合同	否。委托人在主观上无逃避支付佣金的目的,且客观上也未实施与房屋出卖方私下看房或者不正当地利用德佑公司的信息,机会另行委托他人成交的行为,故法院认定委托人的行为不属于"跳单"	委托人不构成"跳单行为",居间人设有报酬请求权

达摩克利斯之剑：实质课税原则

——以股权并购中的土地增值税为视角[*]

———

王　钦　徐　琼　周　丰

一、引言

2018 年 3 月，普华永道发布《2017 年中国房地产行业并购回顾》。相关数据显示，2017 年中国境内房地产并购交易达 482 笔，同比增加 6.4%；交易金额约 810 亿美元，同比增加 30.6%。规模化、获取土地储备、多元化与转型发展成为本轮房地产行业并购浪潮的内在动力[①]。《城市房地产管理法》第三十九条对以出让方式取得的土地使用权转让设置了出让金及投资开发进度的限制。对于中小型房企而言，将稀缺的土地资源拱手相让正因囊中羞涩，看似并非高不可攀的门槛或成难以跨越的鸿沟。相较之下，将项目公司股权作为交易标的则少有掣肘。（税收是买卖双方之间的跷跷板，只有找到了买卖双方整体的税负平衡点，才能真正将税收筹划落到实处。）[②] 鉴于并购动机与意图的差异，如是为长期自持、获取租金收益（基汇基金收购北京盈科中心案），还是为高价散售、获取利差（领汇基金收购龙岗万科广场案），对于买卖双方而言，股权并购并非永恒的最优解。（为行文简便，本文仅从土地增值税单一维度展开讨论。）毋庸置疑，税收优势更是助力股权收购在与资产转让的角逐中成为更优选项。需

---

　*　本文获"第八届浙江律师论坛三等奖""第四届杭州律师论坛三等奖"。
　①　参见 https：//www.pwccn.com，2018 年 6 月 18 日最后访问。
　②　樊剑英主编：《房地产开发企业税收与会计实务大全》，中国市场出版社 2018 年版，第 155 页。

要说明的是，财税〔2015〕5 号及财税〔2018〕57 号已完成接力①，以提供土地增值税征收优惠的形式为企业改制重组清除障碍。但该两份文件均将房地产开发企业挡在门外②，给房企浇了一盆冷水，也引发了实践中的诸多争议。

二、普适性规范缺位，市场主体"顶雷前行"

《土地增值税暂行条例》视野下的纳税人是转让国有土地使用权、地上的建筑物及其附着物并取得收入的单位和个人。《土地增值税暂行条例实施细则》做了更进一步解释③。从文义解释出发，仅在交易标的为"国有土地使用权、地上建筑物及其附着物"时才存在土地增值税征收空间。当然，该推论建立的基础是税收法定原则④。但在实践中，形式与实质之争由来已久，实质课税原则视野下将得到不同的结果：税法既不问私法上的表面形态，也不问私法上的表示如何，其关心的重点仅仅在于私法上当事人表示后所发生的经济效果，是否构成税法上规定的应税事实⑤。

（一）国税总局个案批复体现实质税法精神，持续发出强监管信号

2000 年，国税总局在批复中打响了对"明股实地"行为穿透课税的第一枪⑥。在本案中，"一次性转让 100% 股权"以及"主要资产为土地使用权、地上建筑物及附着物（土地增值税暂行条例及其实施细则明确的征收事项）"共同触发了税务机关的穿透，认定"明股实地"并最终按实征收。但是，该文一直备受争议。所谓股权是一种综合性权利，并非无源之水、无本之木。资产作为公司

---

① 该两规定执行期限分别为 2015 年 1 月 1 日至 2017 年 12 月 31 日、2018 年 1 月 1 日至 2020 年 12 月 31 日，无缝衔接。

② 财税〔2015〕5 号第五条："上述改制重组有关土地增值税政策不适用于房地产开发企业"；财税〔2018〕57 号第五条："上述改制重组有关土地增值税政策不适用于房地产转移任意一方为房地产开发企业的情形。"

③ 该细则规定："条例第二条所称的转让国有土地使用权、地上的建筑物及其附着物并取得收入，是指以出售或者其他方式有偿转让房地产的行为。不包括以继承、赠与方式无偿转让房地产的行为。"

④ 《中华人民共和国立法法》第八条规定，税种的设立、税率的确定和税收征收管理等税收基本制度只能制定法律。

⑤ 葛克昌：《税法基本问题——财政宪法篇》，北京大学出版社 2004 年版，第 17–20 页。

⑥ 《国家税务总局关于以转让股权名义转让房地产行为征收土地增值税问题的批复》（国税函〔2000〕687 号）认为："鉴于深圳市能源集团有限公司和深圳能源投资股份有限公司一次性共同转让深圳能源（钦州）实业有限公司 100% 的股权，且这些以股权形式表现的资产主要是土地使用权、地上建筑物及附着物，经研究，对此应按土地增值税的规定征税。"

运行的能源和动力，是股东权利的重要体现。两者之间的关系恐怕难以简单定义为形式与实质，以此作为行政执法依据难以有效发挥指引作用。最高人民法院认为，转让方持有目标公司 100% 股权后，与目标公司仍属两个相互独立的民事主体，股权转让行为不能直接与土地使用权转让画等号，更不能以否定该行为合法性进一步否定股权转让合同的效力①。

时隔 9 年，国税总局又以函件形式发声②。可见，若税务机关认定股权仅为交易形式标的，而股权对应的资产（土地使用权、地上建筑物及附着物）才是实质交易标的，将穿透形式、直达实质，征收土地增值税。形式与实质的对应关系则体现在"股权转让金额"与"房地产评估值"之间的牵连。但是，在当前背景下，对于持有房地产的公司而言，房地产的价值都将占据不小的总资产比例，股权价值与房地产估值自然密不可分。仅凭二者牵连关系，就将股权转让认定为土地使用权转让，恐较为牵强。最高人民法院亦认为："即使股权转让价格是以四家目标公司持有的土地使用权价值为依据计算出来，亦不能据此得出《目标公司股权转让协议》是转让土地协议的结论。"③ 有趣的是，前述批复对象仍为 687 号文批复的广西壮族自治区地方税务局。在已有先例批复的情况下，同一地方税务机关就同一类问题再次请示国税总局。股权转让过程中涉土地增值税问题除"一城一批"外，甚至隐现出"一事一批"的倾向。在函件直接批复对象都保持谨慎的情况下，更难建立起在全国范围内的普适性和示范力。

从国税总局 2011 年对天津泰达恒生案件的态度可见其立场与倾向④。415 号文显然延续了国税总局之前的实质税法精神，但如何透过现象看本质的方法论却难见端倪。

---

① （2013）民申字第 611 号。

② 《国家税务总局关于土地增值税相关政策问题的批复》（国税函〔2009〕387 号）："鉴于广西玉柴营销有限公司在 2007 年 10 月 30 日将房地产作价入股后，于 2007 年 12 月 6 日、18 日办理了房地产过户手续，同月 25 日即将股权进行了转让，且股权转让金额等同于房地产的评估值。因此，我局认为这一行为实质上是房地产交易行为，应按规定征收土地增值税。"

③ （2012）民二终字第 22 号。

④ 《国家税务总局关于天津泰达恒生转让土地使用权土地增值税征缴问题的批复》（国税函〔2011〕415 号）："同意你局关于'北京国泰恒生投资有限公司利用股权转让方式让渡土地使用权，实质是房地产交易行为'的认定，应依照《土地增值税暂行条例》的规定，征收土地增值税。"

从前述三个批复可以看出，在十余年的时间跨度里，国税总局层面始终秉承实质课税原则，希望以穿透股权交易形式的方式应对可能的税收规避手段。但除股权转让比例、土地使用权是否为主要资产可作参考指标外，明确具体的穿透规则尚未建立，仅能在个案中达到行政执法上的"内心确信"后，以原则作为执法依凭。

（二）地方税务机关不同尺度把握，蕴含筹划空间

早在687号文之前，地方税务机关就有摸着石头过河的经验①。安徽省地税认可的暂不征收土地增值税的股权转让仅限于中止联营关系时的正常撤资，而其他的股权转让行为若涉及溢价转让盈利且主要资产为房地产（股权转让行为盈利以及标的公司主要资产系房地产均为客观要素，可以据实衡量。但鉴于股权的权利束属性，股权溢价可能取决于多方面的因素，是否以转让房地产为盈利目的恐较难判断），则仍须征收。安徽省该批复仍显抽象，时至2010年仍见对如何界定以盈利为目的、纳税主体是标的公司还是股东以及土地成本扣除等问题的咨询。每一个问题都直指要害，是市场主体关切所在。遗憾的是，安徽省地税局并未直面答复："你所提供的文件是针对特定对象的批复。如你有这方面的问题，请提交具体情况。"② 这些问题的解答亟待市场主体和税务部门共同的努力和智慧。

上海作为经济最为活跃的城市，在对热点问题的探索中当然不会缺席③。上海的规定更为直接，既未要求股权转让达一定比例，也未对标的公司资产结构进行分析，凡房企股权转让均需缴纳土地增值税。或许正是因其过于简单粗暴，才未能一直沿用。税务机关仍需在法律规定范围内小心求索。

---

① 《安徽省地方税务局关于对股权转让如何征收土地增值税问题的批复》（皖地税政三字〔1996〕367号）："据了解，目前股权转让（包括房屋产权和土地使用权转让）情况较为复杂。其中，对投资联营一方由于经营状况等原因而中止联营关系，正常撤资的，其股权转让行为，暂不征收土地增值税；对以转让房地产为盈利目的的股权转让，应按规定征收土地增值税。"

② 参见 http://www.ah-l-tax.gov.cn/portal/bsfu/zx/1282159007537381.htm，2018年6月21日最后访问。

③ 《上海市地方税务局关于土地增值税若干具体征收问题的规定》（沪地税地〔1997〕25号）："原投资于房地产开发企业的股东，由于种种原因，将所持的部份或全部股权转让给新的股东名下，无论是在境内还是境外办理转让手续，都应按规定办理纳税申报，缴纳土地增值税。"（本条于2009年8月26日废止）

此外，其他省市亦呈现多种模式的探索，如以"霸蛮"为性格特点的湘地①。湖南省地税严格执行国税总局三个批复，认定"明股实地"系避税行为，应予征收土地增值税。相较国税总局 687 号文中的一次性共同转让 100% 股权，湖南省地税进一步收紧监管口袋，控股股东股权转让即应适用。一张更为紧密的监管之网缓缓铺开。值得注意的是，根据《全国税务机关公文处理办法》第十条："税务机关的公文种类主要有：命令（令）、决议、决定、公告、通告、意见、通知、通报、报告、请示、批复、函、纪要"，而函又分为"商洽函、询问函、请求批准函、答复函、告知函"，并无便函之属类。如此体现湘地"霸蛮"精神的文件尚不属于正式公文序列，呈现出低效力、大威力的矛盾性特征。

前述地方税务文件均持续体现强监管倾向，通过个案中的边界厘定，尽量扩大征收范围，以收漏网之鱼。然而，这种倾向意见在税务机关体系内也远未达成共识。

《青岛市地方税务局关于印发〈房地产开发项目土地增值税清算有关业务问题问答〉的通知》（青地税函〔2009〕47 号）问答十八："股东将持有的企业股权转让，企业土地、房屋权属不发生转移，不征收土地增值税"。2012 年 1 月 11 日，福建省地方税务局在回复网上咨询时表示："国税函〔2000〕687 号文件属个案批复，未抄送我省。按土地增值税暂行条例及其实施细则规定，切实属于纯股权转让的原则上不征土地增值税。具体须根据实际运作情况由当地主管地税机关判定。上述回复仅供参考。有关具体事宜请直接向主管地税机关咨询"。根据《全国税务机关公文处理办法》第二十一条之规定："批复一般只送请示单位，若批复的事项需有关单位执行或者周知，可抄送有关单位。若请示的问题具有普遍性，可使用'通知'或其他文种行文，不再单独批复请示单位。"在未被抄送情况下，福建省地方税务局按照暂行条例及其实施细则的

---

① 《湖南省地税局财产和行为税处关于明确"以股权转让名义转让房地产"征收土地增值税的通知》（湘地税财行便函〔2015〕3 号）："据各地反映，以股权转让名义转让房地产规避税收现象时有发生，严重冲击征收公平原则，影响依法治税，造成了税收大量流失。总局曾下发三个批复明确'以股权转让名义转让房地产'属于土地增值税应税行为。为了规范我省土地增值税管理，堵塞征管漏洞。对于控股股东以转让股权为名，实质转让房地产并取得了相应经济利益的，应比照国税函〔2000〕687 号、国税函〔2009〕387 号、国税函〔2011〕415 号文件，依法缴纳土地增值税。"

规定，强调纯股权转让原则上不征土地增值税，较湖南省地税便函显得愈加谨慎和自律。

综前所述，无论是国税总局层面还是地方税务机关层面，就股权转让过程中涉土地增值税问题均以批复、函件形式针对个案作出处理，操作口径亦尚未统一。普适性规则缺位使得市场主体在设计交易架构时存在税收筹划空间，但也面临潜在税收风险，不确定性增加了各方交易成本。

(三) 国土声音：管中或可窥豹

虽然直接矛盾集中于税事，但股权转让（工商）、土地使用权（国土）、税收（税务）问题盘根错节，本质是国事。国土部门的态度在时间和空间两个维度都具有差异性。2004 年，在给广东省国土资源厅的批复中，原国土资源部认为全部股权的转让属于企业资产的整体出售，其中包含土地使用权的转移，属于土地使用权转让，应办理变更登记①。前述观点同样属于个案批复，并不具有普适性。海南省国土资源厅曾发文"严禁以股权转让为名，变相违规转让土地使用权"②。浙江省国土资源厅则认为依法的股东转让出资或股份等行为，应属公司法调整范畴，不作为法定的土地使用权转让情形③。光阴荏苒，时至2015 年，为澄清对股权转让与土地使用权转让的认识，原国土资源部执法监察局副局长岳晓武刊文表示，股权转让与土地使用权转让在构成要件、转让条件、登记部门、发生税费、适用法律等方面均大相径庭。房企并不以拥有土地为目的，而是通过开发建设并转让房地产盈利。此时，需缴纳土地增值税并且以最终土地转让价格与原取得土地的价格差额计算土地增值，并不会造成税收流失。因此，即使在极端的情况下（如公司仅有土地使用权），也不能将股权转让理解为特定财产的转让④。该文被原国土资源部官网全文转载。

---

① 《国土资源部办公厅关于股权转让涉及土地使用权变更有关问题的批复》（国土资厅函〔2004〕224 号）。

② 《海南省国土环境资源厅关于充分发挥土地调控作用促进房地产业通知》（琼土环资用字〔2010〕3 号）。

③ 《浙江省国土资源厅关于企业名称、法定代表人变更以及股东转让出资或股份是否涉及土地使用权转让有关问题的批复》（浙土资函〔2005〕186 号）。

④ 岳晓武：《正确认识股权转让与土地使用权转让》，载《中国国土资源报》2014 年 10 月 25 日，第 007 版。

三、行政司法实践侧重相异，交易纷争呈现万象

（一）股权转让协议是否有效

《民法通则》第五十八条对合同无效的原因作出宽泛的规定，由此造成合同无效比例长期居高不下，人为地增加了交易成本、诱发了信用危机、助长了背信恶习、便宜了投机奸小，负面影响巨大。《合同法》第五十二条作了相当的改进①。从《合同法司法解释（一）》第四条、《合同法司法解释（二）》第十二条，《最高人民法院关于当前形势下审理民商事合同纠纷案件若干问题的指导意见》的限缩解释及相关司法实践看，尊重意思自治，不轻易动用合同无效这一"核武器"，已经成为主流倾向。笔者针对本文所搜集到的案例，亦与主流意见相统一。

1. 关于协议性质问题

首先厘清协议性质（股权转让或土地使用权转让）有利于明确法律适用范围。最高人民法院在（2012）民二终字第22号、（2016）最高法民终222号裁判文书中②，均将法律关系认定为股权转让而非土地使用权转让作为论证的逻辑起点，进而明确"不应纳入土地管理法律法规的审查范畴，而应依据《中华人民共和国公司法》中有关股权转让的规定对该协议进行审查"。股权本身是一个极其特殊而又复杂的权利约束③。虽然股东可以通过股息红利等方式从公司资产增值中获益，但其并不直接享有公司财产所有权。相应地，也无法将股权转让行为径直认定为土地使用权转让。否则，也同样可以将其分别视为表决、请求召开股东会、查阅会计表册等权利的转让。

2. 关于协议效力问题

当厘清性质、明确适用法后，效力问题也迎刃而解。四川省高级人民法院认为，根据《公司法》第七十二条之规定，有限公司股东可依法转让其享

---

① 韩世远：《合同法总论》，法律出版社2011年版，第171页。
② 类似论证思路另参见（2014）苏商再终字第0006号，江苏高级人民法院归纳的再审争议焦点第一点即为"本案性质是股权转让合同纠纷还是土地使用权转让纠纷"。
③ 汪青松：《论股份公司股东权利的分离——以"一股一票"原则的历史兴衰为背景》，载《清华法学》2014年第2期。关于股权内涵与外延的早期讨论可参见江平、孔祥俊：《论股权》，载《中国法学》1994年第1期。

有的公司股权，而协议内容和形式不违反股权转让相关法律、行政法规的强制性规定，依法应确认为有效①。最高人民法院二审予以维持。湖北省高级人民法院认为："股权转让的目标公司乘风公司为有限责任公司，依据我国公司法的规定，有限责任公司为法律拟制人格，依法独立享有民事权利及承担民事责任，公司股东的变更不对公司的权利能力和行为能力构成影响，不论瑞尚公司购买乘风公司全部股权是为将乘风公司名下的工业用地土地使用权性质变性后进行房地产开发或其他经营目的，均不因此而影响股权转让合同的效力。"②。最高人民法院二审亦予以维持③最终经湖北省高级人民法院指定武汉市中级人民法院执行，在法院冻结目标公司 1900 万元股权后，双方达成执行和解。

通过前述案例的梳理，不难发现主张合同无效的一方，往往是股权转让协议履行过程中的违约方。在不想履约或不能履约时，拿出精心准备的护身符（合同效力争议），推倒立约时所有的承诺与保证，己方进退自如而陷相对方于维谷。暂且不论合同效力位于司法机关主动审查射程内④，有效与否唯一取决于能否通过《合同法》第五十二条的审视。仅就合同的意定属性而言，拟转让股权背后对应的资产对交易双方而言皆为明知——毕竟这涉及合同价款这一核心条款——任何一方均不能据此反言。

（二）是否规避国家土地增值税征收，造成税收流失

2014 年 1 月 7 日，海南省地方税务局通过官网曝光 14 例案件⑤。其中海南国托科技有限公司因"通过虚假的股权交易形式，掩盖真实的土地转让行为，造成少缴土地增值税"，被海南省地方税务局第一稽查局追缴相应税费并处罚

---

① （2011）川民初字第 8 号。

② （2014）鄂民二初字第 00002 号。

③ 在最高人民法院系列判决中，对协议效力均持肯定态度，早期案例参见（2007）民二终字第 219 号。

④ 最高人民法院（2014）民一终字第 277 号民事判决书：对合同效力的审查，属于人民法院裁判权权范围，虽然当事人未提起确认合同无效的诉讼请求，但人民法院仍应依职权进行审查。《中华人民共和国合同法》第五十八条系合同无效法律效果的规定，人民法院在依据《中华人民共和国合同法》第五十二条认定合同无效的情况下，应主动援引该法第五十八条的规定，对合同无效的法律后果进行处理，而不需要当事人另行提起诉讼。

⑤ 参见 http://tax.hainan.gov.cn/hantax/xxswwfgg/20140107/844415.html，2018 年 6 月 19 日最后访问。

款。结合前述海南省国土资源厅琼土环资用字〔2010〕3 号文，海南省行政部门之间对于"明股实地"行为立场同一，表现严厉。但若对整体交易行为加以分析，税收并未发生流失。

在民事案件中，法院说理一般仅针对合同效力及履行展开，对于是否可能造成税收流失问题未加评判。最高人民法院在马某泉、马某坚与湖北某置业有限公司股权转让纠纷中表示，"如双方在履行合同中有规避纳税的行为，应向税务部门反映，由相关部门进行查处"，立场谨慎、表态克制。江苏省高级人民法院在江苏某房地产开发有限公司与某资产管理有限公司股权转让纠纷一案①中作出大胆论证：股权转让形式并未逃避国家土地增值税的征收。首先，根据税收法定主义，在现行税法没有对该行为作出是否征收土地增值税之规定的情况下，当事人即可不交税。其次，股权转让并不产生土地使用权权属变化，无论土地是否增值，公司初始受让土地成本不变。当权属发生流转时，应按照最终销售价与最初受让成本间的增值额征收土地增值税。该转让形式仅造成缴税义务发生时间节点的递延和公司被穿透后实际承担税费股东的变更，并不能逃避征收。有趣的是，该案系由院长提交审委会启动审判监督程序再审的案件。如果仅仅是普通的二审或经当事人申请的再审案件，个案所蕴含特殊性大于普遍性。然而江苏省高级人民法院冒着降低司法公信力的风险，认为覆水可收、推翻生效判决，其中必然经过深入的讨论以及与上下级法院的沟通，因此也更具参考价值。

四、结论与建议

目前就"明股实地"问题在全国以及地方层面主要以一个个批复"因案制宜、因城施策"，呈现明显的地域性特点，缺乏普适性规范。从各省市税务部门官网咨询及答复情况看，无论是税务部门的行政行为还是市场主体的经济行为均迫切需要明确规则的指引。具体而言，因涉及《公司法》《房地产管理法》《土地增值税暂行条例》等不同法律法规、牵一发而动全身，可先由国税总局以部门规章形式探索明确规则，再相应修改相关法律法规，使各部门法之间相互衔接和协调。实质课税原则像一把达摩克利斯之剑，让下方的潜在纳税人辗

---

① （2014）苏商再终字第 0006 号。

转反侧。减少实质课税原则的使用是税收法律规则完善的体现。实质的探求固然可以在一定程度上实现个案的正义，但脱离形式束缚的实质正义必定是随机和偶然的，不符合税收法定主义的要求。形式主义在税法上依然有其独特的价值，是确保税法的确定性和可预测性价值实现的逻辑前提，也是确保税法权威的必然要求①。如前所述，"明股实地"交易模式仅递延了发生土地增值税缴纳义务的时间节点，并不会造成税收流失。但为避免击鼓传花式的无限期递延，税务部门在制定具体规则时，可适当扩大并调整土地增值税预征与清算相结合模式的应用场景。除将工程项目全部竣工、完成销售等作为清算触发点外，还可以根据市场调研结果，合理限定股权换手次数、增值金额，坚持放管结合，既留有递延纳税优惠空间，又明确征收清算预期。

对于交易方而言，首先，鉴于国税总局 687 号文等体现的态度，一次性转让 100% 股权过于高调。相比之下，对于分期转让的接受程度较高。股权转让金额也不宜直接对应房地产评估价值。其次，鉴于各地税务部门在面对咨询时普遍答复相关问题应个案而异，交易方应就具体交易形式与安排提前与税务部门进行沟通，摸索当地对国税总局批复的把握和参照尺度。最后，因司法机关对于股权转让协议效力普遍持肯定态度，为尽量规避潜在的税务处罚风险，转让方与受让方在交易时均需将税务风险纳入考量，并相应考虑对价。设置相应的合同条款（如设定违约责任、结合行政处罚追溯时效设置价款分期支付条款等）。当悬而未决的利剑终于刺来时，疼痛可得分担。

参考文献

一、专著

［1］樊剑英. 房地产开发企业税收与会计实务大全［M］. 北京：中国市场出版社，2018.

［2］韩世远. 合同法总论［M］. 北京：法律出版社，2011.

［3］葛克昌. 税法基本问题——财政宪法篇［M］. 北京：北京大学出版社，2004：17－20.

---

① 汤洁茵：《形式与实质之争：税法视域的检讨》，载《中国法学》2018 年第 2 期。

二、期刊、报纸文章

［1］江平，孔祥俊. 论股权［J］. 中国法学，1994（1）：72－81.

［2］汤洁茵. 形式与实质之争：税法视域的检讨［J］. 中国法学，2018（2）：248－268.

［3］汪青松. 论股份公司股东权利的分离——以"一股一票"原则的历史兴衰为背景［J］. 清华法学，2014（2）：101－114.

［4］岳晓武. 正确认识股权转让与土地使用权转让［N］. 中国国土资源报，2014－10－25（7）.

房屋计税依据明显偏低时"正当理由"的认定相关实务问题研究[*]

王　钦　徐　琼　黄　博

一、引言——从最高人民法院（2015）行提字第 13 号判决谈起

2017 年 4 月 7 日，最高人民法院判决了广州某房产建设有限公司（以下简称某公司）与广东省广州市地方税务局第一稽查局（以下简称稽查局）再审一案。具体案情为：某公司于 2004 年通过拍卖方式以 1.3 亿港元的价格将估值近5.3 亿港元的房产卖给唯一竞拍人。稽查局认为该交易存在诸多疑点，通过调查 2003 年至 2005 年期间周边楼盘的交易价格，认定某公司的交易价格过低。最终稽查局依据《中华人民共和国税收征收管理法》（以下简称《征管法》）第三十五条第一款第六项规定，作出税务处理决定，要求某公司补缴税款及滞纳金。[①]

某公司对税务处理决定、行政复议决定、人民法院的一、二审判决皆不服，坚持申请再审，在二审结案 4 年后被最高人民法院提审。[②] 最终最高人民法院依法撤销了一、二审的判决和部分税务处理决定。

该案最大的争议焦点在于某公司以涉案房产的拍卖成交价格作为计税依据申报纳税是否属于"计税依据明显偏低，又无正当理由"的情形。《征管法》

---

　　[*] 本文获"第七届浙江律师论坛一等奖""第十五届华东律师论坛二等奖""第三届杭州律师论坛一等奖"。
　　[①] 以上是笔者根据最高人民法院（2015）行提字第 13 号再审行政判决书摘录整理的。
　　[②] 廖仕梅：《从民法视角探析核定征收——基于"最高人民法院提审广州德发公司案"的分析》，载《财政监督》2015 年第 25 期。

和《中华人民共和国税收征收管理法实施细则》（以下简称《实施细则》）均未明确规定"正当理由"的概念，也未列举出构成正当理由的具体情形。税收法律法规的确定性不仅是税务机关依法行使行政权力的一种最重要的基础，更是人们依法纳税的最重要的指引向导。如果法律法规对"正当理由"的概念无法界定清楚，不仅会导致税务机关自由裁量权过大，也会导致部分纳税人滥用"正当理由"以逃避税款的征收，最终引发税务机关与纳税人屡屡发生争议。

正因如此，本文将从地方性文件对"正当理由"细化规定的展开，并结合司法实践中判例和法学理论分析，尝试逐步厘清构成"正当理由"的具体情形。

二、地方文件对"正当理由"的细化规定

《征管法》和《实施细则》分别作为法律和行政法规应当是具有原则性和指导性的，考虑到地方的差异，在上述两部法律法规中直接规定"正当理由"的具体情形，不能完全适用于全国各地。而且作为法律和行政法规其条款设置也无法做到事无巨细，面面俱到。所以对"正当理由"的具体细化应当由地方性法规、地方政府规章或者地方规范性文件来构建。

沿着该思路，笔者在网上检索了全国各地的地方性法规、地方政府规章和地方规范性文件关于"正当理由"的规定。由于文章篇幅有限，不能将各地的文件逐一列举，故笔者选取部分有代表性的地方性文件进行比对，找出各地文件对"正当理由"规定中的共性和区别。为方便读者阅读和比较，制作了如下表格：

表1　地方性文件中构成"正当理由"的具体情形

序号	发布单位	文件名称	构成"正当理由"的具体情形
1	广州市地方税务局	《住宅存量房交易计税价格异议处理办法》	**第五条**　税务机关认定的正当理由包括以下情形之一： （一）由法院裁定、判决和仲裁机构裁决的房屋权属转移，以生效法律文书载明的价格为计税价格； （二）通过具有合法资质的拍卖机构依法公开拍卖的房屋权属转移，以拍卖对价为计税价格； （三）房屋曾发生重大意外事件或存在功能性结构破损等严重质量问题的； （四）其他情形

续表

序号	发布单位	文件名称	构成"正当理由"的具体情形
2	湖南省地方税务局	《湖南省存量房交易计税价格异议处理办法》	第七条　有以下情形之一者，主管地税机关可以采信纳税人申报的计税价格，法律、法规另有规定的除外： （一）由法院裁定、判决和仲裁机构裁决的存量房转移价格； （二）通过具有合法资质的拍卖机构依法公开拍卖的存量房转移价格； （三）交易双方为直系亲属的； （四）存量房曾发生重大意外事件或者存在功能性结构缺失、破损等严重质量问题的； （五）主管地税机关认可的其他情形
3	江苏省地方税务局	《关于进一步加强存量房评估工作的通知》（苏地税发〔2014〕58号）	四、严格按照规定进行争议处理。……对于纳税人提出的正当理由，并能提供合法、有效资料的，经地税机关审核确认后进行计税价格调整。具体调整幅度由当地地税机关集体研究确定。 以下情况可视为正当理由： （一）法院判决； （二）亲属（三代以内直系血亲）间交易； （三）房屋客观上有明显缺损等严重质量问题； （四）税务机关认定的其他情形
4	福建省宁德市地方税务局	《宁德市地方税务局存量房交易税收管理规程》及其解读	《规程》第九条　有下列情形之一的，地方税务机关应认为纳税人申报价格偏低有正当理由： （一）由人民法院裁定、判决和仲裁机构裁决的房产权属转移，并出具生效法律文书载明的。 （二）通过具有合法资质的拍卖机构依法公开拍卖的房产权属转移。 （三）房产曾发生重大意外事件或存在功能性结构破损等严重质量问题的。 《规程解读》： 十六、有正当理由应提供什么资料？ 第（一）项纳税人应提供法院判决书（调解书、裁定书）、房屋所有权证、双方身份证明等合法有效资料，经征管单位审核无误后，按法院判决（调解、裁定）价格申报纳税

序号	发布单位	文件名称	构成"正当理由"的具体情形
5	浙江省财政厅、浙江省地方税务局	《浙江省财政厅、浙江省地方税务局关于实行房屋交易最低计税价格管理办法的通知》	**三、实行房屋交易最低计税价格征管的要求** 各地实行房屋交易最低计税价格管理办法后,当纳税人申报的房屋交易价格高于房屋交易最低计税价格时,按纳税人申报的房屋价格征税;当纳税人申报的房屋交易价格低于房屋交易最低计税价格时,除下列情况外征管机关按房屋交易最低计税价格征税。 1. 因房屋本身质量问题,纳税人申报的交易价格低于房屋交易最低计税价格的,经征收机关核实,按核定的价格作为计税价格。 2. 由法院裁定、判决和仲裁机构裁决的房屋权属,以司法裁定的价格为计税价格。 3. 税收法规另有专门规定的

通过比较上述地方性文件所列举的"正当理由"具体情形,笔者认为具有以下共性。

(1)均是通过列举的形式明确构成"正当理由"的情形;

(2)均认为房屋本身质量问题和法院的判决可以成为纳税人申报价格偏低的"正当理由";

(3)除了福建省宁德市地税局的文件中未规定兜底条款,其他文件均有兜底条款。

此外,上述地方性文件也存在如下差异。

(1)对于裁判文书所确定的交易价格能否成为计税依据明显偏低的"正当理由"这个问题,不同地方的地税局存在不同的观点。

① 江苏省地税局认为只有法院的判决才能成为计税依据明显偏低的"正当理由";

② 广州市、湖南省、浙江省地税局认为除了法院的判决,还有法院的裁定和仲裁机构的裁决确定的交易价格可以成为计税依据明显偏低的"正当理由";

③ 宁德市地税局认为除了上述文书,法院的调解书也可以成为计税依据明显偏低的"正当理由"。

(2)宁德市、广州市、湖南省地税局均认为通过具有合法资质的拍卖机构依法公开拍卖形成的拍卖对价能成为计税依据明显偏低的"正当理由"。

（3）江苏省和湖南省地税局均认为直系亲属间交易形成的价格能成为计税依据明显偏低的"正当理由"。

各地方性文件大都采用逐一列举的方式对构成"正当理由"的情形加以明确。笔者对此产生了新的疑问，部分纳税人是否会利用上述合法的形式来达到其避税的非法目的？对于"正当理由"的具体列举是否又会引发税务机关和纳税人之间新的争议？

三、司法机关中对"正当理由"的认定观点

顺着该思路，同时为了探究司法机关对"正当理由"的认定，笔者在"中国裁判文书网""浙江法院公开网""北大法宝""无讼案例"等网站上搜寻相关判决，探究司法实践中是如何认定房屋计税依据明显偏低时的"正当理由"。通过搜索和筛选，笔者发现在实践中，纳税人和税务机关之间对于"能否成为计税依据明显偏低的正当理由"这个问题时有争议发生。囿于文章篇幅所限，下文笔者将分析部分有代表性的判决，以探究司法机关对"正当理由"的认定观点。

以下是笔者检索到对"正当理由"的认定有涉及的三份判决书的部分节选，通过分析法院对"正当理由"认定，发现地方性文件规定的不足，不断完善税法中"正当理由"的规定。

（一）法院观点一：拍卖不能绝对地排除税务机关的应纳税额核定权——最高人民法院（2015）行提字第13号

本文开头已介绍过该案的基本案情，此处不再赘述。最高人民法院在该案的判决书中阐述了这样的观点："拍卖行为的效力与应纳税款核定权，分别受民事法律规范和行政法律规范调整，拍卖行为有效并不意味税务机关不能行使应纳税额核定权，另行核定应纳税额也并非否定拍卖行为的有效性。保障国家税收的足额征收是税务机关的基本职责，税务机关对作为计税依据的交易价格采取严格的判断标准符合税收征管法的目的。如果不考虑案件实际，一律要求税务机关必须以拍卖成交价格作为计税依据，则既可能造成以当事人意思自治为名排除税务机关的核定权，还可能因市场竞价不充分导致拍卖价格明显偏低

而造成国家税收流失。因此，有效的拍卖行为并不能绝对地排除税务机关的应纳税额核定权，但税务机关行使核定权时仍应有严格限定。"①

最高人民法院的判决对全国各地法院的司法实践都具有示范效应，所以对判决结果的考虑必须慎之又慎。如果不考虑案件实际，径直判决税务机关以拍卖成交价格作为计税依据，则可能导致两个不利的后果。

（1）本次拍卖是一人竞拍，其市场竞价并不充分而且是以远低于市场估值的价格拍下的，导致因拍卖价格明显偏低而造成国家税收的流失。

（2）以判决的形式明示，在某种程度上可以形式合法的拍卖为名排除税务机关的核定权，从而达到逃避税款征收的目的。其后果将不仅是造成国家收入的直接损失，更破坏了公平、合理的税收原则，违背了税收法律法规的立法意图，使其公正性、严肃性受到影响。

正因如此，该案中最高人民法院采用了将民事行为效力和行政权力相区分的思路，把拍卖行为的效力与应纳税款核定权分离。在无法否认拍卖行为的效力的前提下，最高人民法院保障了国家税收的足额征收，并平衡好纳税人和税务机关双方的利益冲突。

税法和民法在对同一行为进行规制的时候，难免会出现适用上的冲突。最高人民法院在该案中的态度为：拍卖行为即使符合民法上的意思自治原则，但不能绝对地排除税务机关的应纳税额核定权。这正是实质课税原则的价值体现。实质课税原则的价值就在于弥补对法律僵化适用的不足，强调根据实际情况，在形式相同的条件下对特殊行为予以差别处理。与此同时，最高人民法院也表明了对该原则的使用需加以严格限定，这反映了税收要素法定原则，也是形式正义的要求。

（二）法院观点二：调解书既不能成为申报价格偏低的正当理由，也不能成为计税价格应以真实交易价格为准的依据。——苏州市姑苏区人民法院（2016）苏0508行初374号

案情简介： 原告孙某与案外人范某签订房屋买卖合同一份，约定由原告向

---

① 广州德发房产建设有限公司与广东省广州市地方税务局第一稽查局再审行政判决书［最高人民法院（2015）行提字第13号］。

范某出售房屋一套，价格为 225 万元。后双方发生争议，范某向当地法院提起民事诉讼。在法院主持下，原告与范某达成调解协议，双方同意继续履行上述合同。原告向被告地税局申报缴纳房产交易税款，并提交了存量房买卖合同等申请材料，该合同显示房屋价款 154 万元。地税局经审查认为，原告申报的价格过低，并依据相关法律法规对该交易核定计税价格约 265 万元。原告提出异议并主张按法院生效的调解书确认的房屋成交真实价格 225 万元作为计税价格。

裁判要旨："因纳税申报价格与真实交易价格并非同一概念，无论纳税义务人申报的价格真实与否，均需经过存量房交易纳税评估系统的专业评估方能确认能否作为最终计税价格。原告所述民事调解书虽具有法定效力，但该调解书仅是原告与案外人范某就合同履行达成的意思自治，并不涉及法院对交易价格的确认，即使如原告所述 225 万元为双方真实交易价格，未经规定程序评估，仍不能直接作为最终计税价格，故民事调解书既不能成为原告 154 万元申报价格偏低的正当理由，也不能成为计税价格应以真实交易价格为准的依据。"①

苏州市姑苏区人民法院的判决，对调解书持以下意见。

（1）无论纳税义务人申报的价格真实与否，均需经过存量房交易纳税评估系统的专业评估方能确认能否作为最终计税依据。

（2）民事调解书虽具有法定效力，但调解书仅是原告与第三人达成的意思自治，并不涉及法院对交易价格的确认。

（3）民事调解书既不能成为原告申报价格偏低的正当理由，也不能成为计税依据应以真实交易价格为准的依据。

（三）法院观点三："防止群体事件发生，化解社会矛盾"能成为计税依据明显偏低的正当理由——乌鲁木齐市中级人民法院（2014）乌中行终字第 95 号

案情简介：新疆维吾尔自治区地方税务局稽查局（以下简称稽查局）对新疆瑞某房地产开发有限公司（以下简称瑞某公司）开展税务稽查。稽查局认定瑞某公司在 2010 年以低于市场价格销售给某公司离退休职工住宅属于"价格明

---

① 孙某与江苏省苏州工业园区地方税务局第一税务分局、江苏省苏州工业园区地方税务局行政复议一审行政判决书［苏州市姑苏区人民法院（2016）苏 0508 行初 374 号］。

显偏低并无正当理由"的情形，计税依据应按同期市场价格进行调整并补缴税款。瑞某公司不服并向法院提起行政诉讼。

裁判要旨：瑞某公司应其上级主管部门要求，为解决国企老职工住房困难，化解信访突出问题，瑞某公司以低于同期销售价格 20% 向某公司离退休职工优惠售房。此举应视为瑞某公司解决老国企退休职工住房困难，防止群体事件发生，化解社会矛盾的善意之举。税务局简单地将此认定为"明显低于市场价格，无正当理由的"，并以此为由对瑞某公司处以罚款显属错误。①

从乌鲁木齐市中级人民法院的判决中，我们可以看出其要旨如下。

（1）解决老国企退休职工住房困难，防止群体事件发生，化解社会矛盾，其本质就是维护社会稳定。

（2）判断能否成为"合理理由"要从社会公益等综合角度考虑，社会公共利益能够成为"正当理由"，税务机关不能简单僵化地看待"正当理由"。

四、对如何认定"正当理由"的思考和建议

为厘清构成"正当理由"的具体情形，必须先搞清楚《征管法》第三十五条第一款第六项的立法本意。笔者认为其立法本意是从切实保障国家税收的角度出发的，而税法是无法穷尽所有的避税方式，因此需要设置一些模糊的兜底条款，使税法在不可避免地出现漏洞时能继续发挥其作用，增加其适用的可能性，从而保障国家税收得到切实的维护。从客观角度来看，计税依据明显偏低又没有正当理由的交易安排就存在避税的嫌疑。因此《征管法》第三十五条第一款第六项应运而生。但如因法律的不明确反而产生漏洞，那么权力行使不当、权力滥用乃至权力寻租就会有机可乘。正因如此，对该条款的运用应当在地方文件中采用恰当准确的用语，使之相应地明确化，尽量避免漏洞的产生。

在税务实践中，各地税务机关依照这样的理念因地制宜地出台地方性文件，以期尽量避免漏洞的产生。而现实情况层出不穷，上述判决与各地文件之间的分歧正说明了地方性文件不尽完善。笔者通过对上述地方性文件所列举的构成"正当理由"的具体情形加以分析，并提出相关的建议，以期为税务机关和司法机关在处理相关问题时提供参考。

---

① 新疆维吾尔自治区地方税务局稽查局与新疆瑞某房地产开发有限公司税务行政处罚二审行政判决书［新疆乌鲁木齐市中级人民法院（2014）乌中行终字第 95 号］。

（一）正当理由的情形之一——经过公开、公平的合法房屋拍卖

一般而言，依照法定程序进行的拍卖活动，由于经过公开、公平的竞价，不论拍卖成交价格的高低，都是充分竞争的结果，较之普通的销售方式更能客观地反映商品价格，可以视为市场的公允价格。如果没有法定机构依法认定拍卖行为无效或者违反拍卖法的禁止性规定，原则上通过拍卖方式形成的成交价格，税务机关一般应予认可和尊重，不宜轻易启动核定程序，以行政认定取代市场竞争形成的计税依据。①

但是，如果拍卖价格明显低于存量房交易纳税评估系统的核定价格，纳税人又没有提出合理的理由说明拍卖价格为何明显偏低，而且税务机关还发现拍卖形式存在瑕疵，例如，①只有唯一竞买人；②拍卖保证金门槛设置过高；③交易双方存在关联关系等情形，让税务机关有合理的理由怀疑该拍卖的竞价不充分，那么税务机关就有权进行核定征收。

综上所述，税务机关一方面需要尊重以拍卖方式形成的成交价格，另一方面不能简单认定房屋交易经过拍卖就是其构成价格偏低的正当理由。笔者建议税务机关在纳税人申报的拍卖价格明显偏低时，可以限期让其提供相应证明材料解释拍卖价格偏低的原因。如果确实有合理的理由，并且拍卖形式没有存在瑕疵让税务机关质疑。如此形成的成交价格，税务机关一般应予认可。

（二）正当理由的情形之二——部分裁判文书

1. 判决所认定的交易价格须结合相关证据审核

鉴于司法的专业性，法官一般是仅对案件的法律问题进行审理和判决。对于房屋价格是否符合市场价格规律，法官是没有相关的专业知识加以评判的，这一般也不是法庭审理的重点。笔者建议税务机关应当仔细审核判决的内容，只有房屋交易价格成为法院认定的事实时，该明显偏低的价格才有可能具有正当理由。对于仅经原、被告双方陈述的交易价格是单从判决的形式上无法得出其明显偏低具有正当理由的结论的。因此笔者认为税务机关须结合相关证据

---

① 广州某房产建设有限公司与广东省广州市地方税务局第一稽查局再审行政判决书［最高人民法院（2015）行提字第 13 号］。

（如房产评估机构出具的价格评估报告）佐证才能认定法院判决的交易价格即使明显偏低也具有正当理由。

2. 裁定所认定的交易价格须结合相关证据审核

民事裁定，是人民法院对程序问题进行处理时所作出的判定。① 裁定主要是针对程序性事项，因此笔者认为税务机关审核纳税人提交的法院裁定时，不能仅依据裁定书有对价格有描述就简单认定该价格有正当理由导致其明显偏低。税务机关应当综合评估纳税人提交的各项证据材料（如引发该裁定的判决及相关证据材料），在解释清楚低价的合理性之后才能认定价格明显偏低具有正当理由。

3. 调解书确定明显偏低的交易价格不能成为计税依据

调解书是人民法院根据双方当事人达成的调解协议制作的法律文书。调解书既是对双方当事人协商结果的记载，又是对人民法院确认当事人调解协议的证明。② 另外，人民调解委员会或仲裁机构所出具的调解书的性质与法院出具的调解书类似。调解书本质是原、被告双方意思自治的结果，是双方就权利义务达成的合意，并不涉及相关机构对交易价格的确认。组织调解的人员没有相应的专业知识去确认该价格是否反映正常的市场价格，更没有职责去确认。从其自身的属性上分析，调解书不能构成价格明显偏低的正当理由。否则可能导致纳税人滥用调解书的形式来避税。税务机关对以调解书为计税依据进行纳税申报要保持警惕，防范部分纳税人以调解书的形式来达到其避税的非法目的。

4. 仲裁机构的裁决所认定的交易价格须结合相关证据审核

仲裁是指发生争议的双方当事人，根据其在争议发生前或争议发生后所达成的协议，自愿将该争议提交中立的第三者进行裁判的争议解决制度和方式。③ 囿于仲裁机构专业性仅限于法律问题，主要是针对案件中法律问题根据仲裁规则进行审理和裁决，所以仲裁机构对房屋价格是否符合市场价格规律是很难有能力去评判的。笔者认为税务机关在依据仲裁机构的裁决认定价格偏低具有正当理由时，还是要坚持审慎原则。因此笔者认为税务机关须结合相关证据（如房

---

① 宋朝武：《民事诉讼法学》，中国政法大学出版社 2008 年版，第 380 页。
② 宋朝武：《民事诉讼法学》，中国政法大学出版社 2008 年版，第 244 页。
③ 江伟：《仲裁法》，中国人民大学出版社 2009 年版，第 12 页。

产评估机构出具的价格评估报告）佐证才能认定仲裁机构裁决的交易价格即使明显偏低也具有正当理由。

（三）正当理由情形之三——房屋具有严重质量问题

从理论上分析，房屋客观上具有严重质量问题以致房屋的价值降低，进而导致房屋交易价格明显偏低应属于合理的正当理由。如果纳税人认为计税评估价格过高，则应提供证明交易房产具有严重质量问题的全部书面材料。税务机关应当对申请理由和书面证明资料进行书面审核，主要是判断纳税人申诉理由和审核资料的合理性、真实性、合法性和有效性。紧接着的问题是如何认定房屋具有严重质量问题，该质量问题对房屋价格又具有多大的影响？由于上述问题专业性较强，笔者建议税务机关可以委托具有公信力和较高资质等级的第三方评估机构进行质量鉴定和价格评估，参考专业人士的评估结果，重新核定计税依据。这样得出的计税依据依据较为科学合理，这样不仅能让税务机关认可，也能让纳税人信服。至于相关评估费用，笔者认为这属于税务机关执行公务的合理开支，应由主管税务机关承担。

当然，因异议而开展的存量房价格评估以纳税人提出为前提。如存量房评估系统生成的计税依据高于纳税人申报价，而纳税人无异议，则直接以计税评估价格作为计税依据。

五、结语

各省各市已在尝试总结本地的税收征收的经验并制定相应的地方性文件来明确"正当理由"的具体情形。虽然可能存在一定的瑕疵，但这不意味着这些尝试没有意义。相反，笔者认为这些尝试都是极有价值的，正是通过这些尝试和司法机关在裁判文书中对其的部分否定，我们才能从中汲取经验和教训，进而完善现有的地方文件。笔者透过现阶段地方文件和司法机关的裁判文书看到了各级地方税务机关和司法机关对于明晰构成"正当理由"具体情形的积极努力。笔者认为"正当理由"是动态的和发展的，税务机关不能僵化地看待"正当理由"，而应具体问题具体分析。笔者建议各地税务机关通过不断完善构成"正当理由"的具体情形，使之与时俱进，以规范税务机关的核定征收行为和纳税人的行为，共同营造和谐共赢的纳税环境。